개정판

마이크로프로세서의 이해

프로그래밍에서 프로세서 설계까지

김용석 지음

홍릉과학출판사

머리말

우리가 컴퓨터를 통하여 처리하는 작업들은 매우 다양하고 복잡하다. 마이크로프로세서는 컴퓨터의 복잡한 기능들을 실행하는 핵심부분으로서 무척 복잡할 것으로 상상할 것이다. 그러나 마이크로프로세서는 어디까지나 일정한 전압이 가해지면 정해진 설계 원리대로 끝없이 작동하는 기계일 뿐이다. 복잡한 계산 작업들을 몇 가지의 단순한 명령들의 조합으로 처리하며, 단지 인간에 비해서 아주 빠른 속도로 작동할 뿐이다.

이 책의 목표는 C 언어로 작성된 프로그램이 어떻게 순차 논리 회로로 실행될 수 있는지를 독자들이 이해할 수 있도록 전체 그림을 보여주는 것이다. 그 중심에 해당하는 것이 마이크로프로세서이다. 이러한 목표는 단순하면서도 구체적인 예를 통하여 달성하고자 하였다. TOY 프로세서는 이러한 목적으로 설계된 가상적인 프로세서이다. 이 프로세서를 위한 C 컴파일러, 어셈블러 및 시뮬레이터를 통하여 프로그램을 작성하고 실행해 볼 수 있도록 하였다. 또한 TOY 프로세서의 내부 회로를 순차 논리 회로로 설계하는 과정도 제시하였다.

이 책은 고성능의 프로세서나 우수한 컴파일러에 대한 내용을 다루고자 하는 것이 아니다. 다만 컴파일러, 어셈블러, 마이크로프로세서의 명령어 및 그 순차 논리 회로에 대하여,'아하! 이렇게 하면 가능하겠구나!'하는 수준의 원리를 이해하도록 하는 데에 주안점을 두었다. 이 책의 완성도가 아직은 미흡하지만 부족한 부분들은 앞으로 계속 보완해 나갈 것이다. 이 지면을 빌어서 책의 내용을 제안해주시고 전체적인 검토를 마다하지 않으신 최창열 교수님께 감사의 말씀을 드립니다.

2017. 4.

낭만의 도시 춘천에서

김 용 석

강원대학교 컴퓨터학부 교수

yskim@kangawon.ac.kr

책의 활용

이 책은 C 언어로 작성한 프로그램이 논리회로에 의해서 처리되기까지의 전 과정을 구체적이면서도 쉽게 설명하고 있다. C 컴파일러에서부터 어셈블러, 시뮬레이터 및 프로세서 회로까지의 전체를 한 묶음으로 서로 연관지어서 제공한다. 주변장치 제어와 운영체제 기능 호출도 일부 포함한다.

ARM이나 x86 등의 상용 마이크로프로세서들은 자세히 설명하기에 지나치게 복잡하다. 이 책은 교육용으로 쉽게 다룰 수 있도록 설계한 가상적인 TOY 프로세서를 활용하여 충분한 이해를 한 후에 상용 프로세서인 ARM을 TOY 프로세서와 연관 지어서 이해할 수 있도록 구성되어 있다. 어셈블러, 컴파일러 및 시뮬레이터 등도 상용 마이크로프로세서의 것을 활용하려면 사용법 자체가 지나치게 복잡하다. 이 책에서는 TOY 프로세서를 위한 소프트웨어들을 직접 개발하여 활용하였고, 그 소스 코드도 직접 확인할 수 있도록 제공하고 있다.

이 책은 총 4부로 구성되어 있으며, 제1부는 어셈블리 언어를 활용하여 마이크로프로세서의 동작 및 프로그래밍을 다룬다. 어셈블리 언어로 프로그램을 작성하고 어셈블러를 통하여 기계어 프로그램으로 변경한 다음, 이것을 프로세서가 메모리에서 읽어와서 실행하는 과정을 설명한다. 제2부는 고급수준의 언어인 C 언어로 작성된 프로그램을 컴파일 과정을 거쳐서 어셈블리 언어 프로그램으로 변환하는 원리를 다룬다. 또한 입출력장치를 구동하기 위한 프로그램 작성도 다룬다. 마이크로프로세서도 기계어 코드에 따라서 기계적으로 작동하는 하나의 순차논리회로일 뿐이다. 제3부는 TOY 프로세서의 회로 설계를 다룬다. ARM이나 x86 등의 상용 마이크로프로세서들은 자세히 설명하기에는 지나치게 복잡하다. 이 책에서는 교육용으로 쉽게 다룰 수 있도록 설계한 가상적인 TOY 프로세서를 활용하고, 제4부에서 상용 프로세서인 ARM을 TOY 프로세서와 연관을 지어서 설명하였다.

전체를 한 학기에 다루는 것이 바람직하지만, C 언어에 대한 지식이 부족하면 제

2부의 6장과 7장은 생략할 수 있다. 논리 회로 설계에 관심이 없으면 제3부를 생략할 수 있다. 어셈블러나 시뮬레이터, 컴파일러 등에 관심이 많으면 부록의 소스 코드를 활용하여 그 동작원리를 공부할 수도 있다.

한 학기 과목 구성

	제1부	제2부	제3부	제4부	부록 소스코드
표준 과정	전체	전체	전체	전체	-
C 언어 제외	전체	**제5장**	전체	전체	-
회로설계 제외	전체	전체	-	전체	-
컴파일러 어셈블러 포함	전체	전체	-	전체	**소스코드**

내용 중에 참고 로 표시된 부분들은 그냥 넘어가도 되고, 단지 참고로 보면 된다. 약간 더 깊이 있게 다룬 내용이거나, 책의 내용과는 직접적인 관련은 없지만 재미로 읽을 수 있는 내용 등이다.

차 례

제1부 어셈블리 언어와 기계어

[제1장] 마이크로프로세서의 프로그램 실행원리 ········ 3

1.1 마이크로프로세서와 어셈블리 언어 ········ 3
1.2 마이크로프로세서의 명령어 실행 ········ 9
1.3 기계어 코드의 표현 ········ 15
1.4 수의 표현 ········ 16
1.5 비트 수 확장 ········ 21
1.6 캐리와 오버플로 ········ 23
1.7 논리연산 ········ 28
1.8 문자의 표현 ········ 29

[제2장] 어셈블리 언어(1) ········ 35

2.1 프로그래밍 모델 ········ 35
2.2 산술연산 명령어 ········ 38
2.3 논리연산 명령어 ········ 42
2.4 복사 명령어 ········ 46
2.5 메모리 읽기와 쓰기 명령어 ········ 47
2.6 TOY 어셈블리 언어 문법 ········ 49
2.7 변수의 사용 ········ 54
2.8 프로그램 예제 ········ 55

[제3장] 어셈블리 언어(2) ········ 57

3.1 분기조건의 설정 ········ 59
3.2 분기 명령어 ········ 60
3.3 비교 명령어 ········ 63

3.4 시프트 연산 명령어 65
3.5 유효 주소 저장 명령어 71
3.6 레지스터 간접 어드레싱 모드 72
3.7 문자 입출력 및 프로그램 종료 76
3.8 프로그램 예제 77

[제4장] TOY 프로세서의 기계어와 실행 79

4.1 기계어에서 주소의 처리 79
4.2 TOY 프로세서 기계어 82
4.3 기계어로 작성된 프로그램 96
4.4 TOY 프로세서의 기계어 실행 96
4.5 TOY 어셈블러 101
4.6 TOY 시뮬레이터 107
4.7 TOY 터미널 에뮬레이터 112

제2부 C 언어와 어셈블리 언어

[제5장] C 언어 프로그램의 컴파일 117

5.1 C 언어 프로그램의 컴파일과정 117
5.2 언어의 연산식 컴파일 118
5.3 C 언어의 if 문 컴파일 121
5.4 C 언어의 while 문과 어셈블리 언어 125
5.5 C 언어의 배열 컴파일 127
5.6 TOY C 언어 문법과 컴파일러 129
5.7 어셈블리 언어 프로그램의 최적화 132

[제6장] 함수 호출과 어셈블리 언어 135

6.1 C 언어의 함수 호출 135
6.2 함수 호출을 위한 명령어 136
6.3 함수의 인수와 반환 값 전달 139
6.4 곱하기 함수와 나누기 함수 140
6.5 스택 동작의 어셈블리 언어 표현 142

6.6 스택을 이용한 함수의 인수 전달 ······ 146
6.7 C 언어 함수에서 지역변수의 처리 ······ 148
6.8 TOY C 컴파일러 ······ 156
6.9 재귀함수에서 인수와 지역변수 ······ 161

[제7장] 입출력장치 제어와 운영체제 기능 호출 ······ 169

7.1 입출력장치 제어 ······ 169
7.2 운영체제 기능 호출을 위한 명령어 ······ 176
7.3 main 함수의 시작과 종료 ······ 180
7.4 TOY C 컴파일러의 라이브러리 함수 처리 ······ 181
7.5 정수 입출력 함수 작성 ······ 183
7.6 운영체제에서 시스템 호출의 처리 ······ 186

제3부 마이크로프로세서 회로 설계

[제8장] 조합 논리회로 ······ 191

8.1 전압, 전류, 저항 및 스위치 ······ 191
8.2 CMOS 논리 게이트 ······ 195
8.3 기본 논리 게이트의 표기 ······ 202
8.4 디코더(Decoder) ······ 203
8.5 멀티플렉서(MUX: Multiplexer) ······ 206
8.6 가산기 ······ 208
8.6 감산기 ······ 210
8.8 산술 및 논리 연산 유닛 ······ 211
8.9 전송 게이트 ······ 213
8.10 조합논리회로 설계 ······ 214

[제9장] 순차 논리회로 ······ 219

9.1 D 플립플롭 ······ 219
9.2 레지스터 ······ 223
9.3 순차 논리회로 설계 ······ 227
9.4 메모리 ······ 234

9.5 수동식 계산기 회로 ······ 237

[제10장] TOY 프로세서 회로 설계 ······ 241

10.1 프로세서 기본 구조 ······ 241
10.2 기계어 코드의 형식 정의 ······ 243
10.3 유사 명령어들의 통합 설계 ······ 248
10.4 TOY 프로세서 회로의 동작 ······ 252
10.5 TOY 프로세서 회로 구성 ······ 253
10.6 명령어 실행과정과 상태천이 ······ 256
10.7 상태별 제어 신호 ······ 259
10.8 제어 로직 순차 논리회로 설계 ······ 266
10.9 세부 논리 블록들의 회로 ······ 271
10.10 TOY 프로세서 회로의 동작과정 ······ 273

제4부 상용 마이크로프로세서

[제11장] ARM 프로세서 ······ 283

11.1 ARM 프로세서의 역사 ······ 283
11.2 기본구조 ······ 284
11.3 레지스터 집합 ······ 287
11.4 명령어의 기계어 표현 ······ 289
11.4 명령어 집합 ······ 291
11.6 어셈블리 언어 프로그램 예 ······ 298

[제12장] x86 프로세서 ······ 295

12.1 x86 프로세서의 역사 ······ 301
12.2 레지스터 집합 ······ 302
12.3 명령어의 기계어 표현 ······ 305
12.4 명령어 집합 ······ 305
12.5 어셈블리 언어 프로그램 예 ······ 308

부록

[부록 A] ASCII 코드 ······ 313

[부록 B] TOY 프로세서 기계어 코드 ······ 315

[부록 C] TOY 어셈블리 언어 문법 ······ 317

C.1 명령어 집합 ······ 317
C.2 프로그램 표현 문법 ······ 319
C.3 변수의 사용 예 ······ 321
C.4 운영체제 기능 호출 ······ 323

[부록 D] TOY 소프트웨어 사용법 ······ 325

D.1 소프트웨어 설치 ······ 325
D.2 TOY C 컴파일러(toycc) 사용법 ······ 326
D.3 TOY 어셈블러(toyas) 사용법 ······ 328
D.4 TOY 시뮬레이터(toysim) 사용법 ······ 330
D.5 TOY 터미널 에뮬레이터(toyterm) 사용법 ······ 335
D.6 TOY 버추얼 머신(toyvm) 사용법 ······ 336

[부록 E] TOY 어셈블러 소스코드 ······ 337

[부록 F] TOY 시뮬레이터 소스코드 ······ 357

[부록 G] TOY 터미널 에뮬레이터 소스코드 ······ 373

제 1 부

어셈블리 언어와 기계어

[제1장]

마이크로프로세서의 프로그램 실행원리

1.1 마이크로프로세서와 어셈블리 언어

먼저 간단한 비유를 들어서 C 언어와 마이크로프로세서가 실행하는 명령어의 관계를 이해하도록 하자. 그림 1.1과 같은 도로 상에서 주행 로봇이 출발지로부터 목적지에 도달하도록 이동과정을 프로그램으로 표현해 보자. 점선은 주요도로를 나타내고, 굵은 화살표는 이동 경로를 나타낸다. 프로그램 1.1은 지능을 가진 주행 로봇을 위한 프로그램이다.

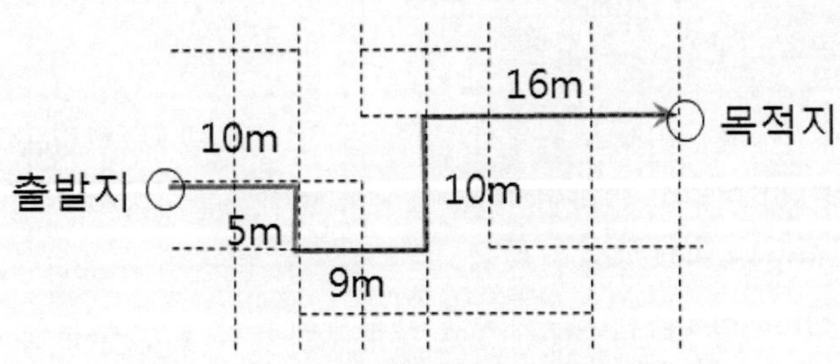

그림 1.1 주행로봇의 이동

[프로그램 1.1] 지능을 가진 로봇을 위한 프로그램

```
전방으로 두 블록을 직진한 후에; 우회전을 하고;
한 블록을 직진한 후에; 좌회전을 하고;
두 블록을 직진한 후에; 좌회전을 하고;
한 블록을 직진한 후에; 우회전을 하고;
전방으로 세 블록을 직진한다.
```

프로그램 1.1에서 한 블록을 이동한다는 것을 사람은 이해하기 쉽지만, 주행 로봇에 기계적인 방법으로 블록이라는 것을 인식하도록 만들기는 아주 어렵다. 이제 아주 간단한 세 가지의 명령만을 인식하는 주행로봇을 가정해보자. 실행이 가능한 명령은 '1미터 전진', '우회전', 및 '직전 동작 n번 반복'의 세 가지뿐이다. 프로그램 1.2는 이 세 가지의 단순한 명령만으로도 잘 조합하면 프로그램 1.1과 같은 결과를 얻을 수 있음을 보인다.

[프로그램 1.2] 단순한 로봇을 위한 프로그램

```
1미터 전진; 직전 동작 9회 반복; 우회전;
1미터 전진; 직전 동작 4회 반복; 우회전; 직전 동작 2회 반복
1미터 전진; 직전 동작 8회 반복; 우회전; 직전 동작 2회 반복
1미터 전진; 직전 동작 9회 반복; 우회전;
1미터 전진; 직전 동작 15회 반복;
```

마이크로프로세서는 순차 논리 회로로 설계된 단순한 기계이다. 복잡한 명령을 실행할 수 있는 기계를 논리 회로로 직접 구현하는 것은 불가능 하거나, 너무 복잡해서 제작하기가 무척 어려울 것이다. 마이크로프로세서는 몇 가지의 단순하면서도 핵심적인 명령들만을 실행하도록 하고, 복잡한 기능은 이 명령들을 조합하여 프로그램으로 작성함으로써 구현하도록 한다.

앞에서 언급한 주행 로봇에서 '직전 동작 n번 반복' 명령은 아주 중요한 의미를 갖는다. 이 명령이 없다면 예를 들어서 100km를 전진하려면 '1미터 전진' 명령을 무려 십만 번 반복하여 표현해야 할 것이고 따라서 프로그램의 길이가 너무 길어질 것이다. 마이크로프로세서도 프로그램의 일정한 부분을 지정된 횟수만큼 반복하는 작업을 수없이 많이 실행한다. 마이크로프로세서는 전자회로의 속도가 매우 빨라서 초당 수억 개의 단순한 명령들을 실행함으로써 겉으로 보기에는 컴퓨터가 복잡한 기능을 빠르게 처리하는 것처럼 보인다.

이제 C 언어로 표현된 프로그램을 마이크로프로세서가 어떻게 단순한 명령어들을 조합하여 실행하는지를 알아보자.

> **참고** **[CPU와 마이크로프로세서]** CPU는 중앙처리장치(Central Processing Unit)의 약자로서 컴퓨터의 모든 동작을 처리하는 핵심 부분이다. 예전의 CPU는 회로기판에 많은 부품 칩들을 장착하여 구성하였지만 지금은 집적회로 기술이 발전하여 하나의 칩으로 만든다. 이렇게 만들어진 CPU 칩을 보통 프로세서(processor)라고 하고, 특히 예전의 대형 회로기판으로 만들어지던 CPU에 비해서 아주 작은 칩으로 만들어지므로 이제는 대부분 마이크로프로세서(microprocessor)라고 부른다. 이 교재에서 CPU, 프로세서, 마이크로프로세서는 모두 같은 의미를 가진다.

[프로세서의 덧셈 실행] 프로그램 1.3의 의미는 프로세서로 하여금 '변수 X의 내용과 변수 Y의 내용을 더해서 그 결과를 변수 Z에 기록하라'는 것이다. 컴퓨터에서는 변수별로 메모리상의 특정 위치가 할당되어 현재의 값을 기록한다. 메모리의 특정 위치는 주소로 구별한다. 그림 1.2는 X, Y, 및 Z로 표시된 주소의 메모리의 위치에 해당 변수의 값을 기록한 것을 보여준다. 더하는 기능은 프로세서(CPU) 내부에 있으므로, 덧셈 동작을 위해서는 메모리 상의 X 번지에 있는 내용과 Y 번지에 있는 내용을 프로세서 내부로 읽어 들인 다음에 그 둘을 더하고 그 결과를 Z 번지에 기록하여야 한다.

[프로그램 1.3] 덧셈을 위한 C언어 프로그램

```
Z = X + Y;
```

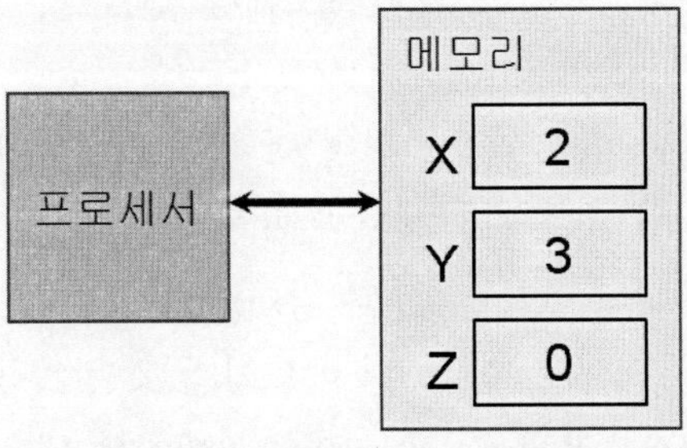

그림 1.2 프로세서와 메모리

이제 프로세서의 동작과정을 프로그램 1.4와 같이 표현할 수 있을 것이다. 이 과정에서 프로세서는 메모리에 읽기를 두 번 한 후에 쓰기를 한 번한다.

[프로그램 1.4] 덧셈을 위한 실행절차

1. 메모리의 X 번지의 내용 읽기
2. 메모리의 Y 번지의 내용 읽기
3. 읽어온 2개의 값을 더하기
4. 더한 결과를 메모리의 Z 번지에 쓰기

프로세서는 내부에 변수 X의 내용, 변수 Y의 내용, 및 더한 결과를 임시로 기록할 수 있는 장치를 가지고 있으면 위의 동작을 좀 더 구체적으로 표현할 수 있을 것이다. 이러한 임시 기록 장치를 **레지스터**(register) 라고 한다. 그림 1.3은 프로세서 내부의 레지스터까지 표현한 것이다. 여기서 레지스터가 4개인 것을 가정하였는데, R0부터 R3까지의 이름으로 구별하였다. **ALU**(Arithmetic and Logic Unit)는 덧셈, 뺄셈 등의 산술 연산과 AND, OR 등의 논리 연산을 할 수 있는 논리 회로로서 이 책의 제3부에서 자세히 설명할 것이다.

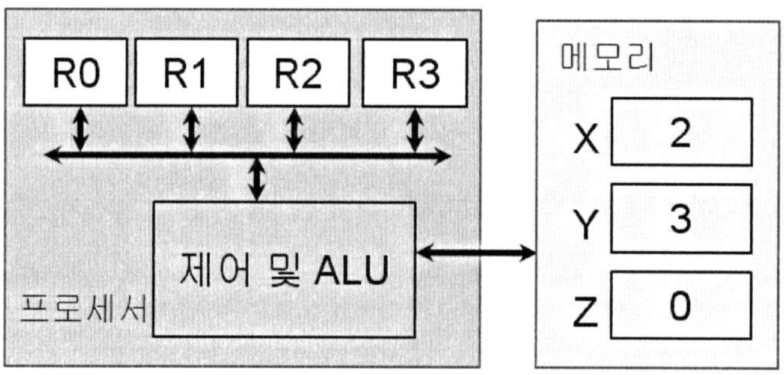

그림 1.3 프로세서와 내부의 레지스터

읽어온 X 번지의 내용과 Y 번지의 내용은 임시로 각각 R1과 R2 레지스터에 저장하고, R1과 R2의 값을 ALU에서 더한 결과를 R3 레지스터에 저장한다면, 프로세서의 동작과정은 프로그램 1.5와 같이 표현할 수 있다. 여기서 화살표 '←'는 값을 복사한다는 의미로, M[X]는 메모리의 X 번지 내용으로 해석하면 된다. 즉, 'R1 ← M[X]'는 프로세서가 메모리의 X번지의 내용을 읽어 들여서 R1 레지스터에 저장한다는 의미이다. 'M[Z] ← R3'는 프로세서가 내부의 R3 레지스터의 현재 값을 메모리의 Z 번지에 기록한다는 의미이다.

[프로그램 1.5] 레지스터를 이용한 덧셈 실행절차

1. R1 ← M[X]	메모리의 X 번지의 내용을 읽어서 R1에 저장
2. R2 ← M[Y]	메모리의 Y 번지의 내용을 읽어서 R2에 저장
3. R3 ← R1 + R2	R1의 내용과 R2의 내용을 더해서 R3에 저장
4. M[Z] ← R3	R3의 내용을 메모리의 Z 번지에 쓰기

이러한 동작들이 바로 프로세서가 실행할 수 있는 동작들이다. 프로세서가 실행할 수 있는 단위 실행 동작들을 **명령어**(instruction)라고 부르며 각 명령어 별로 적절한 이름을 붙여서 표현한다. 일반적으로 메모리에서 읽어 와서 프로세서 내부의 레지스터에 저장하는 동작을 LOAD, 반대로 프로세서 내부의 레지스터의 내용을 메모리에 쓰는 동작을 STORE라고 부른다.

[어셈블리 언어 프로그램] 앞의 프로그램 1.5를 프로세서의 명령어로 표현하면 프로그램 1.6과 같이 표현할 수 있다. 여기서 'LOAD R1, X'는 메모리의 X 번지의 내용을 읽어서 레지스터 R1에 저장하는 것을 의미하고, 'STORE R3, Z'는 레지스터 R3의 내용을 메모리의 Z 번지에 기록하는 것을 의미한다. 'ADD R3, R1, R2'은 R1의 값과 R2의 값을 더해서 R3에 저장하는 것을 의미한다. 이렇게 표현한 것이 바로 어셈블리 언어 프로그램이다.

[프로그램 1.6] 덧셈을 위한 어셈블리 언어 프로그램

```
LOAD R1, X
LOAD R2, Y
ADD R3, R1, R2
STORE R3, Z
```

참고

여기서 레지스터는 R1, R2, 및 R3을 사용하였지만, 다른 레지스터를 선택하여도 무방하다. 예를 들어 변수 X의 값을 위해서는 R2를, 변수 Y의 값을 위해서는 R3을, 더한 결과를 저장하기 위해서는 다시 R2를 사용해도 결국 메모리의 변수 Z의 영역에는 변수 X 와 Y 의 값을 더한 결과가 기록될 것이다.

[컴파일러] 프로세서는 단순화된 명령들만을 수행할 수 있도록 설계되므로, C 언어와 같은 고급수준의 언어로 작성된 프로그램은 프로세서가 처리할 수 있는 명

령어들의 집합인 어셈블리 언어 프로그램으로 번역해 주어야 하며, **컴파일러**(compiler)가 바로 그 역할을 수행하는 소프트웨어이다. 즉, C 언어 컴파일러는 C 언어로 작성된 프로그램 파일을 읽고 그 의도대로 수행되도록 하기 위해서 프로세서가 수행 가능한 명령어들의 적절한 조합으로 번역하여 어셈블리 언어 프로그램 파일을 생성한다. 예를 들어 프로그램 1.3의 'Z = X + Y;'와 같은 C 언어의 표현을 프로그램 1.6과 같은 어셈블리 언어의 표현으로 번역해 주는 것이다. 이렇게 번역된 어셈블리 언어 프로그램은 다시 **어셈블러**(assembler)를 통하여 기계어 코드의 실행 파일로 변환한다.

[어셈블러] 프로세서는 전자회로이므로 어셈블리 언어가 아닌 기계어로 표현된 명령어들을 하나씩 차례대로 실행한다. 그런데 기계어 코드는 2진수로 표현되므로 사람이 읽기에는 난해하다. 어셈블리 언어는 기계어의 명령어 각각을 사람이 이해하기 쉽도록 적절한 이름을 붙여 표현한 것이다. 어셈블리 언어 프로그램의 명령어 하나하나는 각각 대응되는 기계어 코드 표현이 있는 것이다. 어셈블리 언어로 표현된 프로그램 파일을 읽어 들여서 기계어 코드로 표현된 파일로 변환하여 기록하는 소프트웨어가 어셈블러이다. 기계어 코드로 표현된 프로그램은 메모리에 기록해 두면 프로세서가 이 기계어 코드를 차례대로 실행하게 된다.

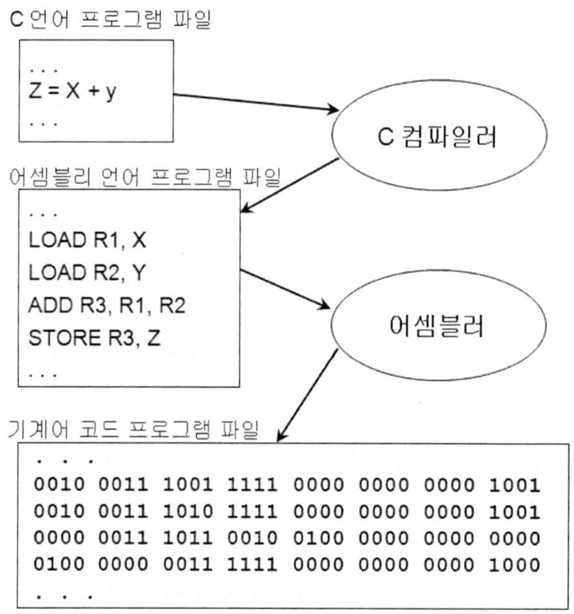

그림 1.4 컴파일러와 어셈블러 소프트웨어의 역할

1.2 마이크로프로세서의 명령어 실행

[TOY 프로세서] 시중에서 판매되는 마이크로프로세서들은 각각 고유한 내부의 레지스터들과 사용 가능한 명령어들을 갖고 있다. 본 교재에서 사용하는 단순한 프로세서인 TOY 프로세서는 실제로 판매되고 있는 것이 아니라 이 교재에서 독자들의 이해를 돕기 위해 사용하는 가상 프로세서이다. 그림 1.5는 TOY 프로세서의 레지스터들을 보여준다. 구체적인 회로 설계는 10장에서 자세히 다룰 것이다. R0부터 R6까지의 7개 레지스터는 각각 32비트 데이터를 저장할 수 있는 범용 레지스터이다. PC(Program Counter)는 32비트 레지스터로서 다음에 실행할 명령어를 읽어올 메모리 주소를 기록하고 있다. CCR(Condition Code Register)은 2장에서 설명할 것이다.

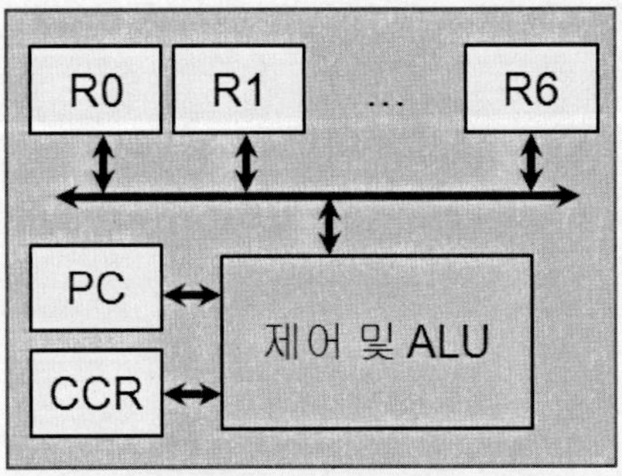

그림 1.5 TOY 프로세서 내부의 레지스터 집합

TOY 프로세서의 명령어들은 메모리의 특정 주소에 들어 있는 내용을 읽어서 지정된 레지스터에 저장하거나, 지정된 레지스터의 내용을 메모리의 특정 주소에 기록하거나, 프로세서 내부의 레지스터 값들을 사용하여 적절한 연산을 한 후에 그 결과를 다른 레지스터에 저장하는 것 등으로 구성된다. 여기에다 프로그램의 실행과정에서 일정 부분을 건너뛰거나, 뒤로 되돌아가서 실행하거나, 함수 호출을 위한 처리 등이 추가된다.

메모리에는 그림 1.6과 같이 실행할 프로그램을 위한 명령어들과 변수 값들이 메모리의 적절한 영역에 기록되어 있다. 여기서 명령어는 편의상 어셈블리 언어로 표현하였지만 실제로는 기계어로 변환된 코드가 들어있어야 한다. X, Y, 및 Z는 해당 변수의 값이 기록되어 있는 메모리 영역의 주소를 의미한다.

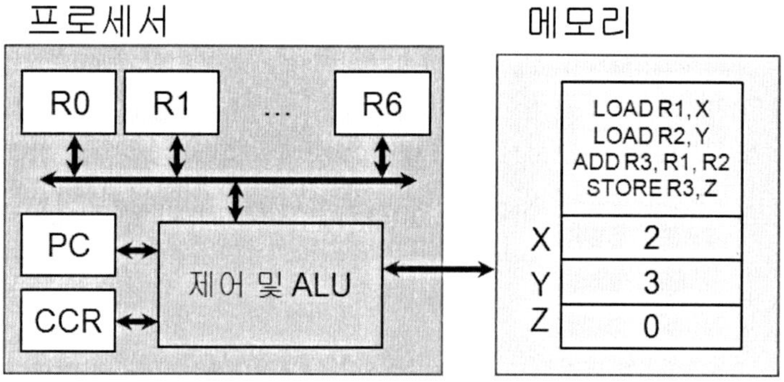

그림 1.6 TOY 프로세서와 메모리 내용

[명령어의 실행과정] TOY 프로세서가 명령어를 실행하는 과정은 그림 1.7과 같다. PC는 다음에 실행할 명령어가 있는 메모리 주소를 기록하고 있다. 먼저 PC가 지정하는 주소의 메모리 내용(기계어 코드)을 읽어오고, 읽어온 기계어 코드를 해독하면서 PC 값은 1만큼 증가시켜 놓은 후에, 해독된 기계어 코드대로 실행한다. 이렇게 하나의 명령어 실행이 완료되면 다시 PC가 가리키는 주소 (1만큼 증가해 있는 주소)의 메모리 내용(바로 다음의 명령어)을 읽어 와서 실행한다. 프로세서는 이러한 작업을 끝없이 반복한다.

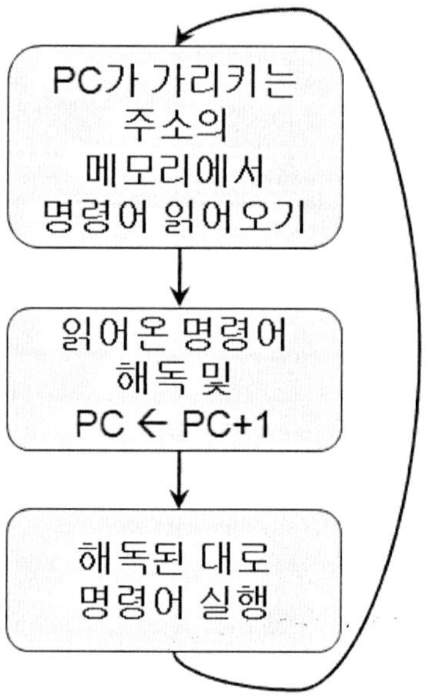

그림 1.7 프로세서의 명령어 실행과정

참고

프로세서는 메모리의 특정 주소에 대해서 읽기와 쓰기만을 할 수 있다. 전기적인 신호는 그림 1.8과 같이 메모리의 특정 주소를 지정하는 신호(ADDR), 읽기나 쓰기 과정에서 전달될 데이터를 위한 신호(DATA), 읽기인지 쓰기인지를 구별하기 위한 1비트 신호(MemWr), 읽기/쓰기를 실시하라는 1비트의 활성화 신호(MemEn) 등으로 이루어져 있다. ADDR은 메모리의 용량에 따라서 16비트나 32비트의 병렬 신호로 이루어지고, DATA는 한 번에 읽기/쓰기를 하는 데이터의 비트 수에 따라서 16비트나 32비트의 병렬 신호로 이루어진다. DATA는 메모리 읽기 과정에서는 메모리에서 프로세서로 신호가 전달되고, 메모리 쓰기 과정에서는 프로세서에서 메모리로 신호가 전달되도록 한다. 보다 자세한 내용은 10장에서 다루도록 한다.

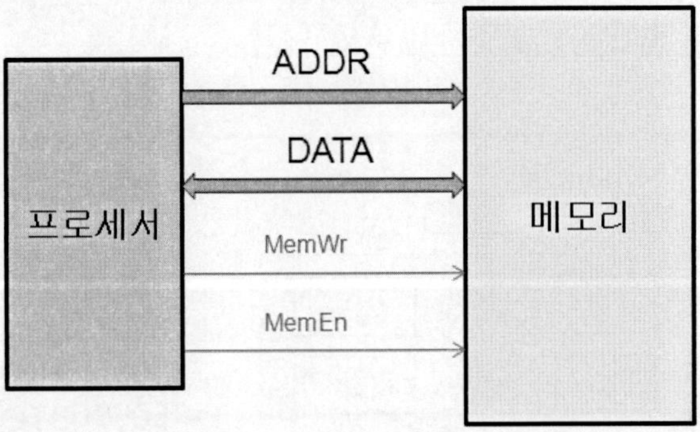

그림 1.8 프로세서의 메모리 읽기와 쓰기를 위한 신호

[메모리상의 프로그램] 표 1.1은 프로그램 1.6이 메모리에 적재된 모습을 보여준다. 여기서는 메모리의 주소 3000번지부터 프로그램이 배치된다고 가정하였다.

표 1.1 메모리상의 프로그램 내용

메모리 주소	메모리 내용(명령어 및 데이터)	의미
3000	LOAD R1, 3010	R1 ← M[X]
3001	LOAD R2, 3011	R2 ← M[Y]
3002	ADD R3, R1, R2	R3 ← R1 + R2
3003	STORE R3, 3012	M[Z] ← R3
3004	...	
...	...	
3010	2	변수 X의 메모리 내용
3011	3	변수 Y의 메모리 내용
3012	0	변수 Z의 메모리 내용

변수들은 메모리의 3010번지부터 배치된다고 가정하였다. 변수 X는 3010번지에 배치하고, 변수 Y는 3011번지에, 변수 Z는 3012번지에 배치하였다. 각 명령어는 2진수로 된 프로세서 고유의 기계어 코드가 기록되지만 여기서는 편의상 명령어의 의미를 쉽게 알 수 있도록 어셈블리 언어 형태로 표기하였다. 메모리의 3000번지에는 'LOAD R1, 3010'에 해당하는 기계어 코드가 배치되고, 3001번지에는 'LOAD R2, 3011'에 해당하는 기계어 코드가 배치되는 식이다.

[프로그램 실행과정] 이제 3000번지부터 프로그램이 실행된다고 가정하고 프로세서가 실행하는 과정을 추적해보자. 현재 PC에는 3000이 기록되어 있고 레지스터들의 초기 값이 0이라고 가정한다. 처음에는 프로세서 내부의 레지스터들과 메모리의 내용은 그림 1.9와 같을 것이다.

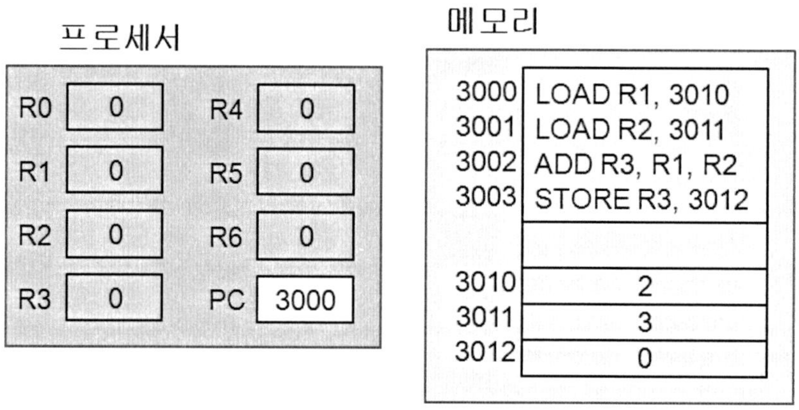

그림 1.9 프로그램 실행 전

프로세서가 PC에 지정된 주소의 메모리 내용을 읽어오면 3000번지의 'LOAD R1, 3010'에 해당하는 기계어 코드를 읽어오고 (프로세서가 PC의 값인 3000을 메모리에 주소로 전달하면서 읽기 신호를 보내면 메모리는 3000번지의 내용을 보내온다), PC는 1만큼 증가해서 3001이 된다. 읽어온 명령어는 3010번지의 내용을 읽어 와서 레지스터 R1에 저장하라는 것이다. 따라서 이 명령을 실행하기 위해서 프로세서는 3010을 메모리에 주소로 전달하면서 읽기 신호를 보내면 메모리는 3010번지의 내용인 2를 보내오고 프로세서는 이 값을 R1에 기록한다. 이렇게 해서 첫 번째 명령의 실행이 끝난다.

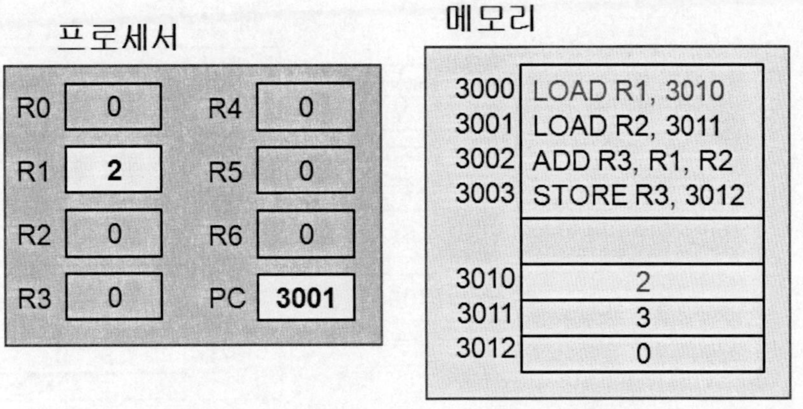

그림 1.10 명령어 'LOAD R1, 3010'의 실행 후

프로세서는 계속해서 PC에 지정된 주소의 메모리 내용인 3001번지의 'LOAD R2, 3011'에 해당하는 기계어 코드를 읽어온다. PC를 1만큼 증가시켜서 3002로 갱신하고, 읽어온 명령어를 실행하면 3011번지의 메모리 내용인 3을 읽어서 레지스터 R2에 기록한다.

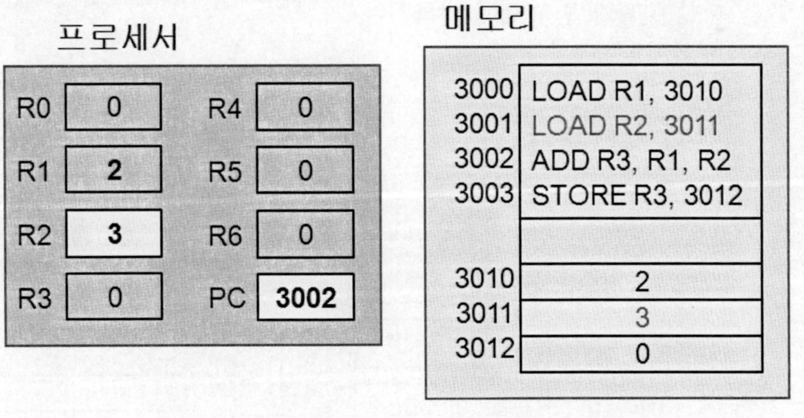

그림 1.11 명령어 'LOAD R2, 3011'의 실행 후

다시 PC에 지정된 주소의 메모리 내용을 읽어오면 3002번지의 'ADD R3, R1, R2'에 해당하는 기계어 코드를 읽어오고, PC는 1만큼 증가해서 3003이 된다. 읽어온 명령어를 실행하면 현재의 R1의 값인 2와 R2의 값인 3을 더한 결과를 레지스터 R3에 기록한다.

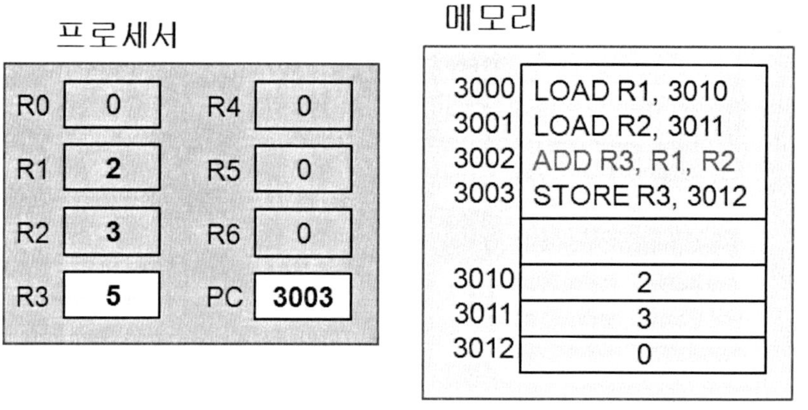

그림 1.12 명령어 'ADD R3, R1, R2'의 실행 후

다시 PC에 지정된 주소의 메모리 내용을 읽어오면 3003번지의 'STORE R3, 3012'에 해당하는 기계어 코드를 읽어오고, PC는 1만큼 증가해서 3004로 된다. 읽어온 명령어를 실행하면, 메모리에 3012를 주소로 전달하고, 현재의 R3의 값인 5를 메모리에 데이터로 전달하면서 쓰기 신호를 보낸다. 메모리 쓰기가 끝나면 5가 메모리의 3012번지에 기록된다. 이렇게 해서 변수 X의 값과 변수 Y의 값을 더한 결과가 변수 Z에 기록된다.

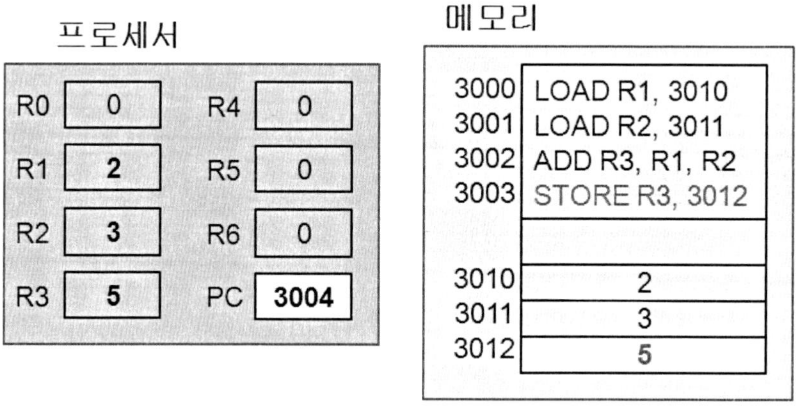

그림 1.13 명령어 'STORE R3, 3012'의 실행 후

참고

표 1.1의 프로그램을 실행하면서 프로세서가 메모리 읽기와 쓰기를 실시한 동작들만 순서대로 나열해보면 다음과 같다. 총 6번의 메모리 읽기와 1번의 메모리 쓰기를 실시하였다. 이들 중에서 명령어 읽기를 위해서 메모리 읽기를 4번 실시하였고, 명령어 실행을 위해서 메모리 읽기 2번과 메모리 쓰기 1번을 실시하였다

1. 메모리 3000번지 **읽기**(명령어 읽기)
2. 메모리 3010번지 **읽기**(명령어 실행)
3. 메모리 3001번지 **읽기**(명령어 읽기)
4. 메모리 3011번지 **읽기**(명령어 실행)
5. 메모리 3002번지 **읽기**(명령어 읽기)
   (프로세서 내부에서 덧셈 연산)
6. 메모리 3003번지 **읽기**(명령어 읽기)
7. 메모리 3012번지 **쓰기**(명령어 실행)

1.3 기계어 코드의 표현

[기계어 코드] 기계어 코드는 프로세서마다 그 설계과정에서 결정한 고유한 코드 체계가 있다. 이 코드 체계는 순차 논리 회로로 설계된 프로세서에 의해 해석되고 실행될 수 있도록 일정한 형식을 갖추고 있다. 이 교재에서 사용하는 가상적인 프로세서인 TOY 프로세서의 기계어 코드는 32비트로 이루어지며 제일 상위 6비트가 명령어 종류를 나타내고, 나머지 비트들에는 명령어마다 필요한 추가정보가 표현된다.

표 1.2는 표 1.1의 프로그램을 TOY 프로세서의 기계어 코드로 표현한 것이다. 자세한 내용은 4장에서 설명할 것이다. 우선 일부만 설명하면, 최상위 6비트는 명령어 종류를 나타내는데 LOAD 명령은 '001000'이고, STORE 명령은 '010000', ADD 명령은 '000000'이다. 중간의 밑줄 친 3비트씩의 부분들은 대상이 되는 레지스터들의 번호를 2진수로 표현하고 있는데, R1은 001, R2는 010, R3는 011로 표현하였다. 변수들의 데이터에 해당하는 3010번지 이후 부분은 그 값을 그대로 2진수로 표현하고 있다.

표 1.2 메모리상의 기계어 코드와 데이터

주소	기계어 코드	의미
3000	001000 111 001 111 1 0000 0000 0000 1001	LOAD R1, 3010
3001	001000 111 010 111 1 0000 0000 0000 1001	LOAD R2, 3011
3002	000000 111 011 001 0 0100 0000 0000 0000	ADD R3, R1, R2
3003	010000 000 011 111 1 0000 0000 0000 1000	STORE R3, 3012
3004	...	...
...	...	...
3010	0000 0000 0000 0000 0000 0000 0000 0010	2
3011	0000 0000 0000 0000 0000 0000 0000 0011	3
3012	0000 0000 0000 0000 0000 0000 0000 0000	0

참고

메모리에 저장된 내용이 프로그램인지 데이터인지는 어떻게 구별하는가? 기록된 값만으로는 구별할 수 없다. 대신, 명령어 읽기 과정에서 PC에 지정된 주소의 메모리 내용을 읽어왔으면 그 내용은 명령어인 것이고, 읽어온 명령어를 실행하는 과정에서 메모리 읽기나 쓰기를 하면 그 내용은 데이터인 것이다.

TOY 프로세서는 3000번지의 프로그램 내용을 읽어 들이면 최상위 6비트의 값에 따라 LOAD, ADD, STORE 등을 구별한다. 각 명령어에 따라서 나머지 비트들의 정보를 활용하여 정해진 동작을 실행하게 된다. 10장에서 이러한 과정이 이루어지도록 적절한 논리 회로로 구성하는 방법을 설명할 것이다. 생각보다는 비교적 간단하게 회로가 구성되는 것을 확인할 수 있을 것이다.

1.4 수의 표현

숫자를 표현할 때 10진수 외에 2진수 및 16진수로 표현하는 것이 편리할 때가 많다. 2진수의 표현은 각 비트를 0이나 1로 표현한 것이다. 16진수의 표현은 4비트씩 묶어서 하나의 문자로 표현하므로, 한 자리의 수는 0부터 15까지의 의미가 있으며 0부터 9까지는 0~9의 문자로, 10부터 15까지는 A~F의 문자로 표현한다.

[비부호 정수의 표현] 여기서는 편의상 8비트 크기의 수라고 가정하자. 8비트로 표현 가능한 비부호(부호가 없는, 0과 자연수만으로 이루어지는) 정수는 0부터

255까지로서 2진수로는 00000000부터 11111111까지로 표현되고, 16진수로는 00부터 FF까지로 표현된다. 이 책에서는 표시 방법을 확실하게 구별할 수 있도록 2진수 표기는 끝에 B를 붙이고 16진수 표기는 앞에 0x를 붙이도록 한다. 예를 들어 10진수 19는 2진수로는 00010011B로 표기하고, 16진수로는 0x13으로 표기한다.

표 1.3 비부호 정수의 표현 범위

비트 수	10진수 표현	2진수 표현	16진수 표현
8	0 ~ 255	00000000B ~ 11111111B	0x00 ~ 0xFF
16	0 ~ 65,535	0000000000000000B ~ 1111111111111111B	0x0000 ~ 0xFFFF

참고

기계어 코드나 메모리 주소 등을 표현할 때에는 16진수를 흔히 사용한다. 그 이유는 표현하기가 간단하기 때문이다. 2진수를 그대로 표현하면 너무 길고, 10진수로 표현하려면 2진수와의 변환 과정이 꽤 번거롭다. 그러나 16진수로 표현하면 2진수를 4비트씩 묶어서 0부터 F까지의 문자 하나로 표시하므로 길이도 짧고 2진수와의 변환도 간편하다.

[정수의 표현] 정수는 비부호 정수와 달리 음수의 표현이 가능하다. 음수는 2의 보수로 계산하여 표시하는데, 8비트의 경우 −128부터 +127까지의 256가지 숫자를 표현할 수 있다. 표 1.4는 8비트로 표현되는 정수에 대한 표현 가능 범위를 보여준다.

표 1.4 8비트 정수의 표현 범위

수의 범위	2진수 표현	16진수 표현
1 ~ 127	00000001B ~ 01111111B	0x01 ~ 0x7F
0	00000000B	0x00
-128 ~ -1	10000000B ~ 11111111B	0x80 ~ 0xFF

[2의 보수] 컴퓨터에서는 음의 정수를 표현할 때에 2의 보수 표현법을 적용한다. 주어진 2진수의 각 비트의 값을 반대로 바꾼(0은 1로, 1은 0으로) 것이 **1의 보수**

(1's complement)이다. 여기에 1을 추가로 더해주면 **2의 보수**(2's complement)가 된다. 예를 들어 10진수로 3인 8비트 정수는 00000011B이다 이것의 1의 보수는 11111100B이고, 여기에 1을 더하면 11111101B인데 이것이 2의 보수로 표현된 10진수 −3이다.

	0000 0011	(3)
1의 보수	1111 1100	
	+ 0000 0001	
2의 보수	1111 1101	(-3)

그림 1.14 2의 보수 계산

표 1.5는 2의 보수로 표현된 정수를 보여준다. 8비트 정수는 표현이 가능한 범위 전체를 포함하고 있지만, 16비트 정수는 일부만을 포함하고 있다.

표 1.5 정수의 2의 보수 표현

정수값	8비트 정수	16비트 정수
...	(없음)	...
128	(없음)	0000 0001 0000 0000
127	0111 1111	0000 0000 0111 1111
126	0111 1110	0000 0000 0111 1110
125	0111 1101	0000 0000 0111 1101
124	0111 1100	0000 0000 0111 1100
...	...	...
3	0000 0011	0000 0000 0000 0011
2	0000 0010	0000 0000 0000 0010
1	0000 0001	0000 0000 0000 0001
0	0000 0000	0000 0000 0000 0000
-1	1111 1111	1111 1111 1111 1111
-2	1111 1110	1111 1111 1111 1110
-3	**1111 1101**	**1111 1111 1111 1101**
...	...	...
-126	1000 0010	1111 1111 1000 0010
-127	1000 0001	1111 1111 1000 0001
-128	1000 0000	1111 1111 1000 0000
-129	(없음)	1111 1110 1111 1111
...	(없음)	...

[부호 비트] 정수는 표 1.5에서 보듯이 음수는 모두 최상위 비트가 1이다. 최상위 비트가 0이면 값이 영이거나 양수이다. 그래서 2의 보수로 표현하는 정수의 최상위 비트를 **부호 비트**(sign bit)라고 한다.

2진수로 표현된 수는 그것이 정수인지 비부호 정수인지에 따라서 의미가 달라진다. 표 1.6은 8비트 2진수에 대해서 정수로서의 값과 비부호 정수로서의 값을 비교하여 보여준다. 부호 비트인 최상위 비트가 0인 경우에는 같은 값을 의미하지만 부호 비트가 1인 경우에는 의미하는 값이 달라진다. 예를 들어 2진수 10000001B는 비부호 정수라면 129의 의미가 있지만 정수라면 −127의 의미가 있다.

▌표 1.6▐ 8비트 수의 정수와 비부호 정수의 값 비교

2진수 표현	비부호 정수값	정수값
0000 0000	0	0
0000 0001	1	1
0000 0010	2	2
...	...	...
0111 1110	126	126
0111 1111	127	127
1000 0000	128	-128
1000 0001	129	-127
1000 0010	130	-126
1000 0011	131	-125
...	...	...
1111 1110	254	-2
1111 1111	255	-1

참고

메모리나 레지스터에 기록된 2진수가 정수인지 비부호 정수인지를 어떻게 구별할 것인가? 표현된 내용만으로는 알 수 없고, 특정 메모리 주소별로 어떤 의미로 사용하는지를 정해 놓고 그것에 맞게 기록하고 해석해야 한다. 예를 들어 C 언어에서 unsigned int (비부호 정수) 형으로 선언된 변수에 기록된 내용은 unsigned int 형으로 해석해야지 이것을 int (정수) 형으로 해석하면 엉뚱한 의미로 처리될 것이고, 그 반대의 경우도 마찬가지다. 비유를 들자면, 3자리의 10진수를 기록하는 전광판이 2개 있고, 그 첫 번째는 172, 두 번째는 725가 기록되어 있다고 하자. 이것만으로는 무슨 의미인지 전혀 알 수 없다. 다만 '첫 번째는 3자리의 자연수로 표현된 것이고 키를 의미하며 단위는 cm이고, 두 번째는 소수점 이하 한 자리인 고정 소수점의 실수로 표현된 것이고 체중을 의미하며 단위는 kg이라는 정의를 따른다' 라는 사실을 사전에 지정해 놓았다면 그 의미가 명확해지는 것이다.

[2의 보수의 장점] 컴퓨터에서 왜 2의 보수를 사용하게 되었을까? 음수의 표현을 위해서 2의 보수를 사용하면 프로세서를 설계할 때 산술 연산을 위한 논리 회로를 단순하게 설계할 수 있다. 이 책의 제3부에서 설명하겠지만 2진 가산기가 있으면 여기에 2의 보수 회로만 추가하면 감산기능도 함께 사용할 수 있고, 정수와 비부호 정수의 구별 없이 같은 가산기를 그대로 사용할 수 있다. 즉, 가산기 하나와 2의 보수를 위한 약간의 부가 회로만으로 정수의 덧셈 및 뺄셈, 비부호 정수의 덧셈 및 뺄셈을 모두 처리하는 회로를 설계할 수 있다. 그림 1.15에서 보는 바와 같이 가산기에서 00000010B와 10000001B를 일반적인 2진수 덧셈을 하면 결과는 10000011B이 된다. 이 계산의 의미는 비부호 정수일 때에는 2와 129를 더해서 131이 된 것을 의미하지만, 정수일 때에는 2와 −127을 더해서 −125가 된 것을 의미한다. 둘 다 계산결과가 정확하다.

		비부호 정수	정수
	0000 0010	(2)	(2)
+	1000 0001	(129)	(-127)
	1000 0011	(131)	(-125)

그림 1.15 가산기 계산 결과에 대한 의미

[음수의 절대 값 계산] 2진수로 표현된 음수인 정수를 10진수로 표현하려면 그 절대값을 계산해야 한다. 2의 보수의 2의 보수는 원래 값이 된다. 즉 2의 보수를 취해보면 그 절대값을 알 수 있다. 그림 1.15에서 8비트로 10000001은 음수인데 2의 보수를 취하면 01111111, 즉 127이므로 10000001은 -127임을 알 수 있다. 정수 x의 2의 보수는 -x이고 이것의 2의 보수는 다시 x이다. 2의 보수는 이러한 원리가 작동하도록 수학적으로 정의한 것이다.

> **참고** 2진수 x의 '1의 보수'는 각 비트를 0은 1로 1은 0으로 뒤집은 것이다. 이것은 모든 비트가 1인 수에서 x를 뺀 것과 결과가 같다. 예를 들어 4비트 2진수 0010 의 1의 보수는 1101로서 이것은 1111−0010=1101로 계산한 결과와 동일하다. **모든 비트가 1인 수에서 x를 뺀 것이 x에 대한 1의 보수의 수학적 정의**이며, 이것을 계산하는 간편한 방식으로서 비트들을 뒤집는 기교를 쓴 것뿐이다.

참고

이제 2의 보수를 다시 정의해 보자. 예를 들어 4비트 2진수 x의 2의 보수는 1의 보수에 1을 더한 것이므로 (1111−x)+1, 즉 10000−x 이다. 2의보수의 수학적 정의로서, **n 비트 2진수 x의 2의 보수는 2^n−x에서 n 비트까지 만을 취한 것**이다. 다시 말해서 x에 x의 2의 보수를 더하면 x+(2^n−x)=2^n이 되고, 만약 하위 n 비트만 취한다면 0이 된다. 즉, x에 x의 2의보수를 더하면 0이 된다. n이 4라면 2^4−x 는 10000−x 이고 이것은 (1111+1)−x 이며 곧 (1111−x)+1 인 것이다. 여기서 1111−x 는 1의 보수와 같으므로, 1의 보수에 1을 더하는 방법으로 간편하게 2의 보수를 계산할 수 있다.

참고

왜 '2의 보수'라고 하는가? 그러면 3의 보수, 4의 보수, 또는 10의 보수도 있는가? 그렇다. 2의 보수에 대한 정의를 확장하면, 수의 표현에서 r 진수로 n 자릿수인 x의 'r의 보수'라 함은 r^n−x를 계산하고 n 자릿수까지 만을 취한 것으로 정의한다. 3자리 10진수에서 123의 10의 보수는 10^3−123=877이다. 이 정의대로라면 이제 '1의 보수'라는 표현이 적절치 못하다. 1진수라는 것은 0만 존재하기 때문이다. r의 보수라는 정의의 연장선상에서 편의상 '1의 보수'라는 이름을 붙인 것이다.

1.5 비트 수 확장

[비부호 정수의 비트 확장] 두 수를 연산하는 과정에서 자리수가 일치하지 않을 경우에는 비트 수를 확장하여 자리수를 일치시켜야 한다. 예를 들어 8비트로 17인 00010001과 4비트로 9인 1001을 더하기 위해서는 그림 1.16과 같이 8비트의 같은 길이로 맞춰야 한다. 비부호 정수는 길이가 짧은 수의 상위 자리수 부분에 모두 0을 채우면 된다. 이것은 우리가 일상적으로 10진수 연산에서 적용하는 방식과 같다. 이러한 과정을 **제로 확장**(zero extension)이라고 한다.

```
    0001 0001 (17)                0001 0001 (17)
+        1001  (9)             +  0000 1001  (9)
-----------------     ⇒       -----------------
              (26)                0001 1010 (26)
```

그림 1.16 비부호 정수의 제로 확장의 예

[정수의 비트 확장] 부호가 붙은 정수에 대한 연산에서는 단순히 0을 채우는 것으로는 잘못된 결과를 가져올 수 있다. 앞의 예와 동일하게 8비트로 17인 00010001과 4비트로 −7인 1001을 더하기 위해서 앞에 0을 채워서 8비트의 같은

길이로 맞추면 그림 1.17과 같이 잘못된 결과를 가져온다. 4비트로 1001B은 −7의 의미이지만 8비트로 00001001B은 +9의 의미로 변질되는 것이다.

```
     0001 0001 (17)              0001 0001 (17)
 +        1001 (-7)         +    0000 1001  (9)
 ------------------    ⇒    -------------------
              (10)               0001 1010 (26)
```

그림 1.17 정수의 제로 확장의 오류

정수의 2진수 표현에서 최상위 비트가 부호를 나타내므로 비트를 확장한 후에도 같은 의미가 있도록 해야 한다. 4비트로 −7은 1001이고 8비트로 −7은 11111001이다. 4비트로 7은 0111이고 8비트로 7은 00000111이다. 이러한 작업은 최상위 비트를 필요한 개수만큼 채워주는 것으로 해결된다. 즉, 최상위 비트가 0이면 (음수가 아니면) 0을 채워주고, 1이면 (음수이면) 1을 채워준다. 이러한 과정을 **부호 확장**(sign extension)이라고 한다.

```
     0001 0001 (17)              0001 0001 (17)
 +        0111  (7)         +    0000 0111  (7)
 ------------------    ⇒    -------------------
              (24)               0001 1000 (24)

     0001 0001 (17)              0001 0001 (17)
 +        1001 (-7)         +    1111 1001 (-7)
 ------------------    ⇒    -------------------
              (10)               0000 1010 (10)
```

그림 1.18 부호 확장의 예

> **참고**
>
> 비트 수 확장의 예로서 C 언어의 예를 들어보자.
>
> ```
> short x; long y;
> y = y + x;
> ```
>
> 여기서 short 유형은 16비트이고 long 유형은 32비트라고 가정한다. y의 값과 x의 값을 더하기 위한 어셈블리 언어 프로그램을 생성하기 위해서 C 컴파일러는 16비트 크기의 정수인 x를 먼저 32비트 크기의 정수로 **부호 확장**을 한 후에 y와 더하도록 처리한다. 만약 x는 unsigned short 유형으로, y는 unsigned long 유형으로 선언되었다면 C 컴파일러는 16비트 크기의 비부호 정수인 x를 먼저 32비트 크기의 비부호 정수로 **제로 확장**을 한 후에 y와 더하도록 처리한다.

1.6 캐리와 오버플로

두 수를 연산하는 작업으로서 덧셈과 뺄셈을 할 때 연산 결과가 표현 가능한 범위를 벗어나는 경우가 발생할 수 있다. 비부호 정수를 연산하는 과정에서 연산 결과가 표현 범위를 벗어났는지 여부를 표시하는 것이 **캐리**(C: Carry)이고, 정수를 연산하는 과정에서 연산 결과가 표현 범위를 벗어났는지 여부를 표시하는 것이 **오버플로**(V: Overflow)이다. 여기서는 편의상 표현 가능한 범위가 8비트라고 가정하자.

[캐리의 발생] 캐리는 비부호 정수를 연산하는 과정에서 연산 결과가 표현 범위를 벗어났는지 여부를 표시하는 비트이다. 비부호 정수의 덧셈 과정에서는 캐리가 있으면 상위 자리로 1이 올라감을 의미한다. 비부호 정수에 대해서 8비트로 표현 가능한 범위는 0부터 255까지인데 덧셈 결과가 255를 초과하거나 뺄셈 결과가 음수가 되면 8비트로는 표현할 수가 없게 된다. 덧셈에 대한 예로서 65+66은 131로서 255 이내이므로 정상적인 값으로 표현된다. 그러나 65 + 194를 실행하면 259로서, 255를 초과해서 8비트로는 표현할 수가 없다. 캐리를 제외하고 8비트로만 보면 값이 3인 것처럼 된다.

```
        0100 0001  (65)              0100 0001  (65)
+       0100 0010  (66)        +     1100 0010 (194)
--------------------------     -----------------------
C=0     1000 0011 (131)        C=1   0000 0011    (3)
```

그림 1.19 8비트 비부호 정수의 덧셈 연산

[캐리 비트값의 결정] 일반적으로 캐리는 **C 비트**로 표시한다. 이 값이 0이면 캐리가 발생하지 않았음을 나타내고, 1이면 캐리가 발생했음을 나타낸다. 비부호 정수의 덧셈에서 캐리 비트의 값은 덧셈과정에서 최상위 비트에서 발생하는 올림 수를 그대로 적용하면 된다. 캐리가 발생했으면 결과 값이 오류임을 나타내므로, 프로그램을 작성할 때는 직전 연산과정에서 캐리가 발생했는지 여부에 따라 다음 작업을 구별하도록 하고, 캐리가 발생한 경우는 적절한 오류 처리를 하도록 프로그램에 표현하면 된다.

참고

천문학적인 숫자와 같이 프로세서의 처리 가능한 비트 수를 초과하는 값은 어떻게 처리할까? 예를 들어서 32비트 처리만 가능한 프로세서에서 128비트의 정수를 처리해야 하는 경우를 가정해 보자. 그러면 하나의 128비트 변수는 단순한 데이터 유형으로 처리할 수가 없고, 4개의 32비트 항목을 가지는 배열로 선언하여 처리할 수 있다. 0번 항목은 최하위 32비트를 의미하고, 1번 항목은 차상위의 32비트로 의미를 부여한다. 두 개의 128비트 정수를 더한다고 하면 최하위 32비트에 해당하는 항목들을 먼저 더하고, 차상위 32비트에 해당하는 항목들을 더할 때 직전에 발생한 캐리를 추가로 더해주면 된다.

[빼기 연산의 캐리 비트 값] 뺄셈을 위해서 프로세서의 감산기 회로를 설계할 때에 일반적으로 감산기를 별도로 배치하지 않고 2의 보수를 만들어서 가산기로 더하는 것으로 설계한다. 비부호 정수이긴 하지만 2의 보수를 활용한다. 그림 1.20의 예에서 '66−65'는 곧 '66+(−65)' 로서 그 결과는 비부호 정수로 정상적인 값인 1이 된다. 이때 가산기의 계산 결과에 캐리가 발생한 것을 기억하자. 반대로 '65−66'은 '65+(−66)=−1'이므로 그 결과 값 −1은 비부호 정수로는 표현할 수 없는 값이다. 가산기를 이용한 덧셈 계산 결과는 255로서 잘못된 값을 나타내게 된다. 이때에는 가산기의 계산 결과에 캐리가 발생하지 않은 것으로 나타났다. 따라서 뺄셈의 결과에 대한 오류 검사는 캐리가 있으면 정상적인 값이고, 캐리가 없으면 오류인 것으로 처리해야 한다. 즉, 비부호 정수의 뺄셈에서 캐리가 없으면 바로우(borrow)가 있음을 의미한다.

```
    0100 0010 (66)                      0100 0010
 -  0100 0001 (65)                  +   1011 1111
 ------------------   ⇒ 가산기    ---------------------
               (1)                  C=1 0000 0001  (1)

    0100 0001 (65)                      0100 0001
 -  0100 0010 (66)                  +   1011 1110
 ------------------   ⇒ 가산기    ---------------------
        (표현불가)                  C=0 1111 1111 (255)
```

그림 1.20 가산기를 이용한 8비트 비부호 정수의 뺄셈 연산

참고

감산기를 위한 회로는 별도로 만들지 않고 가산기 앞단에 2의 보수 회로를 추가하는 것으로 해결한다. 그림 1.21은 "R0 ← R1 − R2"의 연산에서 R1이 66이고 R2가 65일 때의 연산 과정을 그림으로 보여준다. 덧셈은 2의 보수 회로를 거치지 않도록 하고 뺄셈은 2의 보수 회로를 거치도록 한다.

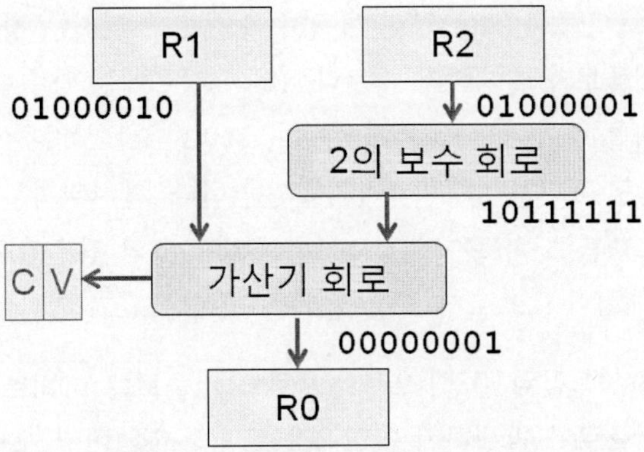

그림 1.21 "R0 ← R1 − R2"의 연산

> 참고
>
> **[뺄셈과 캐리의 활용]** 비부호정수에 대한 조건을 표현할 때 캐리를 활용할 수 있다. 예를 들어서 비부호정수 x에 대하여 조건 "if (x 〉= 99)", 즉 "x가 99보다 크거나 같으면"은 x−99〉=0을 의미하므로 여기에 해당하는 표현 방법은 "x−99의 연산을 하는 과정에서 캐리가 1이면(즉, 바로우가 0이면)"이 된다.

[오버플로의 발생] 오버플로는 정수를 연산하는 과정에서 연산 결과가 표현 범위를 벗어났는지 여부를 표시하는 비트이다. 예를 들어서 8비트 정수라면 표현 가능한 범위는 −128부터 +127이므로 연산 결과가 이 범위를 벗어나면 오버플로가 발생했다고 한다.

```
        0001 0100 (20)
  +     1111 1100 (-4)
  ----------------------
V=0     0001 0000 (16)
```

(a) 양수와 음수의 덧셈

```
        0010 0001 (33)
  +     0010 0000 (32)
  ----------------------
V=0     0100 0001 (65)
```

(b) 양수간의 덧셈

```
        0100 0001   (65)
  +     0100 0000   (64)
  ------------------------
V=1     1000 0001 (-127)
```

(c) 양수간의 덧셈(오버플로)

```
        1011 1111 (-65)
  +     1100 0000 (-64)
  ----------------------
V=1     0111 1111 (127)
```

(d) 음수간의 덧셈(오버플로)

그림 1.22 8비트 정수 연산

일반적으로 그림 1.22(a)와 같이 양수와 음수를 더하는 경우에는 절대값이 줄어들므로 오버플로가 발생하지 않는다. (b)의 경우에는 양수끼리 더한 결과가 65로서 표현 범위를 벗어나지 않은 경우이다. 그러나 (c)의 경우에는 65+64는 129로서 8비트 정수로 표현할 수 있는 범위를 벗어난다. 계산결과는 −127인 것처럼 되고 이 때에는 오버플로 비트가 설정되도록 한다. (d)의 경우에도 음수끼리 더한 결과는 (−65)+(−64)=−129 로서 표현 범위를 벗어나고 그 결과인 127은 잘못된 값이다.

[오버플로 비트값의 결정] 일반적으로 오버플로는 **V 비트**로 표시한다. 이 값이 0이면 오버플로가 발생하지 않았음을 표시하고, 1이면 오버플로가 발생했음을 의미한다. 양수와 음수를 더하는 경우에는 절대 값이 줄어들므로 정수 값의 표현 범위를 벗어나지 않고, 따라서 절대로 오버플로가 발생하지 않는다. 양수와 양수를 더한(최상위 비트가 0인 두 수를 더한) 결과는 더 큰 양수가 되는데 정수 값의 표현 범위를 벗어나게 되면 최상위 비트가 1로 바뀌어서 음수인 것처럼 변해버린다. 음수와 음수를 더하는(최상위 비트가 1인 두 수를 더하는) 경우에도 정수 값의 표현 범위를 벗어나게 되면 최상위 비트가 0으로 바뀌어서 양수인 것처럼 변해버린다. 따라서 프로세서의 회로를 설계할 때 V 비트를 설정하는 논리 회로는 양수와 양수를 더한 결과가 음수처럼 된 경우와, 음수와 음수를 더한 결과가 양수처럼 된 경우에 1로 설정되도록 설계하면 된다.

참고

[조건문에서 오버플로의 활용] 정수형 변수에 대한 조건을 표현할 때 오버플로를 활용할 수 있다. 예를 들어서 정수 x에 대하여 조건 "if (x >= 99)", 즉 "x가 99보다 크거나 같으면"은 x−99>=0을 의미하므로 여기에 해당하는 표현 방법은 "x−99의 연산을 하는 과정에서 결과가 음이 아니면서 오버플로가 0이거나, 결과가 음이면서 오버플로가 1이면"이 된다.

[캐리와 오버플로의 동시 설정] 프로세서의 산술 연산 회로는 비부호 정수와 정수를 구별하지 않고 하나의 논리 회로로 만들어진다. 즉, 단순히 비부호 정수의 덧셈처럼 작동하도록 논리 회로를 만든다. 뺄셈은 먼저 2의 보수로 변환하는 회로를 거친 후에 덧셈을 한다. 따라서 계산 과정에서 C(캐리) 비트와 V(오버플로) 비트를 동시에 적절하게 결정하고, 계산 결과의 의미는 대상의 값이 정수였는지 비부호 정수였는지에 따라 달리하면 된다. 그림 1.22의 계산과정을 정수와 비부호 정수 모두에 대해 계산 결과의 의미를 정리하면 그림 1.23과 같다.

	정수	비부호 정수
0001 0100	20	20
+ 1111 1100	-4	252
0001 0000	16	16
V=0, C=1	V=0	C=1

(a) 캐리만 발생

	정수	비부호 정수
0010 0001	33	33
+ 0010 0000	32	32
0100 0001	65	65
V=0, C=0	V=0	C=0

(b) 오버플로와 캐리 모두 없음

	정수	비부호 정수
0100 0001	65	65
+ 0100 0000	64	64
1000 0001	-127	129
V=1, C=0	V=1	C=0

(c) 오버플로만 발생

	정수	비부호 정수
1011 1111	-65	191
+ 1100 0000	-64	192
0111 1111	127	127
V=1, C=1	V=1	C=1

(d) 오버플로와 캐리 모두 발생

그림 1.23 8비트 연산결과의 의미 비교

만약 연산 대상인 두 수가 정수였다면 V 비트로 오류 여부를 검사하므로 (a)와 (b)는 정상이지만 (c)와 (d)는 표현 범위를 벗어나서 잘못된 값이라고 판단한다. 만약 연산 대상이 비부호 정수였다면 C 비트로 오류 여부를 검사하므로 (b)와 (c)는 정상이지만 (a)와 (d)는 표현 범위를 벗어나서 잘못된 값이라고 판단한다.

참고 프로세서 내부의 산술 연산 회로는 정수인지 비부호 정수인지에 상관없이 비부호 정수의 연산과 같은 결과를 내도록 설계한다. 여기에 캐리 비트와 오버플로 비트는 각각 연산과정에서 그 발생조건에 해당하면 1이 되도록 회로를 설계한다. 프로그램을 작성하는 사람은 연산 대상이 비부호 정수였으면 캐리 비트 값에 주목하면 되고, 연산 대상이 정수였으면 오버플로 비트 값에 주목하면 된다.

참고 캐리나 오버플로가 발생하지 않도록 충분히 큰 비트 수의 변수를 사용하면 될 것을 왜 복잡하게 비트 수가 작은 변수를 사용하는가? 프로세서별로 처리가 가능한 비트 수가 한정되어 있는데, 예를 들어 자동세탁기 제어와 같이 간단한 기능을 수행하는 프로세서는 칩의 생산 단가를 낮추기 위해서 4비트나 8비트 연산만 가능하도록 단순한 회로로 설계한다.

참고

C나 Java 등의 고급수준 언어에서는 캐리나 오버플로를 검사하는 표현 방법이 제공되지 않는다. 따라서 변수마다 그 값이 표현 가능한 범위를 벗어나지 않도록 적절한 비트 수를 가지는 데이터 유형을 선언해야 한다. C 언어에서 데이터 유형별 비트 수는 일반적으로 char 유형은 8비트, short 유형은 16비트를 적용한다. int 유형과 long 유형은 프로세서 종류와 컴파일러마다 약간씩 다른데 일반적으로 32비트 프로세서에는 둘 다 32비트를 적용하지만, 64비트 프로세서에는 int 유형은 32비트를 적용하고 long 유형은 64비트를 적용한다.

1.7 논리연산

마이크로프로세서의 논리 연산 명령어로는 AND, OR, NOT 및 XOR(exclusive OR) 가 있다. 부울 대수에서 2개의 입력 A, B에 대하여 AND 연산은 A와 B가 모두 참일 때에만 연산 결과가 참이 되고, 하나라도 거짓이면 결과는 거짓이 된다. OR 연산은 A나 B 중에서 하나 이상이 참이면 연산 결과는 참이 되고, 둘 다 거짓일 때에만 결과는 거짓이 된다. 입력 A에 대하여 NOT 연산은 A가 참이면 연산 결과는 거짓이 되고, A가 거짓이면 연산 결과는 참이 된다. 컴퓨터의 논리 연산에서는 XOR 연산도 사용하는데 2개의 입력 A, B에 대하여 서로 값이 같으면 연산 결과는 거짓이 되고, 서로 다르면 연산 결과는 참이 된다.

컴퓨터의 2진 논리에서는 참은 1로 거짓은 0으로 정의하여 적용한다. 표 1.7은 2진 논리에 대한 논리 연산 진리표를 보여준다.

표 1.7 2진 논리연산 진리표

입력		출력			
A	B	A AND B	A OR B	A XOR B	NOT A
0	0	0	0	0	1
0	1	0	1	1	1
1	0	0	1	1	0
1	1	1	1	0	0

마이크로프로세서의 논리 연산 명령어는 여러 비트들로 이루어진 값들 간에 이루어지며, 대응되는 비트들 간에 각각 적용한다. 그림 1.24는 대응되는 비트들 간에 논리 연산을 한 예를 보여준다.

	1100 0011			1100 0011
AND	0101 0101		OR	0101 0101
	0100 0001			1101 0111

(a) AND 연산 (b) OR 연산

	1100 0011			
XOR	0101 0101		NOT	1100 0101
	1001 0110			0011 1010

(c) XOR 연산 (d) NOT 연산

그림 1.24 8비트 정수 연산

1.8 문자의 표현

[ASCII] 문자도 컴퓨터에서는 2진수로 표현해야 하므로 표현 코드를 국제 표준으로 정해놓고 있다. 대표적인 표준 문자 코드인 **ASCII**(American Standard Code for Information Interchange)는 정보를 상호 교환할 때 표현하는 표준 코드 체계로서, 영문 알파벳과 숫자 및 특수 기호들로 이루어져 있다. 표 1.8은 ASCII 코드 표를 보여준다. 총 128가지이므로 7비트의 수로 표현이 가능하다. 컴퓨터에서는 일반적으로 8비트(1 바이트)가 메모리 읽기/쓰기의 최소 단위이므로 ASCII 코드는 8비트로 표현하되 최상위 비트는 0이 된다.

참고

표 1.8의 ASCII 코드에서 특수 코드들 중에서 일부만 알아보자. nul(0x00)은 보통 문자열의 끝을 나타내고, bel(bell, 0x07)은 컴퓨터에서 나는 기본 소리이다. sp(space, 0x20)은 키보드의 스페이스 바에 해당하는 것으로서 한 칸을 비우라는 것이고, bs(back space, 0x08)은 화면에서 한 칸 이전으로 커서를 이동하는 것이며, ht(horizontal tab, 0x09)는 키보드의 탭 키이다. nl(new line, 0x0a)는 한 줄 아래로 커서를 이동하라는 것이며, cr(carriage return, 0x0d)는 그 줄의 처음으로 커서를 이동하라는 것이다. 일반적으로 키보드의 엔터(enter) 키는 nl에 해당하는데 기본 문서편집기에서 이들을 사용하는 것이 운영체제에 따라서 약간의 차이가 있다. 윈도즈 계열의 운영체제에서는 엔터키가 cr과 nl의 연속된 2개의 코드로 처리되고, 유닉스 계열의 운영체제에서는 엔터키가 nl로만 처리된다.

표 1.8 ASCII 코드

문자	16진수	10진수	문자	16진수	10진수	문자	16진수	10진수	문자	16진수	10진수
nul	00	0	sp	20	32	@	40	64	`	60	96
soh	01	1	!	21	33	A	41	65	a	61	97
stx	02	2	"	22	34	B	42	66	b	62	98
etx	03	3	#	23	35	C	43	67	c	63	99
eot	04	4	$	24	36	D	44	68	d	64	100
enq	05	5	%	25	37	E	45	69	e	65	101
ack	06	6	&	26	38	F	46	70	f	66	102
bel	07	7	'	27	39	G	47	71	g	67	103
bs	08	8	(	28	40	H	48	72	h	68	104
ht	09	9	)	29	41	I	49	73	i	69	105
nl	0a	10	*	2a	42	J	4a	74	j	6a	106
vt	0b	11	+	2b	43	K	4b	75	k	6b	107
np	0c	12	,	2c	44	L	4c	76	l	6c	108
cr	0d	13	-	2d	45	M	4d	77	m	6d	109
so	0e	14	.	2e	46	N	4e	78	n	6e	110
si	0f	15	/	2f	47	O	4f	79	o	6f	111
dle	10	16	0	30	48	P	50	80	p	70	112
dc1	11	17	1	31	49	Q	51	81	q	71	113
dc2	12	18	2	32	50	R	52	82	r	72	114
dc3	13	19	3	33	51	S	53	83	s	73	115
dc4	14	20	4	34	52	T	54	84	t	74	116
nak	15	21	5	35	53	U	55	85	u	75	117
syn	16	22	6	36	54	V	56	86	v	76	118
etb	17	23	7	37	55	W	57	87	w	77	119
can	18	24	8	38	56	X	58	88	x	78	120
em	19	25	9	39	57	Y	59	89	y	79	121
sub	1a	26	:	3a	58	Z	5a	90	z	7a	122
esc	1b	27	;	3b	59	[	5b	91	{	7b	123
fs	1c	28	<	3c	60	\	5c	92	|	7c	124
gs	1d	29	=	3d	61	]	5d	93	}	7d	125
rs	1e	30	>	3e	62	^	5e	94	~	7e	126
us	1f	31	?	3f	63	_	5f	95	del	7f	127

참고

ASCII에서 문자별로 표준 코드번호는 어떤 기준으로 현재와 같은 코드체계를 결정했을까? 그 판단 기준은 문자열들의 연산 작업을 프로그램으로 얼마나 쉽게 처리할 수 있도록 하느냐 이다. 프로세서는 모든 데이터를 2진 데이터로 처리한다. 문자열들을 정렬할 때 사전 순으로(또는 역순으로) 처리하는 경우가 많은데 이것은 단순히 그 ASCII 코드 값이 증가하는 순으로 처리하면 되도록 문자별 코드도 값이 증가하는 순으로 코드를 정하였다. 현재 문자의 다음 문자 등을 쉽게 연산할 수 있도록 하기 위해서는 알파벳순으로 1만큼씩 증가하게 배치하였다. 같은 글자의 대문자와 소문자는 0x20 만큼 차이가 나도록 하여 대문자 소문자간에 변환을 글자에 상관없이 이만큼 더하거나 빼는 것으로 처리할 수 있도록 하였다. 한글 코드도 사전 순으로 배열되도록 코드 값을 부여하였다.

[한글 코드] 영문 알파벳은 고작 26자에 대소문자를 다 포함해도 52자면 되지만 한글은 초성, 중성 및 종성의 조합에 의해서 이루어지므로 무려 11,172자에 이른다. 초성이 19가지, 중성이 21가지, 그리고 종성이 28가지(받침이 없는 경우 포함)이므로 이들을 곱하면 총 글자 수가 나온다. 이렇게 많은 문자를 코드로 표현하기 위해서는 8비트로는 불가능하다. 국제 표준화 기구(ISO: International Standard Organization) 에서는 지구상에 존재하는 모든 문자들을 포함하는 문자 코드 체계를 16비트로 표준화하여 표준문서 ISO 10646으로 정리하였다.

한글도 ISO 10646 표준 코드 체계의 일부로 정의되어 있으며, 여기에는 한글 11,172자뿐만 아니라 한글 자모, 고어 자모, 및 국내에서 사용되는 한자가 포함된다. 그림 1.25는 '가'에서부터 '힣'까지의 한글을 16진수로 0xAC00부터 0xD79F 까지로 정의한 한글 코드의 일부분을 보여준다. '가'는 0xAC00, '각'은 0xAC01, '갂'은 0xAC02 등의 순으로서, 한글 가나다 순서에 따라 코드번호가 부여되어 있다.

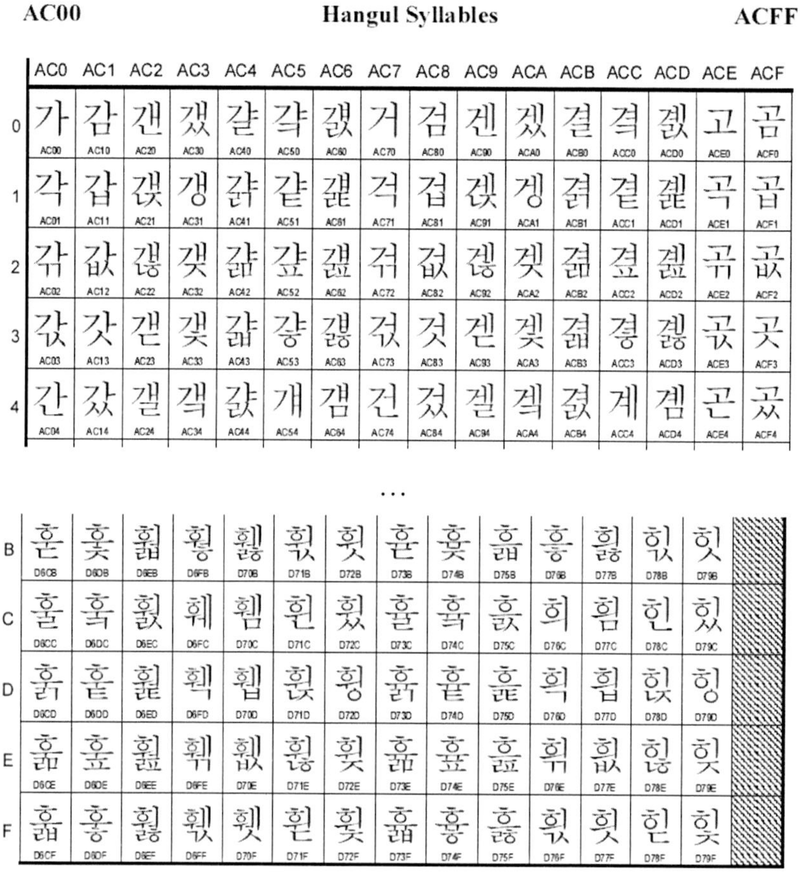

그림 1.25 한글 코드의 일부

[텍스트 파일과 이진 파일] 파일에 정보를 기록할 때 텍스트 파일로 기록하거나 이진 파일로 기록할 수 있다. 텍스트 파일은 ASCII 코드(한글의 경우에는 한글 코드)로 기록하는 것이고 이진 파일은 숫자를 그대로 기록하는 것이다. 좀더 명확하게 이해할 수 있도록 예를 들어 보자. 먼저 문자형 변수 key에 글자 3에 해당하는 ASCII 코드 51(16진수로는 0×33)을 저장한 다음에 key의 값을 특정 파일에 기록한다. 다시 key에는 숫자 3을 직접 기록한 후에 그 파일에 추가로 기록한다. 이제 텍스트 파일 편집기로 그 파일을 열어보면 첫 글자는 문자 3이 보이지만 다음 글자는 이상한 코드(3은 ASCII 코드로 etx에 해당하는 특수 코드임)로서 화면에 보이지 않을 것이다.

텍스트 파일 편집기는 입력한 모든 문자를 ASCII 코드로 기록(텍스트 파일로 기록)한다. 이진 파일로 기록하는 한 예로서, 어셈블러는 기계어 코드를 1.4절에서 설명한 이진수 표현 형식의 숫자로 기계어 코드 파일에 기록 한다.

> 참고
>
> **[편집기]** 텍스트 파일 편집기로는 유닉스의 vi, 윈도즈의 메모장 (Notepad), C나 Java 프로그램 편집기 등이 있으며, 글자의 크기나 모양까지를 표현해야 하는 워드프로세서는 텍스트 파일이 아니라 각기 독자적인 이진파일 형식으로 기록한다.

> 참고
>
> **[부동소수점]** 컴퓨터에서는 처리하고자 하는 모든 정보는 2진수로 표현하여야 한다. 실수는 부동 소수점(floating point) 형식으로 표현한다. 여기서 부동은 '움직이지 않는다'는 의미가 아니라 '떠다닌다'는 의미로서 소수점의 위치가 고정되어있지 않다는 의미이다. 단정밀도(single precision) 형식은 32비트로 표현하는데 최상위 비트는 부호로서 1이면 음수를 나타내고, 다음 8비트는 지수 부분을, 그리고 나머지 23비트는 유효숫자를 각각 2진수로 표현한다. 이렇게 하면 아주 작은 수나 아주 큰 수도 표현할 수 있게 된다. 좀더 정밀하게 실수를 표현하려면 64비트의 배정밀도(double precision) 표준 형식을 따른다. C 언어에서 float 유형의 변수를 선언하면 32비트의 단정밀도 표준에 따라 표현되며, double 유형으로 변수를 선언하면 64비트의 배정밀도 표준에 따라 표현된다.

> 참고
>
> **[그림의 표현]** 흑백의 그림은 픽셀 (pixel, 그림의 한 점)당 1비트를 사용하고 0은 검은색, 1은 흰색으로 표현한다. 예를 들어 1024×512 크기의 한 화면을 위해서는 한줄당 1024개의 비트가 필요하므로 한 줄당 128바이트 (128×8=1024)를 할당한다. 따라서 한 화면은 128×512=65,536 바이트가 필요하다. 컬러 화면은 한 픽셀당 R(red), G(green), B(blue) 각각을 8비트로 밝기의 정도를 표현하면 한 픽셀당 3바이트가 필요할 것이다. 따라서 1024×512 크기의 컬러 화면을 표현하기 위해서는 1024×512×3 바이트 (약 1.5 메가바이트) 가 필요하다.

[제 2 장]

어셈블리 언어(1)

2.1 프로그래밍 모델

[프로그래밍 모델] 시중에 판매되는 프로세서들은 각각 고유한 프로그래밍 모델이 있다. 프로그래밍 모델이란 어셈블리 언어로 프로그램을 작성하는데 필요한 모든 정보들을 포함한다. 여기에는 프로세서 내부에 레지스터 들은 어떤 것들로 이루어져있고, 사용 가능한 명령어로는 어떤 것들이 있는지에 대한 정보를 비롯하여, 각 명령어는 처리 대상 데이터를 어떻게 지정해야 하는지, 레지스터들은 어떤 용도로 사용되며 특수 레지스터의 각 비트의 의미는 무엇인지 등에 대한 내용이 포함된다. 또한 메모리 읽기나 쓰기를 할 때 주소 범위는 어떻게 되며 전송 데이터의 단위는 몇 비트인지 등에 대한 것과, 인터럽트가 발생했을 때 처리하는 방법 등도 포함된다.

[TOY 프로세서] TOY 프로세서는 마이크로프로세서의 이해를 위해서 이 책에서 사용하는 가상적인 프로세서로서, 널리 사용되는 ARM 프로세서를 모델로 사용하여 단순화 시킨 것이다. ARM 프로세서는 처음 접하는 사람에게는 상당히 복잡하므로 이 책에서는 아주 단순한 TOY 프로세서를 통하여 그 동작원리와 프로그래밍, 회로 설계 등을 쉽게 이해하도록 하였다. 여기서는 TOY 프로세서의 프로그래밍 모델을 설명한다.

[CCR 레지스터] TOY 프로세서에는 그림 2.1과 같이 R0부터 R6까지의 7개의 범용 레지스터가 있다. 이들은 각각 32비트 크기이며, 프로그램 실행 중에 각종 값들을 저장하여 사용할 수 있다. PC는 R7에 해당하고 32비트 크기이며 다음에 실행할 명령어의 주소를 저장한다.

참고 **[ARM]** ARM 프로세서에는 R0부터 R14까지의 15개의 범용 레지스터와 R15에 해당하는 PC가 있다.

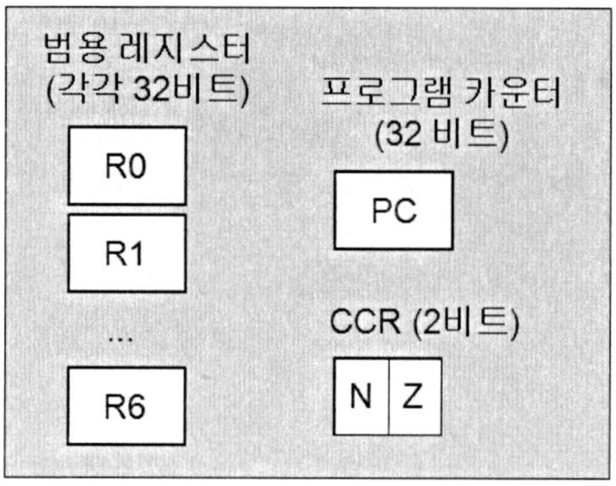

그림 2.1 TOY 프로세서의 레지스터 집합

[데이터 유형] TOY 프로세서는 회로를 단순하게 하기 위해서 모든 데이터를 32비트로만 처리한다. 산술/논리 연산은 정수만 대상으로 하며 비부호정수는 제외한다. 부동소수점 연산 기능은 제공하지 않는다. 문자는 ASCII 만을 대상으로 하며 편의상 32비트의 메모리 영역에 한 문자씩 기록하되 최하위 8비트에 해당 코드를 표현한다.

[CCR 레지스터] CCR(Condition Code Register)은 2비트로만 구성되는데 산술연산이나 논리 연산을 실행한 후에 그 결과가 음수인지, 영인지를 기록한다. N(Negative) 비트는 연산 결과가 음수이면 1로 아니면 0으로 설정되고, Z(Zero) 비트는 연산 결과가 영이면 1로 아니면 0으로 설정된다. 즉, 연산 결과가 음수였으면 N 비트는 1로, Z 비트는 0으로 설정된다. 결과가 영이었으면 N 비트는 0으로, Z 비트는 1로 설정된다. 양수였으면 N과 Z비트 모두 0으로 설정된다. CCR의 비트들은 다음에 오는 분기 명령어의 조건에 활용된다. 비부호 정수를 취급하지 않으므로 C(Carry) 비트는 필요가 없고, 정수 연산에서 오버플로가 발생하지 않도록 프로그램을 잘 작성한다고 가정하고 V(oVerflow) 비트도 제외하였다.

참고 일반적인 상용 마이크로프로세서들은 N, Z, C, 및 V를 모두 지원한다. 프로세서에 따라서 레지스터의 이름도 CCR 대신에 SR(Status Register), PSR(Program Status Register), FLAGS 등의 여러 가지 이름이 사용된다.

[메모리 모델] 메모리는 32비트의 주소를 사용하며, 하나의 주소당 32비트 (4바이트)의 데이터로 구성된다. 메모리 읽기나 쓰기는 32비트 단위로만 이루어진다.

> 참고
> **[ARM]** 32비트 버전의 ARM 프로세서는 32비트의 주소를 사용하며, 하나의 주소당 8비트 (1바이트)의 데이터로 구성된다. 메모리 읽기나 쓰기는 명령어에 따라서 8비트, 16비트, 또는 32비트 단위로 이루어진다.

[명령어] 표 2.1은 TOY 프로세서가 실행할 수 있는 명령어들 중 일부를 보여준다. LOAD 명령어와 STORE 명령어는 각각 메모리의 읽기와 쓰기가 이루어지지만 나머지 명령어들은 모두 메모리와는 무관하게 프로세서 내부의 동작만으로 이루어진다. ADD부터 COPY까지의 명령어 들은 실행결과 값에 따라서 CCR의 N비트와 Z비트를 새로운 값으로 갱신한다. 그러나 LOAD와 STORE 명령어는 CCR의 값이 갱신되지 않고 그대로 유지된다.

명령어에서 Rd라고 표현된 부분에는 R0부터 R6까지의 레지스터들 중에서 하나를 지정해야 하고, Rs라고 표현된 부분도 마찬가지이다. Rs2라고 표현된 부분에는 2가지 표현이 가능한데, R0부터 R6까지의 레지스터들 중에서 하나를 지정할 수도 있고 16비트로 표현할 수 있는 정수를 지정할 수도 있다. addr 이라고 표현된 부분에는 메모리 주소를 지정한다.

[오퍼랜드] 각 명령어의 처리 대상 데이터들을 **오퍼랜드**(operand)라고 한다. 예를 들어서 'ADD R3, R1, 9'의 명령어는 R1의 값과 9를 더해서 R3에 저장하는 동작을 하며, R1의 값과 9가 연산에 사용할 데이터로서 **소스(source) 오퍼랜드**들이고, R3는 결과를 저장할 **목적지(destination) 오퍼랜드**이다. 'LOAD R1, 3010'의 명령어는 메모리의 3010번지의 내용을 읽어서 R1 레지스터에 저장하는 동작을 하며, 메모리 3010번지의 내용이 소스 오퍼랜드이고 R1이 목적지 오퍼랜드이다. 소스 오퍼랜드는 R1과 같이 레지스터일 수도 있고, 9와 같이 직접 지정한 값(즉석값: immediate value)일 수도 있고, 3010번지같이 지정된 주소의 메모리의 내용일 수도 있다. 결과를 저장할 목적지 오퍼랜드는 레지스터일 수도 있고, 지정된 주소의 메모리일 수도 있다. 표 2.1의 어셈블리 언어 표현에서 Rd는 연산 결과를 저장할 목적지 레지스터를 의미하고 Rs는 연산 값을 가져올 소스 레지스터를 의미한다.

▌표 2.1▌ TOY 프로세서의 단순 명령어 집합

이름	어셈블리 언어 표현	의미	CCR 갱신 여부
Add	ADD Rd, Rs, Rs2	Rd ← Rs + Rs2	O
Subtract	SUB Rd, Rs, Rs2	Rd ← Rs − Rs2	O
Compare	CMP Rs, Rs2	Rs − Rs2	O
And	AND Rd, Rs, Rs2	Rd ← Rs AND Rs2	O
Or	OR Rd, Rs, Rs2	Rd ← Rs OR Rs2	O
Exclusive Or	XOR Rd, Rs, Rs2	Rd ← Rs XOR Rs2	O
Not	NOT Rd, Rs	Rd ← NOT Rs	O
Copy	COPY Rd, Rs2	Rd ← Rs2	O
Load	LOAD Rd, addr	Rd ← 메모리 addr 번지의 내용	X
Store	STORE Rs, addr	메모리 addr 번지의 내용 ← Rs	X

(주) – Rd, Rs : R0부터 R6까지의 레지스터를 지정
– Rs2 : R0부터 R6까지의 레지스터나 16비트로 표현이 가능한 정수

[어드레싱 모드] 오퍼랜드를 지정하는 방법을 **어드레싱 모드**(addressing mode)라고 한다. 특정 레지스터를 지정하면 **레지스터(register) 모드**, 명령어 상에 직접 값을 지정하면 **즉석(immediate) 모드**, 직접 메모리 주소를 지정하면 **직접(direct) 모드**, 지정된 특정 레지스터의 내용을 메모리의 주소로 사용하면 **레지스터 간접(register indirect) 모드**라고 한다. 예를 들어, 명령어 'ADD R3, R1, 9'에서 목적지 오퍼랜드인 R3와 소스 오퍼랜드인 R1은 레지스터 모드이고, 소스 오퍼랜드인 9는 즉석 모드이다. 명령어 'LOAD R1, 3010'에서 목적지 오퍼랜드인 R1은 레지스터 모드이고 소스 오퍼랜드인 3010은 직접 모드이다(레지스터 간접 모드가 사용되는 명령어로는 LDR, STR, BRR 등이 있는데 이들은 3장에서 다룬다).

2.2 산술연산 명령어

[산술연산] TOY 프로세서의 산술연산 명령어로는 덧셈을 위한 Add와 뺄셈을 위한 Subtract가 있다. 모든 동작은 32비트로 이루어진다. 'ADD Rd, Rs, Rs2'는 Rs에 지정된 레지스터의 값에 Rs2의 값을 더해서 그 결과를 Rd에 지정된 값을 더해

서 그 결과를 Rd에 지정된 레지스터에 저장한다는 의미이다. 예를 들어 'ADD R2, R0, R1'은 R0의 값과 R1의 값을 더해서 R2에 저장한다는 의미이고, 'ADD R3, R1, 9'은 R1의 값에 9를 더해서 R3에 저장한다는 의미이다. 'SUB Rd, Rs, Rs2'는 Rs의 값에서 Rs2의 값을 빼서 그 결과를 Rd에 저장한다는 의미이다. 예를 들어 'SUB R2, R0, R1'은 R0의 값에서 R1의 값을 빼서 R2에 저장한다는 의미이다.

▌표 2.2▐ 산술연산 명령어 사용 예

사용 예	의미
ADD R2, R0, R1	레지스터 R0의 값에 레지스터 R1의 값을 더한 결과를 레지스터 R2에 저장
ADD R3, R1, 9	레지스터 R1의 값에 9를 더한 결과를 레지스터 R3에 저장
SUB R1, R2, R3	레지스터 R2의 값에서 레지스터 R3의 값을 뺀 결과를 레지스터 R1에 저장
SUB R2, R0, 9	레지스터 R0의 값에서 9를 뺀 결과를 레지스터 R2에 저장

산술 연산 명령어의 두 번째 소스 오퍼랜드인 Rs2 부분은 레지스터를 지정할 수도 있고 (레지스터 모드), 값을 직접 지정할 수도 (즉석 모드) 있다. 그림 2.2는 Rs2 부분에 레지스터를 지정한 경우인 레지스터 간의 산술 연산 과정을 보여준다. 산술 연산 명령어의 실행 결과 값을 Rd에 저장하는 것과 동시에 그 결과가 음수 (N)인지, 영 (Z)인지를 판단하여 CCR 레지스터에 저장한다. 예를 들어 'ADD R2, R0, R1' 명령어를 실행하는 과정은 그림 2.3과 같이 Rs에는 R0, Rs2에는 R1, Rd에는 R2가 지정된 경우이다.

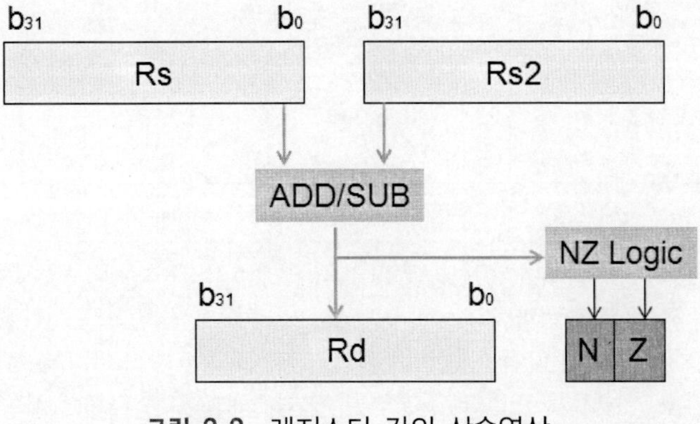

그림 2.2 레지스터 간의 산술연산

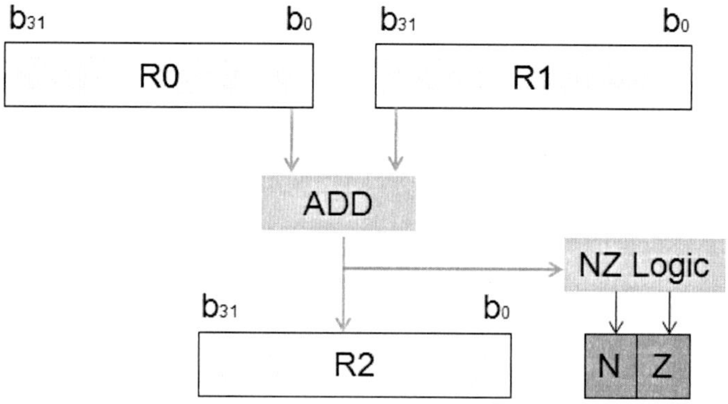

그림 2.3 산술연산 'ADD R2, R0, R1'의 실행

[CCR의 갱신] TOY 프로세서는 산술 연산 명령어를 실행하면서 CCR의 N과 Z 비트들을 새롭게 갱신한다. N 비트는 연산 결과가 음수이면(최상위 비트가 1이면) 1로, 아니면 0으로 갱신한다. Z 비트는 연산 결과가 영이면(32비트가 모두 0이면) 1로, 아니면 0으로 갱신한다. 이러한 N과 Z 비트 갱신 작업은 산술, 논리, 복사, 및 시프트 연산 명령어에서 모두 동일하게 적용된다. 예를 들어 'ADD R2, R0, R1'을 실행할 때 R0의 값이 5라고 가정하자. R1의 값이 3이었으면 그 합인 8에 대하여, 음수가 아니므로 N=0이고, 영이 아니므로 Z=0이다. R1의 값이 −5이었으면 그 합인 0에 대하여, 음수가 아니므로 N=0이고, 영이므로 Z=1이다. R1의 값이 −7이었으면 그 합인 −2에 대하여, 음수이므로 N=1이고, 영이 아니므로 Z=0이다.

표 2.3 'ADD R2, R0, R1' 실행과정에 설정되는 N과 Z 비트

실행 전의 값		실행 후의 값		
			CCR	
R0	R1	R2	N	Z
5	3	8	0	0
5	-5	0	0	1
5	-7	-2	1	0

참고 그림 2.2의 NZ Logic 부분은 연산 결과에 따라 CCR의 N 비트와 Z 비트의 값을 결정하는 회로이다. 연산 결과의 최상위 비트는 부호 비트를 의미하므로 이 값을 그대로 CCR의 N 비트에 기록한다. Z 비트는 연산 결과의 32비트 각각이 모두 0일 때에만 출력이 1이 되는 조합 논리 회로를 만들어 그 출력을 기록하도록 한다. 자세한 내용은 10장에서 다룬다.

[산술 연산의 처리] 그림 2.4는 Rs2 부분에 즉석 값을 지정한 경우 (즉석 모드)의 동작과정을 보여준다. 예를 들어 'ADD R3, R1, 9'는 R1의 값에 9를 더한 결과를 R3에 저장하라는 의미가 된다. TOY 프로세서에서 직접 값을 지정할 때에는 16비트로 표현이 가능한 정수의 값 범위에서만 가능하다. 이 16비트의 수는 프로세서 내부에서 32비트로 부호 확장을 하여 연산에 사용한다. 참고로, TOY 프로세서를 설계하는 과정에서 회로를 단순하게 구성하기 위해 모든 명령어의 기계어 코드를 32비트로 표현하도록 정의하였다. 따라서 하나의 기계어 코드에 명령어 종류를 구분하기 위한 부분과 기타 정보를 위한 부분 등을 제외하면 즉석값을 표현할 수 있는 부분이 16비트밖에 남지 않는다. 자세한 내용은 4장에서 다룬다.

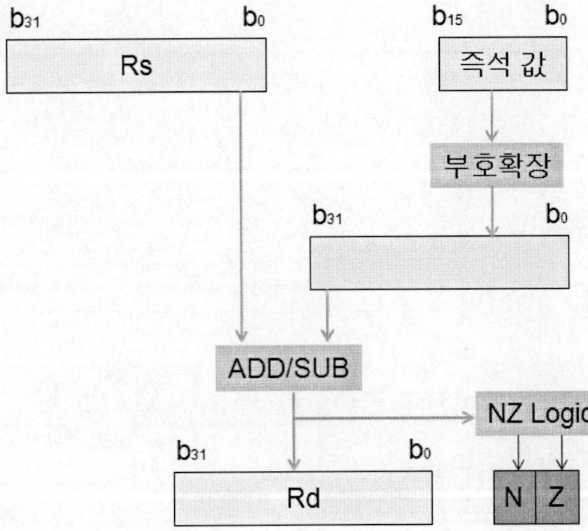

그림 2.4 레지스터와 즉석값의 산술연산

> 참고
>
> TOY 프로세서의 상세한 설계는 10장에서 다룰 것인데 미리 일부를 보면, 그림 2.6은 TOY 프로세서 내부에서 명령어를 실행하는 단계에서 제어회로에 의해 발생되는 신호들을 보여준다. 명령어 읽기 단계에서 읽어온 명령어를 IR에 기록한 후에, 제어회로는 IR에 들어있는 명령어 종류에 따라 ALU의 기능들 중에서 하나를 선택하는 신호를 ALU에 전달하고, 선택된 기능에 따라 연산 결과가 ALU의 출력으로 나오면 그 결과를 Rd 레지스터에 기록하고 NZ Logic에 의해 결정된 N 비트와 Z 비트를 CCR에 기록한다.

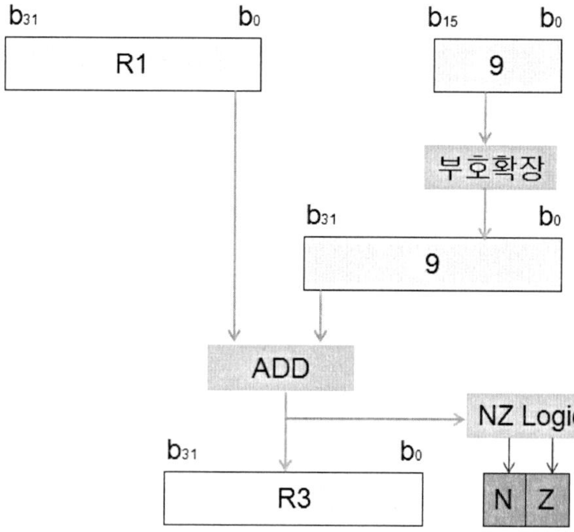

그림 2.5 산술연산 'ADD R3, R1, 9'의 실행

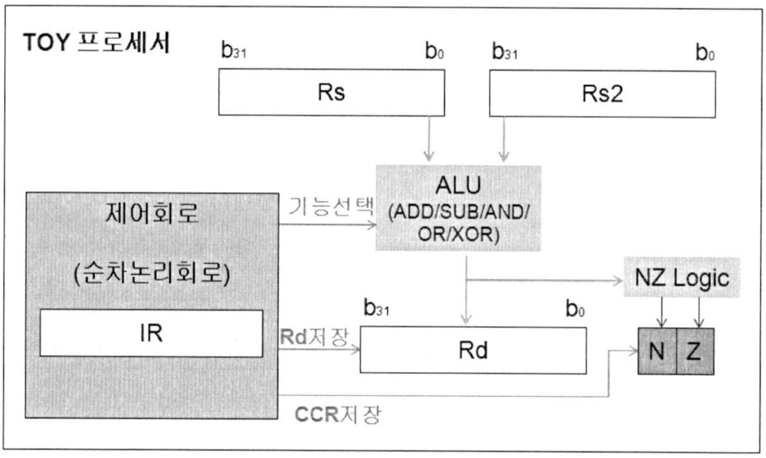

그림 2.6 TOY 프로세서의 내부 제어회로

2.3 논리연산 명령어

[논리연산] TOY 프로세서의 논리연산 명령어로는 AND, OR, NOT 및 XOR(exclusive OR)가 있다. 컴퓨터의 2진 논리에서는 참은 1로 거짓은 0으로 정의하여

적용한다. 논리 연산 명령어의 오퍼랜드는 여러 비트들로 구성되어 있으므로 논리 연산은 대응되는 비트들 간에 각각 적용한다. 예를 들어 'AND R3, R1, R2'는 R1과 R2의 값의 대응되는 비트들 사이에 AND 연산을 해서 그 결과를 R3에 저장하는 것을 의미한다. 즉, R1과 R2의 비트0 값을 서로 AND 하여 R3의 비트0에 저장하고, 마찬가지로 비트 1부터 비트 15까지도 각각 같은 방식으로 처리한다. OR와 XOR 연산도 마찬가지이다. 'NOT R2, R1'은 R1의 비트 값들을 반대의 값으로 바꿔서 R2에 저장하는 것을 의미한다.

▌표 2.4▌ 8비트 데이터의 비트 간의 논리연산 예

오퍼랜드	R1 R2	1 1 0 0 0 0 1 1 0 1 0 1 0 1 0 1	CCR	
			N	Z
R1과 R2의 AND		0 1 0 0 0 0 0 1	0	0
R1과 R2의 OR		1 1 0 1 0 1 1 1	1	0
R1과 R2의 XOR		1 0 0 1 0 1 1 0	1	0
R1의 NOT		0 0 1 1 1 1 0 0	0	0

AND 연산을 활용하는 예로서 어떤 값이 짝수인지를 구별하는 데에 활용할 수 있다. 예를 들어서 'AND R2, R0, 1'은 R0의 32비트 값을 32비트 2진수 00...00000001 과 대응되는 비트들 간에 AND 연산을 하므로, R0의 마지막 비트가 0이었으면 R2에 저장되는 값은 0이고 CCR의 Z 비트는 1로 설정될 것이다. R0의 마지막 비트가 1이었으면 R2에 저장되는 값은 1이고 Z 비트는 0으로 설정될 것이다. 짝수는 마지막 비트가 0이고 홀수는 마지막 비트가 1이므로, 현재 R0에 들어있는 값이 짝수인지 여부는 'AND R2, R0, 1'을 실행한 후에 CCR의 Z 비트가 0인지 여부로 판단할 수 있는 것이다.

OR 연산을 활용하는 예로서 대문자를 소문자로 변환하는 데에 활용할 수 있다. 예를 들어서 R0에 어떤 대문자 코드가 저장되어 있다면 'OR R2, R0, 0x20'은 R0의 32비트 값에 32비트 2진수 00...00100000과 대응되는 비트들 간에 OR 연산을 하므로, 대소문자를 구별하는 비트만 1로 변경되고 나머지는 그대로인 값이 R2에 저장된다. 즉, 소문자에 해당하는 값이 R2에 저장되는 것이다.

[논리 연산의 처리] 논리 연산 명령어도 산술 연산 명령어와 마찬가지로 실행 결과 값을 Rd에 저장하는 것과 동시에 그 결과가 음수(N)인지, 영(Z)인지를 판단하여 CCR 레지스터에 해당 비트들을 저장한다.

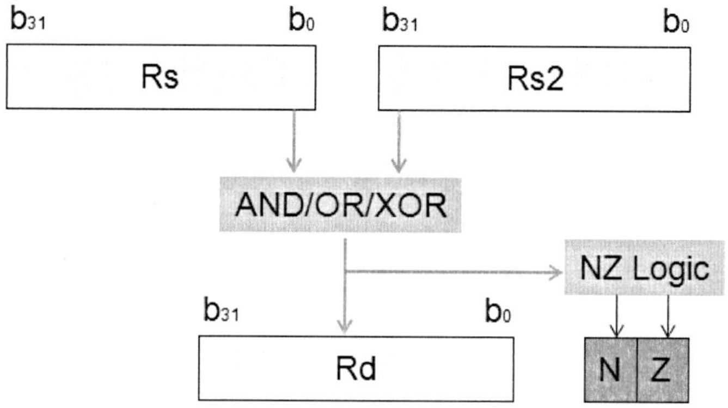

그림 2.7 레지스터 간의 논리연산

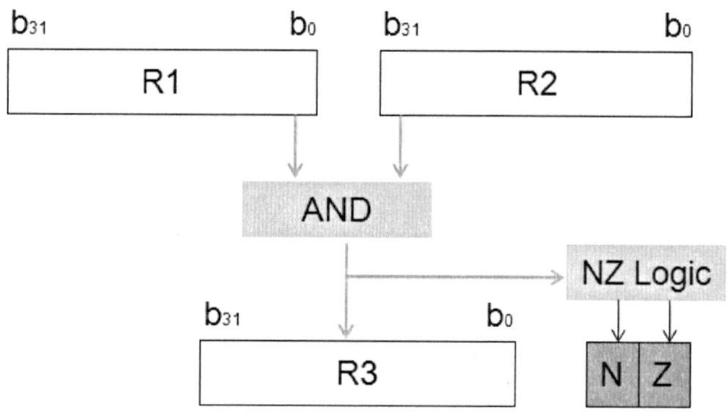

그림 2.8 논리연산 'AND R3, R1, R2'의 실행

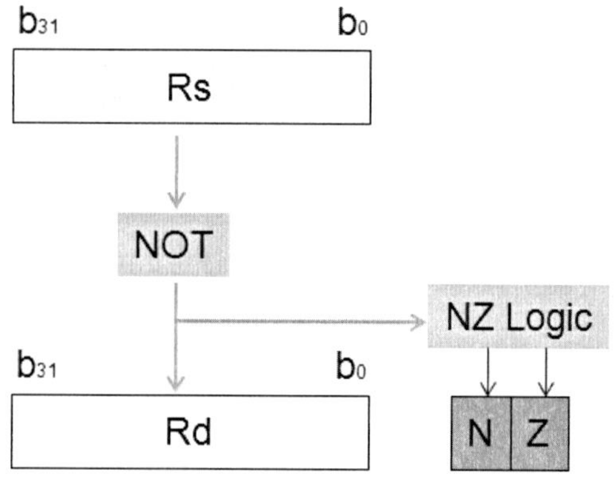

그림 2.9 NOT 연산

논리연산 명령어도 산술연산 명령어와 마찬가지로 명령어의 두 번째 오퍼랜드인 Rs2 부분은 레지스터를 지정할 수도 있고 값을 직접 지정할 수도 있다. 예를 들어서 'AND R2, R0, 1'은 R0의 값과 0x00000001을 비트 단위로 AND 연산을 한 결과를 R2에 저장하라는 의미가 된다.

참고

'AND R2, R0, 1'은 R0의 마지막 비트가 0이었으면 R2에 저장되는 값은 0이고 CCR의 Z 비트는 1로 설정될 것이다. R0의 마지막 비트가 1이었으면 R2에 저장되는 값은 1이고 Z 비트는 0으로 설정될 것이다. 짝수는 마지막 비트가 0이고 홀수는 마지막 비트가 1이므로, 현재 R0에 들어있는 값이 짝수인지 여부는 'AND R2, R0, 1'을 실행한 후에 CCR의 Z 비트가 0인지 여부로 판단할 수 있다.

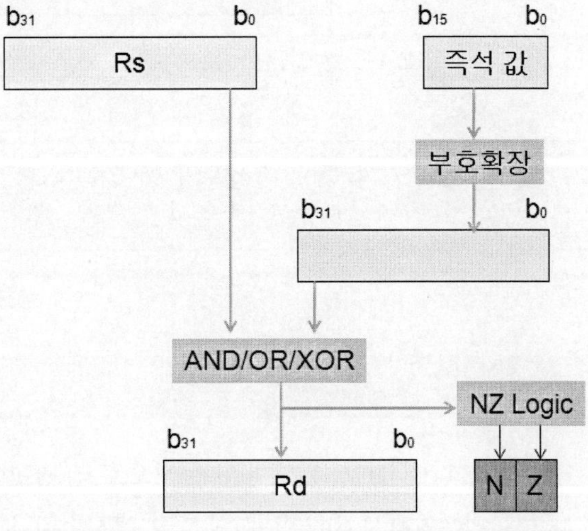

그림 2.10 레지스터와 즉석값과의 논리연산

값을 직접 지정할 때에는 산술 연산에서와 마찬가지로 16비트로 표현 가능한 정수의 값 범위에서만 가능하다. 이 16비트의 수는 프로세서 내부에서 32비트로 부호확장을 하여 연산에 사용한다. 예를 들어 -1은 16비트로 표현하면 0xFFFF이고 이것을 32비트로 확장하면 0xFFFFFFFF로 된다. 따라서 'XOR R2, R0, -1'은 R0의 값과 0xFFFFFFFF을 비트 단위로 XOR 연산을 한 결과를 R2에 저장하라는 의미가 된다.

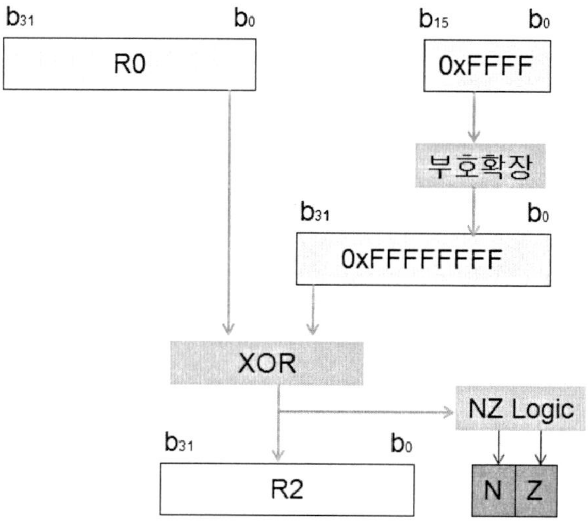

그림 2.11 논리연산 'XOR R2, R0, -1'의 실행

> **참고** 'XOR R2, R0, -1'은 R0의 값을 모든 비트가 1인 값과 XOR 연산을 하므로 'NOT R2, R0'와 같은 결과를 얻을 수 있다.

2.4 복사 명령어

COPY는 레지스터 간에 값을 복사하는 동작으로서 명령어는 'COPY Rd, Rs2'의 형식으로 표현한다. 여기서 Rs2 부분은 특정 레지스터를 지정할 수도 있고, 직접 값을 지정할 수도 있다. 예를 들어 'COPY R2, R1'은 R1의 값을 R2에 그대로 복사하라는 의미이다. 만약 'COPY R2, 15'로 표현하면 R2에 15의 값을 기록하라는 의미가 된다.

복사할 소스 오퍼랜드로서 직접 값을 지정할 때에는 산술 연산에서와 마찬가지로 16비트로 표현 가능한 정수의 값 범위에서만 가능하다. 그림 2.12(b)와 같이 16비트의 수는 TOY 프로세서 내부에서 32비트로 부호확장하여 목적지 레지스터에 저장한다.

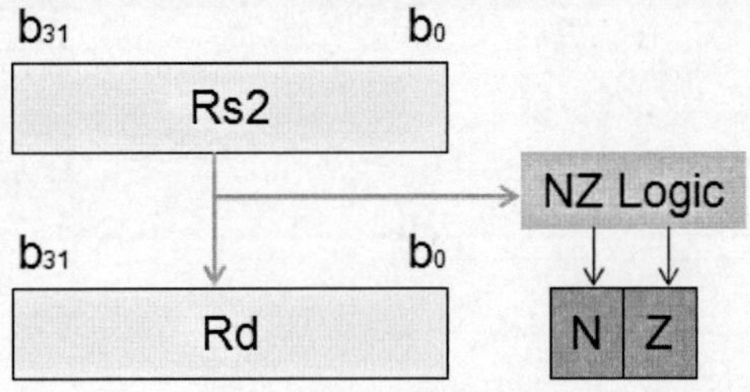

(a) 레지스터 간의 COPY

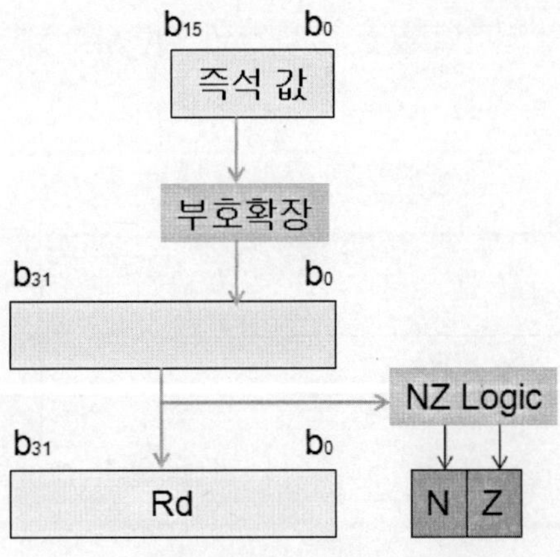

(b) 즉석값 COPY

그림 2.12 COPY 명령어의 실행

2.5 메모리 읽기와 쓰기 명령어

TOY 프로세서의 메모리 읽기 명령어로는 LOAD가 있고 메모리 쓰기 명령어로는 STORE가 있다(3장에서 LDR과 STR을 추가로 설명할 것이다). LOAD와 STORE 명령어에서 addr은 메모리의 주소를 나타낸다. 예를 들어, 'LOAD R1, 1234' 명령은 메모리의 1234번지 내용을 읽어 들여서 R1에 저장하는 것을 의미한다. 반대로 'STORE R2, 1234'는 현재 R2에 들어있는 값을 메모리의 1234번지에 기록하는 것을 의미한다.

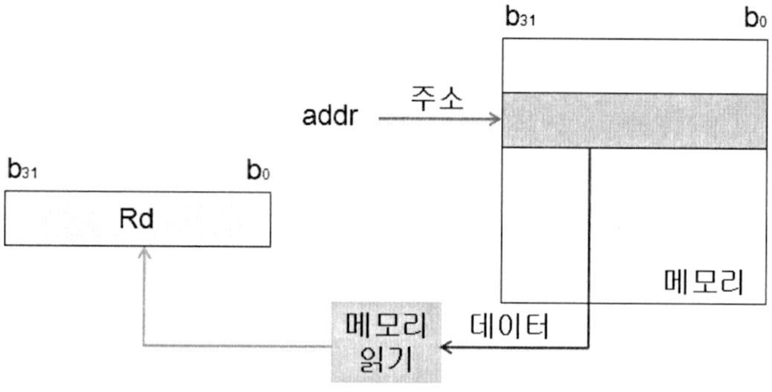

그림 2.13 LOAD 명령어의 개념적 실행

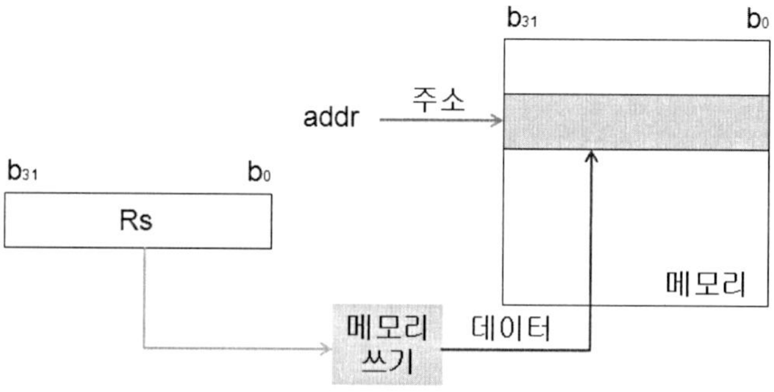

그림 2.14 STORE 명령어의 개념적 실행

TOY 프로세서가 LOAD 명령어를 실행하는 과정은 다음과 같다. 읽어온 명령어에서 메모리 주소를 결정한 다음 이 주소를(addr) 메모리 모듈에 주소 신호를 통하여 전달하고, 메모리 읽기를 표시하는 신호를 제어신호를 통하여 전달한다(그림 1.8에서 ADDR에는 addr 값을, MemWr은 쓰기를 의미하는 0을, MemEn은 1을 메모리 모듈에 전달한다). 그러면 메모리 모듈에서는 지정된 주소의 내용인 데이터를 내놓게 되고(그림 1.8에서 메모리 모듈은 DATA에 메모리의 내용을 전달하고) 프로세서는 이 값을 지정된 목적지 레지스터에 기록하는 것으로 명령어 실행이 완료된다.

TOY 프로세서가 STORE 명령어를 실행하는 과정은 다음과 같다. 읽어온 명령어를 해석하여 메모리 주소를 결정한 다음 이 주소를(addr) 메모리 모듈에 주소 신호를 통하여 전달하고, 소스 레지스터의 값을 메모리에 기록할 데이터로 전달하고, 메모리 쓰기를 표시하는 신호를 전달한다(그림 1.8에서 DATA에는 소스 레지스터의 값을, ADDR에는 addr의 값을, MemWr은 읽기를 의미하는 1을, MemEn은 1을 메모리 모듈에 전달한다). 그러면 메모리 모듈에서는 지정된 주소에 지정된 데이터를 기록한다. 메모리의 읽기나 쓰기가 일어나지 않는 동안에는 메모리 비활성화 신호를 메모리 모듈에 전달한다(그림 1.8에서 MemEn을 0으로 한다). 프로세서는 메모리가 기록을 완료할 정도의 짧은 시간이 흐른 후에 STORE 명령을 종료하고 다음 명령어 읽기 순서로 넘어간다. 자세한 내용은 10장에서 다룬다.

[32비트 값 설정] 특정 레지스터에 임의의 값을 설정하기 위해서는 COPY나 LOAD 명령어를 활용한다. 만약 16비트로 표현이 가능한 값이면 COPY 명령어의 즉석 값 부분에 원하는 값을 지정하면 된다. 그렇지 못할 경우에는 LOAD 명령어를 활용할 수 있다. 예를 들어서 R1에 123456을 기록하고 싶다면 COPY 명령어로는 표현이 불가능하다. 12345는 16비트로 표현할 수 없는 큰 값이기 때문이다. 이러한 목적으로는 프로그램이 메모리에 적재될 때에 미리 메모리의 특정 주소에 필요한 값이 기록되어 있도록 한 다음, LOAD 명령어로 원하는 레지스터에 이 값을 읽어 들이면 된다. 이러한 예로는 프로그램 2.4에서 레지스터 R1에 값 123456을 기록하는 예를 참고하기 바란다.

> **참고** 32비트 값을 설정하는 다른 방법으로는 3장에서 설명할 시프트 연산을 이용할 수도 있다. 우선 상위 16비트에 해당하는 값을 저장한 다음 16비트만큼 왼쪽으로(상위 비트 위치로) 이동시킨 후에, 하위 16비트 값을 더 더해주면 된다.

2.6 TOY 어셈블리 언어 문법

[명령어 집합] TOY 프로세서의 전체 명령어 집합은 표 2.5와 같다. 각 명령어는 종류를 나타내는 명령어 이름과 사용되는 값들을 지정하는 오퍼랜드들로 구성된다. TOY 프로세서는 산술 및 논리 연산 명령어를 실행하면서 CCR 비트들을 새롭게 갱신한다. 오퍼랜드를 표현할 때 다음의 규칙들을 적용한다.

- 레지스터를 표시하는 Rd, Rs 및 Ra 부분에는 R0부터 R6까지의 임의의 레지스터를 지정할 수 있다. R7은 PC와 동일한 레지스터를 의미한다(Rd는 목적지 레지스터, Rs는 소스 레지스터, Ra는 주소 레지스터를 의미한다).

표 2.5 TOY 프로세서 명령어 집합

이름	어셈블리 언어 표현	의미	CCR 갱신
Add	ADD Rd, Rs, Rs2	Rd ← Rs + Rs2	O
Subtract	SUB Rd, Rs, Rs2	Rd ← Rs - Rs2	O
Compare	CMP Rs, Rs2	Rs - Rs2	O
And	AND Rd, Rs, Rs2	Rd ← Rs AND Rs2	O
Or	OR Rd, Rs, Rs2	Rd ← Rs OR Rs2	O
Exclusive Or	XOR Rd, Rs, Rs2	Rd ← Rs XOR Rs2	O
Not	NOT Rd, Rs	Rd ← NOT Rs	O
Logical Shift Left	LSL Rd, Rs, n	Rd ← Rs를 n 비트 왼쪽 이동	O
Logical Shift Right	LSR Rd, Rs, n	Rd ← Rs를 n 비트 오른쪽 이동	O
Arithmetic Shift Left	ASL Rd, Rs, n	Rd ← Rs를 n 비트 왼쪽 이동	O
Arithmetic Shift Right	ASR Rd, Rs, n	Rd ← Rs를 n 비트 오른쪽 이동(부호유지)	O
Copy	COPY Rd, Rs2	Rd ← Rs2	O
Load	LOAD Rd, addr	Rd ← 메모리의 addr번지 내용	x
	LDR Rd, Ra, offset	Rd ← 메모리의 Ra+offset번지 내용	x
Store	STORE Rs, addr	메모리의 addr번지 내용 ← Rs	x
	STR Rs, Ra, offset	메모리의 Ra+offset번지 내용 ← Rs	x
Branch	BR nzp, addr	조건에 따라 실행 위치를 addr 주소로 이동	x
	BRR nzp, Ra, offset	조건에 따라 실행 위치를 Ra+offset 주소로 이동	x
Load Effective Address	LEA Rd, addr	Rd ← addr번지	x
Link	LINK	R6 ← PC+1	x
Return	RET	PC ← R6	x
Software Interrupt	SWI n	운영체제의 n번 기능 호출	x
Return from Interrupt	RTI	SWI 명령어 다음 위치로 복귀	x

- Rs2 부분에는 R0부터 R6까지의 임의의 레지스터를 지정할 수도 있고, 16비트로 표현할 수 있는 임의의 정수를 직접 지정할 수도 있다(Rs2는 두 번째 소스 오퍼랜드를 의미한다).

- LSL, LSR, ASL 및 ASR의 n 부분은 시프트 연산의 이동할 비트 수로서 0부터 31까지의 수치를 지정한다.

- 주소를 나타내는 addr은 메모리의 주소를 수치로 지정하거나 프로그램 내에 표시된 레이블을 지정한다. addr에 해당하는 주소는 현재 명령어의 위치로부터 16비트의 정수로 표현이 가능한 범위 이내여야 한다.

- offset은 16비트로 표현할 수 있는 임의의 정수이다.

참고

[addr의 표현 범위] 어셈블리 언어로 프로그램을 작성할 때 LOAD, STORE 및 BR 명령어의 addr 부분은 메모리 주소를 직접 지정하는 수치이거나 프로그램 내의 지정된 레이블이 있는 위치의 주소를 의미한다. 이것은 어셈블러에 의해 기계어 코드로 변경하는 과정에서 현재의 주소(PC 값) 와 addr 이 있는 위치의 주소 간의 차이를 32비트인 기계어 코드의 일부분에 16비트로 표현한다. 따라서 addr은 현재의 위치로부터 16비트 정수로 표현이 가능한 범위 이내에 위치한 경우만 가능하다(4.1절 참조). 만약 이 범위를 벗어난다면 원거리 주소 접근에 해당하는 LDR, STR, 및 BRR 명령어들을 활용해야 한다(3.6절 참조).

[프로그램 표기] 어셈블리 언어 프로그램은 줄 단위로 의미가 있다. 각 줄은 완전히 빈 줄일 수도 있고 한줄 전체가 주석일 수도 있다. 각 줄에서 세미콜론(';') 이후 부분은 그 줄의 끝까지가 주석이다. 각 줄은 다음과 같은 형식을 따른다.

```
; 주석
레이블:                    ; 주석
        명령어 오퍼랜드    ; 주석
레이블: 명령어 오퍼랜드    ; 주석
```

레이블은 반드시 그 줄의 첫 칸부터 시작하고 콜론 (':')을 덧붙인다. 레이블이 없는 줄은 반드시 한 칸 이상을 비워두고 시작해야 한다. 한 줄은 명령어와 오퍼랜드가 없이 레이블만 있을 수도 있다.

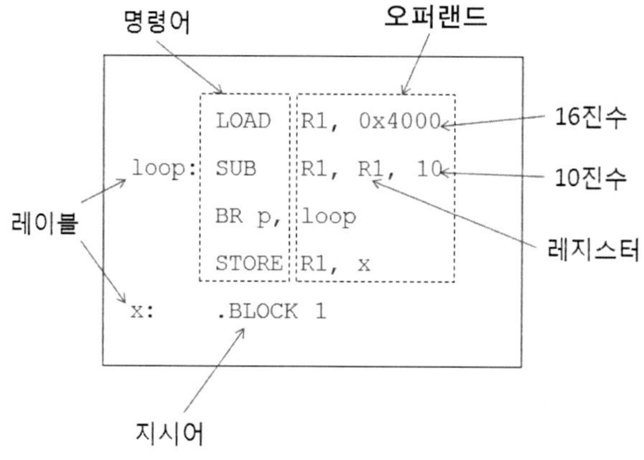

그림 2.15 명령어와 오퍼랜드 표기 예

임의의 문자열로 표시된 이름인 **레이블**(label)은 프로그램의 적절한 위치들에 이름을 붙인 것이다. 오퍼랜드로 레이블을 사용하면 어셈블링 과정에서 실제 주소로 대체된다. 이것은 C 언어에서 레이블을 표시해 두고 'goto' 문을 이용하여 해당 레이블로 이동할 때의 사용법과 같은 목적의 표현이다. 어셈블리 언어에서 레이블은 이동할 주소지정 외에도 함수나 변수의 주소를 지정하는 데에도 사용된다.

[오퍼랜드 표기] 표 2.6은 TOY 어셈블러가 사용하는 오퍼랜드 표기법을 보여준다. 레지스터를 지정할 때에는 R0부터 R6까지의 임의의 레지스터를 표기한다. 직접 지정된 수치는 10진수나 16진수로 표기한다. 16진수는 C 언어와 마찬가지로 앞에 '0x'를 덧붙여서 표기한다. 예를 들어 16진수로 12FD는 '0x12FD'로 표기한다. 문자의 ASCII 코드는 따옴표를 붙여서 표기한다. 예를 들어 'A' 표기는 글자 A의 ASCII 코드 값을 의미한다. 주소는 임의의 음이 아닌 10진수나 16진수로 표기한다.

▌표 2.6▐ 오퍼랜드 표기법

오퍼랜드	표기	의미
레지스터	R0, R1, ..., R6, PC	특정 레지스터
수치	3, -25, 0x54, ...	직접 지정된 수치(10진수, 16진수)
ASCII 코드	'A', 'b'	문자의 ASCII 코드 값
주소	3000, 0x40a0, ...	메모리상의 주소로서 음이 아닌 수(10진수, 16진수)
레이블	sum, x3, _next, ...	프로그램에 지정된 레이블 위치로서 임의의 문자열

[지시어] 지시어(directive)는 프로세서의 명령어로 실행되는 것이 아니고, 어셈블러가 프로그램을 어셈블하는 과정에서 필요한 정보를 제공한다. 표 2.7은 TOY 어셈블러의 지시어들인데, 일반 명령어와 구별이 쉽도록 항상 '.'으로 시작한다.

▌표 2.7▐ TOY 어셈블러의 지시어

지시어	사용 예	의미
.ORIGIN addr	**.ORIGIN** 0x2000	프로그램을 0x2000번지부터 시작
.FILL value	**.FILL** 2345	현재 주소에 1개의 32비트 메모리 영역을 확보하고, 값을 2345로 설정
	.FILL 'A'	현재 주소에 1개의 32비트 메모리 영역을 확보하고, 값을 'A'의 ASCII 코드(0x41)로 설정
	.FILL L1	현재 주소에 1개의 32비트 메모리 영역을 확보하고, 레이블 L1에 해당하는 주소로 설정
.BLOCK n	**.BLOCK** 5	현재의 주소부터 5개의 32비트 메모리 영역 확보
.STRING "str"	**.STRING** "yes"	현재의 주소부터 4개의 32비트 메모리 영역을 확보하고 차례대로 'y', 'e', 's', 및 null (0)의 ASCII 코드를 저장

'.ORIGIN'은 어셈블러로 하여금 프로그램의 시작 주소가 지정된 주소 addr 임을 알려준다. 어셈블러는 기계어 코드로 변환할 때 메모리 0번지부터 기계어 코드들을 채워나간다. 만약 프로그램의 시작부분에 '.ORIGIN 0x2000'이 있으면 메모리의 0x2000번지부터 기계어 코드들을 채워나가는 것으로 처리한다.

변수들을 선언하기 위해서는 '.FILL'과 '.BLOCK'을 사용한다. '.FILL value'는 초기값이 지정된 변수를 선언할 때 사용하는데, value로 지정된 값 자체를 현재 주소에 채우라는 의미로서 이 프로그램이 실행될 때 처음부터 이 값이 메모리에 들어있도록 한다. 이것은 C 언어에서 초기값이 지정된 변수를 선언하는 경우에 해당한다. value 부분에는 오퍼랜드 표기법의 수치, ASCII 코드 및 레이블을 사용할 수 있다.

'.BLOCK n'은 현재의 위치에 n개 메모리 영역을 비워두라는 의미이다. 예를 들어 '.BLOCK 5'는 현재의 위치로부터 5개의 메모리 영역을 비워두라는 의미인데,

이 프로그램이 실행될 때 이 영역은 처음부터 0이 들어있도록 처리한다. 이것은 C 언어에서 5개의 원소를 가지는 배열을 초기값을 지정하지 않고 선언한 경우에 해당한다.

'.STRING'은 문자열을 초기값으로 설정할 때 사용한다. 문자열은 반드시 " "로 묶어서 표시한다. 예를 들어 '.STRING "yes"'은 현재의 주소로부터 차례대로 'y', 'e', 's' 에 해당하는 ASCII 코드를 기록하고, 덧붙여서 문자열의 끝을 나타내는 null 문자(ASCII 코드 0)를 기록한다.

2.7 변수의 사용

C 언어에서 변수를 사용하듯이 어셈블리 언어에서도 변수를 사용한다. 변수는 현재의 값을 임시로 기록해 두기 위해서 메모리상에 확보된 영역으로서 레이블로 이름을 붙인 것이다. 프로그램 2.1은 C 언어에서 변수를 사용하는 간단한 예이다. 정수형 변수 x는 초기값이 7로 지정되어 있고, y는 초기값이 지정되지 있지 않다.

[프로그램 2.1] 변수를 사용하는 C 언어 프로그램

```
int x = 7, y;
...
y = x + 3;
...
```

이 프로그램은 프로그램 2.2와 같이 어셈블리 언어로 변환할 수 있다. 변수 x를 위해서 레이블을 x로 표현하고, 이 자리에 '.FILL 7'를 이용하여 32비트 메모리 공간을 확보하면서 값은 7로 지정한다. 변수 y를 위해서는 레이블 y로 표현하고, 이 자리에 '.BLOCK 1'을 이용하여 1개의 32비트 메모리 공간만 확보해 둔다. x와 3을 더해서 y에 기록하는 작업은, 먼저 변수 x의 값을 레지스터 R1에 읽어 들이고 여기에 3을 더한 다음에 변수 y에 기록하는 것으로 처리하였다.

[프로그램 2.2] 변수를 사용하는 어셈블리 언어 프로그램

```
        ...
        LOAD R1, x              ; 변수 x의 값을 읽어서 R1에 저장
        ADD R1, R1, 3           ; R1에 3을 더해서 다시 R1에 저장
        STORE R1, y             ; R1의 값을 변수 y의 주소에 저장
        ...

x: .FILL 7                      ; 레이블 x의 위치에 32비트 메모리 영역을
                                ; 확보하고 초깃값을 7로 지정
y: .BLOCK 1                     ; 레이블 y의 위치에 1개의 32비트 크기의
                                ; 메모리 영역확보
        ...
```

참고

C 언어 프로그램에서는 변수를 프로그램 앞부분에 먼저 선언하고 사용하지만, 어셈블리 언어 프로그램에서는 일반적으로 뒷부분에 변수들을 배치하는 방법이 많이 사용된다. 대부분의 C 언어 컴파일러는 어셈블리 언어 프로그램으로 변환하는 과정에서 변수들이 뒷부분에 배치되도록 메모리 주소를 배정한다.

2.8 프로그램 예제

메모리에 기록된 영문 알파벳 문자를 소문자나 대문자로 변환하는 프로그램을 작성해 보자. 표 1.8의 ASCII 코드 표에서 보듯이 소문자와 대문자의 ASCII 코드 값은 항상 0x20 만큼 차이가 있다. 즉, 소문자의 ASCII 코드는 대문자의 ASCII 코드에 0x20을 더한 값이다. 따라서 대문자를 소문자로 변환하려면 0x20을 더하면 되고, 반대로 소문자를 대문자로 변환하려면 0x20을 빼면 된다. 프로그램 2.3을 실행하면 레이블 up1 부분에는 low1 부분의 문자 ('a')의 대문자 ('A')가 기록될 것이고, 레이블 low2 부분에는 up2 부분의 대문자 ('B')의 소문자 ('b')가 기록될 것이다.

[프로그램 2.3] ASCII 문자의 변환

```
    .ORIGIN 0x2000           ; 프로그램 시작 주소를 0x2000번지로

    LOAD R1, low1            ; 메모리 low1 부분의 값을 R1에 읽어들임
    SUB R1, R1, 0x20         ; 0x20을 빼서 대문자로 변환
    STORE R1, up1            ; 변환한 결과를 메모리의 up1 부분에 저장
    LOAD R1, up2             ; 메모리 up2 부분의 값을 R1에 읽어들임
    ADD R1, R1, 0x20         ; 0x20을 더해서 소문자로 변환
    STORE R1, low2           ; 변환한 결과를 메모리의 low2 부분에 저장
    ...

low1: .FILL 'a'              ; 문자 'a'의 ASCII 코드(0x61)
up1:  .BLOCK 1               ; 1개의 메모리 영역확보
up2:  .FILL 'B'              ; 문자 'B'의 ASCII 코드(0x42)
low2: .BLOCK 1               ; 1개의 메모리 영역 확보
```

참고

프로그램 2.3에서 만약에 레이블 low1 부분에 소문자인 'a' 대신에 대문자인 'A' 가 들어 있었다면 up1 부분에는 어떤 값이 기록될까? 대문자 'A'의 ASCII 코드가 0x41이므로, 여기에 0x20을 뺀 0x21이 기록될 것이다. 이 문자는 엉뚱하게 '!'의 ASCII 코드이다. 즉, up1 부분에는 문자 '!'가 기록 된다.

대문자를 소문자로 바꾸는 다른 방법으로는 OR 명령어를 이용할 수 있다. 0x20을 더하는 것은 곧 끝에서 6번째 비트만 0에서 1로 변경하면 된다. 따라서 'ADD R1, R1, 0x20' 대신에 'OR R1, R1, 0x20'으로 처리하는 것도 좋은 방법이다. 이렇게 하면 원래 대문자였으면 소문자로 변환될 것이고, 원래 소문자였으면 아무런 변화가 없을 것이다. 소문자를 대문자로 바꾸는 작업은 끝에서 6번째 비트만 1에서 0으로 변경하면 된다. 이것은 2진수로 '11011111'과 AND 명령어를 이용하여 처리한다. 즉, 'AND R1, R1, 0xDF'로 처리하는 것도 좋은 방법이다. 이렇게 하면 원래 소문자였으면 대문자로 변환할 것이고, 원래 대문자였으면 아무런 변화가 없을 것이다.

다른 간단한 프로그램의 예로서, 지정된 숫자에 대하여 8을 나눈 나머지를 구해보자. 주어진 10진수를 100으로 나눈 나머지는 10진수 끝의 2자리 수만 취하면

되듯이, 주어진 2진수의 8을 나눈 나머지는 2진수 끝의 3비트만 취하면 된다. 이 작업은 AND 명령을 이용하여 끝의 3 비트는 그대로 남도록 하고, 상위 비트들은 모두 0으로 만들면 된다. 즉, 주어진 값을 0x07과 AND 연산을 하면 원하는 결과인 끝의 3비트 값을 얻을 수 있는 것이다(특정 비트의 값을 1과 AND를 하면 원래 값이 그대로 남는다. 즉, 원래 값이 1이었으면 1과 1을 AND 한 것이므로 1이고, 원래 값이 0이었으면 1과 0을 AND 한 것이므로 0이 되는 것이다. 0과 AND를 하면 무조건 0으로 설정될 것이다).

[프로그램 2.4] 8을 나눈 나머지 구하기

```
    .ORIGIN 0x2000
    LOAD R1, value          ; 메모리 value 부분의 값을 R1에 읽어들임
    AND R2, R1, 0x07        ; 끝의 3비트만 남기고 나머지는 0으로
    STORE R2, remain        ; 계산결과를 remain 부분에 저장
    ...

value:  .FILL 123456        ; 주어진 숫자
remain: .BLOCK 1            ; 나머지를 저장하기 위한 메모리 영역
```

참고 C 언어로는 표현할 수 없고 어셈블리 언어로 표현해야하는 경우가 있을까? 예를 들어 여러 작업을 실행하는 멀티태스킹 운영체제에서 1번 작업을 실행하던 중간에 3번 작업으로 변경하여 실행을 계속하도록 할 때가 바로 그러한 예가 된다. 운영체제도 하나의 소프트웨어인데, 실행 작업을 변경하는 부분은 어셈블리 언어로만 표현이 가능하다. 하드웨어를 제어하는 프로그램들도 어셈블리 언어를 활용한다.

[제 3 장]

어셈블리 언어(2)

3.1 분기조건의 설정

[CCR] 프로그램을 작성할 때에 C 언어에서의 if 문처럼 일정한 산술/논리 연산을 실행한 후에 그 결과에 따라서 다음에 실행할 내용을 달리할 필요가 있다. 이러한 목적으로 필요한 것이 **CCR(Condition Code Register)**로서 ALU가 산술/논리 연산을 한 결과에 따라 적절한 조건 비트들이 저장되는 레지스터이다. 결과가 음수이면(최상위 비트가 1이면) N(Negative) 비트가 설정되고, 결과 값이 0이면(모든 비트가 0이면) Z(Zero) 비트가 설정된다. TOY 프로세서는 회로의 단순성을 위해서 C(Carry) 비트와 V(oVerflow) 비트는 제외하고, N 비트와 Z 비트만 활용한다.

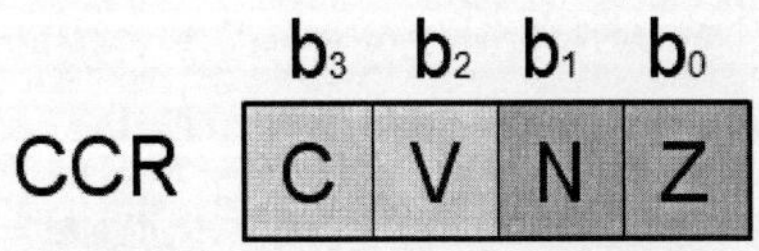

그림 3.1 CCR의 조건 비트들

N 비트와 Z 비트의 설정에 관한 설명을 위한 예로서 R0에 3이 저장되어 있다고 가정하자. 이 상태에서 'ADD R2, R0, 4'를 실행하면 결과는 7로서 양수이므로 N=0, Z=0이 된다. 만약 'SUB R2, R0, 4'를 실행하면 결과는 −1로서 음수이므로 N=1, Z=0이 된다. 만약 R0이 4였다면 SUB 실행 결과가 0이 되므로 N=0, Z=1이 된다. 연산 결과가 음수였으면 N만 1이고, 0이었으면 Z만 1이고, 양수였

으면 N과 Z 비트들이 모두 0이 된다.

3.2 분기 명령어

프로그램은 순차적으로만 실행하는 것이 아니라 조건에 따라 어떤 부분을 실행하거나 건너뛸 수 있어야 한다. C 언어의 if 문을 이용한 다음의 프로그램을 가정해 보자. 변수 x의 값을 절대값으로 바꾸는 작업이다.

[프로그램 3.1] 조건문 프로그램

```
if (x < 0)
   x = -x;
...
```

[BR 명령어 활용] 프로그램 3.1을 위한 TOY 프로세서 어셈블리 언어 프로그램을 작성해 보자. 먼저 x의 값이 음수인지 검사하고, 음수이면 다음의 양수로 바꾸는 작업을 실행하지만 그렇지 않으면 건너뛰어야 한다. 따라서 프로그램에서는 x의 값을 검사한 후에 음수이면 그 다음을 계속 실행하되, 그렇지 않으면 (0이거나 양수이면) 건너뛰어야 한다. 분기 명령어 BR(Branch)은 이렇게 조건에 따라 건너뛰어야 할 때 사용된다. 프로그램 3.2는 프로그램 3.1에 해당하는 내용을 BR 명령어를 활용하여 작성한 예이다. 여기서 비교를 위한 CMP 명령어는 다음 절에서 설명할 것인데, SUB와 마찬가지로 뺄셈을 하고 CCR의 N과 Z비트를 설정하지만 계산 결과를 레지스터에 저장하지는 않는다. 먼저 LOAD 명령어로 검사할 x의 값을 R1레지스터에 읽어 들이고 0과 비교해서 작을 때는 (음수일 때는) 양수로 변환하는 작업을 하고, 그렇지 않을 때는 (0이거나 양수이면) 그냥 건너뛰면 된다.

[프로그램 3.2] BR 명령어를 이용한 조건문 처리

```
    ...
    LOAD R1, x          ; 변수 x의 값을 R1로 읽어들임
    CMP R1, 0           ; R1의 값을 0과 비교하여 CCR의 N/Z 비트 갱신
    BR zp, next         ; 0이거나 양이면 next 위치로 건너 뜀
    COPY R2, 0          ; R2의 값을 0으로 설정
    SUB R1, R2, R1      ; R2의 값 0에다 R1의 값을 빼서 반대부호로
    STORE R1, x         ; 결과인 R1 값을 변수 x에 저장
next:
    ...
x: .FILL -23            ; 지정된 변숫값
```

TOY 프로세서는 산술 연산 및 논리 연산 명령어를 실행하면 CCR 비트들을 새롭게 갱신한다. 분기 명령어 BR은 CCR의 N과 Z비트 값에 따라 분기(실행 위치를 이동)하는 명령어다. 여기서 'BR zp, next' 는 CCR의 현재 비트들이 영(zero)이거나 양수(positive)임을 나타내고 있으면 레이블이 next인 주소로 실행 위치를 건너뛰라는 의미이다. 음수일 조건 n은 CCR의 N 비트가 1일 경우를 의미하고, 영일 조건 z는 CCR의 Z 비트가 1일 경우를 의미하며, 양수일 조건 p는 CCR의 N 비트와 Z 비트가 모두 0일 경우를 의미한다. 표 3.1은 TOY 프로세서 어셈블리 언어에서 분기 조건들에 대한 표기를 보여준다.

표 3.1 BR 명령어의 분기조건 표시

조건	조건 표시	CCR의 N/Z 비트 조건
작다	n	N=1 이면(이때 Z=0임)
작거나 같다	nz	Z=1 이면(이때 N=0임)
같다	z	N과 Z 모두 0 이면
같지 않다	np	n과 z중 하나에 해당하면
크거나 같다	zp	n과 p중 하나에 해당하면
크다	p	z과 p중 하나에 해당하면
항상	nzp	n, z, p중 하나에 해당하면(항상 참)

참고

BR 명령의 분기 조건에 비부호 정수에 대한 처리와 캐리나 오버플로가 발생했을 때의 처리를 포함하는 것이 필요하지만, TOY 프로세서는 회로를 가능한 한 단순하게 설계하기 위해서 이 경우들을 제외하였다. ARM 프로세서에서 캐리와 오버플로도 활용하는 분기조건이 표 11.3에 제시되어 있다.

프로그램 3.2에서 CMP 명령어로 0과 비교하는 과정에서 CCR의 N과 Z 비트가 적절하게 설정된다. 이제 BR 명령어를 이용하여 직전의 작업 결과로서 저장된 CCR의 N 비트와 Z 비트를 이용하여 크거나 같으면(zp), 즉 0이거나 양수이면 레이블 next가 있는 위치로 건너뛰도록 한다. BR 명령어의 조건이 만족되지 않으면, 즉 작으면(음수이면), 바로 다음의 COPY 명령어를 계속 실행한다. 여기에는 변수 x의 값(현재는 음수임)을 양수로 바꾸는 작업으로서, 0에서 음수인 x의 값을 빼는 것으로 처리하면 된다. 먼저 'COPY R2, 0'은 R2의 값을 0으로 설정한다. 이제 'SUB R1, R2, R1'를 통하여 R2의 값인 0에서 변수 x의 값을 가지고 있는 R1의 값을 뺀 결과를 R1에 기록하면, R1에는 양수인 -x의 값이 기록된다. 마지막으로 'STORE R1, x'를 통하여 R1의 값을 변수 x의 메모리 주소에 기록하면 된다.

TOY 프로세서에서 분기 명령어의 실행은 그림 3.2와 같이 분기 조건이 만족되는지를 검사하고 조건이 만족되면 지정된 주소를 PC 레지스터에 기록하는 것으로 구현할 수 있다. 이렇게 PC 값이 바뀌면 다음 명령어는 바뀐 주소의 메모리에서 읽어온 명령어를 실행하게 되므로 결국 지정된 주소로 실행 위치를 이동하는 것이 된다.

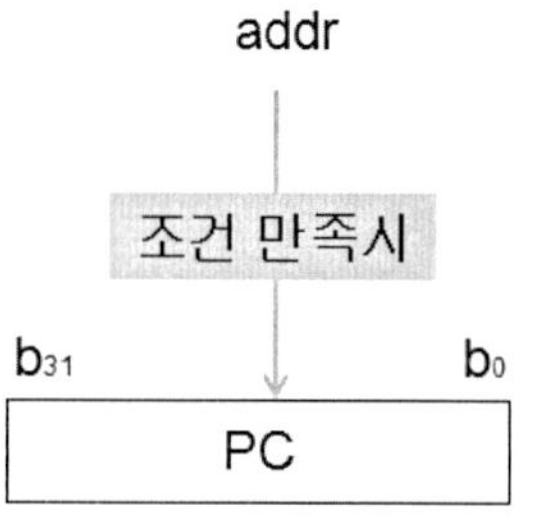

그림 3.2 BR 명령어의 개념적 실행

3.3 비교 명령어

비교 명령어 CMP(compare)는 기본적으로 뺄셈에 해당하는 명령어인 SUB와 동일하지만 그 결과 값은 저장하지 않고 CCR의 N과 Z 비트만 갱신하는 명령어이다. TOY 프로세서가 CMP 명령을 실행하는 과정으로서, 그림 3.3은 레지스터들 간의 비교를 위한 동작이고, 그림 3.4는 레지스터와 즉석 값을 비교하는 동작이다. 비교를 위한 즉석 값은 16비트 표현이 가능한 정수로 한정된다.

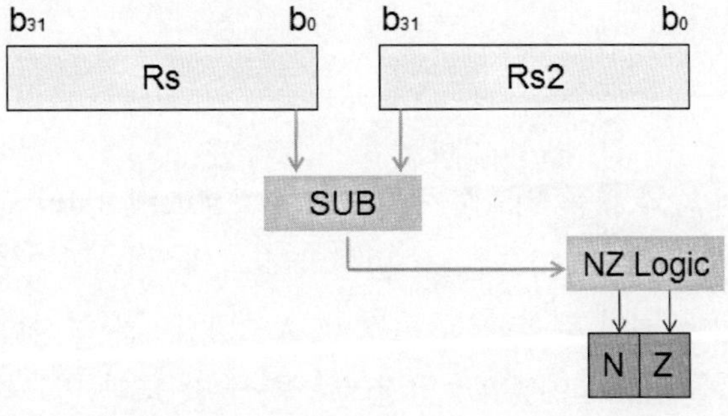

그림 3.3 레지스터 간의 비교연산

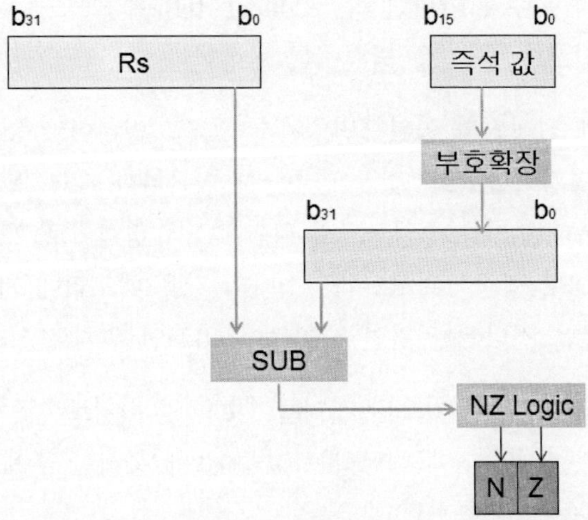

그림 3.4 레지스터와 즉석값 간의 비교연산

분기 명령어를 실행하기 위해서는 먼저 조건을 검사한 결과를 CCR의 N과 Z 비트에 설정해야 한다. 프로그램 3.3은 x의 값이 15 이상이면 y를 15로 설정하고, 15 미만이면 x 값을 그대로 복사하는 프로그램이다.

[프로그램 3.3] 비교가 필요한 조건문

```
if (x >= 15)
  y = 15;
else
  y = x;
...
```

변수 x의 값과 15를 비교하기 위해서는 프로그램 3.4와 같이 비교 명령어인 CMP를 사용하면 된다. CMP는 첫 번째의 값과 두 번째의 값을 비교하여 CCR의 N과 Z 비트만 적절히 갱신한다. 먼저 LOAD 명령어로 검사할 x의 값을 R1 레지스터에 읽어 들인 다음에 CMP 명령어로 즉석 값 15와 비교를 한다. 이 과정에서 비교한 결과가 음수이면 (N 비트가 1이면) 레이블 else 가 있는 위치로 이동하면 되는데 BR 명령어에 조건 n을 지정하면 된다. N 비트가 설정되지 않았으면 (비교한 결과가 음수가 아니면 즉, R1의 값이 15보다 크거나 같으면) 실행 위치를 이동하지 않고 계속 다음 명령어를 실행한다.

N 비트가 설정되지 않았으면, 먼저 COPY 명령어로 R2에 15를 기록한 다음에 STORE 명령어로 R2의 값을 변수 y에 기록한다(TOY 프로세서는 즉석 값을 메모리에 기록하는 기능이 없으므로 일단 COPY 명령어로 R2레지스터에 15를 기록한 후에 STORE 명령어로 R2 레지스터의 값을 메모리에 기록하도록 하였다). 이제 else 부분을 건너뛴 위치인 레이블이 addr인 위치로 무조건 이동한다.

N 비트가 설정되어 있으면 레이블이 else인 위치로 이동하게 된다. 여기서는 R1에 들어있는 변수 x에 해당하는 값을 R2에 복사한 후에 STORE 명령어로 R2의 값을 변수 y에 기록한다.

[프로그램 3.4] CMP 명령어를 이용한 조건문 처리

```
  LOAD R1, x          ; 변수 x의 값을 R1로 읽어들임
  CMP R1, 15          ; R1의 값과 15를 비교해서 CCR의 NZ 비트 설정 유도
  BR n, else          ; 음수이면(N 비트가 1이면) else 번지로 이동
  COPY R2, 15         ; R2의 값을 15로 설정
  STORE R2, y         ; R2의 값을 변수 y에 기록
  BR nzp addr         ; 무조건 addr 번지로 이동
else:
  COPY R2, R1         ; R2의 값을 R1과 같게 복사
  STORE R2, y         ; R2의 값을 변수 y에 기록
addr:
  ...
```

3.4 시프트 연산 명령어

시프트 연산은 레지스터의 비트들을 지정한 자리 수만큼 왼쪽(높은 자리 쪽)이나 오른쪽(낮은 자리 쪽)으로 이동시켜 저장하는 것을 의미한다. 32비트 레지스터이므로 이동할 자리 수는 1부터 31까지 가능하다.

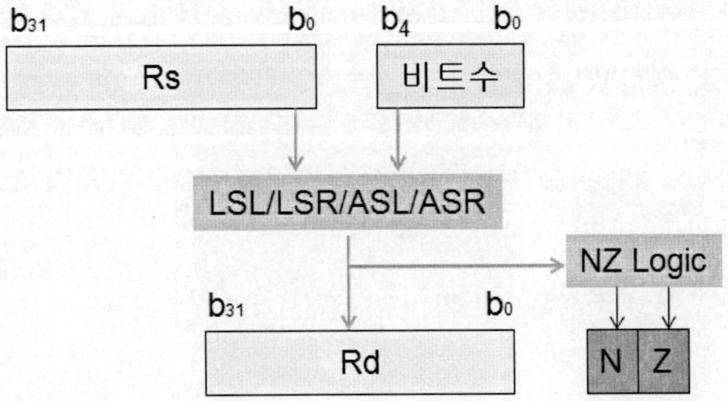

그림 3.5 시프트 연산

[논리적 시프트] 논리적 시프트(logical shift) 연산은 **LSL(Logical Shift Left)**과 **LSR(Logical Shift Right)**로서 그림 3.6에서 보여주듯이, 지정한 레지스터의 내용을 필요한 자리 수만큼 각각 왼쪽과 오른쪽으로 이동시키는 것이다. 이때 빈자리는 0으로 채워진다.

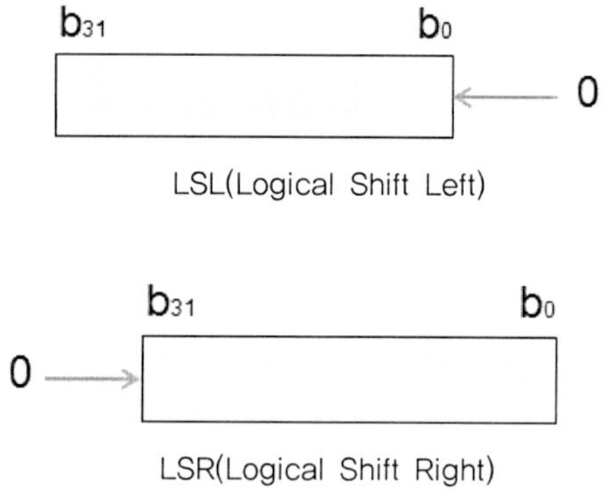

그림 3.6 논리적 시프트 명령어

명령어 'LSL Rd, Rs, n'은 Rs의 값을 n 비트만큼 왼쪽으로 이동한 값을 Rd에 기록하는 것이다. 이때 오른쪽 빈자리에는 0이 채워진다. 여기서 n은 1부터 31까지의 값이 가능하다. 'LSR Rd, Rs, n'은 Rd의 값을 n 비트만큼 오른쪽으로 이동한 값을 Rd에 기록하는 것이다. 이때 왼쪽 빈자리에는 0이 채워진다.

표 3.2에서 논리적 시프트 연산의 간단한 예를 보여준다. LSL과 LSR은 양수든 음수든 상관없이 0을 채우는 것을 볼 수 있다. 'LSL R2, R1, 2'는 R1의 값을 왼쪽으로(높은 자리 쪽으로) 2비트만큼 이동한 결과를 R2에 저장하는 것이다. 반대로 'LSR R2, R1, 2'는 R1의 값을 오른쪽으로(낮은 자리 쪽으로) 2비트만큼 이동하여 R2에 저장하는 것이다.

LSL을 통하여 왼쪽으로 k 비트 이동시키면 2^k을 곱한 효과가 있고, 오른쪽으로 k비트 이동시키면 2^k을 나눈 효과가 있다. R1 값이 12인 상태(실행 전 ①)에서 'LSL R2, R1, 2'를 실행 후에는 R2의 값이 2^2=4를 곱한 값인 48이 된다. R1 값이 12인 상태에서 'LSR R2, R1, 2'를 실행 후에는 R2의 값이 2^2=4를 나눈 값인 3이 된다. R1 값이 2^{30}일 경우(실행 전 ②)에는 왼쪽으로 2비트 이동 시키면 (4를 곱하면) 32비트로 표현할 수 있는 범위를 벗어나서 오버플로가 발생한다.

▌표 3.2▌ 논리적 시프트 연산결과

명령어	레지스터값	비부호 정수값
실행 전 ①	R1: **00**00 0000 ... 0000 1100	12
LSL R2,R1,2	R2: 0000 0000 ... 0011 00**00**	48
LSR R2,R1,2	R2: **00**00 0000 ... 0000 0011	3
실행 전 ②	R1: **01**00 0000 ... 0000 0000	2^{30}
LSL R2,R1,2	R2: 0000 0000 ... 0000 00**00**	0(오버플로)
LSR R2,R1,2	R2: **00**01 0000 ... 0000 0000	2^{28}

[신술적 시프트] 산술적 시프트(arithmetic shift) 명령어는 정수에 대하여 비트를 이동시키는 것을 위한 것으로서, 논리적 시프트 연산이 비부호 정수에 대하여 처리하는 것과 대비된다. **ASR(Arithmetic Shift Right)**은 LSR와 비슷한 동작이지만, 그림 3.7에서 보듯이, 빈자리에 채우는 비트의 값이 서로 다르다. LSR에서는 최상위 비트 위치에 무조건 0을 채워 넣지만, ASR는 직전의 최상위 비트 값을 복사하여 채워 넣는다. 이것은 부호가 붙은 정수에서 오른쪽으로 이동 후에도 부호가 변하지 않고 유지되도록 하기 위함이며, 이것은 음수에 대해서도 나눗셈 효과를 나타낸다. **ASL(Arithmetic Shift Left)**은 LSL과 동작이 동일하다.

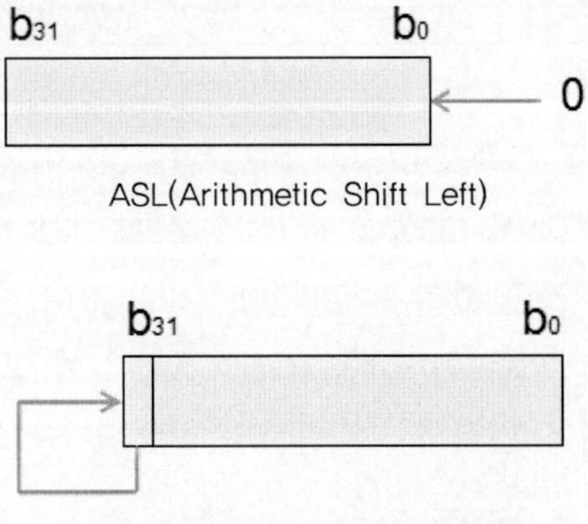

그림 3.7 산술적 시프트 명령어

예를 들어 R2에 정수가 들어있다면 'ASR R2, R1, 3'은 R1의 값에 2^3=8을 나눈 효과가 있으며, 원래 양수였던지 음수였던지 여부에 상관없이 8을 나눈 의미를 갖는다. 원래 값이 24이었으면 연산 결과는 8을 나눈 결과인 3이 될 것이고, 원래 값이 -32이었으면 연산 결과는 8을 나눈 결과인 -4가 될 것이다. 표 3.3에서 ASR의 간단한 예를 보여준다. ASR은 양수일 때와 음수일 때에 따라서 최상위 비트에 채워지는 것이 그 부호임을 볼 수 있다. R1의 값이 12인 상태(실행 전 ①)에서 'ASR R2, R1, 2'를 실행한 후에는 R2의 값이 4를 나눈 값인 3으로 된다. R1의 값이 -4인 상태(실행 전 ②)에서는 'ASR R2, R1, 2'를 실행한 후에는 R2의 값은 4를 나눈 값인 -1이 된다.

표 3.3 시프트 연산결과

명령어	레지스터값	정수값
실행 전 ①	R1: **0**000 0000 ... 0000 1100	12
ASR R2,R1,2	R2: **000**0 0000 ... 0000 0011	3
ASL R2,R1,2	R2: 0000 0000 ... 0011 00**00**	48
실행 전 ②	R1: **1**111 1111 ... 1111 1100	-4
ASR R2,R1,2	R2: **111**1 1111 ... 1111 1111	-1
ASL R2,R1,2	R2: 1111 1111 ... 1111 00**00**	-16
실행 전 ③	R1: **0**010 0000 ... 0000 0000	2^{29}
ASR R2,R1,2	R2: **000**0 1000 ... 0000 0000	2^{27}
ASL R2,R1,2	R2: 1000 0000 ... 0000 00**00**	-2^{31} (오버플로)

정수의 비트들을 왼쪽으로(상위 비트 위치로) 이동시키는 ASL은 LSL과 동일하다. 표 3.3에서 R1이 12(실행 전 ①)였을 때 'ASL R2, R1, 2'를 실행한 후에는 R2의 값이 4를 곱한 값인 48로 된다. R1의 값이 -4(실행 전 ②)였으면 R2의 값은 4를 곱한 값인 -16이 된다. R1값이 2^{29}(실행 전 ③)였으면 32비트 정수로 표현 가능한 범위를 벗어서 오버플로가 발생한다(마치 음수인 것처럼 되었다).

[C 언어와 시프트 연산] 시프트 연산은 C 언어에서의 비트 이동 연산과 같은 목적으로 사용된다. C 컴파일러는 변수의 선언과 비트 이동관련 프로그램 부분을 적절히 어셈블리 언어 표현으로 번역해준다. 표 3.4에서 보는 바와 같이 변수 선언 부분은 정수든 비부호 정수든 구별이 없이 어셈블리 언어에서는 동일하게 처리된다. 하지만 정수형 변수인 x를 오른쪽으로 이동시키는 작업은 어셈블리 언

어로는 ASR 명령어를 활용하여 부호가 유지되도록 하고, 비부호 정수인 y를 오른쪽으로 이동시키는 작업은 LSR 명령어를 활용하여 최상위 비트에 0이 채워지도록 한다. 왼쪽으로 이동시키는 경우에는 ASL이나 LSL을 이용하여 최하위 비트에 0을 채우도록 하는데, 사실 ASL과 LSL의 동작은 동일하다.

▌표 3.4▌ C 언어와 시프트 연산

C 언어 표현	어셈블리 언어 표현
`int x;` `unsigned y;`	`x:  .BLOCK 1` `unsigned int y;`

`x = (x >> 1);`	`LOAD R0, x`
	`ASR` `R0, R0, 1`
	`STORE R0, x`

`y = (y >> 2);`	`LOAD R0, y`
	`LSR` `R0, R0, 2`
	`STORE R0, y`

`x = (x << 3);`	`LOAD R0, x`
	`ASL` `R0, R0, 3`
	`STORE R0, x`

`y = (y << 4);`	`LOAD R0, y`
	`LSL` `R0, R0, 4`
	`STORE R0, y`

[시프트 연산의 응용] 프로그램 3.5는 시프트 연산을 이용하여 10을 곱하는 프로그램의 예이다. value에 10을 곱하는 작업은 value × 10 = value × (8 + 2) = value × 8 + value × 2 이므로, 8을 곱한 것과 2를 곱한 것을 더하는 것으로 해결할 수 있다. 따라서 주어진 값을 3비트 왼쪽으로 이동한 것과 1비트 왼쪽으로 이동한 것을 더하면 된다. 프로그램을 종료하는 절차는 3.7절에서 설명하는데 여기서는 우선 제자리에서 무한 루프를 돌도록 처리하였다. BR 명령어에서 분기조건을 'nzp'로 지정함으로써 항상 halt 레이블 위치로 되돌아가도록 하였다.

[프로그램 3.5] 시프트 연산을 이용한 곱하기 10의 처리

```
    .ORIGIN 0x2000

    LOAD R1, value          ; 메모리 value 부분의 값을 R1에 읽어들임
    LSL R2, R1, 3           ; R2 ← R1 x 8(3비트 왼쪽으로 이동)
    LSL R3, R1, 1           ; R3 ← R1 x 2(1비트 왼쪽으로 이동)
    ADD R1, R2, R3          ; R1 ← (R1 x 8) + (R1 x 2) = R1 x 10
    STORE R1, result        ; 계산결과를 result 부분에 저장
halt: BR nzp halt           ; 제자리에서 무한 루프

value:  .FILL 123456        ; 주어진 숫자
result: .BLOCK 1            ; 결과를 저장하기 위한 메모리 영역
```

프로그램 3.6은 시프트 연산을 이용하여 주어진 정수를 8로 나눈 몫과 나머지를 구하는 예이다. 8을 나눈 나머지는 끝의 3비트 부분만 취하면 되고, 몫은 오른쪽으로 3비트 이동하면 된다. 몫을 구하기 위해 오른쪽으로 비트들을 이동할 때 정수를 위해서는 산술적 시프트 명령인 ASR을 사용해야 하고, 비부호 정수를 위해서는 논리적 시프트 명령인 LSR을 사용해야 한다.

[프로그램 3.6] 정수를 8로 나눈 몫과 나머지 구하기

```
    .ORIGIN 0x2000

    LOAD R1, value          ; 메모리 value 부분의 값을 R1에 읽어들임
    ASR R2, R1, 3           ; 오른쪽으로 3비트 이동, 부호 복제
    STORE R2, quot          ; 계산결과를 quot 부분에 저장
    AND R2, R1, 0x07        ; 끝의 3비트만 남기고 나머지는 0으로
    STORE R2, remain        ; 계산결과를 remain 부분에 저장
halt: BR nzp halt           ; 제자리에서 무한 루프

value:  .FILL 0x12345       ; 주어진 숫자
quot:   .BLOCK 1            ; 몫을 저장하기 위한 메모리 영역
remain: .BLOCK 1            ; 나머지를 저장하기 위한 메모리 영역
```

3.5 유효 주소 저장 명령어

[LEA] LEA(Load Effective Address) 명령어는 특정 레이블에 해당하는 주소를 지정된 레지스터에 저장한다. 예를 들어, 'LEA R1, addr'은 레이블 addr이 있는 위치의 주소를 R1에 기록하는 것을 의미한다. 참고로 LOAD 명령어는 지정된 레이블 위치의 메모리 내용을 읽어서 레지스터에 저장하는 것과 비교된다.

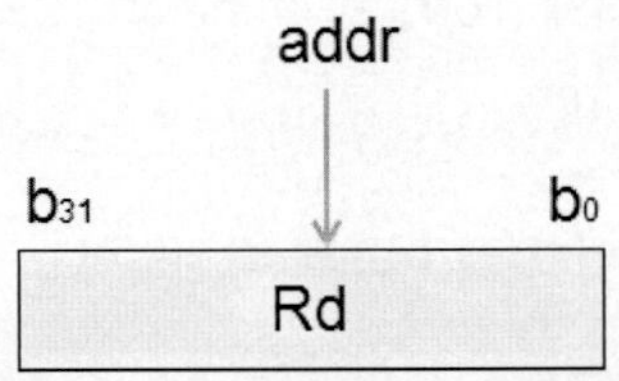

그림 3.8 LEA 명령어의 개념적 실행

LOAD 명령어와 LEA 명령어의 차이를 명확하게 하기 위해서 프로그램 3.7에서 이들의 동작결과를 비교한다. 0x2000번지부터 시작하므로 LOAD 명령어는 0x2000번지, LEA 명령어는 0x2001번지, BR 명령어는 0x2002번지, 그리고 레이블 value가 있는 부분은 0x2003번지가 된다. 따라서 'LOAD R1, value'를 실행하면 0x2003번지의 내용을 읽어서 R1에 저장하므로 R1에는 0x1234가 기록된다. 다음에 'LEA R2, value'를 실행하면 레이블 value에 해당하는 메모리 주소인 0x2003이 R2에 기록된다.

[프로그램 3.7] LOAD와 LEA의 비교

```
        .ORIGIN 0x2000

        LOAD R1, value          ; value 부분의 메모리값을 R1에 읽어들임
        LEA R2, value           ; value에 해당하는 메모리 주소를 R2에 저장

halt: BR nzp halt               ; 제자리에서 무한 루프
value: .FILL 0x1234
```

3.6 레지스터 간접 어드레싱 모드

레지스터 간접 어드레싱 모드는 주소를 저장하고 있는 레지스터를 지정하여 메모리 주소를 결정하는 것으로서, LDR, STR, 및 BRR 명령어가 이 어드레싱 모드를 사용한다. 이들은 표 3.5와 같이 특정 레지스터의 값을 기준으로 하여 적절한 offset 값을 더해서 메모리 주소를 결정한다. 기준이 되는 레지스터에 미리 적절한 주소를 기록한다면 어떤 주소라도 접근이 가능한데 비해, LOAD, STORE 및 BR 명령어에서는 현재 위치로부터 16비트 정수로 표현이 가능한 범위 내로만 주소가 한정된다.

표 3.5 레지스터 간접 어드레싱 명령어

이름	어셈블리 언어 표현	의미
Load R	LDR Rd, Ra, offset	Rd ← 메모리의 Ra+offset번지 내용
Store R	STR Rs, Ra, offset	메모리의 Ra+offset번지 내용 ← Rs
Branch R	BRR nzp, Ra, offset	조건에 따라 Ra+offset번지로 다음 실행 위치를 이동

[LDR, STR] LDR 명령어 및 STR 명령어는 기본적으로 LOAD 및 STORE 명령어와 마찬가지로 메모리의 내용을 읽어오거나 기록하는 것이지만 메모리의 주소를 지정하는 방법에서 차이가 있다. 예를 들어 'LDR R1, R4, 2'는 R4에 들어있는 현재 값에 2를 더한 것을 메모리의 주소로 사용해서 메모리의 내용을 읽어온다. 읽어온 메모리 내용은 R1에 기록한다. 만약 R4의 값이 0x2100 이라면 여기에 2를 더한 0x2102번지의 메모리 내용을 읽어 와서 R1에 저장한다. STR 명령어도 메모리의 주소를 지정하는 방법이 LDR과 같고, 지정된 메모리의 위치에 소스 레지스터의 내용을 기록한다. 그림 3.9 및 3.10은 각각 TOY 프로세서에서 LDR과 STR 명령어의 실행 과정을 보여준다.

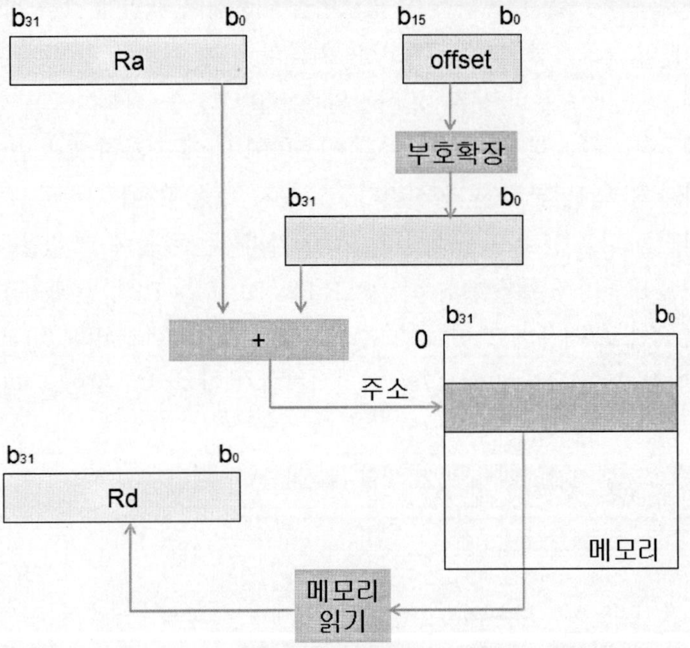

그림 3.9 LDR 명령어의 실행

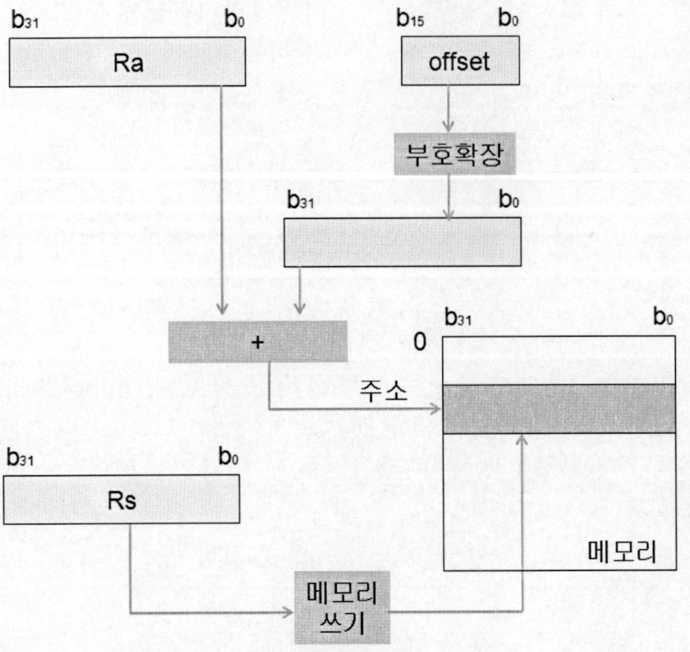

그림 3.10 STR 명령어의 실행

프로그램 3.8은 LEA와 STR 명령어를 이용하여 배열에 값을 기록하는 프로그램이다. 이 프로그램은 table 이라는 이름의 26개 원소를 가진 배열을 정의하고 차례대로 문자 'A'부터 문자 'Z'까지의 ASCII 코드를 기록하도록 한다. 먼저 table에 해당하는 주소를 LEA 명령어를 이용하여 R1에 기록하고, 매번 문자를 기록할 때마다 R1을 1만큼씩 증가 시킨다. 첫 문자 'A'를 R2에 기록하고 매번 1만큼 증가시키면서 다음 문자로 변경한다. R1이 가리키는 주소에 R2값을 기록하기 위해서는 STR 명령어를 활용한다. 즉, 'STR R2, R1, 0'는 R1의 값에 0을 더한 것을 메모리의 주소로 사용하고 여기에 R2의 값을 기록하는 것이다. 반복하는 회수는 26을 R0에 기록한 후 매번 1만큼 감소시키면서 양수이면 작업을 반복하도록 한다.

[프로그램 3.8] 배열에 26개의 ASCII 문자 넣기

```
    .ORIGIN 0x2000

    LEA R1, table           ; 배열 table의 주소를 R1에 기록
    COPY R2, 'A'            ; 문자 'A'의 ASCII 코드(0x41)
    COPY R0, 26             ; 반복할 회수(26문자)
loop: STR R2, R1, 0         ; R2의 문자를 R1이 가리키는 주소에 기록
    ADD R1, R1, 1           ; 주소를 1만큼 증가
    ADD R2, R2, 1           ; 다음 문자의 ASCII 코드로 변경
    SUB R0, R0, 1           ; 회수를 1만큼 감소
    BR p, loop              ; 남은 회수가 양수이면 loop으로 이동
halt: BR nzp halt           ; 제자리에서 무한 루프

table: .BLOCK 26            ; 26개의 항목을 저장하기 위한 메모리 영역
```

참고

[C 언어의 포인터 연산] 레지스터 간접 어드레싱 모드는 C 언어 프로그램을 컴파일할 때 포인터 처리에도 유용하게 활용된다. 표 3.6은 C 언어의 포인터 연산 표현을 TOY 어셈블리 언어에서는 LDR 및 STR을 활용한 레지스터 간접 모드로 처리하는 예를 보여준다.

▌표 3.6▐ C 언어의 포인터와 레지스터 간접 어드레싱 모드 명령어

C 언어 표현	어셈블리 언어 표현	의미
int x; int y; int *p;	x: .BLOCK 1 y: .BLOCK 1 p: .BLOCK 1	변수들의 선언(어셈블리 언어에서는 메모리 확보에 대한 것만 있을 뿐이지 데이터 유형의 구별이 없음)
p = &x;	LEA R0, x STORE R0, p	변수 x의 주소를 변수 p에 저장
*p = 1234;	COPY R1, 1234 LOAD R0, p STR R1, R0, 0	변수 p에는 주소가 저장되어 있고, 이 주소의 메모리에 값 1234를 저장
y = *p;	LOAD R0, p LDR R1, R0, 0 STORE R1, y	변수 p에는 주소가 저장되어 있고, 이 주소의 메모리 내용을 읽어서 변수 y에 저장

[LDR/STR의 활용] 레지스터 간접 어드레싱인 LDR과 STR 명령어를 활용하는 경우를 정리해 보면, 목적하는 주소가 고정되지 않은 경우와 직접 어드레싱으로는 주소표현이 불가능한 경우이다. 전자의 경우에는 주소가 고정되어 있지 않으므로 직접 어드레싱으로는 표현할 수가 없다. 그 예로는 배열을 사용하는 경우인데 앞의 프로그램 3.8이외에 5.4절에서 자세히 다루고, 다른 예로는 함수에서 지역변수를 사용하는 경우인데 6.8절에서 자세히 다룬다. 후자의 예는 프로그램 3.10에 제시되어 있다.

[BRR] 분기 명령어로서 간접 어드레싱 모드를 사용하는 것이 BRR 명령어이다. BR 명령어는 조건이 만족되면 지정된 메모리 주소로 PC에 기록함으로써 다음 실행 위치를 이동하는데, BRR 명령어에서는 이동할 주소를 직접 지정하지 않고 그림 3.11과 같이 특정 레지스터에 기록되어 있는 값에 원하는 offset만큼을 더한 것을 이동할 주소로 사용(PC에 저장)하는 것이 차이가 있다.

만약 R1에 0x5000이 들어있는 상태에서 'BRR p, R1, 2'를 실행하면 직전의 산술 연산 결과가 양수였으면 R1의 값에 2를 더한 주소, 즉 0x5002번지로 실행 위치를 변경 (PC에 0x5002를 기록) 한다. 만약 R1에 0x50100이 들어 있었다면 0x5102번지로 변경할 것이다. TOY 프로세서에서 BR 명령어는 변경할 주소가 현재의 PC 값에서 16비트 정수로 표현이 가능한 범위 이내로 제한된다. 이동할 주소가 이 범위를 벗어나는 경우에는 이동할 주소를 먼저 특정 레지스터에 기록한 다음 BRR 명령어를 통하여 원하는 위치로 이동할 수 있다.

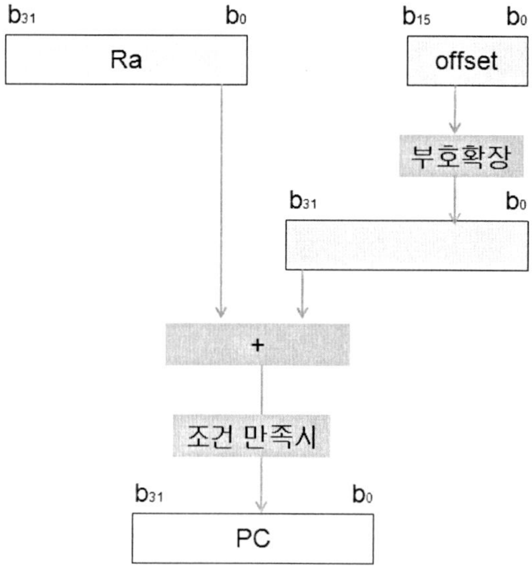

그림 3.11 BRR 명령어의 실행

> **참고** C 언어의 표현에는 함수들의 주소를 변수들에 저장해 놓고 특정 변수에 지정된 함수를 호출하는 것이 가능하다. 이 기능에 BRR 명령어를 활용할 수 있다. 함수의 인수로서 다른 함수의 주소를 전달할 경우에도 마찬가지이다.

> **참고** TOY 프로세서의 LOAD, STORE 및 BR 명령어는 메모리의 주소를 지정할 때 임의의 32비트 주소를 지정할 수가 없고 현재의 PC 값(LOAD/STORE/BR 명령어의 바로 다음 주소)으로부터 16비트로 표현이 가능한 범위이내의 주소만 지정할 수 있도록 하였다. 이러한 제한은 하나의 명령어를 32비트의 기계어 코드로 표현하도록 처음에 정한 설계 제한조건에 기인한다. 이러한 제한은 ARM과 같은 상용 마이크로프로세서의 설계에서도 마찬가지이다.

3.7 문자 입출력 및 프로그램 종료

TOY 프로세서를 위한 어셈블리 언어 프로그램을 작성하는데 있어서 키보드로부터 문자를 읽어 들이거나, 화면에 문자를 출력하거나, 프로그램을 종료하는 등의 기능을 사용할 필요가 있다. 이 기능들은 운영체제에서 제공하며 표 3.7은 이러한 기능을 사용하기 위해 SWI 명령어를 활용하는 방법을 보여준다. 이것은 TOY 프로세서의 실행과정을 시뮬레이터를 통하여 확인해 볼 수 있도록 하기 위한 최소한의 운영체제 기능이다. 여기서는 소개만 하고 자세한 설명은 7.2절에서 다룬다.

▌표 3.7▐ 문자 입출력 및 프로그램 종료

이름	어셈블리 언어 표현	의미
문자 읽기	SWI 0	키보드에서 한 문자를 읽어서 R0에 기록
문자 쓰기	SWI 1	R0에 저장된 문자를 화면에 출력
문자열 읽기	SWI 2	키보드에서 문자열을 읽어서 R0가 가리키는 메모리 주소부터 차례대로 저장, 문자열의 끝은 0(null)으로 처리
문자열 쓰기	SWI 3	R0가 가리키는 메모리 주소로부터 시작되는 문자열을 화면에 출력, 문자열의 끝은 0(null) 문자로 가정
에코모드 설정	SWI 4	키보드 입력시의 에코모드 설정: R0의 값이 1이면 에코 실행, R0의 값이 0이면 에코 없음(기본 모드는 에코 있음)
프로그램 종료	SWI 255	실행 중인 프로그램의 종료

3.8 프로그램 예제

프로그램 3.9는 369 게임에서 힌트를 얻어서 작성한 것으로서 3, 6, 또는 9를 입력하면 '*'를 출력하고 일반 숫자를 입력하면 그 숫자를 그대로 출력하는 프로그램이다. 'SWI 0'을 통하여 키보드의 문자를 읽고, 이 값이 '3'에 일치하면 레이블 match의 위치로 이동하여 R0에 문자 '*'를 기록한 후에 'SWI 1'로 화면에 출력되도록 한다. '3'과 일치하지 않으면 '6'과 '9'에 대해서도 같은 방법으로 일치하는지를 검사한다. 이들과 일치하지 않으면 그냥 레이블 print의 위치로 이동하여 R0에 들어 있는 문자를 그대로 화면에 출력한다.

프로그램 3.10은 메모리 주소 0x50000 번지로부터 1000개의 정수들을 모두 더해서 변수 sum에 저장하는 것이다. 이 예에서 현재 프로그램 위치는 0x2000 번지 근방이므로 0x50000 번지까지의 차이가 16비로 표현할 수 있는 정수의 범위를 초과한다. 따라서 이 주소를 R1 레지스터에 저장한 다음 LDR을 이용하여 정수를 읽어 오도록 하였다. 주소 0x50000을 R1에 저장하는 데에 있어서 'COPY

R1, 0x50000'를 사용할 수 없다. 왜냐하면 0x50000은 16비트로 표현할 수 없는 정수이기 때문이다. 따라서 별도의 변수 addr을 지정하고 여기에 미리 0x50000을 넣어두는 방법을 활용하였다.

[프로그램 3.9] 단순한 369 게임

```
      .ORIGIN 0x2000

loop: SWI 0                  ; 키보드 문자 읽기
      CMP R0, '3'            ; '3'과 비교
      BR z, match            ; 일치하면 match 위치로 이동
      CMP R0, '6'            ; '6'과 비교
      BR z, match            ; 일치하면 match 위치로 이동
      CMP R0, '9'            ; '9'와 비교
      BR np, print           ; 일치하지 않으면 print 위치로 이동
match: COPY R0, '*'          ; 출력 문자를 '*'로 변경
print: SWI 1                 ; R0의 문자를 화면에 출력
      BR nzp, loop           ; 다시 loop 위치로 이동
```

[프로그램 3.10] 데이터 합 구하기

```
      .ORIGIN 0x2000

      COPY R0, 0             ; 합을 저장할 R0를 0으로 초기화
      LOAD R1, addr          ; 데이터 주소 addr의 값을 R1에 저장
      LOAD R2, count         ; 회수를 읽어서 R2에 설정
loop: LDR R3, R1, 0          ; R1이 가리키는 주소에서 데이터 읽기
      ADD R0, R0, R3         ; 합 R0에 데이터 합산
      ADD R1, R1, 1          ; 주소 R1을 다음 주소로 증가
      SUB R2, R2, 1          ; 남은 회수를 1만큼 감소
      BR p, loop             ; 남은 회수가 양수이면 반복 실행
      STORE R0, sum          ; 계산결과를 sum에 저장
      SWI 255                ; 프로그램 실행 종료

addr:  .FILL 0x50000         ; 데이터가 있는 메모리 주소지정

sum:   .BLOCK 1              ; 합을 저장할 메모리 공간 확보
```

[제 4 장]

TOY 프로세서의 기계어와 실행

4.1 기계어에서 주소의 처리

TOY 프로세서 명령어 집합에서 주소(addr)를 사용하는 것은 LOAD, STORE, BR, 및 LEA이다. 이들 명령어를 기계어 코드로 표현할 때에 주소 부분을 적절하게 포함해야 하는데, 현재의 PC 값으로부터 얼마를 더하면 목적하는 주소가 되는 지를 계산하고 그 차이(offset)를 기계어 코드에 표현한다. 이는 TOY 프로세서의 모든 명령어의 기계어 코드를 32비트에 표현하도록 하기위한 것이다. 메모리 주소는 32비트이므로 명령어 종류 및 기타 정보와 메모리 주소를 포함하면서 32비트에 표현할 수가 없기 때문이다. 대신에 16비트 정수로 offset 값을 지정하고 현재의 PC 값에 이 값을 더한 결과가 원하는 주소가 되도록(PC + offset = addr) 하면 된다.

TOY 프로세서가 LOAD와 STORE 명령을 실행할 때에는 그림 4.1 및 4.2와 같이 현재의 PC 값에 offset을 더한 값을 메모리 주소로 사용한다. 따라서 기계어 코드에서는 지정된 주소 addr과 현재의 PC 값과의 차이를 계산해서 offset 부분에 16비트의 정수로 표현하도록 한다. 이 offset 값이 16비트의 정수로 표현이 가능한 범위를 벗어나는 주소일 경우에는 LDR과 STR을 사용해야 한다.

LEA 명령어도 LOAD나 STORE와 마찬가지로 기계어 코드에서는 지정된 주소 addr과 현재의 PC 값과의 차이를 계산해서 offset 부분에 16비트의 정수로 표현한다. 따라서 TOY 프로세서가 LEA 명령어를 실행하는 것은 그림 4.3과 같이 현재의 PC 값에 offset을 더한 값을 Rd 레지스터에 기록하는 것에 해당한다.

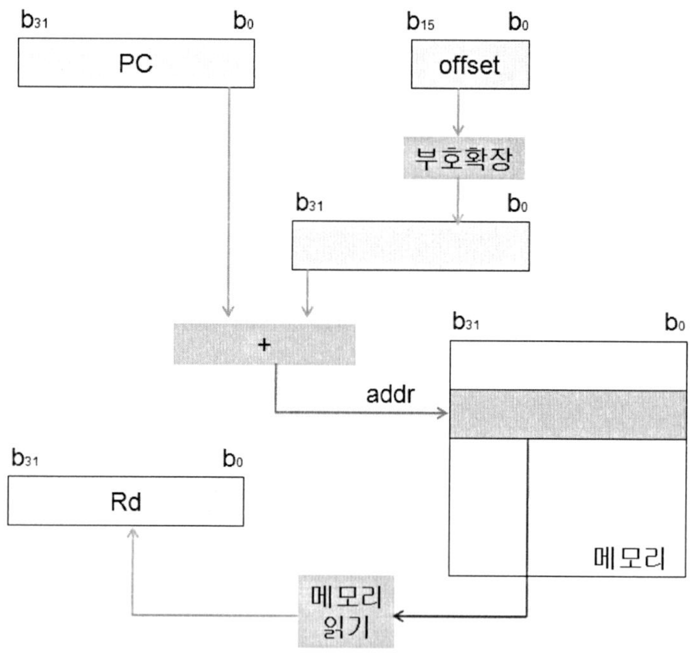

그림 4.1 LOAD 명령어의 실행

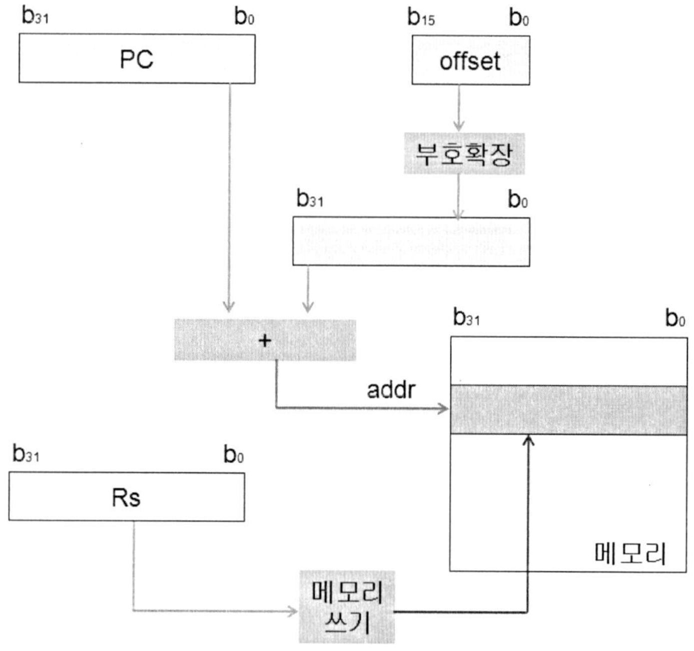

그림 4.2 STORE 명령어의 실행

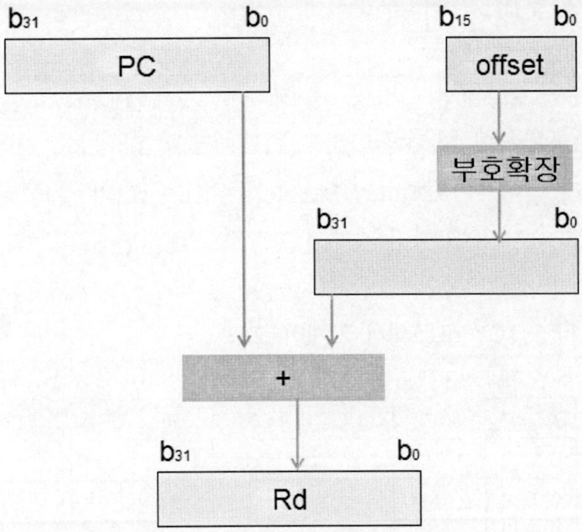

그림 4.3 LEA 명령어의 실행

BR 명령어도 LOAD나 STORE와 마찬가지로 기계어 코드에서는 지정된 주소 addr과 현재의 PC 값과의 차이를 계산해서 offset 부분에 16비트의 정수로 표현하도록 한다. 따라서 TOY 프로세서는 BR 명령어를 실행할 때 그림 4.4와 같이 조건이 만족되면 현재의 PC 값에 offset을 더한 결과를 다시 PC에 저장한다.

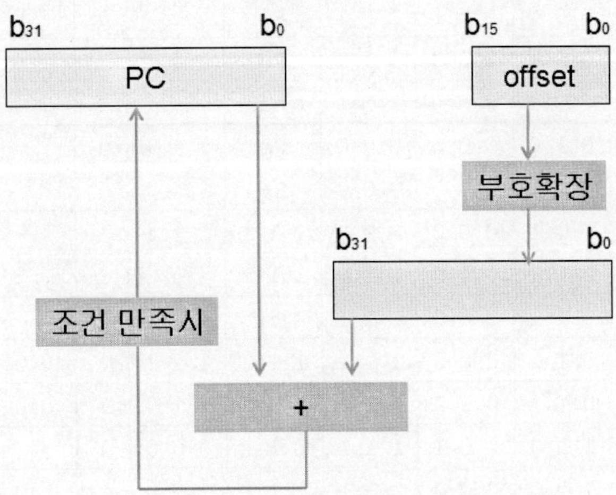

그림 4.4 BR 명령어의 실행

4.2 TOY 프로세서 기계어

이제 TOY 프로세서의 명령어들에 대한 기계어 코드 표현을 알아보자. 표 2.3의 TOY 프로세서의 명령어 집합은 기계어로는 표 4.1과 같이 표현된다. 예를 들어 어셈블리 언어로 'ADD R3, R1, R2'는 R1과 R2의 값을 더해서 R3에 기록하라는 명령어로서 이 표에 따라 기계어 코드로 표현하면 32비트의 16진수로 0x03B24000

▌표 4.1▌ TOY 프로세서 기계어 코드

	b_{31} b_{29}	b_{28} b_{26}	b_{25} b_{23}	b_{22} b_{20}	b_{19} b_{17}	b_{16}	b_{15} b_{13}	b_{12}	b_0
	OP	ALU	CC	DR	SR	V	SR2	VAL	
ADD	0 0 0	0 0 0	1 1 1	Rd	Rs	V			
SUB	0 0 0	0 0 1	1 1 1	Rd	Rs	V			
CMP	0 0 0	0 0 1	0 0 0	0 0 0	Rs	V			
AND	0 0 0	0 1 0	1 1 1	Rd	Rs	V			
OR	0 0 0	0 1 1	1 1 1	Rd	Rs	V			
XOR	0 0 0	1 0 0	1 1 1	Rd	Rs	V			
NOT	0 0 0	1 0 0	1 1 1	Rd	Rs	1	1 1 1	1 1 ..... 1 1	
COPY	0 0 0	1 0 1	1 1 1	Rd	0 0 0	V			
LSL	0 0 0	1 1 0	1 1 1	Rd	Rs	1	0 0 0	0	n
LSR	0 0 0	1 1 0	1 1 1	Rd	Rs	1	0 0 0	1	n
ASL	0 0 0	1 1 1	1 1 1	Rd	Rs	1	0 0 0	0	n
ASR	0 0 0	1 1 1	1 1 1	Rd	Rs	1	0 0 0	1	n
LOAD	0 0 1	0 0 0	1 1 1	Rd	1 1 1	1			
LDR	0 0 1	0 0 0	1 1 1	Rd	Ra	1			
STORE	0 1 0	0 0 0	0 0 0	Rs	1 1 1	1			
STR	0 1 0	0 0 0	0 0 0	Rs	Ra	1			
BR	0 1 1	0 0 0	N Z P	1 1 1	1 1 1	1			
BRR	0 1 1	0 0 0	N Z P	1 1 1	Ra	1			
LEA	0 1 1	0 0 0	1 1 1	Rd	1 1 1	1			
LINK	0 1 1	0 0 0	1 1 1	1 1 0	1 1 1	1	0 0 0	0 0 ..... 0 1	
RET	0 1 1	0 0 0	1 1 1	1 1 1	1 1 0	1	0 0 0	0 0 ..... 0 0	
SWI	1 0 0	1 0 1	1 1 1	1 1 1	0 0 0	1			
RTI	1 0 0	0 0 0	1 1 1	1 1 1	1 1 0	1	0 0 0	0 0..... 0 0	
미정	1 0 1								

(주) 시프트 연산의 n은 0부터 31까지, , SWI의 n은 0부터 255까지의 값을 가진다.

이다. 'ADD R3, R1, 3'은 R1의 값에 3을 더해서 R3에 기록하라는 명령어로서 이 표에 따라 기계어 코드로 표현하면 32비트의 16진수로 0x03B30003이다. 기계어 코드 체계가 이와 같이 결정된 배경은 10장에서 다룰 TOY 프로세서의 설계와 구현을 간단하게 하는 것과 밀접하게 관련되어 있다.

> **참고** 직접 어드레싱 모드를 사용하는 LOAD와 레지스터 간접 어드레싱 모드를 사용하는 LDR과의 차이는 그림 4.1과 그림 3.9를 비교해 보면 알 수 있듯이 PC 대신에 Ra를 지정한 것이 전부이다. 따라서 표 4.1에서 LOAD의 기계어 코드는 LDR의 Ra 부분이 PC에 해당하는 값인 111로 표현되어 있다. STORE와 STR의 관계도 마찬가지이며, BR과 BRR의 관계도 마찬가지이다.

TOY 기계어 32비트는 그림 4.5와 같이 각 비트들이 할당되어 있다. OP 부분의 3비트는 명령어 그룹을 구분하는 코드이다. 001은 메모리 읽기기 필요한 명령어들, 010은 메모리 쓰기가 필요한 명령어들, 000은 산술논리연산 명령어들로서 메모리 읽기나 쓰기가 필요없이 프로세서 내부에서만 처리가 이루어지고 CCR을 갱신하는 것들, 011은 프로세서 내부에서만 처리가 이루어지지만 CCR을 갱신하지 않는 것들, 그리고 100은 소프트웨어 인터럽트와 관련된 것들이다.

b_{31} b_{29}	b_{28} b_{26}	b_{25} b_{23}	b_{22} b_{20}	b_{19} b_{17}	b_{16}	b_{15} b_{13}	b_{12} b_0
OP	ALU	CC	DR	SR	V	SR2	VAL

그림 4.5 TOY 기계어 32비트의 구성

ALU 부분의 3비트는 명령어 그룹 내에서 특정 명령어를 구분하는 코드이다. DR 부분의 3비트는 데이터를 저장하기 위한 목적지 레지스터를 표시하는데 000부터 111까지의 코드로 R0부터 R7(PC)까지를 의미한다. 예외적으로 STORE와 STR 명령어는 메모리에 저장한 값을 가지고 있는 소스 레지스터를 표시한다.

CC 부분의 3비트는 데이터를 저장하는 지를 구별하는 조건을 나타내는데 BR 및 BRR 명령에서 활용한다. 다른 명령어들에서는 000이나 111 중에 하나를 적용하는데, 000이면 저장하지 않는 것을 의미하고 111이면 무조건 저장하는 것을 의미한다. BR 명령어에서 CC 부분의 NZP 는 BR 및 BRR 명령어의 'nzp' 부분과 각 비트들이 대응된다. 예를 들어 'zp'로 지정되었으면 NZP 부분은 '011'이 되고, 'n'

으로 지정되었으면 NZP 부분은 '100'이 된다.

SR 부분의 3비트는 산술논리연산 명령어들은 첫 번째 소스 오퍼랜드인 레지스터를 표시하며 메모리 주소를 표시해야하는 경우에는 주로를 저장하고 있는 레지스터를 표시한다. V 부분의 1비트는 이후의 SR2와 VAL 부분의 의미를 구별하도록 한다. 0이면 SR2 부분의 3비트는 두 번째 소스 오퍼랜드인 레지스터를 표시한다(이때 VAL 부분은 무시하는데 편의상 모두 0으로 한다). 1이면 SR2와 VAL 부분을 합친 16비트에 두 번째 소스 오퍼랜드인 즉석 값을 정수로 표시한다.

[ADD] 구체적으로 예를 들어보자. 어셈블리 언어로 'ADD R3, R1, R2'는 R1과 R2의 값을 더해서 R3에 기록하는 명령어이다. 이것을 기계어 코드로 변환해 보면, 먼저 ADD의 OP, ALU, 및 CC는 '000 000 111'이고 목적지 레지스터를 표시하는 DR 부분은 R3이므로 '011'이며, 소스 레지스터를 표시하는 SR 부분은 R1이므로 '001'이다. 두 번째 오퍼랜드는 R2로서 레지스터이므로 V는 0, SR2 는 '010'이다. VAL 부분은 사용하지 않으므로 그냥 0으로 채운다. 따라서 이 명령어의 기계어 코드는 '000 000 111 011 001 0 010 00...0'에 해당한다. 4비트씩 묶어서 표현하면 '0000 0011 1011 0010 0100 00...0'이고, 16진수로 표현하면 0x03B24000이다.

ADD Rd, Rs, Rs2

OP	ALU	CC	DR	SR	V	SR2	VAL
000	000	111	Rd	Rs	V		

ADD R3, R1, R2

OP	ALU	CC	DR	SR	V	SR2	VAL
000	000	111	011	001	0	010	0 0000 0000 0000

0x03B24000

ADD R3, R1, 3

OP	ALU	CC	DR	SR	V	SR2	VAL
000	000	111	011	001	1	000	0 0000 0000 0011

0x03B30003

그림 4.6 ADD 명령어의 기계어 표현

'ADD R3, R1, 3'은 R1의 값에 3을 더해서 R3에 기록한다. 이것은 앞 명령어의 Rs2 부분을 즉석 값 3으로 바꾼 것으로서, V는 1이 되고 SR2/VAL 부분의 16비트는 정수 3에 해당하는 '000 0....011'이 된다. 따라서 16진수로 표현하면 0x03B30003이다.

[SUB/AND/OR/XOR] 명령어 SUB, AND, OR, 및 XOR도 ALU 부분만 각각 001, 010, 011, 및 100인 것을 제외하면 나머지 모든 것은 ADD와 동일하다.

SUB R3, R1, R2

OP	ALU	CC	DR	SR	V	SR2	VAL
000	001	111	011	001	0	010	0 0000 0000 0000

0x07B24000

AND R3, R1, 3

OP	ALU	CC	DR	SR	V	SR2	VAL
000	010	111	011	001	1	000	0 0000 0000 0011

0x0BB30003

OR R4, R5, 0x4321

OP	ALU	CC	DR	SR	V	SR2	VAL
000	011	111	100	101	1	010	0 0011 0010 0001

0x0FCB4321

XOR R4, R5, R6

OP	ALU	CC	DR	SR	V	SR2	VAL
000	100	111	100	101	0	110	0 0000 0000 0000

0x13CAC000

그림 4.7 SUB/AND/OR/XOR 명령어의 기계어 표현

[CMP] 명령어 CMP는 다른 부분은 전부 SUB와 같고 CC 부분은 111 대신에 000이고 DR 부분이 무조건 000인 것만 다르다. CMP 명령어는 SUB와 마찬가지로 뺄셈 동작을 하되 연산 결과를 목적지 레지스터에 저장하는 과정이 생략된다.

따라서 CC 부분이 000으로 정의되어 있고, DR 부분은 의미가 없는데 편의상 000으로 정의하였다.

CMP R2, 9

OP	ALU	CC	DR	SR	V	SR2	VAL
000	001	000	000	010	1	000	0 0000 0000 1001

0x04050009

SUB R3, R2, 9

OP	ALU	CC	DR	SR	V	SR2	VAL
000	001	111	011	010	1	000	0 0000 0000 1001

0x07B50009

그림 4.8 CMP와 SUB 명령어의 기계어 비교

[NOT] 명령어 NOT은 Rs의 값을 비트 단위로 반대의 값 (0은 1로, 1은 0으로)을 Rd에 저장하는 것이다. 예를 들어 'NOT R2, R0'는 R0의 32비트 값에 대하여 각 비트의 값을 반대로 변경하여 R2에 저장하라는 의미이다. 그런데 'XOR R2, R0, -1'의 연산 결과를 분석해 보면 앞에서의 'NOT R2, R0' 연산 결과와 같다는 것을 알 수 있다. 정수 -1은 32비트 모두 1인 경우로서 0xFFFFFFFF이므로 R0의 각 비트들을 1과 XOR 연산을 한 결과를 R2에 저장하게 된다. 1과 어떤 비트 값을 XOR 연산을 실행하면 반대의 값이 된다. 즉, 1과 0의 XOR 연산 결과는 입력값이 서로 다르므로 1이 되고, 1과 1의 XOR 연산 결과는 입력값이 동일하므로 0이 된다. 따라서 'XOR R2, R0, -1'의 실행 결과는 곧 'NOT R2, R0'의 실행 결과와 동일하다. 따라서 TOY 프로세서는 NOT 연산 회로를 별도로 구성하지 않고 XOR 연산으로 처리하도록 설계하였다. 즉, NOT 연산은 XOR 연산의 특수한 경우에 해당하는데, 그림 4.9에서 'NOT R2, R0'는 'XOR R2, R0, -1'의 기계어 코드를 활용하고 있는 것을 보여준다.

[COPY] 명령어 COPY는 Rs2의 값을 Rd에 복사하여 저장하는 것으로서 Rs 부분이 필요하지 않다. 기계어 코드에서는 SR 필드가 Rs에 해당하고 편의상 000으로 설정하였다.

NOT Rd, Rs

OP	ALU	CC	DR	SR	V	SR2	VAL
000	100	111	Rd	Rs	1	111	1 1111 1111 1111

NOT R2, R0

OP	ALU	CC	DR	SR	V	SR2	VAL
000	100	111	010	000	1	111	1 1111 1111 1111

0x13CBFFFF

XOR R2, R0, –1

OP	ALU	CC	DR	SR	V	SR2	VAL
000	100	111	010	000	1	111	1 1111 1111 1111

0x13CBFFFF

그림 4.9 NOT 명령어의 기계어 표현

COPY Rd, Rs2

OP	ALU	CC	DR	SR	V	SR2	VAL
000	101	111	Rd	000	V		

COPY R3, R2

OP	ALU	CC	DR	SR	V	SR2	VAL
000	101	111	011	000	0	010	0 0000 0000 0000

0x17B04000

COPY R3, 0x4321

OP	ALU	CC	DR	SR	V	SR2	VAL
000	101	111	011	000	1	010	0 0011 0010 0000

0x17B14321

그림 4.10 COPY 명령어의 기계어 표현

[LSL과 LSR] 논리적 시프트 명령어인 LSL과 LSR은 지정된 n 비트만큼 각각 왼쪽이나 오른쪽으로 이동하여 저장하고 빈자리는 0으로 채운다. 그림 4.11은 논리적 시프트 연산의 몇 가지 기계어 표현 예를 보여준다. R 부분은 Right 이면 1이고 Left이면 0이다.

LSL/LSR Rd, Rs, n

OP	ALU	CC	DR	SR	V	SR2	VAL	
000	110	111	Rd	Rs	1	000	R	n

LSL R3, R1, 2

OP	ALU	CC	DR	SR	V	SR2	VAL	
000	110	111	011	001	1	000	0	000 0000 0010

0x1BB30002

LSR R3, R1, 2

OP	ALU	CC	DR	SR	V	SR2	VAL	
000	110	111	011	001	1	000	1	000 0000 0010

0x1BB31002

그림 4.11 LSL과 LSR 명령어의 기계어 표현

[ASL과 ASR] 산술적 시프트 명령어인 ASL과 ASR은 지정된 n 비트만큼 각각 왼쪽 및 오른쪽으로 이동하여 저장하면서, 빈자리는 ASL의 경우에는 0으로 채우고 ASR인 경우에는 최상위 비트의 값을 채운다. 그림 4.12는 산술적 시프트 연산의 몇 가지 기계어 표현 예를 보여준다. R 부분은 Right 이면 1이고 Left이면 0이다.

ASL/ASR Rd, Rs, n

OP	ALU	CC	DR	SR	V	SR2	VAL	
000	111	111	Rd	Rs	1	000	R	n

ASL R3, R1, 3

OP	ALU	CC	DR	SR	V	SR2	VAL	
000	111	111	011	001	1	000	0	000 0000 0011

0x1FB30003

ASR R3, R1, 3

OP	ALU	CC	DR	SR	V	SR2	VAL	
000	111	111	011	001	1	000	1	000 0000 0011

0x1FB31003

그림 4.12 ASL과 ASR 명령어의 기계어 표현

[LOAD/LDR] 메모리의 내용을 읽어서 레지스터에 저장하는 명령어 LOAD는 DR 필드에 목적지 레지스터 Rd를 기록하고 SR2/VAL 필드에는 현재의 PC 값에 더해줄 offset 값이 기록된다. 예를 들어 'LOAD, R1, value'에서 레이블 value에 해당하는 주소가 이 LOAD 명령어가 있는 주소에서 20을 더한 위치에 해당한다고 가정하자. 이때 offset은 이 LOAD 명령어가 있는 바로 다음 주소를 기준으로 하므로 19로 지정하면 된다(TOY 프로세서는 PC가 가리키는 주소에서 명령어를 읽어오면 PC를 1만큼 증가시켜 놓는다. 따라서 읽어온 명령어를 실행하는 시점에는 PC 값이 이 LOAD 명령어의 바로 다음 주소에 해당하게 된다). 그림 4.13에서 LOAD 명령어가 있는 주소가 0x2010번지이고 value의 주소가 0x2024 번지(20을 더한 위치, 16진수로는 0x14를 더한 위치) 라면 바로 다음 주소인 0x2011에서 0x2024까지의 차이가 19(16진수로는 0x0013)이므로 SR2/VAL 필드에는 0x0013으로 표현되어 있다.

LOAD Rd, addr

OP	ALU	CC	DR	SR	V	SR2	VAL
001	000	111	Rd	111	1		

LOAD R1, value ; value의 주소는 현재에서 +20

OP	ALU	CC	DR	SR	V	SR2	VAL
001	000	111	001	111	1	000	0 0000 0001 0011

0x239F0013

그림 4.13 LOAD 명령어의 기계어 표현

레지스터 간접 어드레싱 모드를 적용한 LDR 명령어는 LOAD와 같은데 주소를 지정하는 레지스터인 Ra를 SR 필드에 표시하고 Ra에 더해줄 값은 SR2/VAL 필드에 표시하는 것만 차이가 있다. LOAD 명령어에서는 Ra 부분이 PC에 해당하는 111로 고정된 것이 다르다.

LDR R1, R6, 19

OP	ALU	CC	DR	SR	V	SR2	VAL
001	000	111	001	110	1	000	0 0000 0001 0011

0x239D0013

LOAD R1, value ; value의 주소는 현재에서 +20

OP	ALU	CC	DR	SR	V	SR2	VAL
001	000	111	001	111	1	000	0 0000 0001 0011

0x239F0013

그림 4.14 LDR 명령어의 기계어 표현

> **참고** LDR과 LOAD의 동작과정을 비교해 보면, LDR 명령어는 기준이 되는 주소 레지스터를 지정하지만 LOAD 명령어는 무조건 PC를 기준으로 하는 것만 다르다. LOAD 명령어의 기계어 표현을 보면 LDR 명령어 Ra를 표시하는 부분에 110이 기록된 것만 다르다. 111은 곧 R7을 의미하며 이것은 PC 레지스터를 의미한다. 따라서 TOY 프로세서의 회로를 설계할 때에는 LOAD와 LDR을 구별할 필요 없이 하나의 회로로 처리하게 된다. 바로 이 점이 회로를 단순하게 설계하기 위한 테크닉이다. 이러한 설계 단순화는 STORE와 STR 간에도 성립하고, BR 과 BRR 간에도 성립한다.

STR R1, R6, 19

OP	ALU	CC	DR	SR	V	SR2	VAL
010	000	111	001	110	1	000	0 0000 0001 0011

0x439D0013

STORE R1, value ; value의 주소는 현재에서 +20

OP	ALU	CC	DR	SR	V	SR2	VAL
010	000	111	001	111	1	000	0 0000 0001 0011

0x439F0013

그림 4.15 STORE 및 STR 명령어의 기계어 표현

[STORE/STR] 레지스터의 값을 메모리에 기록하기 위한 명령어 STORE 및

STR의 기계어 표현은 각각 LOAD 및 LDR과 마찬가지인데 차이점은 OP 부분이 001 대신에 010이고 목적지 레지스터 Rd 대신에 소스 레지스터 Rs를 DR 필드에 기록하는 것뿐이다.

[BR/BRR] 명령어 BR에서도 LAOD나 STORE처럼 현재의 PC 값에서 분기할 주소까지의 차이를 offset으로 SR2/VAL 필드에 표시한다. 분기 주소가 현재 주소로부터 +20인 위치라면 PC 값을 기준으로는 +19이고 따라서 offset 값은 19(0x0013)가 된다. 만약 분기 주소가 현재 주소로 부처 −5인 위치라면 PC 값 기준으로는 −6이고 따라서 offset 값은 −6(0xFFFA)이 된다. CC 필드의 NZP 부분은 각각 BR 명령어에서 지정된 분기 조건인 'nzp' 부분을 그대로 표현한다. 예를 들어 분기 조건이 'np' 이면 N과 P는 1로하고 Z는 0으로 해서 NZP는 101이 된다. 만약 분기 조건이 'p' 이면 P만 1이므로 NZP는 001이 된다.

BR nzp, addr

OP	ALU	CC	DR	SR	V	SR2	VAL
011	000	NZP	111	111	1		

BR np, addr ; addr의 주소는 현재에서 +20

OP	ALU	CC	DR	SR	V	SR2	VAL
011	000	101	111	111	1	000	0 0000 0001 0011

0x62FF0013

BR p, loop ; loop의 주소는 현재에서 −5

OP	ALU	CC	DR	SR	V	SR2	VAL
011	000	001	111	111	1	111	1 1111 1111 1010

0x60FFFFFA

그림 4.16 BR 명령어의 기계어 표현

명령어 BRR은 LOAD와 LDR의 관계처럼 주소를 지정하는 레지스터 Ra를 SR 필드에 표시하는 것만 차이가 있다. BR 명령어에서는 SR 필드에 무조건 111을 지정하였다.

BRR p, R6, −6

OP	ALU	CC	DR	SR	V	SR2	VAL
011	000	001	111	110	1	111	1 1111 1111 1010

0x60FDFFFA

BR p, loop ; loop의 주소는 현재에서 −5

OP	ALU	CC	DR	SR	V	SR2	VAL
011	000	001	111	111	1	111	1 1111 1111 1010

0x60FFFFFA

그림 4.17 BRR 명령어의 기계어 표현

[LEA] 명령어 LEA에서도 LOAD와 마찬가지로 현재의 PC 값으로 부터 대상 레이블의 주소까지의 차이를 offset으로 SR2/VAL 필드에 표시한다. 이 명령어로부터 +20의 위치에 대상 레이블이 있으면 PC로부터의 차이는 +19이고 16진수로는 0x0013이 된다.

LEA Rd, addr

OP	ALU	CC	DR	SR	V	SR2	VAL
011	000	111	Rd	111	1		

LEA R1, value ; value의 주소는 현재에서 +20

OP	ALU	CC	DR	SR	V	SR2	VAL
011	000	111	001	111	1	000	0 0000 0001 0011

0x639F0013

그림 4.18 LEA 명령어의 기계어 표현

[LINK/RET] 함수 호출을 위한 명령어 LINK와 RET(return)는 기계어 코드로 각각 0x63EF001 과 0x63FD0000이며 6.2절에서 설명한다.

[SWI] 명령어 SWI(software interrupt)는 운영체제의 기능을 호출하기 위한 명령어로서 SR2/VAL 필드에 함수별 고유번호를 표시한다. SWI의 기계어 코드는

상위 16비트는 0x97F1이고 하위 16비트는 호출할 기능번호를 표시한다. SWI의 기능은 7.2절에서 설명할 것이다(참고로 10장의 TOY 프로세서의 회로 설계에서는 이 명령어를 제외하였는데, 회로가 이 교재에 포함하기에는 너무 복잡해지기 때문이다. 대신에 TOY 시뮬레이터에서는 SWI 기능을 가상적인 운영체제처럼 처리해 준다).

[RTI] 명령어 RTI(return from interrupt)는 운영체제 부분의 실행을 완료한 시점에 이 기능을 호출한 위치로 복귀하기 위한 명령어이다. RTI의 기계어 코드는 고정된 값으로서 0x83FD0000이다. RTI의 기능은 7.2절에서 설명할 것이다(SWI와 마찬가지의 이유로 10장의 TOY 프로세서의 회로 설계에서는 이 명령어를 제외하였다).

SWI n

OP	ALU	CC	DR	SR	V	SR2	VAL
100	111	111	111	000	1	000	n

SWI 3

OP	ALU	CC	DR	SR	V	SR2	VAL
100	101	111	111	000	1	000	00.........0011

0x97F10003

RTI

OP	ALU	CC	DR	SR	V	SR2	VAL
100	000	111	111	110	1	000	00...........00

0x83FD0000

그림 4.19 SWI 및 RTI 명령어의 기계어 표현

[기계어 코드 예] 간단한 프로그램 예로서 다음의 프로그램을 기계어 코드로 표현해 보자. 이 프로그램은 1장에서 소개했던 것으로서 변수 x의 값과 변수 y의 값을 더해서 변수 z에 기록하는 것이다.

[프로그램 4.1] 두 수의 합 구하기

```
        .ORIGIN 0x2000          ; 시작 주소를 0x2000 번지로
        LOAD R1, x              ; 변수 x의 값을 R1에 읽어들임
        LOAD R2, y              ; 변수 y의 값을 R2에 읽어들임
        ADD R3, R1, R2          ; R1과 R2를 더해서 R3에 저장
        STORE R3, z             ; R3의 값을 변수 z에 기록
loop:   BR nzp loop             ; 제자리에서 무한루프
x:      .FILL 2                 ; 변수 x의 위치 (초기값은 2)
y:      .FILL 3                 ; 변수 y의 위치 (초기값은 3)
z:      .BLOCK 1                ; 변수 z의 위치 (초기값이 없음)
```

프로그램 4.1을 기계어 코드로 변환하면 프로그램 4.2와 같다. 우선 레이블인 loop, x, y 및 z의 주소를 결정해야 한다. 레이블은 프로그램 작성 과정에서 편의상 이름을 붙인 것이고, 기계어 코드로 변환하는 단계에서 실제 주소를 확정해야 한다. 프로그램이 0x2000 번지부터 시작하므로 레이블 loop 에 해당하는 BR 명령어가 위치하는 주소는 0x2004 번지이다. 따라서 레이블 loop는 곧 0x2004번지에 해당한다. 마찬가지로 레이블 x는 0x2005 번지에 해당하고, 레이블 y와 z도 각각 0x2006 번지와 0x2007번지에 해당한다.

[프로그램 4.2] 기계어 코드 프로그램

주소	OP	ALU	CC	DR	SR	V	SR2	VAL	16진수	프로그램
0x2000	001	000	111	001	111	1	000	0 0000 0000 0100	0x239F0004	LOAD R1,0x2005
0x2001	001	000	111	010	111	1	000	0 0000 0000 0100	0x23AF0004	LOAD R2, 0x2006
0x2002	000	000	111	011	001	0	010	0 0000 0000 0000	0x03B24000	ADD R3, R1, R2
0x2003	010	000	000	011	111	1	000	0 0000 0000 0011	0x403F0003	STORE R3, 0x2007
0x2004	011	000	111	111	111	1	111	1 1111 1111 1111	0x63FFFFFF	BR nzp, 2004
0x2005	000	000	000	000	000	0	000	0 0000 0000 0010	0x00000002	.FILL 2
0x2006	000	000	000	000	000	0	000	0 0000 0000 0011	0x00000003	.FILL 3
0x2007	000	000	000	000	000	0	000	0 0000 0000 0000	0x00000000	.BLOCK 1

이제 확정된 레이블들의 주소를 적용하여 차례대로 기계어 코드로 변환해 보자. 'LOAD R1, x'는 곧 'LOAD R1, 0x2005'에 해당한다. 표 4.1에 따라서 OP/ALU/CC 필드는 001/000/111이고, DR 필드는 목적지 레지스터 R1에 해당하는 001이며,

SR/V 필드는 111/1이다. SR2와 VAL 필드는 묶어서 16비트로 offset이 되는데 현재 명령어의 바로 다음 주소가 0x2001이고 지정된 주소는 0x2005이므로 offset은 0x2005 – 0x2001 = 4이다. 따라서 offset은 16비트로 0x0004이다.

'LOAD R2, y'도 현재 명령어의 바로 다음 주소는 0x2002이고 지정된 레이블 y는 0x2006이므로 offset은 0x2006 – 0x2002 = 4이다. DR 필드는 R2에 해당하는 010이이다.

'ADD R3, R1, R2'는 앞의 OP/ALU/CC 필드는 000/000/111 이고 DR 필드는 목적지 레지스터 R3에 해당하는 011, SR 필드는 첫 번 소스 레지스터 R1에 해당하는 001, 두 번째 소스 오퍼랜드는 레지스터 R2이므로 V 필드는 0이고 SR2 필드는 010이 된다. VAL 필드는 모두 0으로 채운다.

'STORE R3, z'는 곧 'STORE R3, 0x2007'이고 OP/ALU/CC 필드는 010/000/000 이다. DR 필드는 소스 오퍼랜드 R3에 해당하는 011 이고, SR/V 필드는 111/1이다. 현재 명령어의 바로 다음 주소가 0x2004이고 지정된 주소는 0x2007이므로 offset은 0x2007 – 0x2004 = 3이다. 따라서 offset은 16비트로 0x0003이다.

'BR nzp, loop'는 곧 'BR nzp, 0x2004'이고 OP/ALU 필드는 011/000이다. CC 필드는 nzp 모두 지정되었으므로 111이고, DR/SR/V 필드는 111/111/1이다. 현재 명령어의 바로 다음 주소가 0x2005이고 지정된 주소는 0x2004이므로 offset은 0x2005 – 0x2004 = –1이다. 따라서 offset은 16비트로 정수 –1에 해당하는 0xFFFF이다.

'.FILL 2'는 그냥 32비트 정수로 2에 해당하는 0x00000002이고 '.FILL 3'도 마찬가지로 32비트 정수로 3에 해당하는 0x00000003 이다. '.BLOCK 1'은 그냥 메모리 공간 하나를 비워두기만 하면 되는데, 편의상 0으로 채웠다.

[어셈블러] 프로그램 4.1의 어셈블리 언어 프로그램을 프로그램 4.2와 같이 기계어 코드로 자동으로 변환해 주는 소프트웨어가 **어셈블러**이다. 어셈블러는 앞의 변환 과정에 맞게 소프트웨어로 처리해 주면 되므로, 먼저 각 레이블의 실제 주소가 무엇인지를 결정한 후에 명령어를 한 줄씩 기계어 표현 규칙에 따라서 변환해 나가면 된다.

4.3 기계어로 작성된 프로그램

프로그램 4.3과 같이 기계어 코드를 직접 활용하여 프로그램을 작성한다고 가정해보자. 이것은 프로그램 4.2에서 16진수로 표현한 부분만 그대로 발췌한 것임을 금방 알 것이다. 만약 사용할 수 있는 적절한 어셈블러가 없다면 기계어 코드를 직접 결정하여 프로그램에 표현하면 된다. 프로그램 4.3은 0x2000 번지부터 해당 값을 직접 채우면 된다. 이것을 실행 파일로 변환하려면 형식상의(ORIGIN과 FILL만 처리하는) 어셈블 과정을 거친다. 이렇게 하여 생성된 실행 파일은 어셈블리 언어로 작성된 프로그램 4.1을 어셈블러를 이용하여 생성한 실행 파일과 동일할 것이고, 따라서 TOY 프로세서가 실행하는 내용도 동일할 것이다.

[프로그램 4.3] 프로그램 4.1을 기계어로 직접 작성

```
.ORIGIN 0x2000
.FILL 0x239F0004
.FILL 0x23AF0004
.FILL 0x03B24000
.FILL 0x403F0003
.FILL 0x63FFFFFF
.FILL 0x00000002
.FILL 0x00000003
.FILL 0x00000000
```

4.4 TOY 프로세서의 기계어 실행

[프로그램의 적재] 프로그램 4.2의 내용이 TOY 프로세서에서 실행되기 위해서는 그림 4.20과 같이 메모리의 0x2000 번지부터 적재하고, 현재 PC는 0x2000으로 설정해야 한다. 이렇게 기계어 코드 프로그램 파일을 메모리에 적재하고, PC 값을 초기화하는 작업은 운영체제 지원에 의해서 이루어진다.

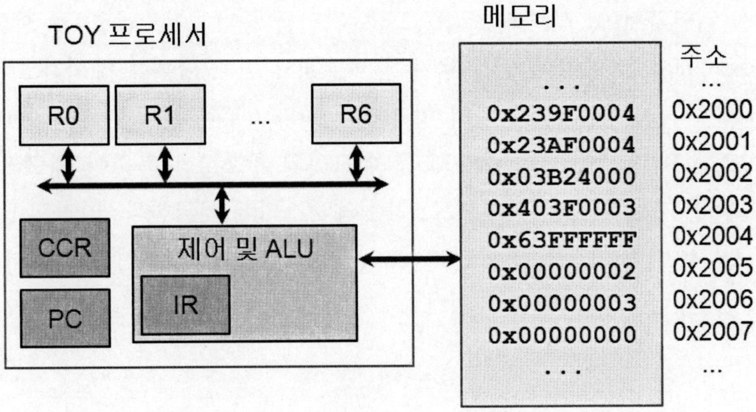

그림 4.20 메모리상의 기계어 코드 실행

이제 TOY 프로세서에서 프로그램이 실행되는 과정을 추적해 보자. 프로그램이 메모리에 적재된 시점에서의 PC는 시작 주소인 0x2000으로 설정되고, 나머지 레지스터들은 편의상 0으로 초기화된다고 가정한다. 편의상 CCR 레지스터 부분은 생략한다. TOY 프로세서의 '제어 및 ALU' 내부에는 읽어온 기계어 코드를 저장해두는 IR(Instruction Register) 레지스터가 포함되어 있다(어셈블리 언어 프로그램에서는 IR이 전혀 사용되지 않지만, TOY 프로세서를 논리 회로로 설계하기 위해서는 메모리에서 읽어온 명령어를 임시로 저장해두는 IR이 사용된다).

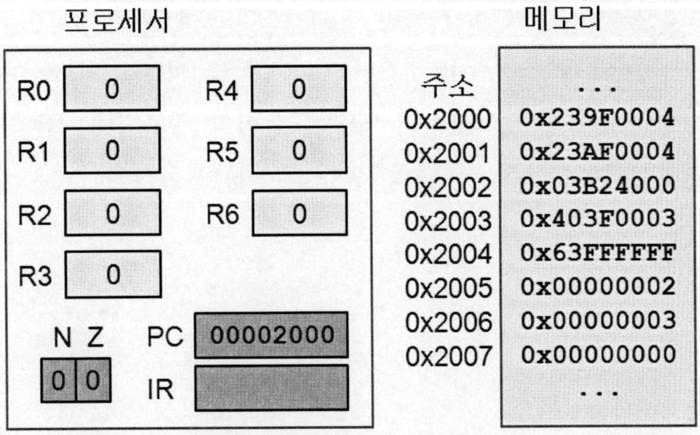

그림 4.21 프로그램 시작시점

먼저 TOY 프로세서는 PC에 기록된 주소에 따라 메모리에서 0x2000번지의 내용을 읽어와서 IR에 기록하고, PC 값은 1만큼 증가하여 0x2001로 갱신한다. IR에는 0x239F0004가 들어 있는데 제어 부분에서 이 명령어를 해석하고 적절히 실행한다. 이 명령어는 LOAD로서 명령어의 SR2/VAL 부분에 지정된 0x0004를 현재의 PC 값 0x2001에 더한 0x2005를 메모리의 주소로 사용하여 메모리 읽기를 하고, 읽어온 내용은 DR이 001이므로 R1 레지스터에 기록한다. 따라서 R1의 내용은 메모리의 0x2005번지에 있던 0x00000002가 기록된다. 이렇게 해서 0x2000 번지의 명령어는 실행이 완료된다.

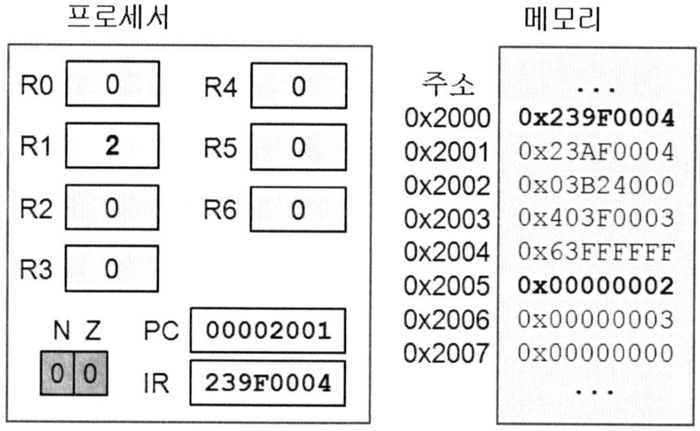

그림 4.22 0x2000번지의 'LOAD R1, 0x2005' 실행 후

프로세서는 다시 PC에 기록된 주소(0x2001)에 따라 메모리의 내용을 읽어오면, 명령어 0x23AF0004가 IR에 기록되고, PC는 1만큼 증가해서 0x2002가 된다. 이 명령어의 실행도 마찬가지의 절차를 거쳐서 메모리의 0x2006번지 내용을 읽어서 R2에 기록하므로, R2에는 0x00000003이 기록된다.

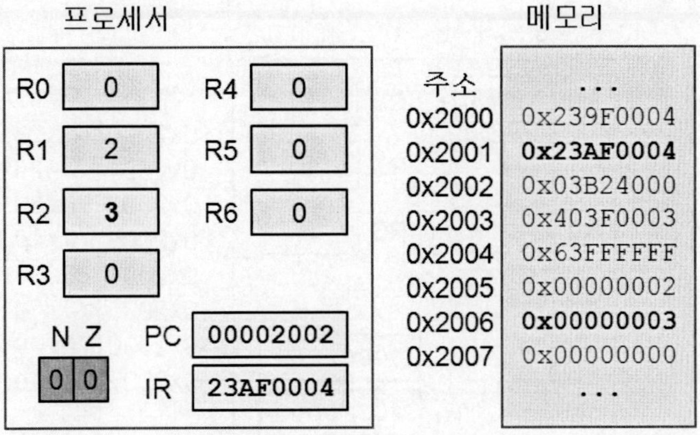

그림 4.23 0x2001번지의 'LOAD R2, 0x2006' 실행 후

다시 0x2002번지의 명령어를 읽어오면 0x03B24000 이 IR에 기록되고 PC는 0x2003으로 갱신된다. 이 명령어는 ADD로서 실행 과정에서는 메모리의 읽기/쓰기가 없고 프로세서 내부의 레지스터 R1과 R2의 값을 더해서 R3에 0x00000005가 저장하는 것으로 완료된다.

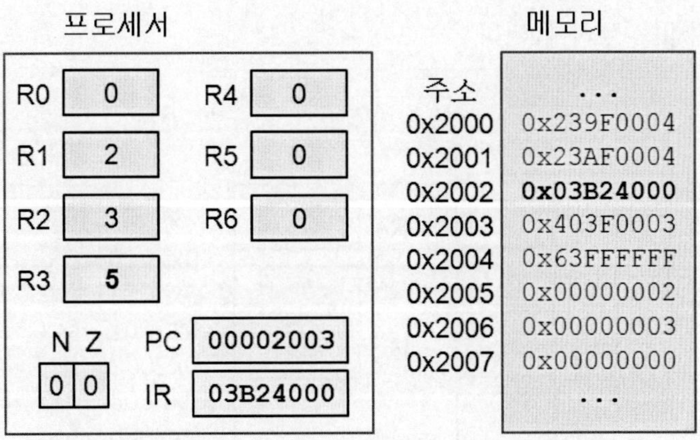

그림 4.24 0x2002번지의 'ADD R3, R1, R2' 실행 후

다시 0x2003번지의 명령어를 읽어오면 0x403F0003 이 IR에 기록되고 PC는 0x2004로 갱신된다. 이 명령어는 STORE로서 명령어의 SR2/VAL 부분에 지정된 0x0003을 현재의 PC 값 0x2004에 더한 0x2007을 메모리의 주소로 사용하여 R3에 있는 값인 0x00000005를 기록한다.

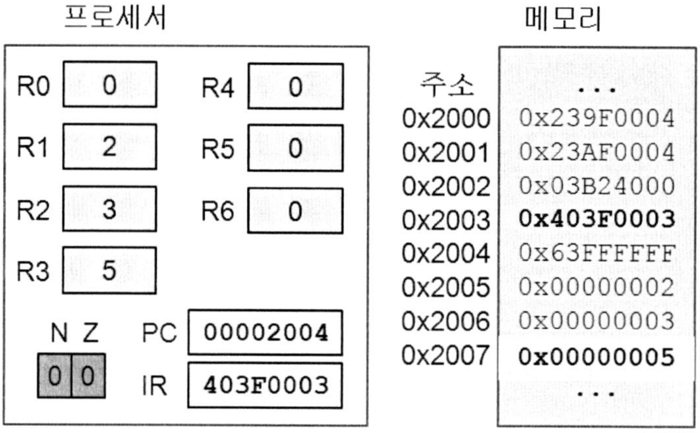

그림 4.25 0x2003번지의 'STORE R3, 0x2007' 실행 후

다시 0x2004번지의 명령어를 읽어오면 0x63FFFFFF가 IR에 기록되고 PC는 0x2005로 갱신된다. 이 명령어는 'BR nzp'로서 항상 명령어의 SR2/VAL 부분에 지정된 0xFFFF(−1)을 현재의 PC 값 0x2005에 더한 0x2004를 PC에 기록한다. 따라서 PC 값은 다시 0x2004로 갱신된다. 다음 명령어의 실행을 위해서 PC에 기록된 주소인 0x2004번지의 메모리 내용을 읽어오고, 같은 명령어를 끝없이 반복하여 실행하게 된다.

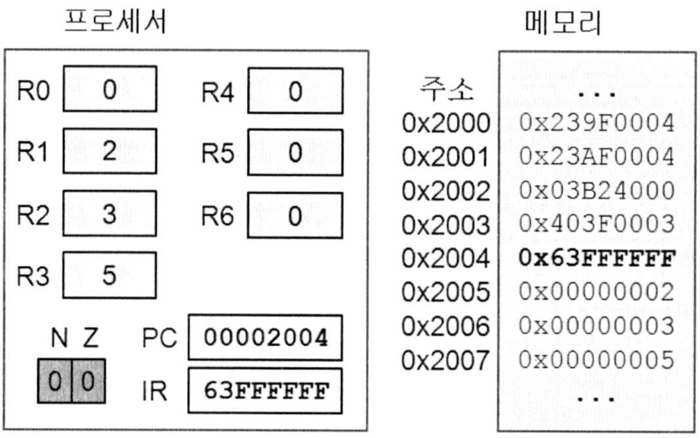

그림 4.26 0x2004번지의 'BR nzp, 0x2004' 실행 후

4.5 TOY 어셈블러

[어셈블러] 어셈블러(assembler)는 어셈블리 언어로 작성된 프로그램을 프로세서가 이해할 수 있는 기계어 코드로 변환해 주는 소프트웨어다. 만약 프로그램을 기계어로 0x03B24000라고 써놓으면 이것이 어떤 의미인지는 일일이 기계어 코드표를 대조해 보아야 알 수 있을 것이다. 대신에 'ADD R3, R1, R2' 이라고 써놓으면 바로 그 의미를 알 수 있다. 프로그램은 사람이 알아보기 쉽도록 각 명령에 이름을 붙여서 어셈블리 언어로 표현하고, 어셈블러 소프트웨어를 활용하여 정해진 규칙대로 기계어로 바꾸어 주면 훨씬 편할 것이다. 프로그램을 작성할 때나, 이미 작성된 프로그램을 해석할 때나 마찬가지다.

[어셈블러 개발] 어셈블러는 어셈블리 언어로 작성된 프로그램 파일(소스 프로그램)을 입력으로 읽어들이고, 기계어 코드로 변환된 파일(실행 파일)을 출력하는 소프트웨어이다. 이러한 어셈블러의 개발은 C언어나 기타 고급 프로그래밍 언어로 작성하면 된다. 예를 들어 리눅스나 윈도즈 운영체제로 실행되는 컴퓨터에서 새로운 어셈블러를 만든다고 하면, 이 컴퓨터에서 사용 가능한 언어로 작성하고 컴파일하여 어셈블러를 완성할 수 있다. 부록 E에는 TOY 어셈블러인 toyas를 C 언어로 작성한 소스 코드를 보여준다.

[역 어셈블러] 만약 메모리에 있는 기계어 코드를 보고 이것이 어떤 작업을 위한 프로그램인지를 알고 싶으면, 거꾸로 기계어 코드를 어셈블리 언어 형태로 바꿔줄 필요가 있다. 이런 기능의 소프트웨어를 **역 어셈블러**(Dis-assembler)라고 한다. 역 어셈블러는 파일에 기록된 실행 파일을 어셈블리 언어로 변환하는 데에도 활용할 수 있다. 즉, 실행 파일의 기계어 코드를 어셈블리 언어 형태로 변환해서 보면 프로그램이 어떻게 동작하는지를 추적해볼 수 있는 것이다. 부록 G에는 TOY 프로세서 시뮬레이터인 toysim을 C언어로 작성한 소스 코드를 보여주는데, 그 일부에 역 어셈블 작업(disAssem 함수)이 포함되어 있다.

[자체/크로스 어셈블러] 어셈블러는 실행하는 해당 컴퓨터에서 그대로 실행할 기계어 프로그램을 생성하는 것일 수도 있고, 생성된 실행 파일을 다른 종류의 컴퓨터에 옮겨서 실행하기 위한 것일 수도 있다. 전자의 기능을 하는 것을 **자체 어셈블러**(native assembler)라 하고 일반적인 운영체제상에서 프로그램을 개발할 때 사용한다. 후자의 경우를 **크로스 어셈블러**(cross assembler)라고 한다. 예를

들어 ARM 프로세서를 사용한 스마트 폰에서 실행할 프로그램을 개발하기 위해서는 스마트 폰에서 프로그램을 편집하고 어셈블 작업을 할 수는 없는 노릇이다. 대신에 x86 계열의 프로세서를 사용한 윈도즈 시스템에서 특정 스마트 폰용 프로그램을 편집하고, ARM 프로세서용 기계어 코드를 생성하는 크로스 어셈블러를 활용하여 어셈블 작업을 진행한다. 최종 결과물인 실행 파일은 스마트 폰으로 옮겨서 저장한 다음 실행해야 한다. TOY 프로세서를 위해 사용하는 어셈블러인 toyas는 크로스 어셈블러로서 TOY 프로세서 시뮬레이터를 통해서만 실행이 가능하다. 컴파일러에도 어셈블러와 마찬가지로 자체 컴파일러와 크로스 컴파일러가 있다.

[2패스 어셈블러] 이제 TOY 프로세서용 어셈블러를 만들어 보자. 어셈블러는 4.2절에서 설명한 바와 같이 프로그램 4.1을 프로그램 4.2로 변환하는 절차를 그대로 소프트웨어로 구현하면 된다. 일반적으로 **2 패스 어셈블러** 형식으로 개발하는데, 먼저 패스 1에서는 입력된 소스 프로그램 파일을 열고 처음부터 한 줄씩 읽어나가면서 레이블에 해당하는 것들만 모아서 그 주소가 무엇인지를 확정한다. 이 정보들을 어셈블러 내부에서 배열 형태로 기록하고 있다가 패스 2에서 사용한다. 이렇게 작성된 〈레이블, 주소〉의 쌍으로 이루어진 배열을 **심벌 테이블**(symbol table)이라고 한다. 프로그램 4.1을 어셈블하는 과정에서 작성되는 심벌 테이블은 표 4.2와 같을 것이다.

표 4.2 프로그램 4.1의 심벌 테이블

심벌	주소
loop	0x2004
x	0x2005
y	0x2006
z	0x2007

패스 2에서는 패스 1에서 작성된 내부의 심벌 테이블을 그대로 유지하면서 입력으로 주어진 소스 프로그램을 다시 처음부터 한 줄씩 읽으면서 기계어 코드로 변환해 나간다. 오퍼랜드에 레이블이 사용되었으면 심벌 테이블에서 해당 레이블의 주소를 확인하고 이 주소로 대체한다. 이렇게 변환된 내용은 출력인 실행 파일에 2진 파일 형식으로 기록해 나가면 된다. 어셈블러는 실행 파일 외에 어셈블

결과를 프로그래머가 확인할 수 있도록 별도의 리스트 파일을 생성하기도 한다. 이 리스트 파일은 일반 편집기로 그 내용을 확인할 수 있다.

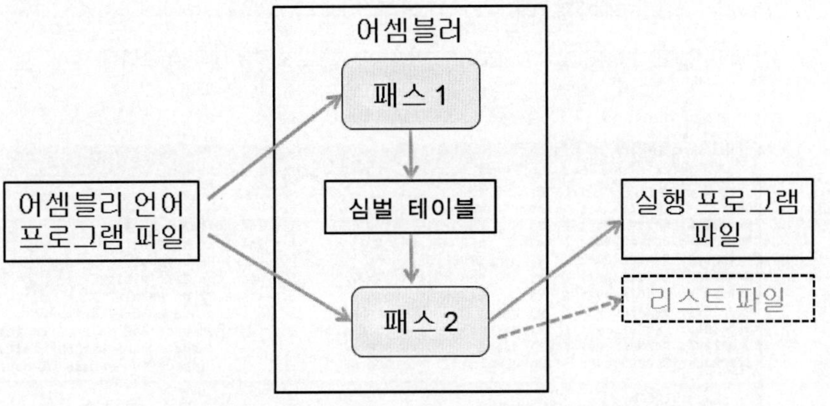

그림 4.27 2패스 어셈블러의 실행과정

그림 4.28은 프로그램 3.6의 어셈블리 언어 프로그램 파일인 prog3-6.s이고, 그림 4.29는 이 프로그램을 어셈블러인 toyas로 어셈블한 결과인 리스트 파일 prog3-6.lst 이다. 리스트 파일의 표현은 매 줄의 시작 부분이 메모리 주소, 다음이 그 주소에 들어갈 기계어 코드, 다음이 이 코드와 관련된 입력 어셈블리 언어 프로그램의 줄 번호 및 그 줄의 프로그램 내용을 보여준다. 이 예의 내용은 다음과 같다. 0x2000번지부터 시작되며 이 주소에는 'LOAD R1, value'에 해당하는 기계어 코드인 0x239F0005가 들어간다.

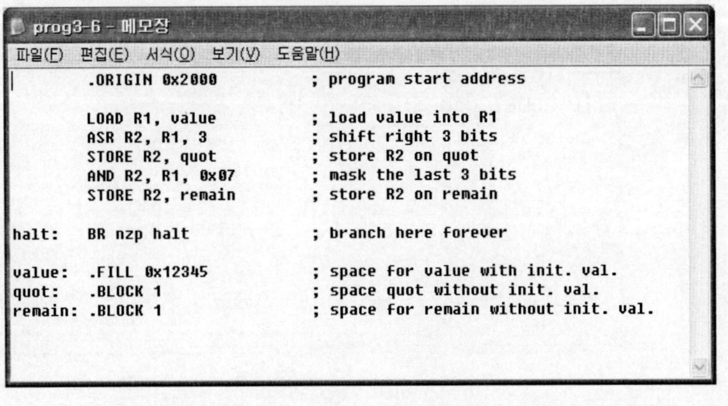

prog3-6 - 메모장

파일(F) 편집(E) 서식(O) 보기(V) 도움말(H)

```
        .ORIGIN 0x2000          ; program start address

        LOAD R1, value          ; load value into R1
        ASR R2, R1, 3           ; shift right 3 bits
        STORE R2, quot          ; store R2 on quot
        AND R2, R1, 0x07        ; mask the last 3 bits
        STORE R2, remain        ; store R2 on remain

halt:   BR nzp halt             ; branch here forever

value:  .FILL 0x12345           ; space for value with init. val.
quot:   .BLOCK 1                ; space quot without init. val.
remain: .BLOCK 1                ; space for remain without init. val.
```

그림 4.28 어셈블리 언어 프로그램 파일(prog3-6.s)

이 줄은 원래 프로그램에서 3번째 줄로서 내용은 'LOAD R1, value ; load value into R1'이라는 것을 보여준다. 다음의 0x2001번지에는 'ASR R2, R1, 3'에 해당하는 기계어 코드로서 0x1FA30003이 들어간다. 리스트 파일의 끝 부분에는 심벌 테이블 내용을 보여주는데, 그림 4.29에서 halt는 0x2005 번지에 할당되었고, value는 0x2006 번지에 할당되었다는 등의 내용을 보여준다.

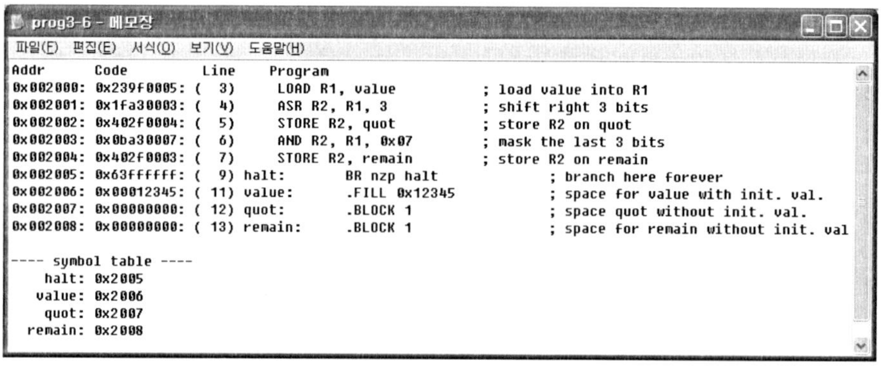


```
Addr        Code         Line    Program
0x002000: 0x239f0005: (  3)      LOAD R1, value          ; load value into R1
0x002001: 0x1fa30003: (  4)      ASR R2, R1, 3           ; shift right 3 bits
0x002002: 0x402f0004: (  5)      STORE R2, quot          ; store R2 on quot
0x002003: 0x0ba30007: (  6)      AND R2, R1, 0x07        ; mask the last 3 bits
0x002004: 0x402f0003: (  7)      STORE R2, remain        ; store R2 on remain
0x002005: 0x63ffffff: (  9) halt:       BR nzp halt             ; branch here forever
0x002006: 0x00012345: ( 11) value:      .FILL 0x12345           ; space for value with init. val.
0x002007: 0x00000000: ( 12) quot:       .BLOCK 1                ; space quot without init. val.
0x002008: 0x00000000: ( 13) remain:     .BLOCK 1                ; space for remain without init. val

---- symbol table ----
    halt: 0x2005
   value: 0x2006
    quot: 0x2007
  remain: 0x2008
```

그림 4.29 어셈블러 toyas의 리스트 출력파일(prog3-6.lst)

(a) 명령 창에서 파일 이름 입력

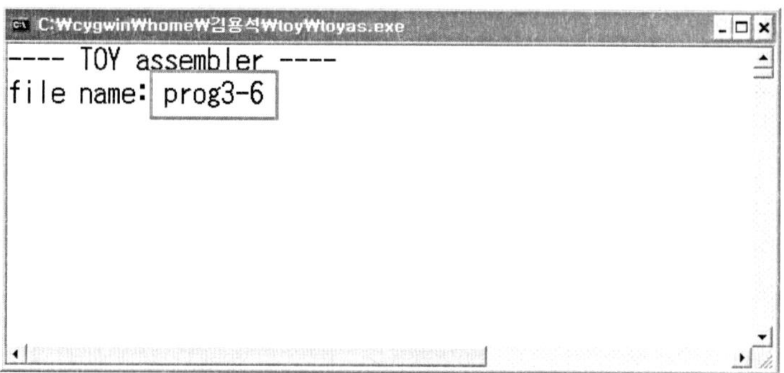

(b) toyas의 실행 화면에서 파일 이름 입력

그림 4.30 toyas 실행 방법

[TOY 어셈블러 실행] TOY 어셈블러 toyas로 특정 어셈블리 언어 프로그램 (예를 들어서 prog3-6.s)을 어셈블하기 위해서는 그림 4.30의 (a)와 같이 명령 창에서 "toyas prog3-6"을 입력하거나, (b)와 같이 프로그램 파일을 지정하지 않고 그냥 실행한 후에 파일 이름을 입력할 수 있다. 이때 파일 이름은 끝의 ".s" 부분은 빼고 입력한다.

[실행파일 형식] 어셈블러의 출력인 실행 파일에는 이 프로그램을 실행할 때 필요한 정보들이 적절히 기록되어 있어야 한다. 운영체제가 이 실행 파일을 메모리에 적재하고 실행을 시작하도록 할 때 필요한 정보들이다. 각 운영체제마다 사용하는 고유한 실행 파일 형식이 있다. 유닉스의 a.out 파일 형식이나 COFF(Common Object File Format), 윈도즈의 EXE 파일 형식 등이 있다. 일반적으로는 실행 파일의 첫 부분에는 그림 4.31과 같이 파일 헤더 부분이 먼저 들어가고 다음에 기계어 코드들이 들어간다. 실행 파일 헤더에는 프로그램의 시작주소('.ORIGIN'으로 지시된 정보), 필요한 총 메모리 용량, 이 실행 파일 형식이 어떤 종류인지 구별하기 위한 매직 번호 등이 포함된다. 실행 파일의 끝부분에는 심벌 테이블을 추가로 기록하기도 하는데, 이것은 디버거(debugger)로 프로그램을 실행하면서 디버깅 작업을 할 때 활용된다.

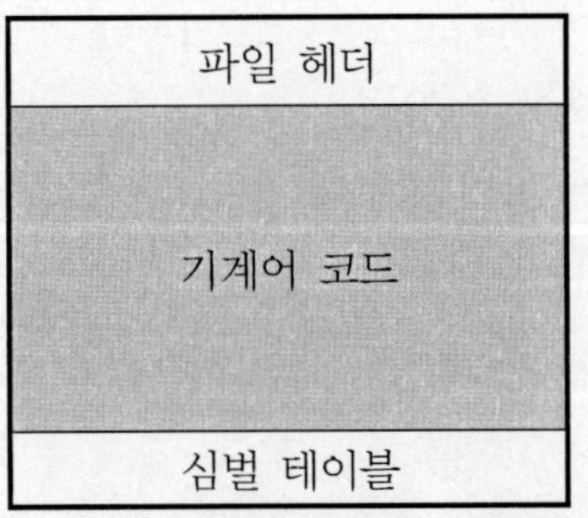

그림 4.31 실행파일 형식

그림 4.32는 toyas의 출력인 기계어 코드 실행 파일을 보여준다. 이 형식을 편의상 '**TOY 파일 포맷**'이라고 부르자. 이것은 그림 4.28의 어셈블리 언어 프로그램을 toyas를 통하여 생성한 파일 내용이다. TOY 파일 포맷은 매우 간단한 구조인데, 헤더는 8바이트로 구성된다. 첫 4바이트(32비트)에는 이 파일 형식을 구별하는 매직 번호인 0x544F5900(참고로 이것은 4바이트 문자열인 "TOY"의 null 문

자를 포함한 ASCII 코드로 정의한 것이다)을 사용하고, 다음 4바이트 (32비트)에는 프로그램의 시작 주소를 기록한다. 파일의 본문에 해당하는 기계어 코드는 그대로 포함하고, 심벌 테이블은 사용하지 않는다.

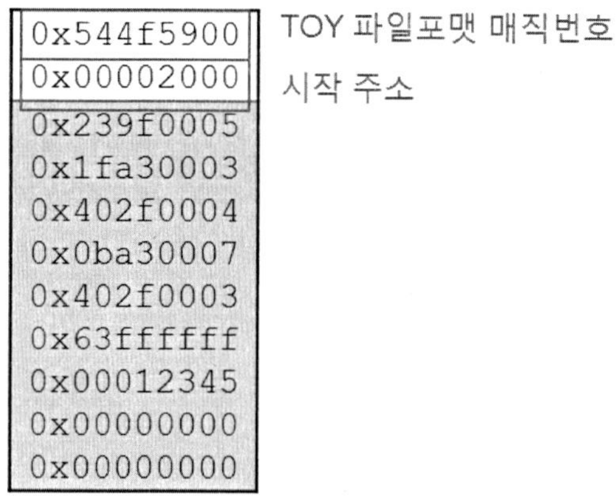

그림 4.32 TOY 파일 포맷의 실행파일 예

그림 4.33은 어셈블리 언어 프로그램인 'prog3-6.s'를 toyas를 통해 생성된 기계어 코드 실행 파일인 'prog3-6.o'의 내용을 보여준다. 기계어 코드 실행 파일은 ASCII 코드 파일이 아니고 2진수로 기록된 파일이므로 텍스트 편집기로는 그 내용을 볼 수가 없으므로, 유닉스(또는 리눅스나 Cygwin)의 od(octal dump)를 이용하였다. 첫 열은 파일 내부에서의 오프셋이므로 무시한다. 먼저 TOY 매직 코드 0x544F5900이 있고, 다음으로 시작주소인 0x00002000이 있고, 그 다음부터 기계어 코드 프로그램이 차례대로 들어있는 것을 확인할 수 있다.

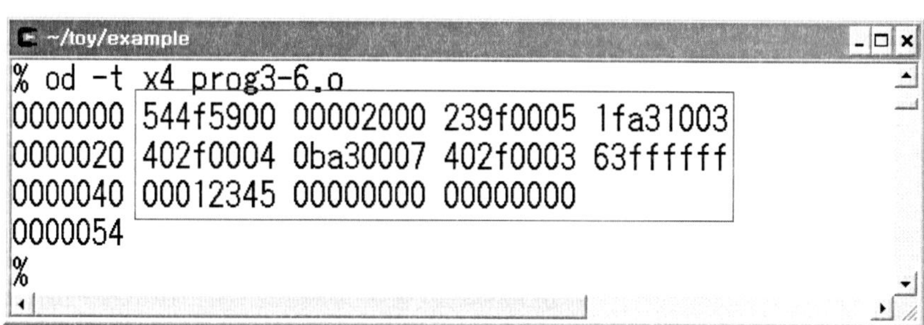

그림 4.33 TOY 파일 포맷의 실행파일

4.6 TOY 시뮬레이터

만약에 TOY 프로세서를 적용한 컴퓨터가 있고 그 운영체제가 TOY 파일 포맷을 사용한다면, 그 운영체제는 실행 파일의 첫 4바이트의 매직 번호를 읽고 실행 가능한지를 판단한다. 즉, 첫 4바이트에 들어있는 값이 0x544F5900이 아니면 실행할 수 없는 파일 포맷으로 처리한다. 이 매직 번호가 일치하면 다음 4바이트의 시작 주소를 읽고 메모리의 어느 주소부터 적재할지를 결정하고, 다음의 기계어 코드 부분을 차례대로 읽어 들여서 메모리의 지정된 주소부터 차례대로 저장한다. 이제 PC 값을 시작주소로 설정하고, 나머지의 모든 레지스터들은 0으로 초기화한 후에 이 프로그램의 실행이 시작된다.

toysim은 TOY 파일 포맷의 실행 파일을 가상적으로 실행하는 **시뮬레이터**(simulator) 소프트웨어이다. 시뮬레이터는 프로그램을 개발할 때 유용하게 활용되는 데 예를 들어서 ARM 프로세서를 적용한 스마트 폰에서 실행할 프로그램을 개발했다면 해당 스마트 폰에 실행 파일을 옮겨서 저장한 후에 실행하면서 제대로 동작하는지를 확인할 수 있을 것이다. 프로그램을 일부 수정할 때마다 매번 어셈블 작업 후에 실행 파일을 옮겨서 저장하고 실행하는 절차는 매우 번거로울 것이다. 또한 실행 과정을 적절히 제어할 수가 없다. **프로세서 시뮬레이터**는 이러한 목적으로 사용하는 소프트웨어로서 프로그램을 개발한 컴퓨터 시스템에서 가상적으로 실행시키면서 실행과정을 확인할 수 있게 한다. 실제로 스마트 폰용 프로그램의 개발은 ARM 시뮬레이터 상에서 이루어지고, 개발이 완료되면 스마트 폰에 옮겨서 실행한다.

[TOY 시뮬레이터의 실행] 시뮬레이터 toysim으로 특정 실행 프로그램(예를 들어 prog3-6.o)을 실행하기 위해서는 그림 4.34의 (a)와 같이 명령창에서 "toysim prog3-6"을 입력하거나, (b)와 같이 프로그램 파일을 지정하지 않고 그냥 실행한 후에 파일 이름을 입력할 수 있다. 이때 파일 이름은 끝의 ".o" 부분은 빼고 입력한다.

[TOY 시뮬레이터 사용법] 그림 4.35는 실행 파일 'prog3-6.o'를 toysim을 이용하여 실행하는 초기 화면이다. 먼저 이 시뮬레이터를 실행하면서 사용하는 명령들의 간단한 설명을 보여주고, 다음으로 TOY 프로세서의 레지스터의 값을 보여준다. 그리고 메모리에 적재된 프로그램 내용을 보여주고, 제일 하단에는 "> " 표

시 다음에 명령 입력을 기다리고 있는 상태를 보여준다. 메모리 내용을 보여주는 부분에는 지금 실행할 명령어가 있는 부분에 '>' 표시를 해준다. 현재는 0x2000 번지의 명령어를 실행할 차례라는 것을 의미한다.

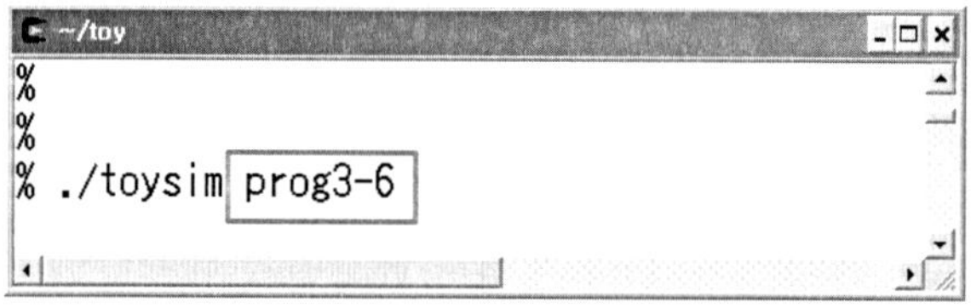

(a) 명령 창에서 직접 파일 이름 입력

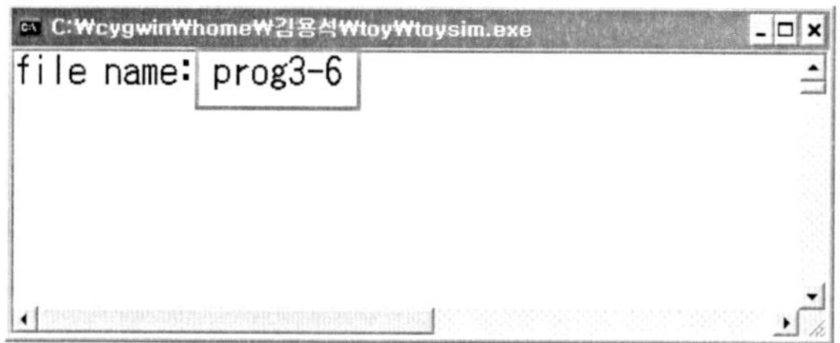

(b) toysim의 실행 화면에서 파일 이름 입력

그림 4.34 toysim 실행 방법

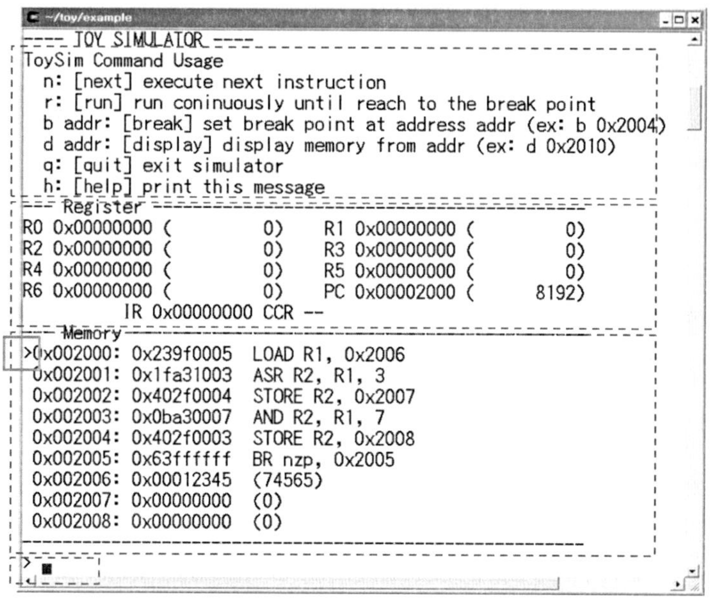

그림 4.35 toysim을 이용한 prog3-6.o의 실행 화면

레지스터의 값을 보여주는 부분에서는 값을 32비트 정수에 대한 16진수 표현을 보여주면서 괄호 속에는 10진수 표현도 동시에 보여준다. 시뮬레이터의 시작 시점에는 모든 레지스터의 값을 0으로 초기화한다. PC는 실행 파일에서 읽어온 시작 주소인 0x2000으로 설정되어 있다. IR 레지스터는 읽어온 TOY 기계어 코드를 보여준다. CCR 레지스터에는 N 비트와 Z 비트를 표시하는데 해당 비트의 값이 0이면 '-'를 표시하고 1이면 해당 문자(N 및 Z)를 표시한다.

메모리 내용을 보여주는 부분에서는 메모리 주소와 메모리 내용을 각각 16진수로 보여주고, 다음에는 메모리 내용인 32비트 기계어 코드를 역 어셈블을 통하여 그 어셈블리 언어 표현으로 보여준다. 대응되는 어셈블리 언어 표현이 없는 것(정상적인 기계어 코드가 아닌 것)은 괄호 속에 10진수만 보인다. 만약 이 값이 문자의 ASCII 코드라면 그 문자를 함께 보여준다.

toysim의 명령으로서 'n'은 현재의 실행 위치에서 TOY 명령어 한개만 실행한 후에 정지하라는 것이다. 'r'은 정지하지 말고 계속 실행하라는 의미이며 'q'는 시뮬레이터를 종료하라는 의미이다. 계속 실행하는 과정에도 특정한 주소에서는 무조건 정지하라는 것을 지정하는 것이 **정지점**(break point)이다. 정지점을 지정하기 위해서는 'b'를 이용하여 정지점 주소를 지정하면 된다. 예를 들어 'b 0x2005'라고 입력하면 0x2005 번지에 정지점이 설정된다. 정지점이 설정된 상태에서는 'r' 명령으로 계속 실행하더라도 정지점 주소에 도달하면 TOY 명령어를 실행하지 않고 정지하며, 다음 명령 입력을 기다린다. 프로그램이 크면 한 화면에 전체가 보이지 않으므로 원하는 메모리 부분의 내용을 화면에 표시하는 기능이 필요하다. 'd'는 지정된 메모리 주소부터 한 화면 크기의 내용을 보여준다. 예를 들어 'd 0x2004'는 0x2004번지부터 메모리의 내용을 보여준다. 'h'는 사용법 설명 부분을 다시 화면에 보여준다.

그림 4.36은 'n' 명령 입력을 통하여 0x2000번지의 TOY 명령어 하나를 실행한 후에 정지한 상태를 보여준다. PC는 1만큼 증가해서 0x2001로 되었고, R1 레지스터에는 0x2006번지에서 읽어온 내용인 0x12345(10진수로는 74,565)가 기록되어 있다. 메모리 내용을 보여주는 부분에는 0x2001 번지 부분을 실행할 차례임을 보여주고 있다. IR에는 지금 실행한 기계어 코드가 들어있다.

```
~/toy/example
> n
--- Register -------------------------------------------
R0 0x00000000 (          0)   R1 0x00012345 (      74565)
R2 0x00000000 (          0)   R3 0x00000000 (          0)
R4 0x00000000 (          0)   R5 0x00000000 (          0)
R6 0x00000000 (          0)   PC 0x00002001 (       8193)
          IR 0x239f0005 CCR --
--- Memory ---------------------------------------------
 0x002000: 0x239f0005  LOAD R1, 0x2006
>0x002001: 0x1fa31003  ASR R2, R1, 3
 0x002002: 0x402f0004  STORE R2, 0x2007
 0x002003: 0x0ba30007  AND R2, R1, 7
 0x002004: 0x402f0003  STORE R2, 0x2008
 0x002005: 0x63ffffff  BR nzp, 0x2005
 0x002006: 0x00012345  (74565)
 0x002007: 0x00000000  (0)
 0x002008: 0x00000000  (0)
--------------------------------------------------------
>
```

그림 4.36 0x2001번지의 명령을 실행한 후

그림 4.37은 'b 0x2005' 명령 입력을 통하여 0x2005번지에 정지점을 지정한 상태를 보여준다. 메모리 내용을 보여주는 부분에서 정지점으로 설정된 주소인 0x2005번지에는 첫 칸에 'B'를 표시하고, 0x2001번지에는 다음에 실행할 명령어 위치임을 표시하고 있다.

```
~/toy/example
> b 0x2005
--- Register -------------------------------------------
R0 0x00000000 (          0)   R1 0x00012345 (      74565)
R2 0x00000000 (          0)   R3 0x00000000 (          0)
R4 0x00000000 (          0)   R5 0x00000000 (          0)
R6 0x00000000 (          0)   PC 0x00002001 (       8193)
          IR 0x239f0005 CCR --
--- Memory ---------------------------------------------
 0x002000: 0x239f0005  LOAD R1, 0x2006
>0x002001: 0x1fa31003  ASR R2, R1, 3
 0x002002: 0x402f0004  STORE R2, 0x2007
 0x002003: 0x0ba30007  AND R2, R1, 7
 0x002004: 0x402f0003  STORE R2, 0x2008
B0x002005: 0x63ffffff  BR nzp, 0x2005
 0x002006: 0x00012345  (74565)
 0x002007: 0x00000000  (0)
 0x002008: 0x00000000  (0)
--------------------------------------------------------
>
```

그림 4.37 0x2005번지에 정지점을 설정한 후

그림 4.38은 'r' 명령 입력을 통하여 정지점인 0x2005번지에 도달할 때까지 계속 실행한 후에 정지한 상태를 보여준다. 0x2007번지에는 0x12345를 3비트 오른쪽으로 이동시킨(74,565를 8로 나눈 몫인) 0x2468(10진수로 9320)이 기록되어 있고 0x2008번지에는 8을 나눈 나머지인 5가 기록되어 있다. PC 값은 0x2005로서 BR 명령어를 실행할 위치를 나타내고 있으며, CCR 레지스터는 여전히 N 비트와 Z 비트가 모두 0임을 나타내고 있다. 이 상태에서 다음 명령어를 실행하면 PC 값은 계속 0x2005를 유지하게 되고, 제자리에서 무한 루프를 돌게 된다.

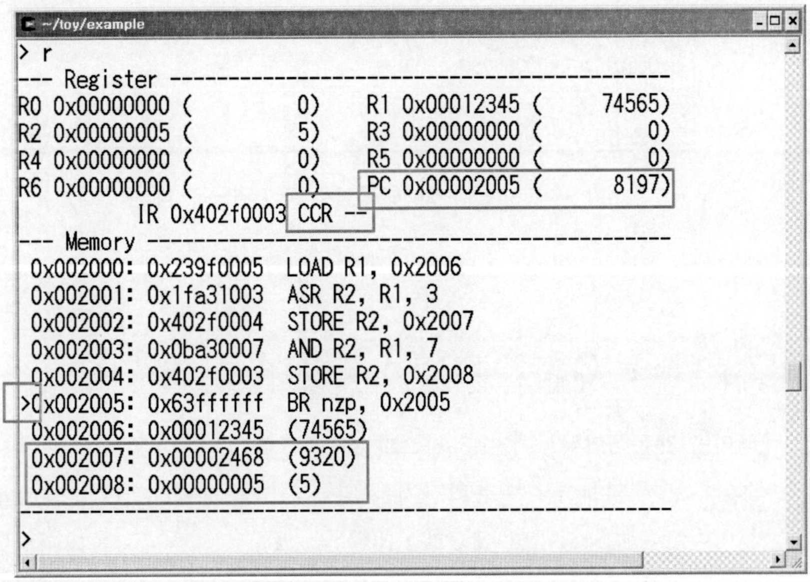

그림 4.38 정지점 0x2005번지까지 실행한 후

그림 4.39는 'd 0x2002' 명령을 입력하여 0x2002 번지부터의 메모리 내용을 표시하는 화면을 보여준다. 프로그램의 길이가 길 경우에 임의 메모리 위치의 내용을 확인할 때 이 기능을 활용할 수 있다.

```
~/toy/example
> d 0x2002
 0x002002: 0x402f0004  STORE R2, 0x2007
 0x002003: 0x0ba30007  AND R2, R1, 7
 0x002004: 0x402f0003  STORE R2, 0x2008
>0x002005: 0x63ffffff  BR nzp, 0x2005
 0x002006: 0x00012345  (74565)
 0x002007: 0x00002468  (9320)
 0x002008: 0x00000005  (5)
 0x002009: 0x00000000  (0)
 0x00200a: 0x00000000  (0)
 0x00200b: 0x00000000  (0)
 0x00200c: 0x00000000  (0)
 0x00200d: 0x00000000  (0)
 0x00200e: 0x00000000  (0)
 0x00200f: 0x00000000  (0)
 0x002010: 0x00000000  (0)
 0x002011: 0x00000000  (0)
------------------------------------------------------------
>
```

그림 4.39 0x2002번지부터 메모리 내용 표시

4.7 TOY 터미널 에뮬레이터

[터미널 에뮬레이터] 키보드 입력과 화면 출력이 있는 프로그램을 시뮬레이터로 실행해 보기 위해서는 입출력장치를 위한 **터미널 에뮬레이터**(terminal emulator)가 있어야 한다. 터미널 에뮬레이터란 말 그대로 마치 콘솔 터미널인 것처럼 키보드 입력과 화면 출력을 처리해 주는 프로그램이다. 따라서 시뮬레이터를 실행할 때 문자 입출력이 필요하면 터미널 에뮬레이터도 별도로 실행해 주어야 한다. TOY 시뮬레이터는 TOY 프로세서의 동작과정을 보여주는 것이고, TOY 터미널 에뮬레이터는 일반적으로 말하는 프로그램 실행창에 해당하는 것이다.

[에뮬레이터 실행] TOY 터미널 에뮬레이터 toyterm은 아무 인수 없이 그냥 실행한다. toyterm 화면에서 입력한 문자들은 toysim에서 키보드 입력을 요청할 때 전달된다. 마찬가지로 toysim에서 화면 출력을 요청하면 toyterm 화면에 출력된다. 그림 4.40은 toysim으로 프로그램 3.9의 369 프로그램을 실행할 때의 화면 입출력 상태를 보여준다. 1을 입력하면 즉시 1이 에코에 의해 출력되고 프로그램에 의해서 다시 1이 출력된다. 2도 마찬가지다. 3을 입력하면 즉시 3이 에코로 출력되고 프로그램에 의해서 *가 출력된다.

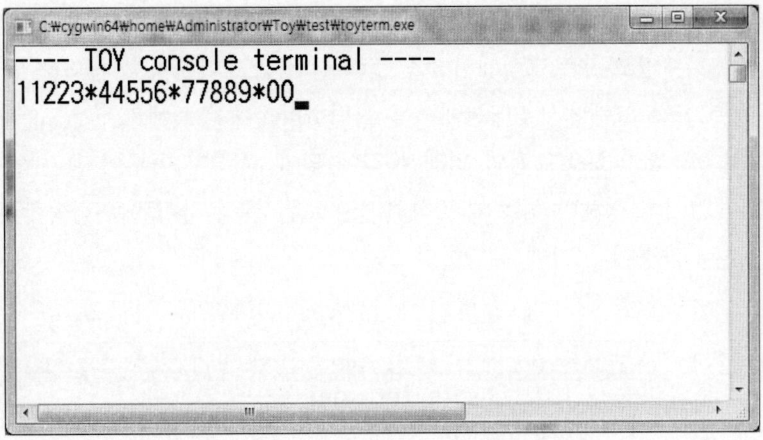

그림 4.40 369 프로그램의 toyterm 실행 화면

[에코 모드 변경] 에코는 키보드 입력과 동시에 운영체제에서 자동으로 화면에 출력해주는 기능으로서 사용자가 입력을 제대로 했는지를 확인하는 용도로 사용된다. 그러나 에코가 있으면 화면에 출력된 내용이 자연스럽지 못한 경우도 있다. 프로그램 4.4는 에코가 없도록 변경한 369 프로그램 버전이다. 레지스터 R0에 에코 없음에 해당하는 값인 0을 저장한 후에 'SWI 4'를 실행함으로써 운영체제에게 에코를 하지 않게 설정하도록 한다(표 3.7 참조).

[프로그램 4.4] 에코가 없는 단순한 369 프로그램

```
        .ORIGIN 0x2000
        COPY R0, 0               ; 에코 없음에 해당하는 값
        SWI 4                    ; 에코모드 설정 요청
loop:   SWI 0                    ; 키보드 문자 읽기
        CMP R0, '3'              ; '3' 과 비교
        BR z, match              ; 일치하면 match 위치로 이동
        CMP R0, '6'              ; '6' 과 비교
        BR z, match              ; 일치하면 match 위치로 이동
        CMP R0, '9'              ; '9' 와 비교
        BR np, print             ; 일치하지 않으면 print 위치로 이동
match:  COPY R0, '*'             ; 출력 문자를 '*' 로 변경
print:  SWI 1                    ; R0의 문자를 화면에 출력
        BR nzp, loop             ; 다시 loop 위치로 이동
```

이 프로그램을 실행한 toyterm의 입출력 화면은 그림 4.41과 같다. 1을 입력하면 에코는 없고 프로그램에서 1을 출력한다. 2도 마찬가지다. 3을 입력하면 에코는 없고 프로그램에서 3대신에 *를 출력한다. 이렇게 에코가 없도록 프로그램에 표현하면 369 프로그램의 원래 목적에 맞게 출력이 이루어진다. 일반적으로 에코가 없이 실행해야 하는 대표적인 경우로는 특정 사이트에 접속할 때 암호를 입력하는 과정이 여기에 해당한다.

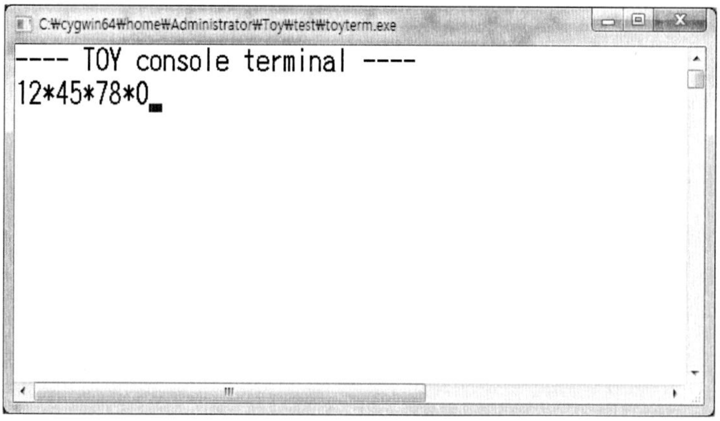

그림 4.41 에코가 없는 369 프로그램 실행 화면

제2부

C 언어와 어셈블리 언어

[제5장]

C 언어 프로그램의 컴파일

5.1 C 언어 프로그램의 컴파일과정

어셈블리 언어로 프로그램을 작성하면 기계어로 작성하는 것보다야 쉽지만 복잡한 프로그램을 작성하기에는 상당히 불편할 것이다. 고급수준의 프로그래밍 언어들을 활용하면 표현 방법이 훨씬 간편하고 다양하므로 프로그램을 작성하기가 쉬워진다. 또한 어셈블리 언어로 프로그램을 작성하려면 실행할 프로세서마다 그것에 맞는 명령어들을 사용해야 하므로 다른 종류의 프로세서를 채택한 컴퓨터에서는 실행이 불가능하다. 그러나 고급수준의 언어로 개발된 프로그램을 다른 컴퓨터에서 실행하려면 그 컴퓨터에 맞는 컴파일러로 컴파일만 다시 해서 실행할 수 있다. 이렇게 다른 컴퓨터로 옮겨서 실행하기가 쉬운 것을 이식성(portability)이 높다고 한다.

일반적으로 가장 기본이 되는 고급수준의 언어가 C이므로, 이 장에서는 C 언어로 작성된 프로그램을 컴파일하여 실행 파일을 생성하는 과정을 알아본다. 단순하게 생각하면, C 언어로 작성된 프로그램을 그 목적에 맞게 어셈블리 언어 프로그램으로 자동으로 변환해 주는 프로그램이 C 컴파일러이다. 이렇게 생성된 어셈블리 언어 프로그램으로부터 어셈블러를 통하여 실행 파일이 생성된다.

C 언어는 그 문법이 상당히 복잡하다. 여러 가지의 변수 / 배열 / 구조체 등을 선언하는 방법 및 if / while / for / do / switch 등의 여러 가지 구문이 있고, 이들이 괄호로 묶여서 이중 삼중으로 중첩될 수도 있다. 함수를 표현하는 방법과 필요한 인수를 전달하고, 함수 내에서 지역 변수들을 선언하고, 그 결과를 반환하는 방법 등도 표현한다. 이러한 것들을 그 본래의 의도에 맞게 적절히 어셈블

리 언어로 변환하면 된다.

[컴파일과정] 컴파일 작업은 일반적으로 전처리 과정, 파싱 및 코드 생성 과정, 최적화 과정, 어셈블 과정, 그리고 여러 프로그램 파일들을 하나로 묶는 과정(링킹) 등의 여러 단계를 거쳐서 이루어진다. 여기서는 컴파일 작업에 대한 기본적인 이해만을 목표로 하므로 그림 5.1의 간단한 절차를 적용한다.

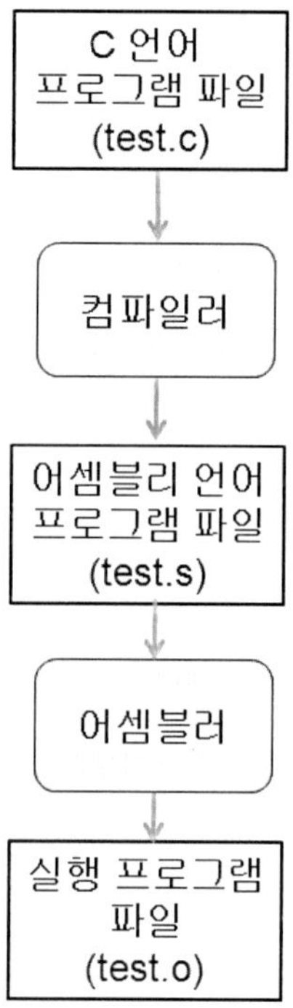

그림 5.1 C 언어 프로그램의 컴파일 과정

5.2 언어의 연산식 컴파일

[C 언어 프로그램] C 언어 프로그램은 함수 main으로부터 실행을 시작하고 이 함수가 완료되면 프로그램이 종료된다. 함수의 실행 내용은 실행 문장들로 이루어지며 매 문장은 ';'로 분리된다. 여러 개의 문장들을 하나의 묶음으로 표현하려면 '{'와 '}'로 묶어준다. 프로그램 5.1은 단순한 연산식만 포함하는 간단한 C 언

어 프로그램의 예이다. 정수형 전역 변수로 x, y, 및 z를 선언하고, 함수 main에서는 변수 x에 2를 기록하고, 변수 y에 3을 기록한 다음, 변수 x와 y의 값을 더하고 여기에서 4를 뺀 결과를 변수 z에 기록하는 프로그램이다. "//" 로부터 그 줄의 끝까지는 설명을 위한 주석이므로 컴파일러는 이러한 부분은 없는 것으로 간주한다.

[프로그램 5.1] 간단한 C 언어 프로그램 파일(test.c)

```
int x, y, z;                    // 정수형 변수 x, y, z 선언
main()                          // main 함수 부분
{                               // 함수의 시작
    x = 2; y = 3;
    z = x + y - 4;
}                               // 함수의 끝
```

[컴파일 결과] 프로그램 5.1(test.c)을 TOY C 컴파일러 toycc로 컴파일 하면 프로그램 5.2와 같은 어셈블리 언어 프로그램(test.s)이 출력된다. 우선 굵게 표시된 부분만 관심을 갖고 보면 된다. 나머지는 프로그램 시작을 위한 부분과 함수 호출 및 반환을 위한 부분으로서 7장에서 설명하도록 한다. 이 프로그램을 TOY 어셈블러로 어셈블하면 실행 프로그램 파일(test.o)이 생성된다. 여기서는 우선 연산식의 컴파일 부분만 설명한다.

[프로그램 5.2] TOY C 컴파일러의 test.c 컴파일결과(test.s)

```
      .ORIGIN 0x2000

_CODE:
   ; program startup code
      LEA R5, _END
      ADD R5, R5, 1024
      LINK
      BR nzp, main
      SWI 255

   ; main()
   ; {
```

```
main:
     SUB R5, R5, 2
     STR R6, R5, 1
     STR R4, R5, 0
     COPY R4, R5

  ;    x = 2; y = 3;
     COPY R0, 2
     STORE R0, x
     COPY R0, 3
     STORE R0, y

  ;    z = x + y - 4;
     LOAD R0, x
     LOAD R1, y
     ADD R0, R0, R1
     SUB R0, R0, 4
     STORE R0, z

  ; }
_L1: COPY R5, R4
     LDR R4, R5, 0
     LDR R6, R5, 1
     ADD R5, R5, 2
     RET

_DATA:
  ; int x, y, z;
x: .BLOCK 1
y: .BLOCK 1
z: .BLOCK 1

_END:
```

"변수명 = 연산식;" 형태의 문장은 연산식 부분의 계산을 차례대로 수행해서 그 결과를 R0에 저장한 다음, STORE 명령어로 해당 변수에 기록하도록 한다. 프로그램 5.2에서 "x = 2;"는 변수 x에 2를 기록하기 위한 것이므로, COPY 명령어로 R0에 2를 복사한 다음 STORE 명령어로 x에 기록하였다. "z = x + y - 4;"는 연산식 계한을 위해서 먼저 LOAD 명령어로 x의 값을 R0에 읽어 들이고, y의 값을 LOAD 명령어로 R1에 읽어 들여서 ADD 명령어로 R0에 더해주고, SUB 명령어로 R0에서 4를 뺀 결과를 마지막에 STORE 명령어로 z에 기록하였다.

5.3 C 언어의 if 문 컴파일

프로그램 5.3은 C 언어의 if 문을 이용한 아주 단순한 예로서, 두 개의 변수 x와 y 중에서 큰 값을 변수 max에 기록하도록 한다. 먼저 max 변수에 x의 값을 기록한다. 변수 y의 값이 변수 x의 값보다 더 크면 변수 max에 y의 값을 기록하고, 그렇지 않으면 그냥 넘어간다. if 문은 "if" 바로 다음의 괄호에 실행 조건을 표현한다.

[프로그램 5.3] C 언어의 if 문 사용 예

```
max = x;
if (y > x)
  max = y;
```

BR 명령어는 실행이 C 언어에서의 조건에 따른 goto 문하고 일치한다. 따라서 프로그램 5.3을 if 와 goto 문을 활용한 형태로 변형하면 프로그램 5.4와 같이 표현할 수 있다. 여기서 goto는 지정된 레이블로 이동해서 실행하라는 의미이며, 레이블은 어셈블리 언어에서 표현하는 방법과 마찬가지로 이름 다음에 ':' 문자를 붙여서 표시한다. 이것을 동일한 목적의 어셈블리 언어로 작성한다면 프로그램 5.5와 같이 표현할 수 있는데, 이것이 TOY C 컴파일러가 프로그램 5.3을 컴파일한 결과이다.

[프로그램 5.4] goto 문을 활용하여 표현한 예

```
  max = x;
  if (y <= x) goto L2;
  max = y;
L2:
```

[프로그램 5.5] 프로그램 5.3의 컴파일러 출력

```
  ;    max = x;
       LOAD R0, x
       STORE R0, max
  ;    if (y > x) goto L2;
       LOAD R0, y
       LOAD R1, x
       CMP R0, R1
       BR nz, _L2
  ;           max = y;
       LOAD R0, y
       STORE R0, max
_L2:
```

먼저 변수 x의 값을 R0 레지스터에 읽어온 다음 R0의 값을 변수 max에 기록한다. 변수 y의 값이 변수 x의 값과 비교하기 위해서 y의 값을 R0에 읽어 들이고, x의 값은 R1에 읽어 들인 후에 CMP 명령어를 활용하여 R0의 값과 R1의 값을 비교한다. 비교한 결과는 CCR 레지스터의 N과 Z 비트에 기록된다. R0의 값이 R1의 값보다 작거나 같으면 다음 부분을 건너뛴다. 즉 BR 명령어의 조건은 "nz"가 된다. 그렇지 않으면(양이면, 즉 y가 x보다 크면) 계속해서 다음 부분에서 변수 y의 값을 R0에 읽어 들인 후에 변수 max에 기록한다. 여기서 사용된 레이블 _L2는 컴파일러에 의해서 임의로 생성된 것이다.

[프로그램 5.6] C 언어의 단순한 if 문의 일반 형식

if (조건 검사) 조건 만족 시 실행할 내용;	**// 왼쪽과 대응되는 goto 문 표현** **if (반대조건** 검사**) goto L2;** 조건 만족 시 실행할 내용; **L2:**

이러한 변환 과정을 일반화하면 C 언어의 if 문은 프로그램 5.6과 같은 형식을 가지고 있으며 컴파일러는 이것을 프로그램 5.7과 같이 어셈블리 언어로 변환하

면 된다. 즉, C 컴파일러는 이러한 규칙대로 변환된 어셈블리 언어 프로그램을 출력하도록 작성된 소프트웨어인 것이다.

[프로그램 5.7] 단순한 if 문의 어셈블리 언어 표현

```
  조건 검사를 위한 내용      ; CMP나 기타의 방법으로 NZ 비트 설정
  BR 실패조건, _L2           ; 실패조건 만족 시 _L2로 이동
  조건 만족 시 실행할 내용
_L2:
```

C 언어의 if 문에서 else 부분이 있으면 이 부분은 조건 검사의 결과가 거짓(실패)일 때에 실행하라는 의미이다. 프로그램 5.8은 변수 x의 값이 변수 y의 값보다 더 크면 변수 max에 x의 값을 기록하고, 그렇지 않으면 max에 y의 값을 기록하도록 한다. 오른쪽 표현은 goto 문을 활용하여 동일한 의미를 표현한 것이며 이것에 따라서 TOY C 컴파일러의 어셈블리 언어 프로그램 출력은 프로그램 5.9와 같다. 변수 x와 y의 값을 R0와 R1에 각각 읽어 들인 다음에 CMP로 비교한다. x의 값이 더 크지 않으면 else 부분(레이블 _L2 부분)으로 건너뛴다. 그렇지 않으면 그 다음 부분을 계속해서 실행한 후에 else 부분이 끝난 위치(레이블 _L3 부분)로 무조건 건너뛴다. 여기서 사용된 레이블 _L2와 _L3은 컴파일러에 의해서 임의로 생성된 것이다.

[프로그램 5.8] C 언어의 "else"가 있는 if 문

<table>
<tr>
<td>

```
if (x > y)
  max = x;
else
  max = y;
```

</td>
<td>

```
  // 왼쪽과 대응되는 goto 문 표현
  if (x <= y) goto L2;
  max = x;
  goto L3;
L2:
  max = y;
L3:
```

</td>
</tr>
</table>

[프로그램 5.9] 프로그램 5.8의 컴파일러 출력

```
  ;    if (x > y)
       LOAD R0, x
       LOAD R1, y
       CMP R0, R1
       BR nz, _L2
  ;            max = x;
       LOAD R0, x
       STORE R0, max
       BR nzp, _L3
  ;    else
_L2:
  ;            max = y;
       LOAD R0, y
       STORE R0, max
_L3:
```

if 문에서 else 부분이 있는 경우에 대한 일반적인 형식은 프로그램 5.10과와 같다. 이것을 C 언어 컴파일러는 프로그램 5.11과 같은 형식의 어셈블리 언어 프로그램을 출력하면 된다.

[프로그램 5.10] C 언어 if 문의 일반 형식

<pre>if (조건 검사)
  조건 만족 시 실행할 내용;
else
  조건 실패 시 실행할 내용;</pre>
	<pre> // 왼쪽과 대응되는 goto 문 표현
	  if (반대조건 검사) goto L2;
	  조건 만족 시 실행할 내용;
	  goto L3;
	L2:
	  조건 실패 시 실행할 내용;
	L3:</pre>

[프로그램 5.11] C 언어 if 문의 어셈블리 언어 표현

```
  조건 검사를 위한 내용        ; CMP나 기타의 방법으로 NZ 비트 설정
  BR 실패조건, _L2             ; 실패조건 만족 시 _L2로 이동
  조건 만족 시 실행 내용
  BR nzp, _L3                  ; 무조건 _L3으로 이동
_L2:
  조건 실패 시 실행 내용
_L3:
```

5.4 C 언어의 while 문과 어셈블리 언어

C 언어의 while 문은 조건을 만족하는 한 반복적으로 실행하라는 의미이다. 프로그램 5.12는 while 문을 활용한 간단한 프로그램으로서 1부터 1000까지 더한 결과를 변수 sum에 저장하기 위한 것이다. 먼저 변수 sum은 0으로, 변수 x는 1로 설정한 다음 x의 값이 1000보다 작거나 같으면 sum에는 x의 값을 더하고 x는 1만큼 더하는 작업을 반복한다. 변수 x의 값이 1001에 도달하면 조건을 만족하지 않으므로 while 문을 종료하고 다음으로 넘어간다.

[프로그램 5.12] C 언어의 while 문 활용 예

<table>
<tr>
<td>

```
sum = 0; x = 1;
while (x <= 1000)
{
    sum = sum + x;
    x = x + 1;
}
```

</td>
<td>

```
  // 왼쪽과 대응되는 goto 문 표현
  sum = 0; x = 1;
L2:
  if (x > 1000) goto L3;
  sum = sum + x;
  x = x + 1;
  goto L2;
L3:
```

</td>
</tr>
</table>

오른쪽 부분의 표현은 동일한 목적을 goto 문을 활용하여 표현한 것이며, 이것에 근거한 TOY C 컴파일러의 어셈블리 언어 프로그램 출력은 프로그램 5.13과 같

다. while 문 부분은 변수 x의 값을 R0에 읽어 들이고, R1에는 1000을 기록한 다음에 CMP 명령어로 R0와 R1을 비교한다. R0의 값이 더 크면 while 문 다음의 부분(레이블 _L3 부분)으로 건너뛴다. 그렇지 않으면 그다음 부분을 계속해서 실행한 후에 while 문의 끝 부분에서는 무조건 다시 while 문의 시작 부분(레이블 _L2 부분)으로 되돌아가도록 한다.

[프로그램 5.13] 프로그램 5.12의 컴파일러 출력

```
  ;    sum = 0; x = 1;
       COPY R0, 0
       STORE R0, sum
       COPY R0, 1
       STORE R0, x
  ;    while (x <= 1000)
  ;  {
_L2:
       LOAD R0, x
       COPY R1, 1000
       CMP R0, R1
       BR p, _L3
  ;            sum = sum + x;
       LOAD R0, sum
       LOAD R1, x
       ADD R0, R0, R1
       STORE R0, sum
  ;            x = x + 1;
       LOAD R0, x
       ADD R0, R0, 1
       STORE R0, x
       BR nzp, _L2
  ;    }
_L3:
```

일반적인 while 문의 형식은 프로그램 5.14와 같다. 이 표현이 의미하는 바는 반복해서 실행하는데 매번 조건을 검사해서 그 결과가 참이면(성공이면) 지정된 실행할 내용을 실행하지만, 거짓이면(실패이면) 이 while 문을 종료하고 다음으로 넘어간다. 오른쪽은 if 와 goto 문을 이용하여 같은 의미를 표현한 것인데, 앞에서 if 문에 적용한 규칙을 그대로 적용하면 프로그램 5.15와 같이 어셈블리 언어로 표현할 수 있을 것이다.

[프로그램 5.14] C 언어 while 문의 일반 형식

while (조건검사)
  조건 만족 시 실행할 내용;
	// 왼쪽과 대응되는 goto 문 표현
	L2:
	  if (반대조건 검사**) goto L3;**
	  조건 만족 시 실행할 내용;
	  goto L2**;**
	L3:

[프로그램 5.15] C 언어 while 문의 처리

```
_L2:
  조건 검사를 위한 내용
  BR 실패조건, _L3               ; 조건 실패 시 _L3으로 이동
  조건 만족 시 실행할 내용
  BR nzp, _L2                    ; 무조건 _L2로 되돌아감
_L3:
```

참고 TOY C 컴파일러에서는 단순함을 위해서 for 문과 do 문은 제외하였다. 이들도 while 문에서와 유사하게 일정한 규칙에 의하여 어셈블리 언어 프로그램으로 변환할 수 있을 것이다. 사실 for 문과 do 문이 없어도 while 문을 활용하면 프로그램을 작성하는 데에는 별로 지장이 없다.

5.5 C 언어의 배열 컴파일

C 언어에서 배열은 하나의 이름으로 여러 개의 인자들을 표현할 수 있는 데이터 유형이다. 예를 들어 "int a[4];"으로 선언하면 a라는 이름으로 4개의 정수 인자들을 포함하는 배열이 선언된다. 이 배열의 4개의 인자들은 차례대로 a[0]부터 a[3]까지로 지정된다. 이 배열을 위한 어셈블리 언어 표현은 그림 5.2와 같이

“.BLOCK 4”로서 4개의 정수를 기록할 수 있는 메모리 블록이 할당된다. 이에 따른 메모리 할당 내역에서 a는 x 바로 다음 주소에 할당되는데 a[0]부터 a[3]까지가 차례대로 할당된다. 그 다음 주소에 y가 할당된다. y는 초기값이 7이므로 프로그램 시작 시점에 7이 기록되어 있도록 한다. x와 배열 a의 항목들은 초기값이 지정되지 않았으므로 아무 값이나 상관이 없다는 의미인데, 일반적으로 0으로 초기화 시킨 상태로 프로그램이 시작하도록 한다.

C 언어 표현	어셈블리 언어 표현
int x; int a[4]; int y = 7;	x: .BLOCK 1 a: .BLOCK 4 y: .FILL 7

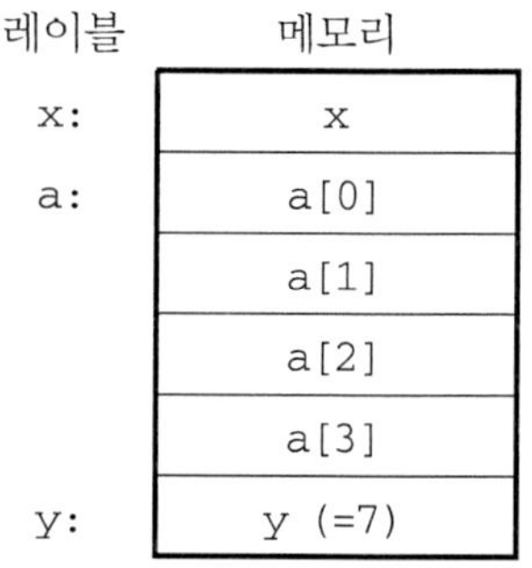

그림 5.2 배열과 메모리 할당

표 5.1 C 언어 배열과 어셈블리 언어

C 언어 표현	어셈블리 언어 표현
a[3] = 8;	COPY R0, 8 LEA R1, a STR R0, R1, 3
x = a[2];	LEA R0, a LDR R0, R0, 2 STORE R0, x
a[x] = 9;	COPY R0, 9 LEA R1, a LOAD R2, x ADD R1, R1, R2 STR R0, R1, 0

a[1] = a[x];	LEA R0, a
	LOAD R1, x
	ADD R0, R0, R1
	LDR R0, R0, 0
	LEA R1, a
	STR R0, R1, 1

표 5.1은 배열의 특정 인자를 사용하는 부분의 어셈블리 언어 표현 예를 보여준다. "a[3] = 8;"을 실행하는 부분은 먼저 R0에 8을 복사한 다음에, LEA 명령어로 R1에 배열 a의 주소를 저장하고, STR 명령어로 R1에서 3을 더한 주소에 R0 값을 저장하면 된다. "x = a[2];"를 실행하기 위해서는 LEA 명령어로 R0에 배열 a의 주소를 저장하고, LDR 명령어로 R0에서 2를 더한 주소의 내용을 읽어 와서 R0에 기록한 다음에, R0의 값을 STORE 명령어로 x의 주소에 기록하면 된다. "a[x]"에 값을 기록하기 위해서는 LEA 명령어로 R1에 배열 a의 주소를 기록하고, LOAD 명령어로 R2에 변수 x의 값을 읽어서, R1에 R2를 더하면 R1은 a[x] 인자의 주소가 된다. 이제 지정된 값을 STR 명령어로 R1의 주소에 기록하면 된다. a[x]의 값을 읽어오는 절차도 유사하게 처리하면 된다.

5.6 TOY C 언어 문법과 컴파일러

[TOY C 문법] C 컴파일러는 입력 프로그램을 읽어 들이면서 C 언어 문법에 맞는지를 검사하고 각 문장별로 일정한 규칙에 따라 기계적으로 어셈블리 언어 프로그램으로 변환하여 출력한다. C 언어의 표현들을 모두 처리할 수 있는 컴파일러는 아주 복잡하기 때문에 TOY C 컴파일러는 단순화된 문법에 한정된 표현만 처리하도록 하였다.

자료 유형으로는 정수(int)와 문자(char) 및 이들의 배열만 지원한다. char도 TOY 어셈블러에서는 int와 동일하게 처리한다. 포인터 유형과, struct 및 union 등은 지원하지 않는다. 문장으로는 일반적인 연산식, if, while 및 goto 문만 지원한다. for 문과 do 문은 지원하지 않는데 이들은 while 문을 활용하여 대체가 가능하다. switch 문도 지원하지 않는데 이것은 if 문으로 대체가 가능하다. while 문 속에서 break와 continue를 사용할 수 있다.

여기에 세부적인 몇 가지 제한사항들이 있다. 문장에서 배열을 사용할 때 배열의 인덱스 부분은 변수나 수치만 가능하고 인덱스 부분에 수식을 사용할 수는 없다. 조건식에는 단순한 조건문만 가능하고 && 나 ||로 연결된 복합적인 조건은 사용할 수 없다. 또한 ++, --, +=, -=, *=, /= 등의 연산식은 사용할 수 없다. 변수를 선언할 때 초기 값을 지정하는 기능도 사용하지 않는다.

표 5.2 TOY C 언어 문법

지원하지 않음	지원함
데이터 유형	
struct, union, 포인터 등	int, char, 및 이들의 배열
배열의 인자 지정	
임의의 수식	숫자, 변수명
연산자	
&&, ||, ++, --, += 형식의 표현	나머지 전부
문장	
for, do, switch	나머지 전부

연산식에서 최우선순위 연산은 ~이다. 다음으로는 *, /, 및 %는 우선 실행하고 이들 간에는 순서대로 실행한다. 후순위 연산으로는 +, -, 〉〉, 및 〈〈 이고 이들 간에는 순서대로 실행한다. "( )"로 묶은 부분은 우선 실행한다.

[TOY C 컴파일러] C 컴파일러는 입력 프로그램을 읽어 들이면서 변수 선언인지, 함수 선언인지를 구별하고, 함수 내에서는 지역 변수 선언인지, 문장들인지를 구별하고, 문장 부분에서는 일반적인 연산식인지, if 문인지, while 문인지 등을 구별한다. 연산식은 연산 우선순위에 맞게 처리한다.

[선언 부의 구별] C 언어 프로그램은 전역 변수들의 선언과 함수들의 선언으로 이루어지며, 함수 main부터 실행을 시작한다. 컴파일러가 프로그램을 읽어 들이면서 변수의 선언인지 함수의 선언인지를 구별하는 방법은 이름 바로 다음에 '('로 이어지면 함수이고 그렇지 않으면 변수로 판단한다. 이름 바로 다음에 '['로 이어지면 배열형의 변수임을 의미하고 그렇지 않으면 일반적인 단순 변수이다.

변수 선언은 어셈블리 언어로는 "name: .BLOCK n"의 구문으로 표현하고 name 부분은 변수 이름을, n 부분은 메모리 크기를 표시한다. 메모리 크기는 일반 변수이면 1이고 배열이면 배열의 크기가 된다. 함수 선언은 "name: "으로 시작하고 name 부분은 함수의 이름을 표시한다. 이 함수를 호출하는 부분은 "LINK" 와 "BR nzp, name"의 연속된 두 개의 명령어로 처리한다. 함수의 시작 부분, 지역 변수의 선언, 및 함수 끝 부분의 처리는 6장에서 자세히 다룬다.

▌표 5.3▌ TOY C 컴파일러의 문법 검사

구별대상	표현의 차이
선언부의 구별	
배열 선언	int **name**[...];
함수 선언	int **name**(...) { ...}
단순 변수 선언	int **name**;
문장 종류의 구별	
if 문	**if** (...) ...;
while 문	**while** (...) ...;
goto 문	**goto** name;
break 문	**break;**
continue 문	**contiue**;
레이블	**name**:
단순 변수기록	**name** = ...;
배열 인자기록	**name**[...] = ...;
함수 호출	**name**(...);
연산식에서 변수와 함수 호출의 구별	
배열의 인자	**name**[...]
함수 호출	**name**(...)
단순 변수	**name**

[문장 종류의 구별] 함수 본문 부분의 각 문장들은 일반적인 연산식, if 문, while 문, goto 문, continue 문, 및 break 문으로 이루어진다. 먼저 C 언어 프로그램의 첫 단어를 읽어 들이고 이들이 if, while, goto, continue 또는 break와 일치하면 각각에 맞는 어셈블리 언어로 변환하고, 그렇지 않으면 일반적인 연산식이거나, 레이블이거나 함수 호출로 처리한다. 이름 다음에 '('가 따라오면 함수 호출이고, ':'가 따라오면 레이블이고, 그렇지 않으면 일반적인 연산식으로 처리한다.

레이블은 단순히 "name:"으로만 처리하면 된다. 함수 호출에서 인수 전달 방법은 6장에서 자세히 설명한다. if나 while로 시작하는 문장은 앞 절에서 설명한 바와 같은 방법으로 처리한다. goto로 시작하는 문장은 그 다음에 반드시 레이블 이름이 따라와야 하고, 어셈블리 언어로는 "BR nzp, name"으로 처리하며 name 부분에 레이블 이름을 지정한다. break와 continue로 시작하는 문장은 바로 다음에 ';'이 따라오며 while 문장 안에서만 가능하도록 제한한다. break 문은 while 문이 끝난 부분의 레이블로 무조건 이동하도록 BR 명령어를 적용하고, continue 문은 while 문의 시작 부분의 레이블로 무조건 이동하도록 BR 명령어를 적용한다. 여기서 while 문의 시작 부분과 끝 부분의 레이블은 컴파일러에서 임의로 생성한 레이블 이름을 적용한다.

[연산식 처리] 일반적인 연산식은 변수 이름 다음에 반드시 '='이 따라온다. 그렇지 않으면 문법 오류로 처리한다. 먼저 '=' 다음 부분의 연산식을 계산하도록 적절히 어셈블리 언어로 표현하고 그 결과는 무조건 R0 레지스터에 남아있도록 한다. 따라서 마지막에는 "STORE R0, name"으로 처리한다. 즉, R0에 남은 값을 변수 name 부분에 기록하는 것이다. 예를 들어 C언어로 "x = y + z;"의 문장은 먼저 변수 y의 값을 R0에 읽어들이기 위해서 "LOAD R0, y", 변수 z의 값을 R1에 읽어 들이기 위해서 "LOAD R1, z", 이들을 더한 결과가 R0에 남아있도록 하기 위해서 "ADD R0, R0, R1"을 사용한다. 마지막으로 연산 결과를 x에 저장하기 위해서 "STORE R0, x"를 사용한다.

5.7 어셈블리 언어 프로그램의 최적화

컴파일러는 정해놓은 규칙에 따라 각 문장을 기계적으로 어셈블리 언어 프로그램으로 번역한다. 이렇게 생성된 어셈블리 언어 프로그램에는 비효율적인 부분들이 포함될 수 있고, 이것을 최적화하면 같은 실행결과를 얻으면서도 더 간단하고 실행 속도가 빠른 프로그램으로 변경할 수 있다.

프로그램 5.16은 프로그램 5.13을 개선한 것이다. 레지스터 R0는 sum을 위해, R1은 x를 위해 사용한 후에 마지막 결과를 각각 sum과 x에 기록하였다. 개선전과 개선후의 프로그램을 잘 비교해 보면 최종 계산 결과는 동일하지만 개선후의 프로그램이 훨씬 빨리 실행을 완료할 수 있음을 확인할 수 있을 것이다.

개선된 어셈블리 언어 프로그램을 생성할 수 있는 컴파일러가 곧 우수한 컴파일러이다. 실제 시스템에서 사용하는 컴파일러들은 보통 컴파일 결과인 어셈블리 언어 프로그램을 다시 별도로 개발한 최적화 프로그램으로 개선하는 절차를 거치도록 한다.

[프로그램 5.16] 프로그램 5.13의 개선

```
        COPY R0, 0              ; sum = 0
        COPY R1, 1              ; x = 1
    ;   while (x <= 1000)
    ;   {
_L2:
        CMP R1, 1000
        BR p, _L3
    ;           sum = sum + x;
        ADD R0, R0, R1
    ;           x = x + 1;
        ADD R1, R1, 1
        BR nzp, _L2
    ;   }
_L3:
        STORE R0, sum
        STORE R1, x
```

[제 6 장]

함수 호출과 어셈블리 언어

6.1 C 언어의 함수 호출

C 언어와 같은 고급수준의 프로그래밍 언어에서는 함수를 정의하고 수시로 호출하여 사용할 수 있다. 함수(서브루틴 또는 메소드라고도 함)는 인수들을 받고 이들을 활용하여 지정된 동작을 실행하며 그 결과 값을 반환하는 것으로 정의된다. 이 함수를 호출하는 부분에서는 필요한 인수들을 지정하여 호출하며, 그 결과 값을 받아서 사용한다. 프로그램 6.1은 함수를 사용하는 간단한 프로그램으로서, 함수 abs는 하나의 인수만을 사용하며 전달된 인수 값의 절대값을 반환하는 함수이다.

[프로그램 6.1] 함수의 호출과 반환

```
int x, y;
int main()
{
    ...
    x = abs(x);
    y = abs(y);
    ...
}
int abs(int a)
{
    if (a < 0)
        return -a;
    return a;
}
```

[함수 호출을 위한 세가지] C 언의의 함수를 컴파일러에 의해 어셈블리 언어로 표현하기 위해서는 다음의 세 가지가 정해져야 한다. 먼저, 함수를 호출하면 해당 함수 부분으로 이동해서 명령어들을 실행한 후에 다시 원래 위치로 복귀해서 실행을 계속해야 한다. 따라서 함수를 호출하는 과정에서 복귀할 주소를 저장해두었다가 함수의 끝부분에서 이 주소로 복귀하는 방법이 있어야 한다. 다음으로는 함수를 호출할 때 인수들을 전달하는 방법이 필요하고, 마지막으로 함수의 결과 값을 받아오는 방법이 필요하다.

6.2 함수 호출을 위한 명령어

프로그램 6.1에서 main 부분을 실행하던 중에 함수 abs를 호출한다는 것은, 함수 abs가 있는 위치로 이동해서 실행을 하고 abs를 완료하는 시점에 다시 원래의 위치, 즉 abs를 호출한 위치로 되돌아 와서 실행을 계속한다는 것을 의미한다.

[링크 레지스터] TOY 프로세서의 명령어에서 특정 위치로의 이동은 BR 명령어를 활용하면 된다. 그런데 함수 abs를 완료한 시점에 다시 함수를 호출한 위치(BR 명령어를 실행한 바로 다음 위치)로 되돌아오는 방법을 찾아야 한다. 이러한 목적으로 TOY 프로세서에서 제공하는 명령어가 **LINK**와 **RET**(return)이다. LINK 명령어는 함수를 호출한 위치로 되돌아 올 주소를 **링크 레지스터**(link register)에 기록하는 작업을 하고, RET 명령어는 링크 레지스터에 기록된 주소로 실행 위치를 복귀하는 작업을 한다. TOY 프로세서에서 링크 레지스터로는 R6이 사용된다.

TOY 프로세서에서 함수 호출과 관련된 명령어는 표 6.1과 같다. 함수 호출을 위해서는 LINK 명령어 바로 다음에 BR 명령어를 연달아 쓰도록 한다. 따라서 LINK 명령어가 있는 메모리 주소로부터 2를 더한 주소가 R6 레지스터에 기록되면 된다. TOY 프로세서는 PC에 저장된 주소를 메모리에 보내서 명령어를 읽어오면 바로 PC 값을 1만큼 증가시킨 후에 읽어온 명령어를 실행한다. 따라서 LINK 명령어의 실행은 곧 현재의 PC 값에 1을 추가로 더한 주소를 R6 레지스터에 저장하는 것이다. RET 명령어는 R6 레지스터에 저장된 주소로 실행 위치를 복귀하는 것인데, RET 명령어의 실행은 곧 R6의 값을 PC에 복사하여 기록하는 것이 된다.

표 6.1 함수 호출을 위한 명령어

이름	어셈블리 언어 표현	의미
Link	LINK	되돌아올 주소를 링크 레지스터(R6)에 저장 (R6 ← PC+1)
Branch	BR nzp, addr	무조건 addr로 다음 실행 위치를 이동 (PC ← addr)
Return	RET	링크 레지스터(R6)에 저장된 주소로 다음 실행 위치를 이동(PC ← R6)

[프로그램 6.2] 함수 호출과 반환을 위한 어셈블리 언어 표현

```
main:     ; main 함수
  ...
  LOAD R0, x          ; 변수 x의 값 읽기
  LINK                ; 다음의 BR 바로 다음 주소를 링크 레지스터에 저장
  BR nzp, abs         ; 함수 abs의 주소로 실행 위치 이동
  STORE R0, x         ; 계산된 절댓값을 변수 x에 쓰기
  LOAD R0, y          ; 변수 y의 값 읽기
  LINK                ; 다음의 BR 바로 다음 주소를 링크 레지스터에 저장
  BR nzp, abs         ; 함수 abs의 주소로 실행 위치 이동
  STORE R0, y         ; 계산된 절댓값을 변수 y에 쓰기
  ...
  RET
abs:     ; abs 함수
   CMP R0, 0          ; 전달받은 R0의 값을 0과 비교
   BR zp, out         ; 0이거나 양수이면 out으로 이동
   COPY R1, 0
   SUB R0, R1, R0     ; R0 ← 0 - R0(반대 부호로 변환)
out: RET              ; 원래의 실행 위치(링크 레지스터의 주소)로 복귀
```

프로그램 6.2는 프로그램 6.1의 함수 호출과 관련된 부분을 어셈블리 언어로 표현한 것이다. 함수 호출 부분에서는 BR 명령어를 실행하기 전에 먼저 LINK 명령어를 실행해서 BR 명령어 바로 다음의 명령어가 있는("STORE R0, x"가 있는) 주소를 링크 레지스터인 R6에 기록하도록 한다. BR 명령어를 통해서 원하는 함수 abs의 주소로 이동한 후에 함수 부분에서는 적절한 프로그램 내용을 실행한

다. abs 함수의 끝 부분에서 RET 명령어를 실행하면 링크 레지스터인 R6에 기록된 주소를 PC에 복사하므로 BR 명령어 바로 다음 위치로 복귀해서 “STORE R0, x”를 실행하게 된다.

[LINK] TOY 프로세서의 LINK 명령어 실행은 바로 다음에 연달아 나올 BR 명령어의 바로 다음 주소를 링크 레지스터인 R6에 저장하는 것이다. LINK 명령어를 읽어온 후에 이것을 실행할 시점에 PC 값은 이미 1만큼 증가해 있으므로 현재의 PC 값에 1을 추가로 더한 값이 곧 R6에 저장할 주소가 된다. BR 명령어의 실행은 이미 4장에서 설명하였다.

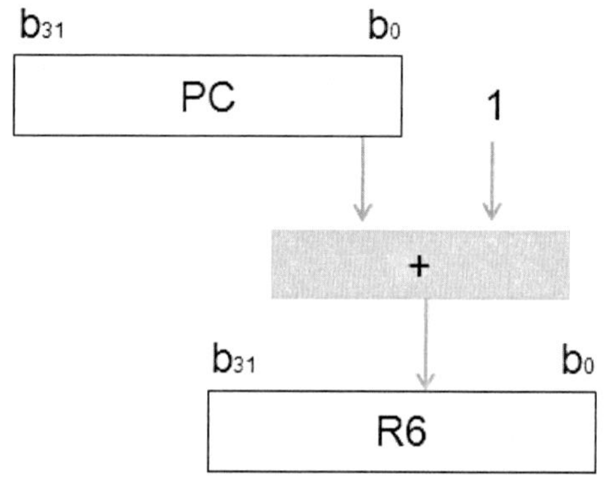

그림 6.1 LINK 명령어의 실행

[RET] RET 명령어의 실행은 링크 레지스터인 R6의 값을 PC에 저장하는 것으로 처리된다. RET 명령어를 실행한 후에 PC에는 복귀할 주소가 기록되어 있으므로 복귀할 주소에서 다음 명령어를 읽어오게 되는 것이다.

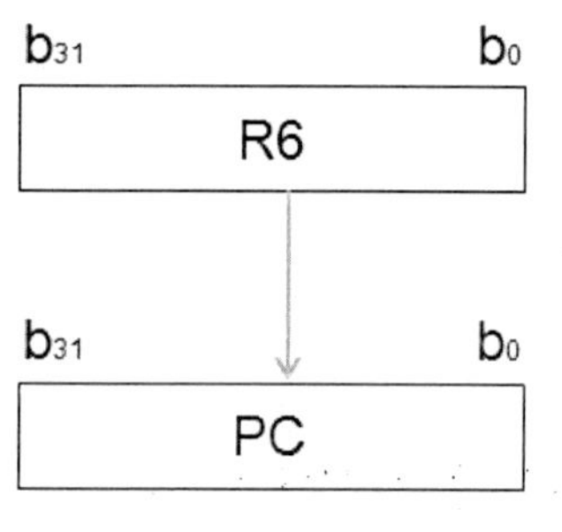

그림 6.2 RET 명령어의 실행

> 참고 **[BRL 명령어]** 대표적인 상용 프로세서인 ARM에는 LINK 명령어와 BR 명령어의 기능을 하나로 처리할 수 있는 명령어가 있다. 만약에 TOY 프로세서에서 이러한 목적으로 하나의 명령어로 처리할 수 있는 BRL이 있다고 가정해 보자. 그러면 복귀할 주소는 바로 다음 명령어의 주소일 것이다. 따라서 이 명령어의 실행은 이미 1만큼 증가해 있는 현재의 PC 값을 R6에 복사하고 PC에는 목적지 주소를 저장하는 동작이 될 것이다.

6.3 함수의 인수와 반환 값 전달

C 언어 컴파일러는 함수 호출을 일정한 규칙에 따라 어셈블리 언어의 함수 호출 기능을 이용하여 처리한다. 함수를 호출할 때 인수들을 전달하는 방법과 반환 값을 전달하는 방법도 정의되어야 한다. 프로그램 6.3은 2개의 인수를 갖는 함수를 이용하는 C 언어 프로그램이다. 함수 min은 전달된 2개의 인수 중에서 작은 값을 선택하여 반환하는 함수이다.

[프로그램 6.3] 2개의 인수를 갖는 함수 호출

```
int val, x;
main()
{
  ...
  val = min(x, 3);
  ...
}

int min(int a, int b)
{
  if (a < b)
    return a;
  return b;
}
```

우선 단순한 방법으로서, 함수 호출 시에 인수 전달은 레지스터들을 이용한다고 가정하자. 첫 번째 인수는 R0에, 두 번째 인수는 R1에, 세 번째 인수는 R2에 저장하는 식이다. 함수의 반환 값은 R0 레지스터를 이용하는 것으로 가정한다. 프로그램 6.4는 프로그램 6.3을 어셈블리 언어 프로그램으로 표현한 예이다. 6.6절에서는 인수를 레지스터 대신에 스택을 이용하여 전달하는 방법을 설명할 것이다.

[프로그램 6.4] C 언어 함수 호출의 처리

```
main:
    ...
    LOAD R0, x          ; 첫 번째 인수
    COPY R1, 3          ; 두 번째 인수
    LINK
    BR nzp, min         ; 함수 min 호출
    STORE R0, val       ; 반환 값을 변수 val에 저장
    ...
min:                    ; 함수 min
    CMP R0, R1          ; 두 인수의 비교
    BR pz, _L0          ; R0이 R1보다 크거나 같으면 이동
    RET                 ; R0 값을 그대로 반환
_L0:
    COPY R0, R1         ; R0 에 두 번째 인수를 복사하여
    RET                 ; R0 값을 반환

val: .BLOCK 1           ; 변수 val의 메모리 영역
x:   .BLOCK 1           ; 변수 x의 메모리 영역
```

첫 번째 인수는 LOAD 명령어로 x의 값을 메모리에서 읽어서 R0 레지스터에 저장하고, 두 번째 인수 3은 COPY 명령어로 R1 레지스터에 저장한 후에 함수 min을 호출한다. 함수 min에서는 반환 값을 결정하여 R0 레지스터에 저장한 후에 RET 명령으로 함수 main으로 복귀한다. R0에 저장된 반환 값은 필요에 따라 val 변수 영역에 STORE 명령어로 저장하면 된다.

6.4 곱하기 함수와 나누기 함수

TOY 프로세서는 곱하기와 나누기를 위한 연산 명령어가 제공되지 않는다. 따라서

곱하기와 나누기는 함수를 활용하여 해결한다. 먼저 곱하기 함수 MUL은 프로그램 6.5와같이 작성할 수 있을 것이다. 두 개의 인수를 전달 받아서 이들을 곱하는데, 첫 번째 인수는 R0에 저장되어 있고 두 번째 인수는 R1에 저장되어 있다고 가정한다. 가장 단순한(비효율적이긴 하지만) 방법으로서 R0의 값을 R1의 회수만큼 반복하여 더하는 것으로 처리하였다. 여기서는 R1의 값이 양수라고 가정하였다. 만약 음수도 처리하려면, 먼저 R1의 값이 음수인지 검사해서 음수이면 양수로 바꾸고 대신 R0의 값을 반대 부호로 변경해서 곱한 결과의 부호는 그대로 유지하면 된다.

[프로그램 6.5] 정수 곱하기 함수 MUL

```
MUL:                    ; R0의 값과 R1의 값을 곱해서 R0에 저장한 후 반환
      COPY R2, 0        ; R2를 곱의 결과 저장용으로 사용
_L1:  SUB R1, R1, 1
      BR n, _L2
      ADD R2, R2, R0
      BR nzp, _L1
_L2:  COPY R0,R2        ; R0에 반환할 값 기록
      RET
```

나누기 함수 DIV는 프로그램 6.6과 같이 작성할 수 있을 것이다. 두 개의 인수를 전달받아서 첫 번째 인수를 두 번째 인수로 나눈다. 첫 번째 인수는 R0에 저장되어 있고 두 번째 인수는 R1에 저장되어 있다고 가정한다. 가장 단순한 방법으로서 R0의 값에서 R1의 값만큼씩 반복하여 빼는 것으로 처리하였다. 뺀 회수가 나눈 몫이 된다. 여기서도 R0와 R1의 값은 양수라고 가정하였다. 음수일 경우까지 포함하여 처리하려면 약간의 보완이 필요하다.

[프로그램 6.6] 정수 나누기 함수 DIV

```
DIV:                    ; R0의 값에서 R1을 나눈 몫을 R0에 저장한 후 반환
      COPY R2, 0        ; R2를 회수 기록용으로 사용
_L4:  ADD R2, R2, 1     ; 일단 회수를 1만큼 증가시켜 놓고
      SUB R0, R0, R1    ; R1 값을 빼 봐서
      BR zp, _L4        ; 성공했으면 다시 반복
      SUB R0, R2, 1     ; 반환 값(R0)은 마지막 증가분을 취소한 값
      RET
```

참고 앞의 함수 MUL과 DIV는 지나치게 비효율적이다. 이들을 보다 효율적인 알고리즘으로 개선할 구체적인 알고리즘은 이 책의 범위를 벗어나므로 생략한다.

이제 함수 MUL과 DIV를 활용하여 일반적인 산술 연산식을 처리해 보자. 프로그램 6.7은 C 언어의 문장 "z = x * (y+2) / 10;"을 어셈블리 언어로 변환한 예이다. 함수 MUL을 호출하기 위해서 먼저 x의 값을 메모리에서 읽어 와서 R0에 저장하고, y의 값을 읽어 와서 R1에 저장하고 2를 더해 놓는다. 이제 이 둘의 곱을 구하기 위해서 함수 MUL을 호출한다. MUL을 실행한 후에 복귀하면 R0에는 곱한 결과 값이 들어있다. R1에 10을 저장한 후에 다시 함수 DIV를 호출한다. DIV을 실행한 후에 복귀하면 R0에는 나눈 몫이 들어있으므로 이 값을 z의 메모리 영역에 기록하면 처리가 완료된다.

[프로그램 6.7] 일반적인 산술 연산식의 변환 예

```
; C 언어 "z = x * (y+2) / 10  ;"을 위한 프로그램
    LOAD R0, x                ; x 값을 첫 번째 인수로 사용
    LOAD R1, y                ; y 값을 읽어 와서
    ADD R1, R1, 2             ; 2를 더해서 두 번째 인수로 사용
    LINK
    BR nzp, MUL               ; 곱하기 실행, 곱한 결과는 R0에 저장
    COPY R1, 10               ; 10을 두 번째 인수로 사용
    LINK
    BR nzp, DIV               ; 나누기 실행, 나눈 결과는 R0에 저장
    STORE R0, z               ; 결과를 z에 저장
```

6.5 스택 동작의 어셈블리 언어 표현

[스택 포인터] 스택(stack)은 후입선출 (LIFO: Last In First Out) 방식으로 데이터를 저장했다가 다시 읽어오는 용도로 사용된다. 기본적인 동작은 스택 상단에 추가하여 기록하는 푸시(PUSH)와, 반대로 스택 상단에서 꺼내서 읽어오는 팝(POP) 으로 이루어진다. 스택 동작을 위해서는 스택의 상단 주소를 가지고 있는 **스택 포인터**(SP: Stack Pointer) 레지스터가 필요하다. 스택은 메모리의 일정 부

분을 확보하여 사용하는데, 메모리의 높은 주소로부터 시작하여 낮은 주소 방향으로 쌓는 방법과 반대로 낮은 주소로부터 시작하여 높은 주소 방향으로 쌓는 방법이 있다. 일반적으로 전자의 방법을 사용하며, 여기서도 전자의 방법을 적용하는 것으로 가정하였다.

[PUSH와 POP] 스택은 메모리의 높은 주소에서 시작하여 낮은 주소 방향으로 쌓는 것을 가정한다. 스택포인터는 PUSH 동작으로 저장한 값들이 있는 메모리의 최상단(가장 낮은) 주소를 가지고 있도록 한다. 스택의 PUSH 동작은 스택 상단에 새로운 항목을 추가하여 기록하는 것인데, 낮은 주소 방향으로 쌓는 방법을 적용하므로 먼저 스택포인터를 1만큼 감소한 후에 이것이 가리키는 주소의 메모리에 원하는 내용을 기록하는 것이다. 반대로 스택의 POP 동작은 스택 상단에서 한 항목을 읽어내는 것으로서, 스택 포인터가 가리키는 곳의 메모리 내용을 읽어내서 원하는 곳에 복사한 후에 스택 포인터 값을 1만큼 증가시키면 된다.

하나의 프로그램이 실행되는 과정에서 사용되는 메모리는 명령어들의 기계어가 들어 있는 코드 영역, 전역변수들을 위해 사용하는 데이터 영역, 그리고 스택 메모리를 위한 스택 영역으로 구성된다. 그림 6.3의 예에서는 프로그램이 0x2000번지부터 적재된 것으로서 0x3000 번지까지 코드와 데이터 영역으로 사용되고 있고, 이후에 0x4099번지까지를 스택 메모리로 사용하고 있는 상태를 보여준다. 현재 77과 88이 스택에 PUSH 동작으로 기록되어 있다.

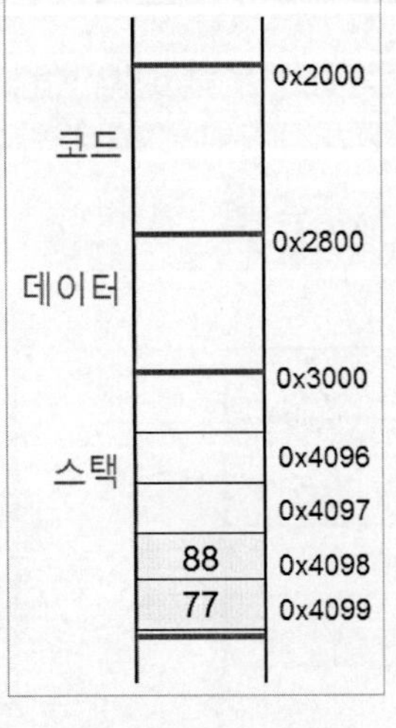

그림 6.3 스택 메모리

그림 6.4는 전체 메모리 중에서 스택 부분만 보여준다. 현재의 스택상태는 스택 메모리의 바닥인 0x4099번지에는 77이 기록되어 있고, 그 위(0x4098번지)에는 88이 기록되어 있다. 현재 스택 메모리의 상단 주소는 0x4098 번지이므로 스택 포인터(SP)의 값은 0x4098이다. 그 위인 0x4097번지나 0x4096번지에도 어떤 값이 기록되어 있겠지만 의미가 없는 값이다.

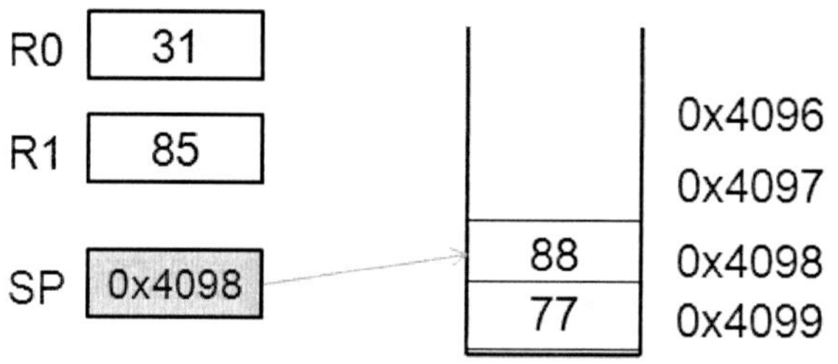

그림 6.4 현재의 스택 상태

그림 6.5부터 6.7까지는 스택 처리과정의 예를 보여준다. 현재의 스택 상태에서 'PUSH R0'를 실행하면 R0의 값을 복사하여 스택 상단에 쌓는 것으로서, 먼저 SP의 값을 1만큼 줄인 후에 그 주소에 R0의 값을 기록하면 된다. 따라서 메모리의 0x4097번지에 R0의 값에 해당하는 31이 기록된다. 같은 방법으로 'PUSH R1'을 실행하면 메모리의 0x4096번지에 R1의 값인 85가 기록된다. 이 상태에서 'POP R0'을 실행하면 SP에 저장된 주소인(스택 상단인) 0x4096번지의 메모리 내용을 읽어서 R0 레지스터에 저장한 후에, SP 값을 1만큼 증가시켜서 스택 상단이 바로 다음 항목(여기서는 0x4097번지의 내용)을 가리키게 된다. POP 동작 실행 후에도 스택 상단의 메모리 내용은 그대로 남아있지만 새로운 값을 PUSH 하는 시점에 내용이 새로운 값으로 변경될 것이다.

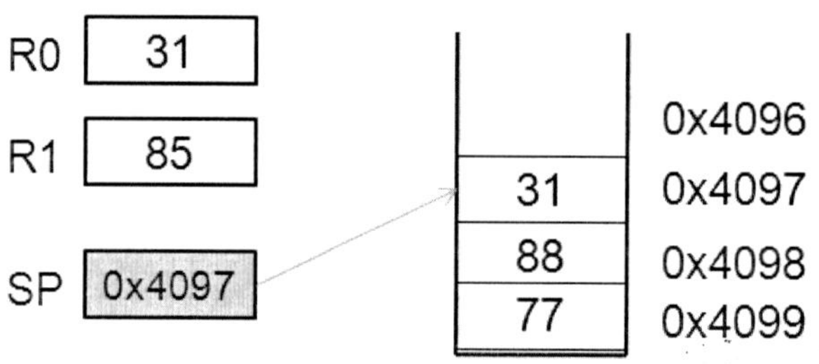

그림 6.5 'PUSH R0' 실행 후의 상태

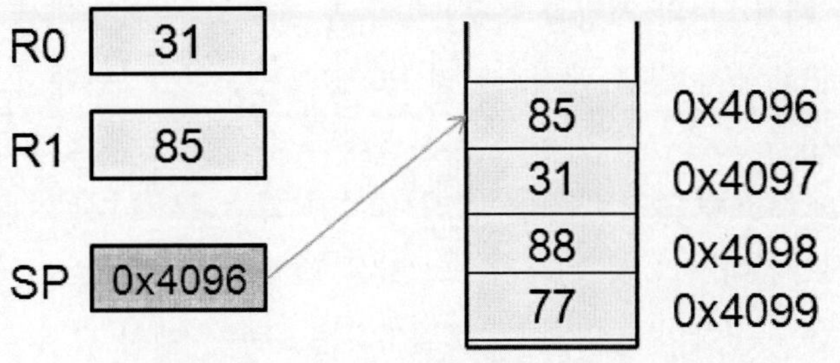

그림 6.6 'PUSH R1' 실행 후의 상태

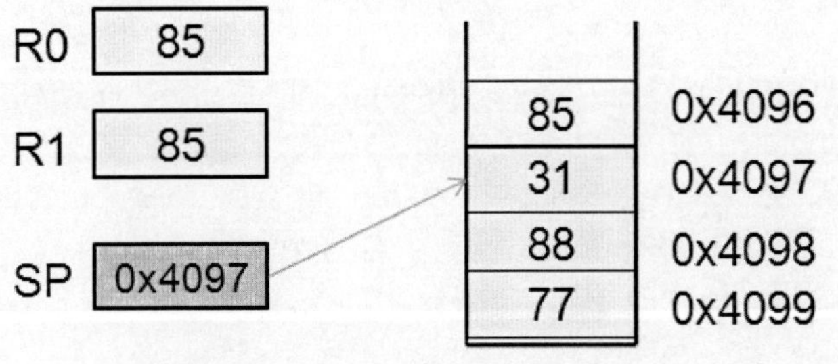

그림 6.7 'POP R0' 실행 후의 상태

[TOY의 PUSH와 POP] TOY 프로세서는 PUSH와 POP을 위한 별도의 명령어는 없지만 프로그램 6.8과 같이 스택의 PUSH와 POP 절차를 SUB/STR과 LDR/ADD 명령어의 조합으로 표현이 가능하다. 여기서는 R5 레지스터를 스택 포인터로 사용하는 것으로 가정한다.

[프로그램 6.8] TOY 프로세서의 스택 PUSH와 POP

```
; 스택 포인터는 R5를 사용
; 'PUSH Rs' 동작
  SUB R5, R5, 1            ; 스택 포인터 값을 1만큼 감소
  STR Rs, R5, 0            ; 스택 상단에 Rs의 값 저장

; 'POP Rd' 동작
  LDR Rd, R5, 0            ; 스택 상단에서 읽어서 Rd에 기록
  ADD R5, R5, 1            ; 스택 포인터 값을 1만큼 증가
```

[링크 레지스터의 저장과 복구] 함수를 호출하는 과정에서 복귀할 주소는 LINK 명령에 의해서 링크 레지스터인 R6에 보관된다. 그런데 호출된 함수에서 또 다른 함수를 호출한다면 링크 레지스터의 값은 새로운 값으로 변경되므로 원래의 복귀할 주소를 잃어버린다. 따라서 어떤 함수에서 다시 다른 함수를 호출할 때에는 반드시 이전의 링크 레지스터 값을 적절한 방법으로 저장해 두었다가 다시 원래 값을 복구해야 한다. 프로그램 6.9는 함수 f1에서 다시 다른 함수 f2를 호출하는 프로그램에서 R6 레지스터 값을 임시로 저장하기 위해서 스택을 활용하여 함수의 시작 부분에서 PUSH로 스택에 기록했다가, 함수의 끝 부분에서 POP으로 스택으로부터 복구하는 방식을 보여주고 있다.

[프로그램 6.9] 스택을 이용한 링크 레지스터의 저장과 복구

```
f1:
    SUB R5, R5, 1          ; PUSH R6
    STR R6, R5, 0          ;
    ...
    LINK
    BR nzp, f2
    ...
    LDR R6, R5, 0          ; POP R6
    ADD R5, R5, 1          ;
    RET

f2:
    ...
    RET
```

6.6 스택을 이용한 함수의 인수 전달

특정 컴파일러마다 함수의 인수와 반환 값을 전달할 때 각각 고유한 방식을 사용한다. 반환 값의 전달은 레지스터를 이용하는 것이 일반적이다. 그러나 함수의 인수는 프로그램 6.4와 같이 레지스터를 활용하기도 하지만, 스택을 이용하여 인

수를 전달하도록 처리하는 컴파일러가 일반적이다. 레지스터를 이용하면 실행 속도가 빠른 장점이 있지만, 레지스터의 개수가 한정되어 있으므로 전달할 인수의 개수에 제한이 있다. 스택을 이용하면 인수의 개수에 대한 제한이 없어진다.

스택을 이용하여 함수의 인수를 전달하는 방식을 사용한다면 프로그램 6.4는 프로그램 6.10과 같이 변경하면 된다. 전달할 인수들을 스택에 쌓은 후에 해당 함수로 이동을 한다. 함수에서 복귀하고 난 뒤에는 스택 포인터 값을 스택에 쌓는 과정에서 감소한 만큼을 복구해 주어야(두 번 PUSH 했으므로 2만큼 더해주어야) 함수를 호출하기 이전 상태의 스택 포인터 값으로 복구된다. 인수들을 스택에 쌓는 순서는 제일 마지막 인수부터 역순으로 쌓는 것이 일반적인 방식이므로 여기서도 이 방식을 적용하였다. 함수 내에서는 스택 포인터를 이용하여 전달된 인수들을 복사해 낼 수 있다. 가장 마지막에 PUSH한 인수는 'LDR R0, R5, 0'으로 R0에 복사해 내고, 먼저 PUSH한 인수는 R5+1의 주소에 있으므로 'LDR R1, R5, 1'로 R1에 복사해 내도록 하였다.

[프로그램 6.10] 스택을 이용한 함수의 인수 전달

```
main:
    ...
    COPY R0, 3              ; 두 번째 인수
    SUB R5, R5, 1           ; 'PUSH R0'(두 번째 인수 PUSH)
    STR R0, R5, 0

    LOAD R0, x              ; 첫 번째 인수
    SUB R5, R5, 1           ; 'PUSH R0' (첫 번째 인수 PUSH)
    STR R0, R5, 0

    LINK
    BR nzp, min             ; 함수 min 호출
    ADD R5, R5, 2           ; 2번의 PUSH에서 감소한 만큼 복구
    STORE R0, val           ; 반환 값을 변수 val에 기록
    ...
min:                        ; 함수 min
    LDR R0, R5, 0           ; 첫 번째 인수 가져오기
    LDR R1, R5, 1           ; 두 번째 인수 가져오기
    CMP R0, R1              ; 두 인수의 비교
```

```
    BR pz, _L0          ; R0가 크거나 같으면 이동
    RET                 ; R0 값을 그대로 반환
_L0:
    COPY R0, R1         ; R0에 두 번째 인수를 복사하여
    RET                 ; R0 값을 반환

val: .BLOCK 1           ; 변수 val의 메모리 영역
x:   .BLOCK 1           ; 변수 x의 메모리 영역
```

6.7 C 언어 함수에서 지역변수의 처리

C 언어에서 함수의 지역변수는 이 함수가 실행되고 있는 기간 동안만 임시로 메모리 공간을 확보하고(일반적으로 스택 영역에 확보한다), 함수에서 복귀하면 해당 변수의 영역은 없어진다. 2개의 지역 변수를 갖는 함수인 프로그램 6.11은 인수로 받은 2개의 수를 곱한 결과를 반환하는 함수이고, 반복적으로 더하는 알고리즘을 적용하였다.

[프로그램 6.11] 지역변수를 갖는 함수 예

```
int mult(int a, int b)
{       int x, sum;

        sum = 0;
        x = b;
        while (x > 0) {
               sum = sum + a;
               x = x - 1;
        }
        return sum;
}
```

[스택 프레임] 컴파일러마다 함수에서 전달받은 인수와 지역 변수를 위한 메모리 영역을 할당하는 방식들이 서로 다른데, 일반적으로 함수 호출 시에 해당 함수를

위한 메모리 프레임을 스택 상단에 할당하는 방법을 많이 사용한다(여기서 인수는 스택을 통하여 전달하는 것으로 가정한다). 함수별 **스택 프레임**(stack frame)은 함수가 실행되는 동안에 이 함수의 인수 및 지역 변수를 위해서 스택에 할당한 메모리 영역을 말한다.

[프레임 포인터] 프레임 포인터(FP: Frame Pointer)는 현재 실행 중인 함수의 스택 프레임의 기준이 되는 주소를 저장하고 있는 레지스터를 지칭 한다. 스택포인터의 값은 수시로 PUSH나 POP 동작에 의해서 변할 수 있으므로, 프레임 포인터를 두어서 특정 함수를 실행하는 동안 변하지 않는 고정된 값을 유지하도록 한다. 여기서는 프레임 포인터보다 높은 주소(스택의 아래쪽) 부분은 전달받은 인수들의 영역이고, 프레임 포인터보다 낮은 주소(스택의 위쪽) 부분은 함수에서 사용하는 지역 변수들을 위한 영역이 되도록 할 것이다.

그림 6.8은 프로그램 6.11의 mult 함수를 실행하는 동안에 적용되는 스택 메모리 프레임을 보여준다. FP를 기준으로 현재 위치에는 이전 스택 프레임의 FP 값을 보관하고, 그 바로 아래에는 LR 값을 보관한다. 프로그램 6.9에서 보았듯이 mult를 호출하기 전의 함수에서 사용하던 LR 값을 스택에 저장해 두었다가 mult에서 복귀할 때 이 값을 스택에서 복구해야 하고, FP 값 역시 동일한 이유로 스택에 저장했다가 복구해야 한다.

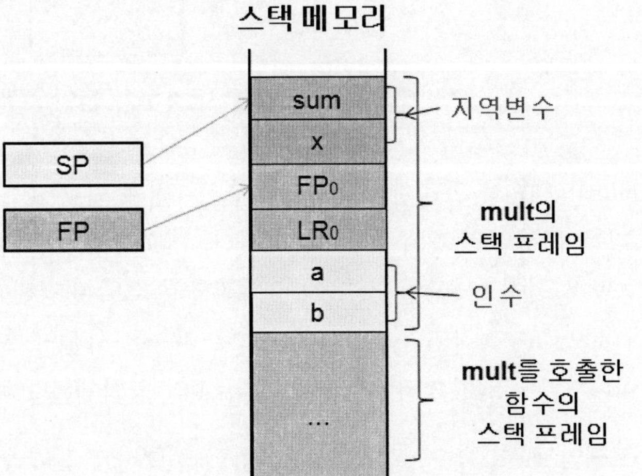

그림 6.8 함수 mult의 스택 프레임

그 아래쪽은 전달받은 인수 a와 b를 위한 메모리 영역이고, FP 위쪽은 지역 변수인 x와 sum을 위한 메모리 영역이다. 함수 mult의 스택 프레임보다 더 아래쪽은 mult를 호출하기 전 함수의 스택 프레임이다. 만약 함수 mult에서 다시 다른 함수를 호출한다면 현재의 스택 상단에 그 함수를 위한 스택 프레임을 형성하도록 할 것이다. 함수 mult에서 복귀하여 원래의 함수 위치로 되돌아가면 mult의 스택 프레임 부분은 취소된다. 이렇게 취소된 영역은 이전 함수에서 다시 다른 함수를 호출할 때 새로운 스택 프레임을 위한 영역으로 재사용된다.

먼저 그림 6.9는 함수 mult를 호출하기 전의 스택을 가정한 것이다. 현재의 스택 상단은 0x4099번지로 가정하였다. 프레임 포인터는 R4, 스택 포인터는 R5, 링크 레지스터는 R6인 것으로 가정하였다.

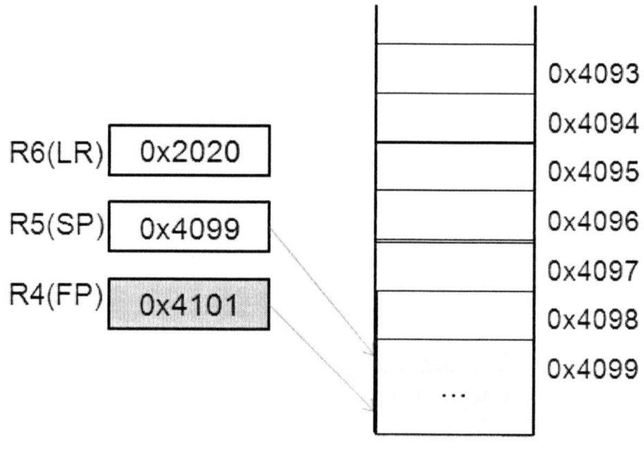

그림 6.9 함수 mult를 호출하기 전의 스택

이제 mult(8, 10)을 호출했다고 가정하면 두 번째 인수 10을 먼저 스택에 PUSH하고, 다음에 첫 번째 인수 8을 PUSH한다. LINK를 실행하고 BR 명령어로 mult로 이동할 시점에 LR 값은 mult에서 복귀할 주소로 변경된다. 여기서는 0x2030번지인 것으로 가정하였다. 따라서 mult로 이동한 시점의 스택은 그림 6.10과 같을 것이다. 인수 a의 영역에는 8이, 인수 b의 영역에는 10이 기록되어 있다.

[스택 프레임 조정] 함수에서는 함수 내용을 실행하기 전에 먼저 프레임 포인터를 이동시켜서 지역변수의 영역을 확보한다. 구체적인 예를 통해서 알아보자. 프로그램 6.12는 mult의 시작부분에서 프레임 포인터와 스택 포인터를 조정하는 부

분을 보여준다. 그림 6.10에서와 같이 mult로 실행 위치를 이동한 직후의 FP 값은 mult를 호출하기 전의 함수 부분에서 사용하던 값이다. 이제 mult를 실행하는 시점에 LR과 FP 값을 새로운 값으로 변경하기 전에 현재 값을 스택에 차례대로 PUSH 하여 저장해 둔다. 다음에 현재의 SP 값을 FP에 복사하여 FP 주소의 아래쪽(메모리의 높은 주소 쪽, 스택의 바닥 쪽)은 인수들의 위치가 되도록 한다. 이제 지역 변수들의 메모리 공간을 확보하기 위해서 SP의 값을 지역 변수 x와 sum을 위한 크기인 2만큼을 줄여준다. 그 결과는 그림 6.11과 같이 되는데, 이것이 곧 앞에서 제시한 그림 6.8에 해당한다.

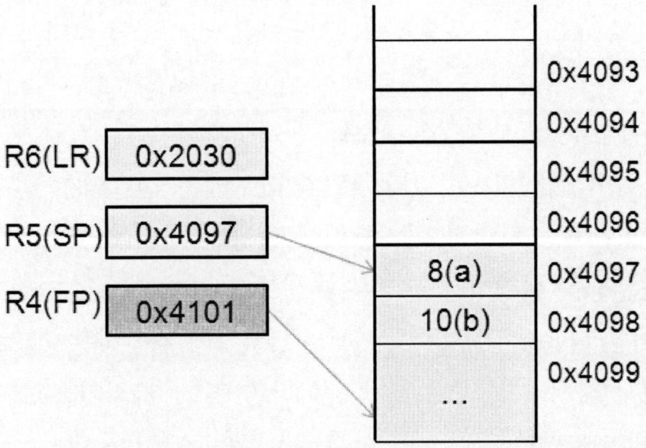

그림 6.10 mult(8, 10)를 호출한 직후의 스택

[프로그램 6.12] 함수 시작 부분의 스택 프레임 조정

```
   ; int mult(int a, int b)
   ; {
mult:
       SUB R5, R5, 2
       STR R6, R5, 1          ; 현재의 LR 값 PUSH
       STR R4, R5, 0          ; 현재의 FP 값 PUSH
       COPY R4, R5            ; SP 값을 FP에 복사

   ;   int x, sum;
       SUB R5, R5, 2          ; x와 sum을 위한 스택 공간 확보

       ...
```

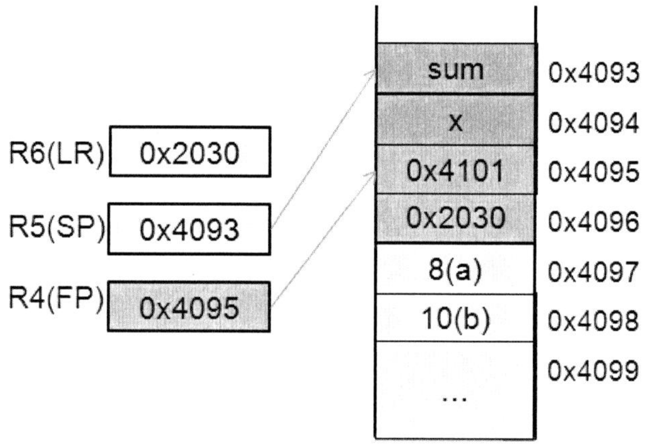

그림 6.11 지역변수 영역 할당 후의 스택

이 상태에서 mult 부분의 프로그램에서 인수들과 지역 변수들을 사용하려면 표 6.2와 같이 접근할 수 있다. FP의 하부에는 전달받은 인수들이 저장되어 있고, FP의 상부에는 지역변수들을 위해 할당된 영역이 있다. 예를 들어 C 언어의 "x = b;" 문장을 실행하는 부분은 어셈블리 언어로는 "LDR R0, R4, 3"으로 b의 값을 읽어온 다음에 "STR R0, R4, -1"로 x에 저장하는 것으로 처리할 수 있다. 이 상태에서 다시 다른 함수를 호출한다면 SP가 가리키는 스택의 상단에 필요한 인수들을 PUSH한 후에 해당 함수로 이동할 것이다.

▌표 6.2▐ 함수 mult에서 인수 및 지역변수의 접근

인수 및 지역변수	메모리상의 주소	R0에 값 읽어오기
a	R4 + 2	LDR R0, R4, 2
b	R4 + 3	LDR R0, R4, 3
x	R4 - 1	LDR R0, R4, -1
sum	R4 - 2	LDR R0, R4, -2

[스택 프레임 복구] 함수 mult의 실행을 완료하고 복귀할 때에는 LR, FP 및 SP의 값을 원래의 값으로 복구해 주어야 한다. 이들의 복구는 프로그램 6.13과 같이 함수 시작 부분의 조정 절차의 역순으로 이루어진다.

[프로그램 6.13] 함수 끝 부분의 스택 프레임 복구

```
  ; int mult(int a, int b)
  ; {
mult:
      ...

  ; }
      COPY R5, R4              ; SP 값 복구
      LDR R6, R5, 1            ; LR 값 복구
      LDR R4, R5, 0            ; FP 값 복구
      ADD R5, R5, 2
      RET
```

먼저 이들을 복구하기 직전의 상태는 그림 6.12와 같을 것이다. 변수 x 와 sum은 적절한 값이 기록되어 있을 것이고, LR은 다른 함수를 호출하거나 하는 과정에서 값이 변경되어 있을 수 있다.

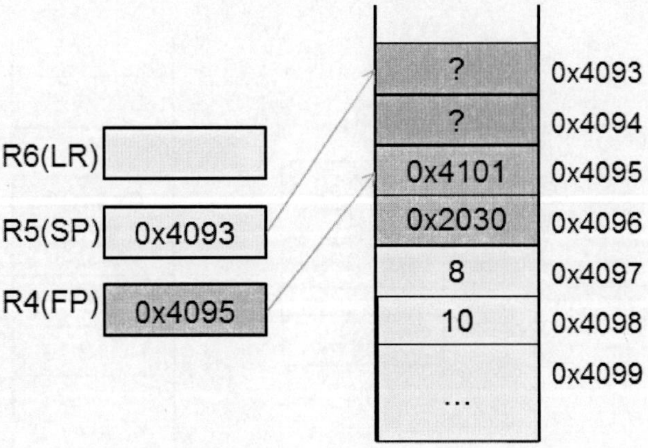

그림 6.12 LR, SP 및 FP 복구 직전

이들을 복구하기 위해서 현재의 FP 값을 SP에 복사하여 SP 값을 복구한 다음, FP와 LR은 스택에서 POP으로 원래의 값을 복구하면 그림 6.13과 같이 변경된다. 이것은 곧 원래의 그림 6.10과 동일한 상태로 복구된 것이다.

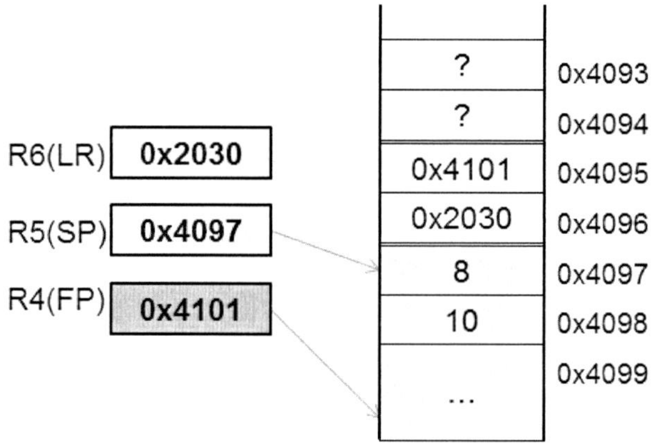

그림 6.13 LR, SP 및 FP 복구 후

이 상태에서 RET 명령어를 실행하면 mult를 호출한 위치로(LR에 저장된 0x2030번지로) 복귀된다. 복귀한 부분에서는 SP를 2만큼 증가시켜서(mult를 호출하는 과정에서 인수 2개를 PUSH 하면서 SP가 2만큼 감소한 것을 조정해주기 위해서) 그림 6.14와 같이 스택은 mult를 호출하기 전의 상태로 완전히 복구한다. 이것은 곧 원래의 그림 6.9와 동일한 상태로 복구된 것이다.

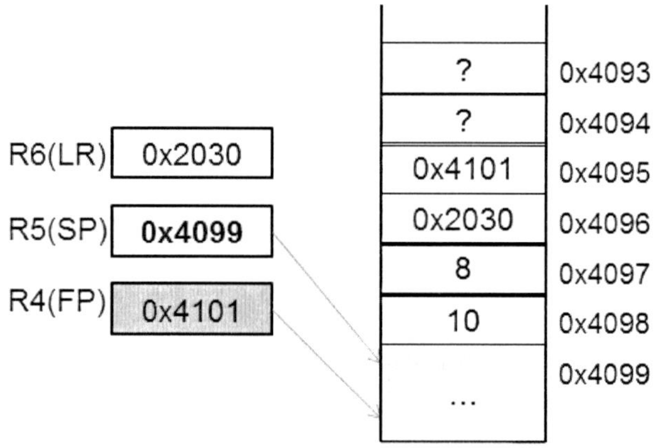

그림 6.14 mult 호출전의 상태로 스택 복구 후

TOY C 컴파일러로 프로그램 6.11을 컴파일하면 프로그램 6.14와 같은 어셈블리 언어 프로그램 출력을 얻는다. 설명을 위해서 주석 부분을 임의로 추가하였다. 일반적인 C 컴파일러들도 대체로 이러한 방식으로 어셈블리 언어 프로그램을 생성한다.

[프로그램 6.14] TOY C 컴파일러의 프로그램 6.11 부분 컴파일

```
  ; int mult(int a, int b)
  ; {
mult:
       SUB R5, R5, 2
       STR R6, R5, 1            ; 현재의 LR 값 PUSH
       STR R4, R5, 0            ; 현재의 FP 값 PUSH
       COPY R4, R5              ; SP 값을 FP에 복사

  ;    int x, sum;
       SUB R5, R5, 2            ; 지역변수 x와 sum을 위한 스택 공간

  ;    sum = 0; x = b;
       COPY R0, 0
       STR R0, R4, -2           ; 지역변수 sum에 쓰기
       LDR R0, R4, 3            ; 지역변수 b 읽기
       STR R0, R4, -1           ; 지역변수 x에 쓰기

  ;    while (x > 0) {
_L3:
       LDR R0, R4, -1           ; 지역변수 x 읽기
       COPY R1, 0
       CMP R0, R1
       BR nz, _L4

  ;    sum = sum + a;
       LDR R0, R4, -2           ; 지역변수 sum 읽기
       LDR R1, R4, 2            ; 인수 a읽기
       ADD R0, R0, R1
       STR R0, R4, -2           ; 지역변수 sum에 쓰기

  ;                             x = x - 1;
       LDR R0, R4, -1           ; 지역변수 x에 읽기
       SUB R0, R0, 1
       STR R0, R4, -1           ; 지역변수 x에 쓰기
  ;    }
       BR nzp, _L3
_L4:
```

```
  ;    return sum;
       LDR R0, R4, -2            ; 지역변수 sum 읽기(함수의 반환 값)

  ; }
_L2:   COPY R5, R4               ; SP 값 복구
       LDR R4, R5, 0             ; FP 값 복구
       LDR R6, R5, 1             ; LR 값 복구
       ADD R5, R5, 2
       RET
```

6.8 TOY C 컴파일러

[TOY C 컴파일러] TOY C 컴파일러 toycc에는 다음과 같은 규칙을 적용하였다. C 언어 프로그램을 컴파일하여 출력하는 어셈블리 언어 프로그램에는 이러한 규칙이 반영되도록 한다.

- 함수의 인수는 스택을 통해서 전달하며, 역순으로 인수들을 스택에 PUSH한다. 즉, 마지막 인수를 먼저 스택에 PUSH하고, 첫 인수는 가장 마지막에 스택에 PUSH한다.
- 반환 값은 R0 레지스터를 활용한다.
- 스택 포인터로는 R5를, 프레임 포인터로는 R4를 사용한다.
- 지역 변수는 스택 상단에 할당한다.
- 함수 시작 부분에서 링크 레지스터를 PUSH한다. 함수의 끝 부분에서 링크레지스터를 POP한다.

[TOY C 컴파일러 실행] TOY C 컴파일러인 toycc로 특정 C 언어 프로그램(예를 들어 test.c)을 컴파일하기 위해서는 그림 6.15(a)와 같이 명령 창에서 "toycc test"을 입력하거나, (b)와 같이 프로그램 파일을 지정하지 않고 그냥 실행한 후에 파일 이름을 입력할 수 있다. 이때 파일 이름은 끝의 ".c" 부분은 빼고 입력한다.

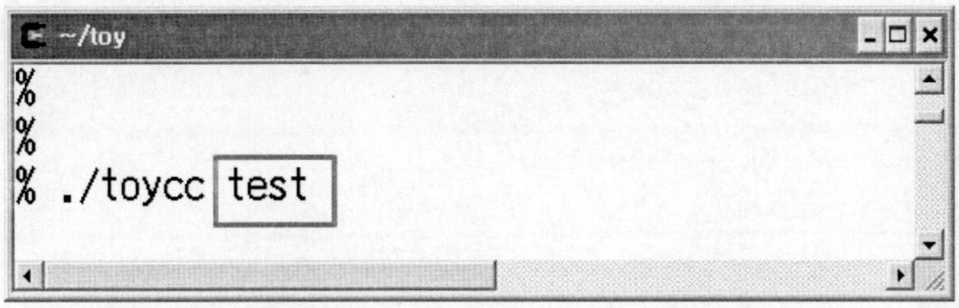

(a) 명령 창에서 직접 파일 이름 입력

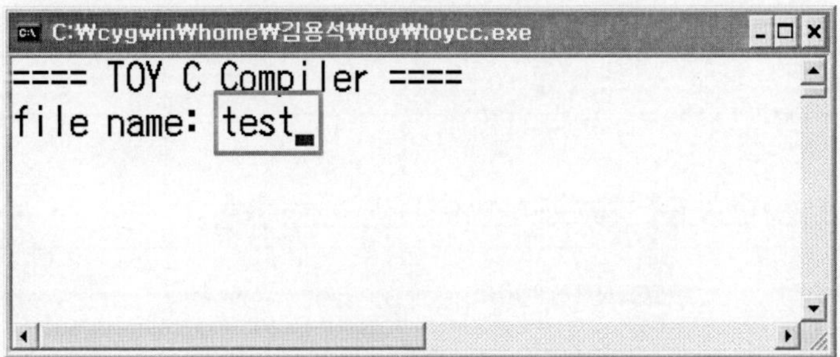

(b) toycc의 실행 화면에서 파일 이름 입력

그림 6.15 toycc 실행 방법

프로그램 6.15는 프로그램 3.9에서 제시하였던 369 프로그램을 C 언어 버전으로 작성한 것이고, 이것을 toycc로 컴파일한 출력이 프로그램 6.16이다. 여기서는 main 함수의 내용 부분만 집중하고, 시작 부분의 startup 코드와 여기서 사용한 setecho, getchar, 및 putchar 함수에 대한 설명은 7.4절에서 다룬다. 우선 간단하게 설명하면 getchar()은 키보드에서 문자를 하나 입력받는 함수이고, putchar(ch)은 변수 ch에 있는 문자를 화면에 출력하며, 시작부분의 setecho(0)은 키보드 입력을 받을 때 자동으로 화면에 에코하는 것을 막도록 설정한 것이다.

[프로그램 6.15] 369 프로그램의 C 언어 버전(c369.c)

```
char ch;
main()
{
    setecho(0);                 // 키보드 입력시 에코가 없게 설정
    while (1) {
        ch = getchar();         // 키보드에서 문자 읽기
```

```
        if (ch == '3')
            ch = '*';
        else if (ch == '6')
            ch = '*';
        else if (ch == '9')
            ch = '*';
        putchar(ch);        // 화면에 문자 출력
    }
}
```

[프로그램 6.16] toycc로 컴파일 한 결과(c369.s)

```
        .ORIGIN 0x2000
_CODE:
; program startup code
        LEA R5, _END
        ADD R5, R5, 1024
        LINK
        BR nzp, main
        SWI 255

; char ch;
; main()
; {
main:
        ; 링크 레지스터와 프레임 포인터 저장
        SUB R5, R5, 2
        STR R6, R5, 1
        STR R4, R5, 0
        COPY R4, R5     ; 프레임 포인터를 현재 스택 상단으로 변경

;       setecho(0);
        COPY R0, 0
        SUB R5, R5, 1
        STR R0, R5, 0
```

```
        LINK
        BR nzp, setecho
        ADD R5, R5, 1

;       while (1) {
_L2:
        COPY R0, 1
        CMP R0, 0
        BR z, _L3
;       ch = getchar();
        LINK
        BR nzp, getchar
        STORE R0, ch
;       if (ch == '3')
        LOAD R0, ch
        COPY R1, 51
        CMP R0, R1
        BR np, _L4
;           ch = '*';
        COPY R0, 42
        STORE R0, ch
;         else if (ch == '6')
        BR nzp, _L5
_L4:
        LOAD R0, ch
        COPY R1, 54
        CMP R0, R1
        BR np, _L6
;           ch = '*';
        COPY R0, 42
        STORE R0, ch
;         else if (ch == '9')
        BR nzp, _L7
_L6:
        LOAD R0, ch
```

```
        COPY R1, 57
        CMP R0, R1
        BR np, _L8
;            ch = '*';
        COPY R0, 42
        STORE R0, ch
;         putchar(ch);
_L8:
_L7:
_L5:
        LOAD R0, ch
        SUB R5, R5, 1
        STR R0, R5, 0
        LINK
        BR nzp, putchar
        ADD R5, R5, 1
;     }
        BR nzp, _L2
_L3:
; }
        ; 링크 레지스터와 프레임 포인터 복구
_L1:    COPY R5, R4
        LDR R4, R5, 0
        LDR R6, R5, 1
        ADD R5, R5, 2
        RET

; 라이브러리 함수들
        ...   ; 7장 참조

_DATA:

ch: .BLOCK 1            ; 전역변수 ch를 위한 메모리 영역

_END:
```

6.9 재귀함수에서 인수와 지역변수

재귀함수의 예를 통하여 인수와 지역변수들을 위한 메모리가 스택 영역에 어떻게 할당되고 삭제되는지를 알아보자. 대표적인 재귀함수로서 피보나치 수를 결정하는 함수인데 n번째의 수는 n-1번째 수와 n-2번째 수를 계산하여 더한 결과이다. 프로그램 6.17에서는 전역변수, 인수 및 지역변수의 차이를 보여주기 위해서 의도적으로 이들을 적절히 포함시켰다.

[프로그램 6.17] 재귀함수 fib의 실행(fib.c)

```
int g;                          // g: 전역변수
int main()
{
    int f;                      // f: 지역변수
    f = fib(3);
    g = f;
}

int fib(int n)                  // n: 인수
{
   int a, b;                    // a, b: 지역변수
   g = n;
   if (n <= 1)
         return n;

   a = fib(n-1);
   b = fib(n-2);

   return a+b;
}
```

[프로그램 6.18] 프로그램 6.17의 컴파일 결과(fib.s)

```
        .ORIGIN 0x2000
_CODE:
  ; program startup code
        LEA R5, _END
        ADD R5, R5, 1024
        LINK
        BR nzp, main
        SWI 255
    ; int g;

  ; int main()
  ; {
main:
        ; 링크 레지스터와 프레임 포인터 저장
        SUB R5, R5, 2
        STR R6, R5, 1
        STR R4, R5, 0
        COPY R4, R5                  ; 프레임 포인터를 현재 스택 상단으로 변경

  ;     int f;
        SUB R5, R5, 1                ; 지역변수 f를 위한 스택 영역확보

  ;  f = fib(3);
        COPY R0, 3
        SUB R5, R5, 1
        STR R0, R5, 0
        LINK
        BR nzp, fib
        ADD R5, R5, 1
        STR R0, R4, -1                         ; 지역변수 f에 쓰기

  ;  g = f;      LDR R0, R4, -1                ; 지역변수 f 읽기
        STORE R0, g                            ; 전역변수 g에 쓰기
```

```
  ; }
        ; 링크 레지스터와 프레임 포인터 복구
_L1:    COPY R5, R4
        LDR R4, R5, 0
        LDR R6, R5, 1
        ADD R5, R5, 2
        RET

  ; int fib(int n)
  ; {
fib:
        ; 링크 레지스터와 프레임 포인터 저장
        SUB R5, R5, 2
        STR R6, R5, 1
        STR R4, R5, 0
        COPY R4, R5                 ; 프레임 포인터를 현재 스택 상단으로 변경

  ;     int a, b;
        SUB R5, R5, 2               ; 지역변수 a와 b를 위한 스택 영역확보

  ;     g = n;
        LDR R0, R4, 2               ; 인수 n 읽기
        STORE R0, g                 ; 전역변수 g에 쓰기

  ;     if (n <= 1)
        LDR R0, R4, 2   ; 인수 n 읽기
        COPY R1, 1
        CMP R0, R1
        BR p, _L3
  ;     return n;
        LDR R0, R4, 2   ; 인수 n을 읽기 (함수의 반환 값)
        BR nzp, _L2
  ;  a = fib(n-1);
```

```
_L3:
        LDR R0, R4, 2   ; 인수 n 읽기
        SUB R0, R0, 1
        SUB R5, R5, 1
        STR R0, R5, 0
        LINK
        BR nzp, fib
        ADD R5, R5, 1
        STR R0, R4, -1  ; 지역변수 a에 쓰기

  ;  b = fib(n-2);
        LDR R0, R4, 2   ; 인수 n 읽기
        SUB R0, R0, 2
        SUB R5, R5, 1
        STR R0, R5, 0
        LINK
        BR nzp, fib
        ADD R5, R5, 1
        STR R0, R4, -2  ; 지역변수 b에 쓰기

  ;     return a+b;
        LDR R0, R4, -1
        LDR R1, R4, -2
        ADD R0, R0, R1  ; 함수의 반환 값

  ; }
        ; 링크 레지스터와 프레임 포인터 복구
_L2:    COPY R5, R4
        LDR R4, R5, 0
        LDR R6, R5, 1
        ADD R5, R5, 2
        RET
_DATA:
g: .BLOCK 1     ; 전역변수 g를 위한 메모리 영역
_END:
```

그림 6.16은 이 프로그램이 실행되면서 인수와 지역변수들을 위해서 스택 메모리가 어떻게 사용되는 지를 단계별로 보여주고 있다. 다음의 설명에서 함수의 실행을 위해서 인수와 지역변수를 위한 메모리를 스택에 추가한다는 의미는 스택 포인터를 필요한 만큼 줄여서(스택에 PUSH 처리한 효과) 상단에 확보된 영역을 사용한다는 것이다. 반대로 추가된 메모리를 스택에서 삭제한다는 의미는 스택 포인터를 이 부분만큼 증가 시켜서(스택에서 POP 처리한 효과) 이 부분은 더 이상 사용하지 않게 된다는 것이다. 나중에 함수들을 다시 호출하게 되면 이 스택 영역이 재사용된다.

먼저 (1)에서 전역변수 g는 프로그램의 실행을 시작할 때부터 고유한 메모리 영역을 확보하고 있으며 값은 정의되지 않은 상태인데, 임의의 값이 들어 있을 것이다. 스택에는 아직 아무것도 할당되지 않은 상태이다. 이 상태에서 main()이 호출되면 이를 위한 지역변수 f를 위한 영역이 스택에 추가되어 (2)와 같이 되고, 여기서 fib(3)을 호출하면 이를 위한 인수 n과 지역변수 a와 b를 위한 영역이 스택에 추가되고 n은 3으로 기록되어 있어서 (3)과 같이 된다. 여기서 다시 fib(2)가 호출되면 이를 위한 n, a 및 b를 위한 영역이 스택에 추가되는 데 n은 2로 기록되어 있어서 (4)와 같이 된다.

여기서 유념해야 할 사항은 fib(3)을 실행할 때의 n, a 및 b는 fib(2)를 실행할 때의 n, a 및 b와는 전혀 다른 것이라는 점이다. fib(1)을 실행할 때도 역시 또 다른 인수 및 변수들이 할당된다. 전역변수 g는 처음부터 끝까지 독립된 메모리 영역을 확보하고 있다.

다시 fib(1)이 호출되면 마찬가지로 스택 영역이 추가되어 (5)와 같이 된다. 이제 fib(1)에서 1의 값으로 복귀하면 fib(1)을 실행하기 위해 추가된 스택 영역은 삭제되고 fib(2)의 실행을 계속하면서 지역변수 a에 반환 값 1이 기록되어서 (6)과 같이 된다. fib(2)의 실행을 계속하면서 fib(0)을 호출하면 다시 이를 위한 영역이 스택에 추가되어서 (7)과 같은 상태가 된다. fib(0)에서 복귀하고 fib(2)에서 b에 결과값을 기록하면 (8)과 같은 상태가 된다. 이제 fib(2)에서 복귀하고, 그 결과 1을 fib(3)에서 a에 저장하면 (9)와 같은 상태가 된다. 마찬가지의 방법으로 계속 진행되면 fib(3)에서 복귀하고 main 함수에서 f에 결과값 2를 기록하고 전역변수 g에 이 값을 복사하면 (12)와 같은 상태가 된다.

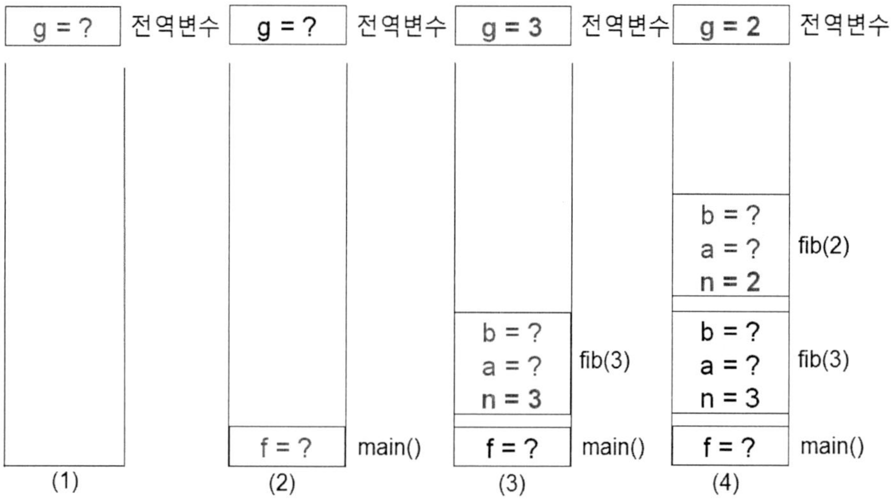

그림 6.16 스택 프레임의 변화(1/3)

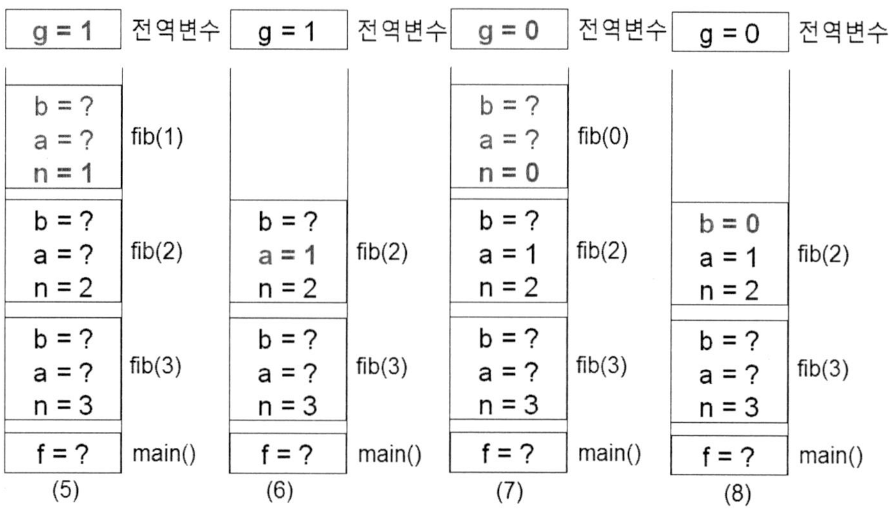

그림 6.16 스택 프레임의 변화(2/3)

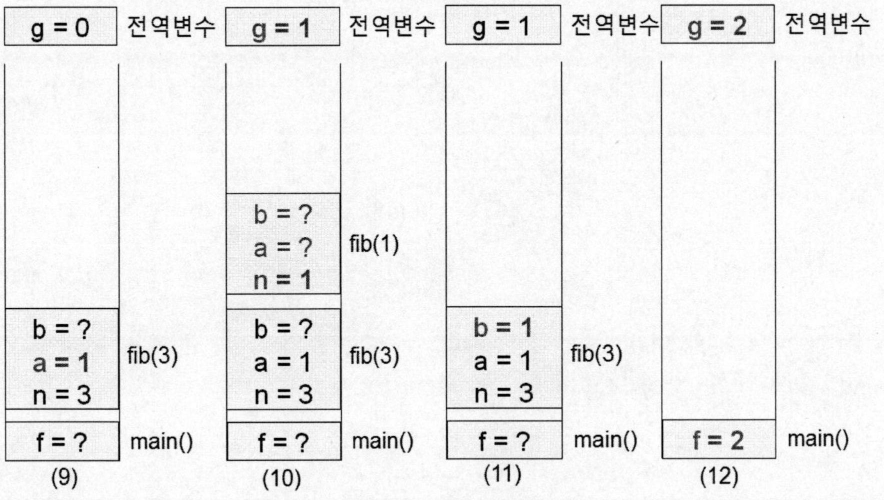

그림 6.16 스택 프레임의 변화(3/3)

[제 7 장]

입출력장치 제어와 운영체제 기능 호출

7.1 입출력장치 제어

컴퓨터에 장착된 각종 입출력장치들은 각각의 제어기에 연결되고, 각 장치에 대한 입출력 작업 명령은 이 제어기를 통하여 이루어진다. 이 과정은 제어기의 레지스터들에 값을 기록하거나 값을 읽어 내는 것으로 처리한다. 여기서는 대표적인 입출력장치인 키보드와 모니터만을 가정하여 설명한다.

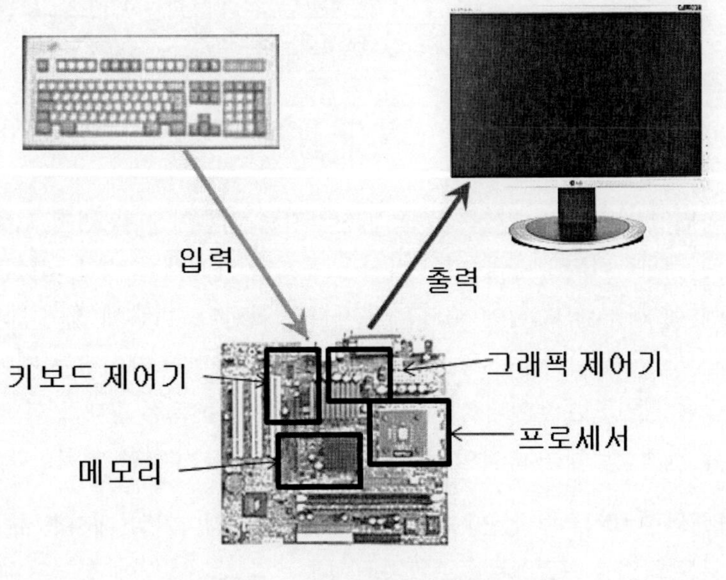

그림 7.1 프로세서와 입출력장치

[제어기 구성] 각 입출력 장치별 제어기에는 여러 개의 레지스터들이 있는데, 그림 7.2와 같이 장치의 현재 상태를 확인할 수 있는 상태(Status) 레지스터, 장치에 특정 명령을 전달할 수 있는 제어(Control) 레지스터, 실제 데이터를 내보내거나 읽어 들일 수 있는 데이터(Data) 레지스터 등으로 구성된다. 키보드로부터 문자를 받아들이기 위해서는 먼저 키보드 제어기의 상태 레지스터의 내용을 읽어서 키보드가 눌려졌는지를 검사한 후에, 눌러졌다고 확인되면 데이터 레지스터의 내용을 읽어 들이면 완료된다. 문자를 읽고 난 후에는 키보드 제어기의 제어 레지스터에 읽기가 완료되었음을 알려주는 특정 명령 값을 기록하는데, 키보드 제어기에게 이전 값은 읽어 갔으니 데이터 레지스터에 다음에 눌러진 문자의 값을 기록해도 무방함을 알려주는 것이다.

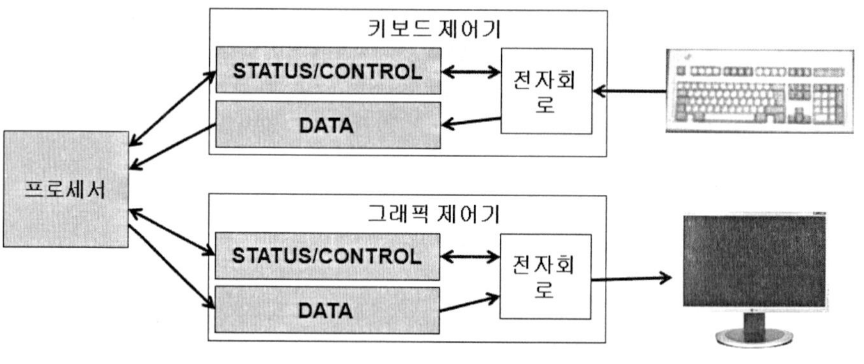

그림 7.2 입출력장치 제어기

화면에 문자를 출력하는 것도 마찬가지로 이루어진다. 먼저 그래픽 제어기의 상태 레지스터의 내용을 읽어서 다음 문자를 내보낼 준비가 되었는지를 확인한 후에 데이터 레지스터에 출력할 문자를 기록한다. 다음에 제어 레지스터에 문자를 내보냈음을 나타내는 명령 값을 기록한다. 그래픽 제어기는 제어 레지스터의 이 값을 확인하면 데이터 레지스터에 있는 문자를 그림 형태로 화면에 표시하고, 상태 레지스터에는 출력이 완료되었음을 표시하는 값을 기록한다.

[제어기 레지스터 접근] 프로세서가 입출력 제어기의 레지스터들에 값을 쓰거나 읽는 작업을 프로그램으로 표현할 때는 각 레지스터에 할당된 메모리 주소에 쓰거나 읽는 작업으로 처리한다. 각 제어기의 레지스터별로 별도의 주소가 지정되는데 표 7.1은 키보드와 화면의 입출력을 위한 레지스터들과 그 주소를 보인다.

예를 들어서 KBSC(키보드의 상태/제어) 레지스터 값을 읽는 것은 LOAD 명령어를 이용하여 0xFFFFFF01 번지의 내용을 읽으면 된다. DPDATA(디스플레이 데이터) 레지스터에 값을 기록하는 것은 STORE 명령어를 이용하여 0xFFFFFF02 번지에 기록하면 된다. 여기서 상태 레지스터와 제어 레지스터가 같은 주소를 사용하는데, 읽기를 할 때에는 상태 레지스터의 값이 읽혀 오고 쓰기를 할 때에는 제어 레지스터에 기록되는 것으로 가정한다.

▌표 7.1▌ 입출력장치 레지스터의 주소 예

레지스터 이름	레지스터 주소	용도
KBDATA	0xFFFFFF00	키보드의 눌러진 문자 보관
KBSC	0xFFFFFF01	키보드 상태/제어
DPDATA	0xFFFFFF02	화면에 출력할 문자 기록
DPSC	0xFFFFFF03	화면 상태/제어

[메모리 맵] 프로세서의 전체 메모리 주소 공간에서 어느 주소부터 어디까지가 RAM이고, 어느 부분이 ROM이고 어느 부분이 각 입출력장치의 주소인지를 정해 놓은 표를 **메모리 맵**(memory map)이라고 한다.

▌표 7.2▌ 가상적인 메모리 맵

이름	주소 범위	용도
RAM	0x00000000~0x7FFFFFFF	RAM 영역(장착된 RAM 용량만큼)
(빈 영역)	0x80000000~0xDFFFFFFF	아무것도 해당되지 않는 주소 영역
ROM	0xE0000000~0xEFFFFFFF	ROM 영역(장착된 ROM 용량만큼)
KBDATA	0xFFFFFF00	키보드의 눌러진 문자 보관
KBSC	0xFFFFFF01	키보드 상태/제어
DPDATA	0xFFFFFF02	화면에 출력할 문자 기록
DPSC	0xFFFFFF03	화면 상태/제어

표 7.2는 가상적인 메모리 맵의 예를 보여준다. RAM은 0번지부터 RAM 용량 만큼의 주소공간을 사용하고 여기에는 운영체제와 응용 프로그램들이 적재되어 실행될 것이다. 빈 영역은 아무것도 해당되지 않는 주소 영역으로서 RAM을 추가

로 장착하면 RAM 주소 영역이 확장되어 사용될 것이다. ROM 영역은 처음 전원을 켰을 때 실행될 프로그램이 들어있는 곳으로서 주로 하드웨어 검사와 부팅 절차를 위한 프로그램 영역이다. 입출력장치를 위한 주소는 0xFFFFFF00부터 0xFFFFFFFF까지로 가정하였다. 메모리 맵은 컴퓨터 본체 회로를 설계하는 과정에서 설계자가 적절하게 결정하고, 이 메모리 맵에 맞도록 주소 디코딩 회로를 설계한다. 각 장치를 구동하기 위한 프로그램은 이 메모리 맵을 바탕으로 개발되어야 한다.

[제어기 레지스터 사용] 각 레지스터는 다음과 같이 정의하자. KBDATA(Keyboard Data) 레지스터는 키보드에 입력된 문자를 보관하는 레지스터인데 그림 7.3과 같이 하위 8비트에 ASCII 코드가 기록된다. 상위 24비트는 항상 0이다. KBSC(Keyboard Status/Control) 레지스터는 KBDATA 레지스터에 유효한 문자가 입력된 상태인지를 표시하는 최하위 한 비트만 사용한다. 여기서 R(ready)은 준비가 되었으면 1, 아니면 0이다. 나머지 비트들은 무시한다. 출력장치도 마찬가지로서, DPDATA(Display Data) 레지스터는 화면에 출력할 문자를 기록하는데 하위 8비트에 ASCII 코드가 기록된다. DPSC(Display Status/Control) 레지스터는 DPDATA 레지스터에 유효한 문자가 들어있는 상태인지를 표시하는 최하위 한 비트만 사용한다.

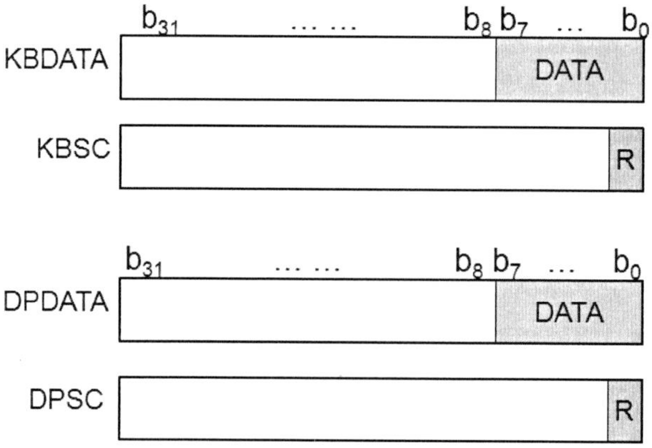

그림 7.3 입출력장치 레지스터 예

[키보드장치의 구동] 가상적인 키보드 제어기의 설명서에 "제어기는 키가 눌러지면 해당 키의 문자코드를 KBDATA 레지스터에 기록한 후에 KBSC 레지스터의 최하위 비트를 1로 설정한다"라고 적혀있다고 가정하자. 그러면 키보드에서 문자를 읽어 들이기 위한 프로그램에서는, 먼저 KBSC 레지스터의 내용을 읽어 들인 다음에 최하위 비트가 1인지를 검사한다. 만약 이 비트가 0이라면 다시 KBSC 레지스터의 내용을 읽고 검사하기를 반복한다. 이 비트가 1이면 정상적으로 문자가 입력된 상태이므로 KBDATA 레지스터에 있는 문자 코드를 읽어낸다.

키보드 제어기의 설명서에 "임의의 키가 눌러졌을 때 KBSC 레지스터의 최하위 비트를 검사하고, 이 비트가 1이면 이전에 입력된 키를 프로그램에서 읽어가지 않은 상태를 의미하므로 지금 눌러진 키 값은 무시한다"고 적혀있다면, 키보드에서 문자를 읽어 들이는 프로그램에서는 문자를 읽어낸 후에 반드시 KBSC 레지스터의 최하위 비트는 0으로 재설정하여 키보드 장치가 다음 문자를 KBDATA 레지스터에 기록할 수 있도록 해주어야 한다.

프로그램 7.1은 이러한 절차에 따라서 키보드에서 문자를 하나 읽어들여서 R0 레지스터에 담아서 반환하는 함수이다. 이 함수에서는 키보드가 눌러질 때까지 기다렸다가, 키보드가 눌려진 시점에 그 데이터인 ASCII 코드를 R0에 저장하여 반환한다. 마지막 부분의 RTI 명령어는 운영체제 부분에서 응용 프로그램 부분으로 복귀하기 위한 것인데 7.2절에서 설명할 것이다.

[프로그램 7.1] 문자 입력 함수(GetChar)

```
GetChar: LOAD R1, KBSC    ; 키보드 상태/제어 레지스터 주소
gcL0: LDR R0, R1, 0       ; 키보드 상태 읽기
      AND R0, R0, 1       ; 최하위 비트 검사를 위해
      BR z, gcL0          ; 최하위 비트가 0이면 다시 gcL0로 이동

      LOAD R2, KBDATA     ; 키보드 데이터 레지스터 주소
      LDR R0, R2, 0       ; 키보드 문자 읽기
      COPY R2, 0          ; R2의 최하위 비트를 0으로 하여
      STR R2, R1, 0       ; 키보드 제어 레지스터에 기록
      RIT                 ; 운영체제에서 응용 프로그램으로 복귀
KBDATA: .FILL 0xFFFFFF00
KBSC:   .FILL 0xFFFFFF01
```

먼저 R1에 KBSC 레지스터의 주소를 저장한 다음에 LDR 명령어를 이용하여 현재 값을 R0에 읽어 들인다. R0의 값을 1과 AND 연산을 하면 최하위 비트는 그대로 남고 상위 비트들은 모두 0이 된다. 따라서 최하위 비트가 0이었으면 AND 연산 결과가 0이 되면서 CCR의 Z 비트가 1로 설정될 것이다. BR 명령어는 Z 비트가 설정되어 있으면 다시 KBSC 레지스터 값을 읽어 들이는 위치로 되돌아가서 검사를 반복한다.

KBSC 레지스터의 최하위 비트가 1인 것이 확인되었으면 R2에 KBDATA 레지스터의 주소를 저장한 다음에 LDR 명령어를 이용하여 R0에 키보드 문자를 읽어 들인다. 이제 R1에는 여전히 KBSC 레지스터의 주소가 들어있으므로 STR 명령어를 이용하여 여기에 0을 기록한 후에 RTI 명령어로 운영체제에서 이 기능을 호출한 프로그램으로 복귀한다. 이때 R0에는 읽어 들인 키보드 문자가 들어있는 상태이다.

[화면 출력장치의 구동] 가상적인 그래픽 제어기의 설명서에 “항상 DPSC 레지스터의 내용을 검사하고 있다가 최하위 비트가 1이면 DPDATA 레지스터의 값에 해당하는 문자를 화면에 그려주고, 문자 출력이 완료되면 DPSC 레지스터의 최하위 비트는 0으로 재설정 된다”라고 적혀있다고 가정하자. 문자를 출력하기 위한 프로그램에서는, 먼저 DPSC 레지스터의 내용을 읽어 들인 다음에 최하위 비트가 1인지를 검사한다. 만약 이 비트가 1이면 이전에 출력을 요청한 문자가 아직 화면에 출력이 완료되지 않은 것을 의미하므로 이 비트가 0으로 될 때 까지 DPSC 레지스터의 내용을 읽고 검사하기를 반복한다. 이 비트가 0이면 DPDATA 레지스터에 출력할 문자를 기록한 후에, DPSC 레지스터의 최하위 비트를 1로 설정해 준다.

프로그램 7.2는 이러한 절차에 따라서 문자 하나를 화면에 출력하는 함수이다. 출력할 문자의 ASCII 코드는 R0 레지스터에 저장되어 있다고 가정한다. 이 함수에서는 이전에 출력을 요청한 문자에 대하여 출력이 완료될 때까지 기다렸다가, R0에 저장된 문자를 내보낸다. 프로그램이 실행되는 과정은 앞에서의 문자 입력 함수와 유사하다.

[프로그램 7.2] 문자 출력 함수(PutChar)

```
PutChar: LOAD R1, DPSC     ; 화면 제어 레지스터 주소
pcL0: LDR R2, R1, 0        ; 화면 상태 읽기
      AND R2, R2, 1        ; 최하위 비트 검사를 위해
      BR p, pcL0           ; 최하위 비트가 1이면 다시 pcL0로 이동

      LOAD R2, DPDATA      ; 화면 데이터 레지스터 주소
      STR R0, R2, 0        ; 화면에 문자 쓰기

      COPY R2, 1           ; R2의 최하위 비트를 1로 하여
      STR R2, R1, 0        ; 화면 제어 레지스터에 기록
      RTI                  ; 운영체제에서 응용 프로그램으로 복귀
DPDATA: .FILL 0xFFFFFF02
DPSC:   .FILL 0xFFFFFF03
```

[디바이스 드라이버] 프로그램 7.1이나 7.2와 같은 프로그램을 디바이스 드라이버 (device driver) 라고 한다. 컴퓨터에 장착된 각 입출력 장치마다 그 것을 구동하기 위한 프로그램인 디바이스 드라이버가 운영체제에 설치되어 있어야 실제로 사용할 수 있게 된다. 디바이스 드라이버는 운영체제 부분에 처음부터 포함되어 있어서 부팅 과정에서 자동으로 설치되는 경우도 있고, 운영체제가 작동하고 있는 중에 추가로 설치하기도 한다.

[폴링과 인터럽트] 입출력장치가 준비된 상태인지를 반복적으로 검사하고 준비가 되었으면 실제 입출력을 진행한다. 프로그램 7.1이나 7.2와 같이 준비 조건이 만족될 때까지 끊임없이 반복적으로 검사하는 방식을 **폴링**(polling) 방식이라고 한다. 아주 단순한 입출력 장치는 폴링 방식을 적용하지만 보다 성능이 좋은 장치에서는 준비된 시점에 프로세서에게 인터럽트 신호를 발생하는 **인터럽트**(interrupt) 방식을 사용한다. 프로세서는 다른 프로그램 부분을 실행하다가 인터럽트 신호가 발생하면 일단 지정된 인터럽트 처리 부분을 먼저 실행한 후에 하던 일을 계속하도록 한다. 폴링 방식을 사용하면 키보드 입력을 기다리는 동안 프로세서는 다른 일을 할 수가 없다. 이 프로그램 하나만 실행하고 있다면 상관이 없지만 여러 개의 프로그램들을 다중으로 실행하는 상황이라면 인터럽트 방식이 꼭 필요하다. 인터럽트 방식의 입출력 장치에 대한 설명은 여기서는 생략한다.

7.2 운영체제 기능 호출을 위한 명령어

[시스템 호출] 운영체제상에서 응용 프로그램을 실행하는 경우에 응용 프로그램은 운영체제의 특정 기능을 호출하여 사용할 필요가 있다. 키보드 문자 읽기, 화면에 문자 출력하기, 프로그램 종료, 파일 읽기 등이 그 예이다. 이러한 기능들을 **시스템 호출**(system call) 기능이라고 하는데, 운영체제마다 제공되는 시스템 호출 기능들이 어떤 것인지는 그 운영체제의 설계자에 의해서 명확하게 정의되어 있다.

키보드에서 문자 읽기와 같은 입출력장치를 위한 프로그램은 응용 프로그램을 작성하는 사람이 매번 직접 작성하기가 매우 번거로울 것이다. 또한 한 컴퓨터에 여러 개의 작업들이 동시에 실행되는 상황에서는 작업들 간에 입출력장치를 사용하는 것이 중첩되면서 문제를 일으킬 수도 있다. 따라서, 입출력 처리를 위한 내용은 운영체제 프로그램 부분에(디바이스 드라이버로) 포함해 두고, 응용 프로그램을 작성할 때에는 해당 기능을 호출하기만 하면 되도록 한다.

[SWI 명령어] 응용 프로그램에서 운영체제의 특정 기능을 호출하기 위해서는 특별한 절차가 필요한데 이를 위해서 사용되는 명령어가 **SWI**(software interrupt)이다. 운영체제의 n번째 기능을 호출하기 위해서는 'SWI n'을 사용한다. SWI 명령어를 실행하면 프로세서는 운영체제를 실행하는 모드로 변경되고 운영체제의 n으로 지정된 부분의 프로그램을 실행하도록 실행 위치를 이동한다(운영체제 기능 자체를 위한 프로그램은 7.6절에서 간단히 소개하고, 더 이상의 자세한 사항은 이 책의 범위를 벗어나므로 생략한다).

[RTI 명령어] 운운영체제의 프로그램의 끝 부분에는 다시 응용 프로그램을 실행하던 위치로 복귀하기 위한 명령어를 사용해야 한다. 이를 위한 명령어가 **RTI**(return from interrupt) 이다. RTI는 운영체제 프로그램 부분에서 사용하는 것으로서 프로세서의 모드를 원래의 실행모드로 복구하고 실행 위치도 SWI 명령어 바로 다음 주소로 복귀하여 응용 프로그램의 다음 명령어 실행을 계속하도록 한다.

표 7.3 운영체제 기능 호출을 위한 명령어

이름	어셈블리 언어 표현	의미
Software Interrupt	SWI n	운영체제의 n번째 기능 호출
Return from Interrupt	RTI	운영체제에서 응용 프로그램으로 복귀

참고

TOY 프로세서는 SWI와 RTI 명령어를 가상적으로만 지원한다. TOY 프로세서의 시뮬레이터에서는 SWI 명령어에 대하여 n으로 지정된 기능을 직접 처리하도록 하고, 10장의 TOY 프로세서 회로 설계에서도 회로를 단순하게 하기 위해서 SWI와 RTI는 제외하였다. 실제 회로로 설계한다면 프로세서의 상태를 표시하는 레지스터인 SR(Status Register)을 추가해야 한다. SWI 명령어의 실행은 현재의 PC 값을 링크 레지스터에 복사하고, SR은 별도의 sSR에 복사하고, SR은 운영체제 모드로 변경하고, PC는 메모리의 n 번지에서 읽어온 값으로 변경한다. 메모리의 n 번지에는 운영체제의 n 번째 기능을 실행하기 위한 함수의 주소가 미리 등록되어 있도록 한다. RTI 명령어의 실행은 SR은 sSR 값으로 복구하고, PC는 링크 레지스터의 값으로 복구한다.

참고

상용 프로세서에서는 SWI 대신에 다른 이름들을 사용하기도 한다. ARM 프로세서의 경우에는 SWI를 사용하지만 x86 계열의 프로세서들은 INT 라는 이름을 사용하고, TRAP이라는 이름을 사용하는 프로세서들도 있다.

운영체제에서 n번째 기능이 무엇인지는 운영체제 프로그램을 개발하는 사람이 설계 단계에서 결정한다. 응용 프로그램을 작성하는 사람은 사용할 운영체제에 따라서 지정된 기능 번호를 사용해야 한다. 여기서는 TOY 프로세서의 실행 과정을 시뮬레이터를 통하여 확인하기 위한 최소한의 기능만을 표 7.4와 같이 가정한다. 이 기능들은 TOY 시뮬레이터가 가상적인 운영체제처럼 적절히 처리해 준다.

응용 프로그램에서 문자 읽기 기능을 호출하면(SWI 0을 실행하면) 운영체제 모드로 전환된 후에 운영체제에서는 프로그램 7.1과 같이 문자키를 누를 때까지 기다렸다가 눌려진 키의 아스키 값을 읽어서 R0에 저장한 후에 응용 프로그램의 다음 실행위치로 복귀한다. 응용 프로그램에서 R0에 출력할 문자의 아스키 코드를 저장한 채로 문자 쓰기 기능을 호출하면 운영체제에서는 프로그램 7.2와 같이 그래픽 제어기를 통하여 R0에 저장된 문자를 화면에 출력한 후에 응용 프로그램으로 복귀한다.

표 7.4 TOY 시뮬레이터의 운영체제 기능

이름	어셈블리 언어 표현	의미
문자 읽기	SWI 0	키보드에서 한 문자를 읽어서 R0에 기록
문자 쓰기	SWI 1	R0에 저장된 문자를 화면에 출력
문자열 읽기	SWI 2	키보드에서 문자열을 읽어서 R0가 가리키는 메모리 주소부터 차례대로 저장, 문자열의 끝은 0(null)로 처리
문자열 쓰기	SWI 3	R0가 가리키는 메모리 주소로부터 시작되는 문자열을 화면에 출력, 문자열의 끝은 0(null) 문자로 가정
에코모드 설정	SWI 4	키보드 입력시의 에코모드 설정: R0의 값이 1이면 에코 실행, R0의 값이 0이면 에코 없음(기본 모드는 에코 있음)
프로그램 종료	SWI 255	실행 중인 프로그램의 종료

응용 프로그램에서 읽어 들일 문자열을 저장할 메모리 영역의 시작 주소를 R0에 저장한 후에 문자열 읽기 기능을 호출하면 운영체제는 문자 읽기와 동일한 방법으로 반복적으로 문자를 읽어서 지정된 메모리 영역에 차례대로 저장한다. 줄바꿈(Enter), 탭(Rab), 또는 빈칸(Space)이 입력되면 문자열의 끝으로 간주하고 아스키 코드 0(null 문자)을 문자열의 끝에 저장한 후에 응용 프로그램으로 복귀한다.

응용 프로그램에서 출력할 문자열이 저장된 메모리 영역의 시작 주소를 R0에 저장한 후에 문자열 쓰기 기능을 호출하면 운영체제는 문자 쓰기와 동일한 방법으로 반복적으로 문자를 차례대로 화면에 출력한다. 다음 출력할 문자가 null 문자이면 문자열의 끝을 의미하므로 응용 프로그램으로 복귀한다.

문자 읽기나 문자열 읽기를 할 때 운영체제는 읽어 들인 문자를 먼저 화면에 출력한 후에 그 값을 응용 프로그램에 전달한다. 이 방식을 에코가 있는 상태라고 한다. 경우에 따라서는 응용 프로그램이 실행하면서 문자를 읽어 들이되 화면에 에코로 출력되는 것을 막아야 할 때가 있다. R0에 0이나 1을 저장한 상태에서 에코모드 설정기능을 호출하면 운영체제는 이 값을 내부 변수에 저장해 둔다. 이 값이 0이면 에코를 적용하지 않는 것을 의미하고 1이면 에코 기능을 적용하는 것을 의미한다. 운영체제는 키보드에서 문자를 읽어 들일 때마다 이 값을 확인하고 1이면 읽어 들인 문자를 즉시 화면에 출력하고 0이면 화면에 출력하지 않는다. 읽어 들인 문자는 에코모드에 상관없이 응용 프로그램에 전달한다. 프로그램 7.3은 운영체제에서 문자 읽기 함수인 GetChar에 에코 기능을 보완한 것과 에코모드 설정 함수인 SetEcho를 위한 프로그램이다.

[프로그램 7.3] 에코 기능을 보완한 GetChar와 SetEcho

```
GetChar:                        ; 운영체제의 키보드에 문자 읽기 기능
    LOAD R1, KBSC               ; 키보드 상태/제어 레지스터 주소
gcL0:
    LDR R0, R1, 0               ; 키보드 상태 읽기
    AND R0, R0, 1               ; 최하위 비트 검사을 위해
    BR z, gcL0                  ; 최하위 비트가 0이면 다시 gcL0로 이동

    LOAD R2, KBDATA             ; 키보드 데이터 레지스터 주소
    LDR R0, R2, 0               ; 키보드 문자 읽기

    COPY R2, 0                  ; R2의 최하위 비트를 0으로 하여
    STR R2, R1, 0               ; 키보드 제어 레지스터에 기록
    LOAD R1, echoMode           ; 현재의 echoMode 값 확인
    CMP R1, 0
    BR np, PutChar              ; 0이 아니면 PutChar로 일단 화면에 출력
    RTI                         ; 운영체제에서 응용 프로그램으로 복귀
KBDATA: .FILL 0xFFFFFF00        ; 키보드 제어기 데이터 레지스터 주소
KBSC:   .FILL 0xFFFFFF01        ; 키보드 제어기 상태/제어 레지스터 주소

SetEcho:    ; 운영체제의 에코모드 설정 기능
            STORE R0, echoMode ; 현재의 echoMode에 값 저장
            RTI                ; 운영체제에서 응용 프로그램으로 복귀
echoMode: .FILL 1              ; 에코모드 설정 변수 (초기값 1: 에코 적용)
```

에코 기능을 사용하지 않는 대표적인 것이 비밀번호를 입력할 때이다. 이를 위해서는 먼저 에코모드 설정 기능을 통하여 에코없음으로 설정한 후에, 비밀번호 입력을 위해 문자 읽기 기능으로 문자를 하나씩 읽을 때마다 문자 쓰기 기능으로 '*' 문자의 출력을 운영체제에 요청한다. 비밀번호 입력이 끝난 후에는 다시 에코모드 설정 기능을 통하여 에코실행 상태로 변경한다.

응용 프로그램에서 프로그램 종료 기능을 호출하면 운영체제는 현재 실행하던 프로그램을 종료시킨다.

7.3 main 함수의 시작과 종료

[프로그램 시작 코드] 프로그램에서 스택을 사용할 수 있게 하기 위해서는 함수 main을 시작하기 전에 스택을 위한 메모리 영역을 확보하고 스택 포인터를 초기화 해주어야 한다. 또한 main의 실행을 종료하면 프로그램이 자동으로 종료하도록 적절히 표현해 주어야 한다. C 컴파일러에서는 이러한 내용의 프로그램 코드를 프로그램 시작 부분에 자동으로 삽입한다. 이 코드는 먼저 스택포인터를 초기화 한 후에 main을 호출하고, main에서 반환되면 프로그램 종료를 위한 운영체제 기능을 호출하는 내용으로 구성된다. 프로그램 7.4는 이러한 코드가(굵게 표시된 부분) 첫 부분에 들어 있는 것을 보여준다. 프로그램의 끝 부분에 1024 크기의 스택 영역을 확보하는 것으로 가정하였다. 실제 운영체제의 시스템들도 C 언어 프로그램을 컴파일한 실행 파일에는 main 부분을 실행하기 전에 이와 유사한 절차를 거치도록 구성되어 있다.

[프로그램 7.4] main 함수의 시작과 종료의 처리

```
    LEA R5, _END                ; R5에 스택 영역 상단 주소 기록
    ADD R5, R5, 1024            ; R5는 스택 영역 바닥 주소로 변경
    LINK
    BR nzp, main                ; main 함수로 이동
    SWI 255                     ; main에서 복귀하면 프로그램 종료
main:         ; main 함수
    ...
    RET

    ...

_END:                           ; 스택 메모리 영역 상단 주소
    .BLOCK 1024                 ; 영역 크기 1024
```

[스택 포인터의 초기화] 프로그램에서 스택을 사용하기 위해서는 프로그램이 실행을 시작하는 부분에(함수 main 부분을 실행하기 전에) 스택을 위한 충분한 메모리 영역을 확보하고 스택 포인터에는 그 영역의 바닥 주소(제일 높은 주소) 값을 기록해 두어야 한다. 스택을 위한 메모리 영역은 레이블 _END 부분부터 크기가

1024가 되도록 ".BLOCK 1024"로 설정하였다. C 언어 프로그램의 시작 부분인 main 부분의 실행을 시작하기 전에 먼저 스택 포인터 레지스터인 R5에 스택의 바닥 주소를 등록하기 위해서, "LEA R5, _END"을 통하여 스택 메모리 영역의 시작 주소(스택 영역 상단 주소)를 스택 포인터인 R5에 기록한 다음, 여기에 스택의 크기(1024)를 더함으로써 R5는 스택 영역의 끝 주소(스택 영역의 바닥 주소)를 가리키도록 하였다. 스택의 크기를 여기서는 1024로 하였지만, 프로그램의 실행 중에 스택에 최대로 쌓였을 때의 크기를 감안하여 충분한 크기로 지정해 주어야 한다.

[프로그램의 종료] C 언어로 프로그램을 작성할 때에 프로그램은 운영체제의 프로그램 종료 기능을 호출하거나 main에서 복귀하는 시점에 종료되어야 한다. 프로그램의 시작 코드 부분에서는 먼저 스택 포인터를 적절하게 초기화한 후에 main 위치로 이동하여 실행하도록 한다. main에서 복귀하면 바로 "SWI 255"를 호출함으로써 프로그램의 종료를 운용체제에 자동으로 요청하도록 하였다.

7.4 TOY C 컴파일러의 라이브러리 함수 처리

[라이브러리 함수] 프로그램에서 운영체제의 기능을 호출할 때 C 언어로는 TOY 프로세서의 명령어인 SWI를 직접 표현할 수가 없다. 대신에 운영체제 기능을 호출하기 위한 함수들을 준비해 두고, C 언어 프로그램에서는 이 함수들을 호출하는 것으로 처리한다. 이렇게 프로그래머가 직접 작성할 필요가 없이 컴파일러에서 제공되는 함수들을 **라이브러리 함수**(library function)라고 한다. 표 7.5는 TOY C 컴파일러에서 운영체제 기능을 호출하기 위해 제공하는 라이브러리 함수들을 보여준다. 일반적으로는 운영체제 기능을 호출하는 함수들뿐만 아니라 자주 사용되는 함수들도 표준 라이브러리 함수로 제공한다.

라이브러리 함수는 아니지만 TOY C 컴파일러는 곱하기와 나누기를 위한 함수도 내부적으로 사용한다. TOY 프로세서는 곱하기나 나누기의 명령어가 없기 때문에 적절한 함수를 활용해야 한다. 예를 들어 "x = y * z + 5;"와 같은 표현이 있다면 TOY C 컴파일러는 내부적으로 곱하기를 위한 함수 MUL을 추가하고 "x = MUL(y, z) + 5;"의 의미로 가정하고 컴파일 한다.

표 7.5 TOY C 컴파일러의 라이브러리 함수

C 언어 표현	사용 예	의미
getchar(void)	char ch; ch = getchar();	키보드에서 한 문자를 읽어서 변수 ch에 기록
putchar(char)	putchar(ch); putchar('A');	인수에 지정한 문자를 화면에 출력
gets(char[])	char a[20]; gets(a);	키보드에서 문자열을 읽어서 인수에 지정한 배열의 시작부터 차례대로 저장, 문자열의 끝은 null (ASCII 0) 문자로 처리
puts(char[])	puts(a); puts("Yes");	인수에 지정한 배열 (또는 문자열)의 시작부터 null (ASCII 0) 문자가 나올 때까지 차례대로 화면에 출력
setecho(int)	setecho(0); setecho(1);	키보드 입력시 에코 없이(0), 또는 에코가 출력되게(1) 설정
exit(void)	exit();	호출한 프로그램을 종료

TOY C 컴파일러는 운영체제 기능을 호출하는 함수들만 라이브러리 함수로 처리해 준다. 프로그램에서 사용된 라이브러리 함수들은 이에 대응되는 어셈블리 언어로 된 프로그램을 출력한다. 제공되는 라이브러리 함수들은 운영체제 기능을 호출하는 것들이므로 인수로 전달받은 값을 활용하여 SWI 명령어로 대체한다. 표 7.6은 TOY C 컴파일러가 운영체제 기능을 호출하기 위한 시스템 호출 라이브러리 함수들을 어셈블리 언어로 표현한 것이다.

함수 getchar의 경우에는 "SWI 0"을 실행한 후에 R0에 담긴 값을 그대로 반환하면 된다. 함수 putchar의 경우에는 인수로 전달받은 값을 "LDR R0, R5, 0"를 통하여 스택의 상단에서 읽어와서 R0에 기록하고 "SWI 1"을 실행한 다음에 반환하면 된다. 함수 gets, puts 및 setecho도 마찬가지로 전달받은 인수를 R0 레지스터에 기록한 다음 SWI 명령어로 대응되는 운영체제 기능을 호출한다. "SWI 255"로 처리하는 함수 exit는 호출되면 절대로 돌아오지 않기 때문에 다음의 RET 명령어는 없어도 무방하다.

표 7.6 TOY C 컴파일러의 라이브러리 함수 결과

C 언어 표현	어셈블리 언어 출력
getchar(void)	getchar: SWI 0 RET
putchar(char)	putchar: LDR R0, R5, 0 SWI 1 RET
gets(char[])	gets: LDR R0, R5, 0 SWI 2 RET
puts(char[])	puts: LDR R0, R5, 0 SWI 3 RET
setecho(int)	setecho: LDR R0, R5, 0 SWI 4 RET
exit(void)	exit: SWI 255 RET

7.5 정수 입출력 함수 작성

TOY C 컴파일러에서 제공하는 입출력 함수로는 문자 하나의 입력을 위한 getchar()과, 문자 하나를 출력하는 putchar()만 제공한다. 여러 자리수의 정수를 입력하거나 출력하기 위해서는 getchar()과 putchar()을 활용하여 필요한 함수를 작성하여야 한다. 프로그램 7.5의 getint()와 putint()가 이러한 목적으로 작성된 것이다. 이 프로그램의 설명과 추가적인 보완은 C 언어 프로그램 작성의 영역이므로 독자의 몫으로 남긴다.

[프로그램 7.5] 정수 입출력 함수

```
int getint()                    // 정수 읽기
{
    int num;
    char ch;

    num = 0;
    while (1) {
        ch = getchar();
        if (ch < '0')
            return num;
        if (ch > '9')
            return num;
        num = num * 10 + ch - '0';
    }
}

putint(int num)                 // 정수 출력
{
    int quot;

    if (num < 0) {
        putchar('-');
        num = -num;
    }
    quot = num / 10;
    if (quot != 0)
        putint(quot);           // 높은 자리 수들을 먼저 출력
    putchar(num % 10 + '0');    // 끝자리 수 출력
}
```

정수 입출력 함수를 활용한 프로그램의 예로서 간단한 계산기 프로그램을 작성해 본다. 그림 7.4는 toyterm 화면을 통해서 실행된 결과를 보여준다. 입력은 정수, 공백, 계산 기호, 공백, 정수, 공백, '='을 차례대로 입력하면 계산 결과를 화면에 출력하고 다음 줄로 넘어간다.

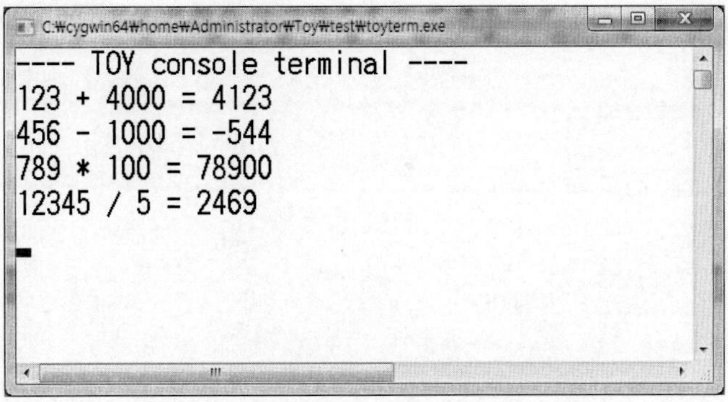

그림 7.4 calc 프로그램의 toyterm 화면

프로그램 7.6은 정수 입출력 함수를 이용한 간단한 정수 계산기 프로그램이다. 단순한 계산기 기능으로서 더하기 ('+'), 빼기 ('-'), 곱하기 ('*'), 및 나누기 ('/')를 할 수 있으며 음수가 아닌 정수만 입력이 가능하다. 이 프로그램에 대한 TOY C 컴파일러의 컴파일 결과인 calc.s는 독자의 몫으로 남긴다.

[프로그램 7.6] 정수 계산기 C 프로그램(calc.c)

```
main()
{
    char op;
    int num1, num2, result;

    while(1) {
        num1 = getint();                  // read first integer
        op = getchar();                   // read operation key
        getchar();                        // read a space after op

        num2 = getint();                  // read second integer
        getchar();                        // read '='

        result = calc(num1, num2, op);   // calculate

        putchar(' ');
        putint(result);                   // print the result
        putchar('\n');
    }
}
```

```
int calc(int x, int y, char op)
{
    int val;

    if (op == '+')
        val = x + y;
    else if (op == '-')
        val = x - y;
    else if (op == '*')
        val = x * y;
    else if (op == '/')
        val = x / y;
    else
        val = 0;
    return val;
}

int getint() { ... }                    // 프로그램 7.5 적용
putint(int num) { ... }
```

7.6 운영체제에서 시스템 호출의 처리

시스템 호출 함수의 처리는 SWI 명령어를 통해서 운영체제 부분으로 이동하여 수행되고, 운영체제에서는 해당 기능의 처리가 끝나는 부분에서 RTI 명령어를 통하여 호출한 프로그램의 위치로 복귀하도록 한다. 여기서는 운영체제의 기능이 처리되는 과정을 가상적으로 보여준다. 운영체제는 메모리의 0x0000번지부터 0x1FFF 번지까지에 들어있고, 일반 응용 프로그램들은 0x2000 번지부터 시작한다고 가정하였다.

"SWI n" 명령어가 실행되면 TOY 프로세서는 운영체제 모드로 변경되고 메모리의 n번지의 값을 읽어 들여서 PC에 저장하는 것으로 가정한다. 즉, 메모리의 n번지에 운영체제의 n번째 기능을 위한 프로그램의 주소가 들어있다고 가정한다. 운영체제 프로그램의 메모리 영역의 일부로서, 0x0000 번지에는 0번 시스템 호출(키보드에서 한 문자 읽기) 기능을 위한 프로그램 부분의 시작 주소(GetChar의 주소)가, 0x0001번지에는 1번 시스템 호출(화면에 한 문자 출력) 기능을 위한

프로그램 부분의 시작 주소(PutChar의 주소)가 기록되어 있어야 한다.

프로그램 7.7은 운영체제 부분에 대한 가상적인 프로그램을 보여준다. 0번지부터 시작하므로 0x0000번지에는 GetChar 레이블의 주소가 기록되고, 0x0001번지에는 PutChar 레이블의 주소가 기록된다. GetChar 레이블이 있는 부분부터는 프로그램 7.3과 마찬가지로 키보드에서 한 문자를 읽어 들이기 위한 프로그램이 들어있고, PutChar 레이블이 있는 부분부터는 프로그램 7.2와 마찬가지로 화면에 한 문자를 출력하기 위한 프로그램이 들어있다. 각 프로그램 부분의 끝에 있는 RTI 명령어를 통하여 SWI를 실행한 바로 다음 위치로 복귀하게 된다.

0x0002번지, 0x0003번지 및 0x0004 번지도 유사하게 각각 GetS, PutS 및 SetEcho 레이블의 주소가 기록된다. 5번부터 254번까지의 250개는 미정인 상태로 비워두었다. 마지막 번호인 255번은 호출한 프로그램의 종료를 위한 기능으로서 Exit 레이블의 주소가 기록된다. GetS와 PutS 레이블 부분의 프로그램은 문자열을 처리하도록 하면 되는데 독자의 몫으로 남긴다. Exit 레이블 부분에는 실제 운영체제의 경우에 매우 복잡한 작업들이 이루어지는데 이러한 내용은 이 책의 범위를 벗어나므로 여기서는 생략한다.

[프로그램 7.7] 운영체제에서 시스템 호출의 처리

```
        .ORIGIN 0              ; 시작 주소를 0번지로(운영체제 부분임)

        .FILL GetChar          ; SWI 0 (키보드에서 1문자 읽기)
        .FILL PutChar          ; SWI 1 (화면에 1문자 출력)
        .FILL GetS             ; SWI 2 (키보드에서 문자열 읽기)
        .FILL PutS             ; SWI 3 (화면에 문자열 출력)
        .FILL SetEcho          ; SWI 4 (에코모드 설정)
        .BLOCK 250             ; 나머지 250개의 SWI 처리를 위한 영역
        .FILL Exit             ; SWI 255 (프로그램 종료)

GetChar:                       ; 키보드에서 1문자 읽기
        ...                    ; (프로그램 7.3 참조)
        RTI
KBDATA: .FILL 0xFFFFFF00       ; 키보드 데이터 레지스터 주소
KBSC:   .FILL 0xFFFFFF01       ; 키보드 상태/제어 레지스터 주소
```

```
GetChar:                          ; 키보드에서 1문자 읽기
        ...                       ; (프로그램 7.3 참조)
        RTI
KBDATA: .FILL 0xFFFFFF00          ; 키보드 데이터 레지스터 주소
KBSC:   .FILL 0xFFFFFF01          ; 키보드 상태/제어 레지스터 주소

PutChar:                          ; 화면에 1문자 출력
        ...                       ; (프로그램 7.2 참조)
        RTI
DPDATA: .FILL 0xFFFFFF02          ; 화면 데이터 레지스터 주소
DPSC:   .FILL 0xFFFFFF03          ; 화면 상태/제어 레지스터 주소

GetS:                             ; 키보드에서 문자열 읽기
        ...
        RTI

PutS:                             ; 화면에 문자열 출력
        ...
        RTI

SetEcho:                          ; 키보드에서 1문자 읽기
        ...                       ; (프로그램 7.3 참조)
        RTI
echoMode: .FILL 1                 ; 현재의 에코모드 (초기 값 1: 에코 적용)

Exit:                             ; 호출한 프로그램의 종료
        ...
        RTI
```

제 3 부

마이크로프로세서 회로 설계

[제 8 장]

조합 논리회로

8.1 전압, 전류, 저항 및 스위치

그림 8.1(a)는 스위치로 전구를 켜고 끄는 간단한 회로이다. 스위치를 켜면 회로가 연결되고 3V 전압에 의해 전류가 흐른다. 전구는 저항역할을 하여 전류의 흐르는 양을 결정한다. 전압을 V 볼트, 저항을 R 오옴, 전류를 I 암페어라고 하면, I = V/R의 관계가 있다. 전류는 센 전압을 가할수록 비례하여 증가하고, 저항이 클수록 반비례하여 줄어드는 것이다. 전구에 의해 발생하는 빛과 열의 양은 전구 양단간의 전압과 전류의 곱에 비례한다. 전류가 많이 흐를수록 비례해서 에너지 소모가 많으며, 같은 전류가 흐르더라도 센 전압으로 흐른 것이면 비례해서 에너지 소모가 많은 것이다. 스위치를 끄면 저항이 무한대이므로 전류는 흐르지 않고 따라서 전구에서 소모되는 에너지도 없다.

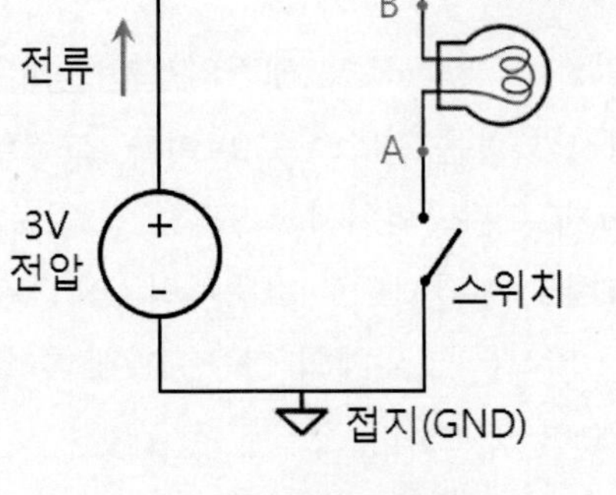

(a) 전기회로의 전류

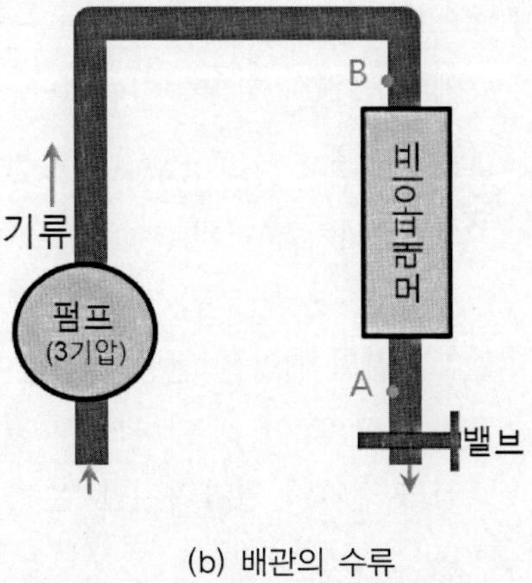

(b) 배관의 수류

그림 8.1 전압, 전류, 저항 및 스위치

전기는 눈에 보이지 않는 것이어서 이를 공기의 흐름으로 바꾸어서 생각하면 이해가 쉬울 것이다. 그림 8.1(b)는 전압이 3V인 전원 대신에 압력이 3기압인 공기 펌프로, 전구 대신에 저항 역할을 하는 모래 파이프로, 스위치는 밸브로 대체한 것이다. 밸브를 열면 초당 흐르는 공기의 양은 펌프의 압력이 높을수록 많을 것이고, 모래 파이프의 저항이 작을수록 많을 것이다.

참고 밝은 전구일수록 필라멘트는 굵고 짧은 이유가 무엇일까? 모래 파이프는 굵을수록, 길이가 짧을수록 저항이 줄어들어서 공기가 잘 흐를 것이다. 필라멘트도 굵을수록, 길이가 짧을수록 저항이 줄어든다. 일반 가정용 전기는 전압이 220V로 고정되어 있으므로 저항이 줄어들면 전류가 더 많이 흐르고 따라서 더 많은 에너지가 소모되면서 밝은 빛을 내는 것이다. 모래 파이프는 모래입자가 고울수록 저항이 클 것이다. 전구는 필라멘트 재료에 따라 저항이 달라진다.

논리 회로에서는 보통 0(거짓)과 1(참)을 전압으로 대응시켜서 회로를 구성한다. 이 책에서는 높은 전압 3V는 1로, 낮은 전압 0V는 0으로 대응시킨다고 가정한다(반대로 대응시켜도 회로를 구성할 수 있다). 그림 8.1(b)에서 A지점의 기압을 검토해 보자. 기압의 측정은 일반 대기의 기압에 비해서 상대적으로 얼마나 높으냐를 적용한다. 밸브가 열려있으면(ON) A지점의 공기는 다 빠져나가서 일반 대기의 기압과 동일하게 되어 압력이 0기압이다. A지점에 풍선을 매달아 놓았다면 공기가 다 빠져서 꺼질 것이다. 반대로, 밸브가 잠겨있으면(OFF) A지점은 공기가 가득 찬 후에 더 이상 공기는 전혀 흐르지 않고 펌프의 압력이 그대로 전달되어서 A지점도 3기압이 된다. A지점에 풍선을 매달에 놓았다면 팽팽하게 부풀어 오를 것이다. B지점의 기압은 펌프의 압력이 그대로 전달되므로 밸브의 ON/OFF에 상관없이 항상 3기압이다.

전기회로인 그림 8.1(a)에서도 동일하게 생각하면 A지점의 전압을 유추할 수 있다. 스위치가 켜져 (ON) 있으면 접지와 같은 전압으로 0V이다. 그러나 스위치가 꺼져 (OFF) 있으면 전원의 3V가 그대로 전달되어서 A지점의 전압도 3V로 된다. B 지점의 전압은 전원의 전압이 그대로 전달되므로 스위치의 ON/OFF에 상관없이 항상 3V이다. 이 책에서 필요한 지식은 스위치의 ON/OFF에 따라서 특정 지점의 전압이 얼마인지만 알 수 있으면 충분하다.

참고 여기서 사용한 전압과 기압은 정확히 말하면 두 지점 간의 차이를 말한다. 전압은 접지를 기준으로 얼마나 더 높은지를 나타내고, 기압은 대기압을 기준으로 얼마나 더 높은지를 나타낸다.

[출력전압] 우리가 앞으로 사용할 회로는 저항 대신에 오직 스위치들로만 구성된 것을 대상으로 한다. 그림 8.2(a)에서 p스위치와 n스위치로 구성되어 있으며 각 스위치의 연결 상태에 따라서 점 O위치의 전압 (출력전압)이 얼마인지를 알 수 있어야 한다. 점 V위치의 전압은 전원에 바로 연결되어 있으므로 항상 3V이고, 점 G위치의 전압은 접지에 연결되어 있으므로 항상 0V이다.

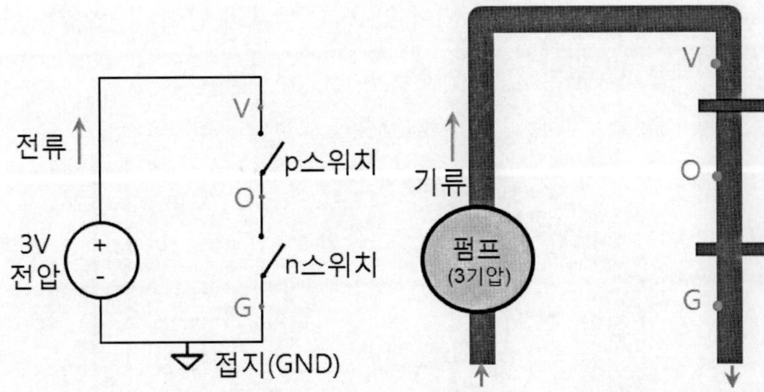

(a) 전기 회로의 전압 (b) 배관의 기압

그림 8.2 스위치 상태에 따른 출력 전압

먼저 p스위치는 차단(OFF)하고 n스위치는 연결(ON)한다면 O부분의 전압은 0V이다. 반대로 p스위치는 ON이고 n스위치는 OFF라면 O부분의 전압은 3V이다. 이 과정은 그림 (b)에서 대응되는 점의 기압이 얼마인지를 따져보면 이해가 쉬울 것이다. p밸브는 잠그고(OFF) n밸브는 연(ON)다면, O부분은 공기가 다 빠져서 0기압이 될 것이다. 반대로 p밸브는 열고 n밸브는 잠근다면, O부분은 펌프에서 공급된 공기가 가득 차면서 3기압이 될 것이다. p스위치와 n스위치가 모두 ON이거나 모두 OFF인 상태는 정상적인 상태가 아니므로 제외한다.

> **참고** p스위치와 n스위치가 모두 ON이면 합선이 되어서 순간적으로 엄청난 에너지를 소모하면서 스위치의 접점 부분이 타버린다. 저항이 0이 되고 따라서 전류가 무한대로 흐르기 때문이다.

[전자식 스위치] 기계식 스위치는 사람의 손으로 조작하지만 실제 회로에 사용하려면 입력 신호에 따라서 연결과 차단을 조절할 수 있는 전자식 스위치가 필요하다. 그림 8.3 (a)는 이러한 목적으로 사용할 수 있는 부품인 p형 트랜지스터를 기호로 표시하고 있다. C 부분의 전압이 낮으면(0V) V와 O 부분이 서로 연결되어 전류가 잘 흐르고, C 부분의 전압이 높으면(3V) 서로 끊어지는 전자식 스위치 부품이다. 이것은 기본적으로 (b)의 압력 밸브와 원리가 비슷하다. 파이프의 밸브 부분은 신축성이 있는 물질로 되어 있고, C 부분의 압력이 높아지면 눌러서 파이프를 막히게 하는 원리이다.

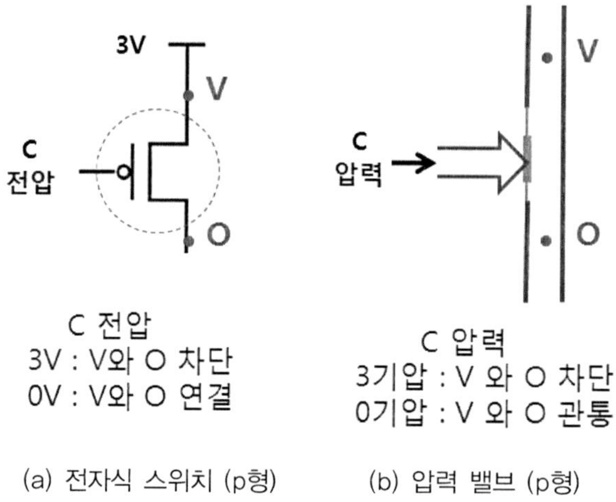

그림 8.3 전자식 스위치 (1)

반대로 그림 8.4는 C부분의 전압이 높으면 O와 G부분이 연결되고 낮으면 차단되는 n형 트랜지스터를 나타낸다. 공기 압력 밸브의 경우에 C부분의 압력이 낮으면 닫혀 있다가 압력이 높아지면 볼록한 부분을 눌러서 O와 G부분 간에 통로를 열어주는 것으로 이해하면 된다.

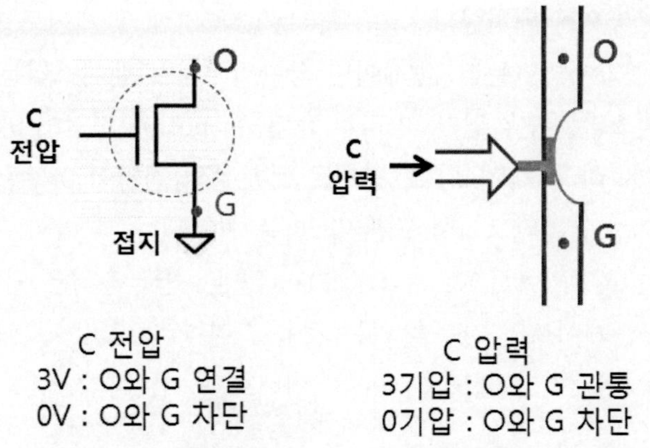

(a) 전자식 스위치 (n형) (b) 압력 밸브 (n형)

그림 8.4 전자식 스위치 (2)

> **참고** 트랜지스터는 반도체 조각에 전도성 물질을 침투시켜서 만든다. 전도성 물질로서 전자를 많이 함유한 것을 사용하면 n형 트랜지스터이고, 전자를 모자라게 함유한(양전자를 많이 함유한) 것을 사용하면 p형 트랜지스터이다.

8.2 CMOS 논리 게이트

8.2.1 NOT 게이트

[게이트] 논리 회로는 입력이 적절한 회로를 거쳐서 출력으로 나오고 이것이 다시 다른 회로의 입력으로 전달되는 형태로 설계된다. 기본적인 단위 논리 회로들은 입력을 적절히 변형하여 출력으로 내보내는 관문 역할을 하므로 보통 게이트라고 부른다. 논리 회로에 사용하는 게이트로는 입력 값을 반대로 출력하는 NOT 게이트, 입력들의 OR 논리 값을 출력하는 OR 게이트, 입력들의 AND 논리 값을 출력하는 AND 게이트 등이 있다. 또한 OR 게이트의 반대 논리 값을 출력하는 NOR 게이트와 AND 게이트의 반대 논리 값을 출력하는 NAND 게이트가 있다. 두 입력 값이 서로 다르면 1(참), 같으면 0(거짓)의 논리 값을 출력하는 XOR 게이트도 사용한다.

[NOT 게이트] 대부분의 2진 논리 회로는 CMOS 회로로 설계하는데, 항상 p형과

n형을 쌍으로 배치한다. 그림 8.5는 CMOS NOT 게이트 회로이다. 입력인 C 부분의 전압이 3V(논리 값 1)이면 상단의 p형 트랜지스터는 차단되고 하단의 n형 트랜지스터는 연결된다. 따라서 출력(Output)은 전압이 0V인 접지에만 연결되어서 0V(논리 값 0)가 된다. 반대로 C 부분의 전압이 0V(논리 값 0)이면 p형 트랜지스터는 연결되고 n형 트랜지스터는 차단된다. 따라서 출력은 전압이 3V인 전원에만 연결되어서 3V(논리 값 1)가 된다. 결국 출력은 입력과 반대의 값이 나오는 NOT 게이트의 기능을 하는 것을 확인할 수 있다. 그림 8.6은 NOT 게이트의 동작을 이해하기 쉽도록 스위치 형태로 보여준다.

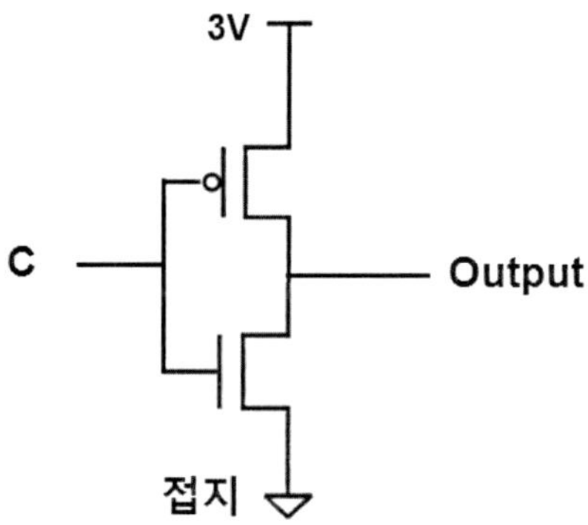

(a) 회로도

C	Output
0V	3V
3V	0V

(b) 전압

C	Output
0	1
1	0

(c) 논리값

그림 8.5 CMOS NOT 게이트

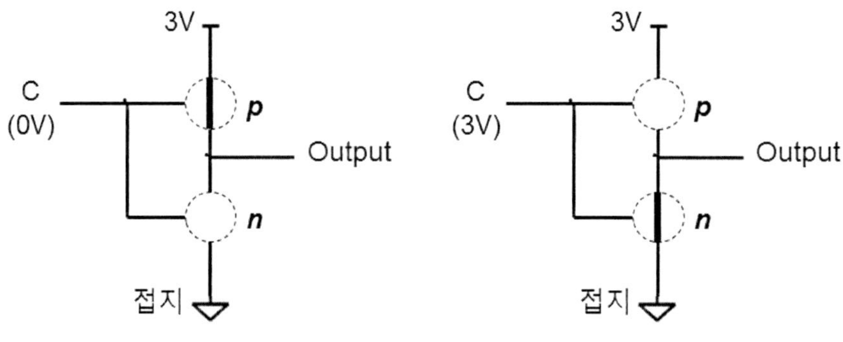

(a) 입력 C가 0V일 때　　(b) 입력 C가 3V일 때

그림 8.6 CMOS NOT 게이트의 동작

참고

[CMOS 회로] CMOS는 상보성(Complementary) MOS(Metal Oxide Silicon)의 약자로서 서로 반대되는 특성의 MOS 트랜지스터를 조합하여 만든 것을 의미한다. 여기서 MOS는 트랜지스터 제조 공정에 관한 명칭이다. CMOS 논리 회로는 높은 전압 쪽인 상단에는 p형 트랜지스터를 배치하고, 낮은 전압 쪽인 하단에는 n형 트랜지스터를 배치한다. 서로 반대되는 특성의 트랜지스터를 상단과 하단에 쌍으로 배치하므로 입력 값에 따라서 반드시 한쪽은 끊어져 있게 된다. 따라서 관통하여 흐르는 전류가 극히 미미하여 소모 전력이 아주 작은 특성이 있다. 이것이 CMOS 논리 회로를 많이 사용하는 이유이다.

8.2.2 NOR 게이트와 OR 게이트

[NOR 게이트] OR 게이트는 입력 중에서 하나라도 1이면 출력이 1이 되는 회로이다. NOR 게이트는 OR 게이트와 반대되는 논리 값을 출력하는 회로이지만 CMOS로 논리 회로를 구성하는데 있어서 OR 게이트보다 NOR 게이트를 더 간단하게 만들 수 있다. 그림 8.7은 입력이 A와 B이고 출력이 Out인 CMOS NOR 게이트 회로이다. 입력 A와 B가 모두 0V(논리 값 0)이면 상단의 p형 트랜지스터는 모두 연결 되어서 출력 Out은 3V의 전원과 직접 연결된다. 하단의 n형 트랜지스터는 모두 차단되어서 접지와는 완전히 차단된다. 따라서 Out은 전압이 3V(논리 값 1)로 된다. A와 B 중에서 하나라도 3V이면 상단의 p형 트랜지스터는 둘 중에 최소한 하나는 차단되므로 Out은 3V 전원과는 차단된다.

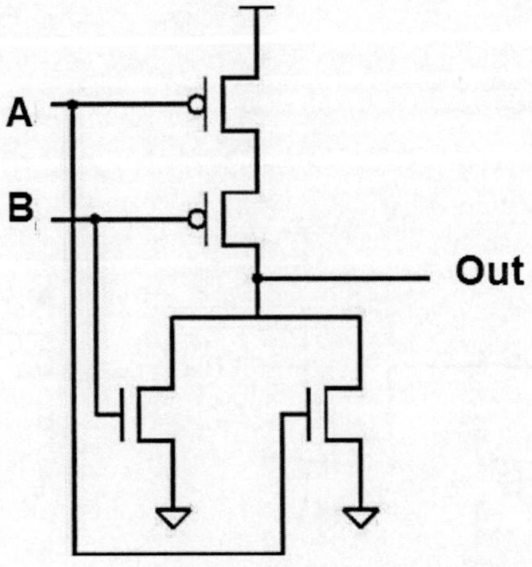

(a) 회로도

A	B	Out
0	0	1
0	1	0
1	0	0
1	1	0

(b) 진리표

그림 8.7 CMOS NOR 게이트

반면에 하단의 n형 트랜지스터는 둘 중에 최소한 하나는 연결되므로 접지인 0V와 연결된다. 따라서 Out에는 0V가 나온다. 이러한 방법으로 입력 A와 B의 값에 따른 출력 Out의 값을 정리해 보면 진리표와 같은 결과를 얻을 수 있다. 이것은 부울 대수에서의 두 입력에 대한 OR 출력을 NOT로 뒤집은 결과인 NOR의 진리표와 일치한다. 그림 8.8은 NOR 게이트의 동작을 이해하기 쉽도록 스위치 형태로 보여준다.

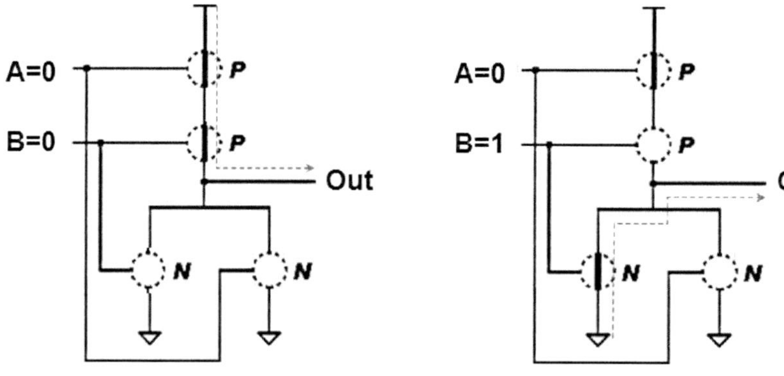

(a) A=0, B=0일 때 (b) A=0, B=1일 때

그림 8.8 CMOS NOR 게이트의 동작

[OR 게이트] OR 게이트는 NOR 게이트의 출력을 반대로 하면 되므로, 그림 8.9와 같이 NOR 게이트 출력을 다시 NOT 게이트 입력으로 연결하여 그 출력을 얻는다.

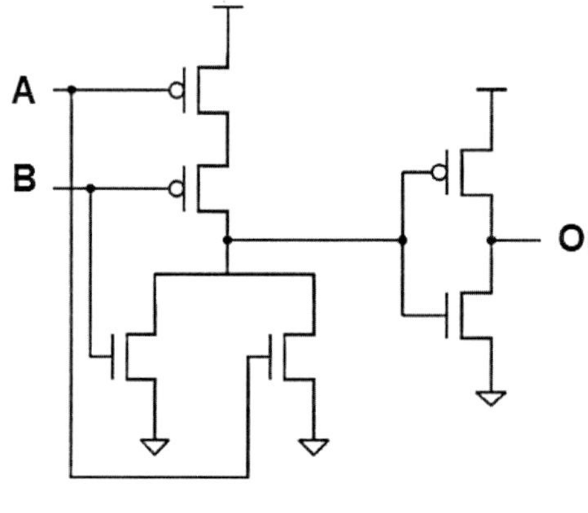

A	B	Out
0	0	0
0	1	1
1	0	1
1	1	1

그림 8.9 CMOS OR 게이트 회로와 진리표

8.2.3 NAND 게이트와 AND 게이트

[NAND 게이트] AND 게이트는 입력들이 모두 1(참)일 때만 출력이 1(참)이 되고, 입력 중에서 하나라도 0(거짓)이면 출력이 0(거짓)이 되는 회로이다. NAND 게이트는 AND 게이트와 반대되는 논리 값을 출력하는 회로이지만 CMOS로 논리 회로를 구성하는데 있어서 AND 게이트보다 NAND 게이트를 더 간단하게 만들 수 있다. 그림 8.10은 입력이 A와 B이고 출력이 Out인 CMOS NAND 게이트 회로이다. 입력 A와 B가 모두 3V(논리 값 1)이면 상단의 p형 트랜지스터는 모두 차단되어서 출력 Out은 3V의 전원과는 연결되지 않는다. 반면에 하단의 n형 트랜지스터는 모두 연결되어서 Out가 접지와는 직접 연결된다. 따라서 Out에는 전압이 0V(논리 값 0)로 된다. A와 B 중에서 하나라도 0V이면 상단의 p형 트랜지스터는 둘 중에 최소한 하나는 연결되므로 Out은 3V 전원과는 직접 연결된다. 반면에 하단의 n형 트랜지스터는 둘 중에 최소한 하나는 차단되므로 Out은 0V인 접지와는 연결되지 않는다. 따라서 출력 Out에는 3V(논리 값 1)가 나온다.

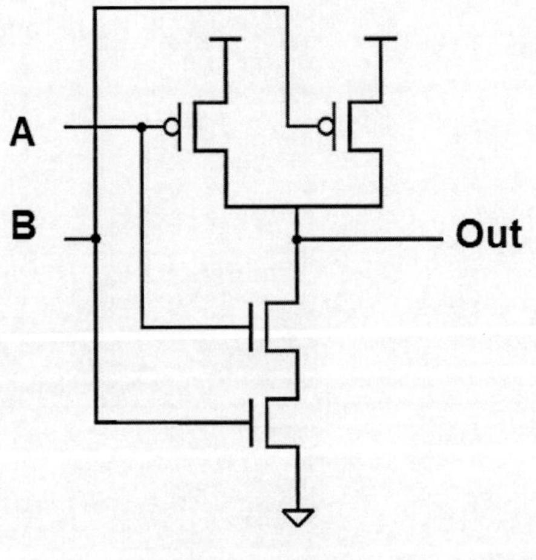

A	B	Out
0	0	1
0	1	1
1	0	1
1	1	0

그림 8.10 CMOS NAND 게이트 회로와 진리표

[AND 게이트] AND 게이트는 그림 8.11과 같이 NAND 게이트 출력을 다시 NOT 게이트 입력으로 연결하여 그 출력을 얻는다.

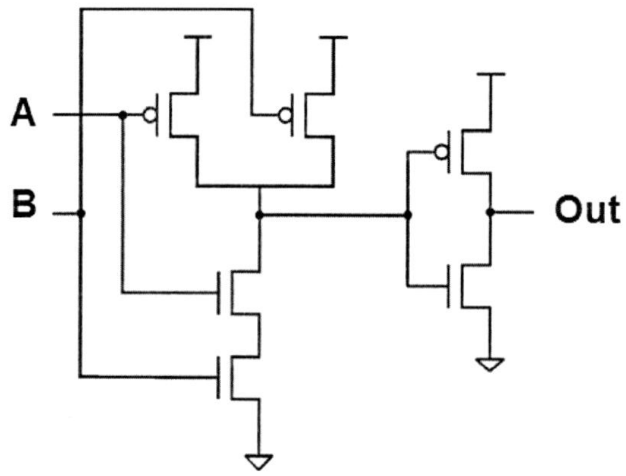

A	B	Out
0	0	0
0	1	0
1	0	0
1	1	1

그림 8.11 CMOS AND 게이트 회로와 진리표

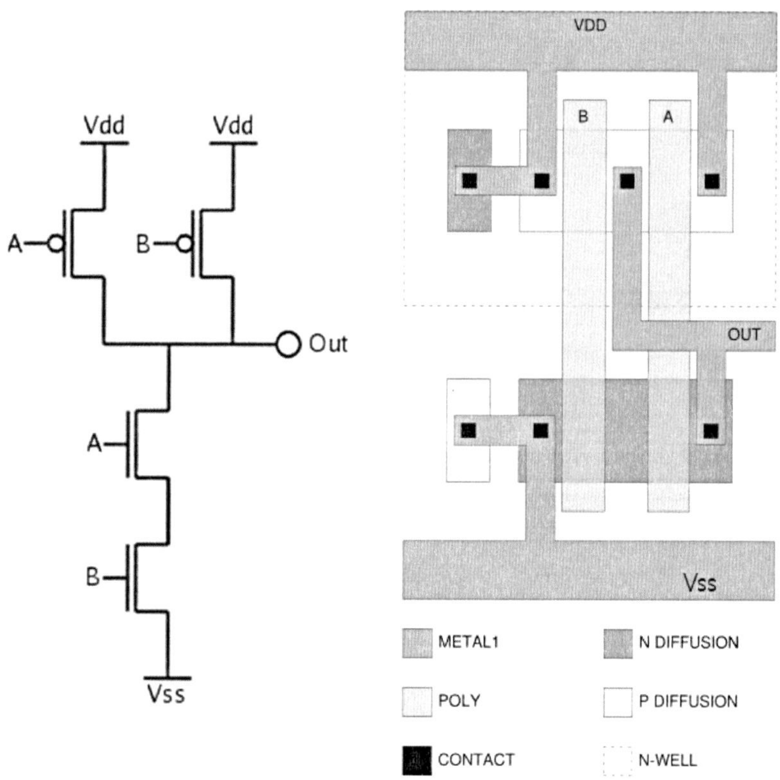

(출처: Wikipedia)

그림 8.12 CMOS NAND 게이트의 반도체 회로 배치도

참고

[CMOS 반도체 회로] 그림 8.12는 NAND 게이트를 반도체인 실리콘 웨이퍼 표면에 회로로 배치한 패턴을 보여준다. 왼쪽의 회로도와 오른쪽의 배치도를 연관지어보자. Vdd는 3V 전원이 연결되는 부분이고 Vss는 접지와 연결되는 부분이다. POLY와 METAL 부분은 전기가 흐르는 도체이고 이들은 층으로 분리되어 있다. CONTACT 부분은 층간에 연결하여 전기가 흐르도록 한 부분이다. 상단의 배경에 배치된 큰 사각형(P DIFFUSION)이 p형 물질을 녹여 넣은 부분인데 이것과 POLY 층이 교차되는 부분이 p형 트랜지스터로 동작한다. 하단의 배경에 배치된 큰 사각형(N DIFFUSION)이 n형 물질을 녹여 넣은 부분인데 이것과 POLY 층이 교차되는 부분이 n형 트랜지스터로 동작한다.

참고

[3개 이상의 입력] AND, OR, NAND, 및 NOR의 기본 회로는 2개의 입력만 가진다. 3개의 입력 A, B, C가 모두 1일 때만 1이 되는 AND 논리를 위한 회로는, 먼저 A와 B에 AND 게이트를 적용하고 그 출력과 C에 다시 AND 게이트를 적용하면 될 것이다. 그러나 논리 회로의 설계에 있어서 3개 이상의 입력을 가진 논리 게이트도 간편하게 설계할 수 있다. 그림 8.13은 A, B, C의 3개의 입력을 갖는 NAND 게이트 회로를 보여준다. 3개의 입력에 대한 진리표를 작성해보면 NAND 논리에 맞게 동작하는 것을 확인할 수 있을 것이다.

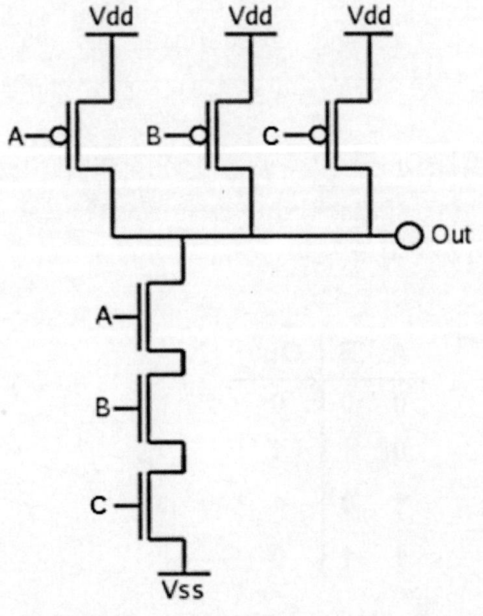

그림 8.13 입력이 3개인 NAND 게이트

8.3 기본 논리 게이트의 표기

회로를 설계할 때 기본 게이트들을 트랜지스터 회로로 표현하면 매우 복잡해지므로 이를 그림 8.14와 같이 간단한 표준 기호로 표시한다. 지금까지는 회로의 기본 원리를 이해하기 위해 트랜지스터를 직접 사용한 회로를 보여주었지만, 이 후로는 더 이상 트랜지스터 회로는 사용하지 않고 기호로만 나타내도록 할 것이다.

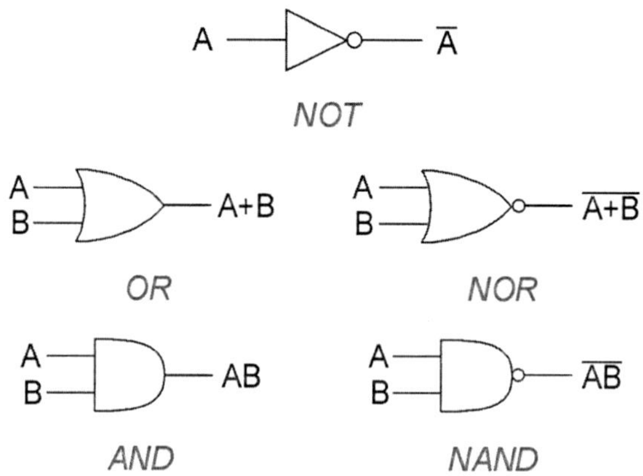

그림 8.14 기본 논리 게이트의 표시 기호

출력이나 입력 부분에 작은 원 'o'이 붙은 것은 값을 반대로 바꾸어서 사용하는 것을 의미한다. 즉, NOT 게이트가 하나 붙은 것으로 생각하면 된다.

[XOR 게이트] XOR(Exclusive OR) 게이트는 두 입력 값이 서로 다를 때만 출력이 1이고, 같은 값이면 출력이 0인 게이트이다. 그림 8.15는 XOR 게이트의 진리표와 표기 기호를 보여준다.

A	B	Out
0	0	0
0	1	1
1	0	1
1	1	0

(a) 진리표

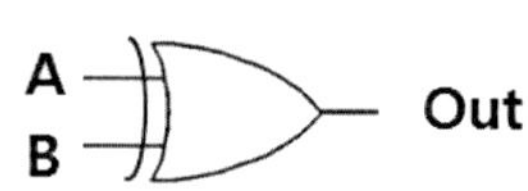

(b) 기호

그림 8.15 XOR 게이트

XOR 게이트 회로는 기본 논리 게이트들을 활용하여 만들 수 있다. 다음과 같이 구성하는 것이 한 가지 방법이다. AND(NOT(A), B)는 A가 0이고 B가 1일 때만 출력이 1이고 나머지는 모두 0이다. AND(A, NOT(B))는 A가 1이고 B가 0일 때만 출력이 1이고 나머지는 모두 0이다. 이 둘의 출력을 OR 게이트로 결합하면, 즉 OR(AND(NOT(A), B), AND(A, NOT(B)))는 XOR 게이트의 진리표와 일치한다. XOR 게이트를 구성하는 다른 방법으로는 A와 B의 OR 게이트 출력과 A와 B의 NAND 게이트 출력을 다시 AND 게이트로 결합하면 된다. 이 구성에 따른 진리표를 만들어서 결과가 XOR 게이트의 진리표와 일치하는 지를 확인해 보면 된다.

[3개 이상 입력의 게이트] NOT 게이트는 1개의 입력만 사용하고 XOR 게이트는 2개의 입력만 사용하지만, AND, OR, NAND, 및 NOR 게이트는 3개 이상의 입력도 가능하다. AND 게이트의 출력은 입력이 전부 1일 때만 1이고, 입력 중에서 하나라도 0이면 0이다. OR 게이트의 출력은 입력이 전부 0일 때만 0이고, 입력 중에서 하나라도 1이면 1이다. NAND 게이트와 NOR 게이트는 각각 AND 게이트와 OR 게이트의 출력과 반대이다.

8.4 디코더(Decoder)

조합논리회로는 2진 논리의 입력들의 값에 따라서 출력 값이 정해지는 논리 회로이다. 많이 사용되는 조합논리회로로는 디코더, 멀티플렉서, 가산기, 감산기 등이 있다

[디코더] 이제 기본 게이트들을 이용하여 여러 가지 목적의 기능 블록들을 만들어 보자. **디코더**(decoder)는 몇 개의 입력과 여러 개의 출력을 갖는데 입력들의 값의 조합에 따라서 출력들 중에서 하나만 1이 되고 나머지는 모두 0이 되는 회로이다. 이것은 컴퓨터 회로를 설계하는 데 있어서 기본이 되는 것들 중 하나로서 여러 가지의 대상 중에서 하나를 선택하여 활성화할 때 사용된다. 예를 들어 그림 8.16과 같이 프로세서가 RAM, ROM, 키보드 제어기, 및 화면 제어기 중에 어느 하나에서 읽기를 하는 경우를 가정해 보자. 각 장치별로 별도의 주소가 할당되어 있으므로 주소 신호 중의 일부(여기서는 32비트 주소 신호 중에서 최상위 2 비트)를 디코더를 통하여 4개의 장치 중에서 하나에만 신호가 활성화되도록 하고, 이 활성화 신

호가 전달된 장치만이 내부의 데이터를 프로세서 쪽으로 내보내도록 할 수 있다. 이 2비트의 주소 신호가 00이면 디코더의 첫 번째(그림 상의 제일 위)인 RAM 신호만 활성화된다. 주소가 01이면 ROM, 10이면 키보드 제어기, 11이면 화면 제어기만을 활성화시킨다. 이렇게 프로세서가 내보내는 주소에 따라서 특정 장치에 대한 활성화 신호를 출력하는 디코더를 주소 디코더라고 한다.

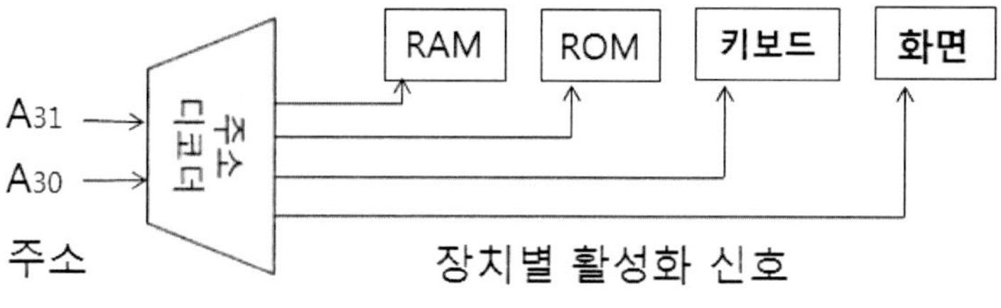

그림 8.16 디코더의 사용 예(주소 디코더)

[디코더 회로] 2비트 디코더는 2비트 입력 값에 따라서 4개의 출력 신호들 중에서 하나만 활성화(논리 값 1)되도록 한다. 그림 8.17은 입력 2비트(A, B)에 따라서 4개의 출력 신호 C, D, E 및 F 중에서 하나만 1이 되도록 하는 디코더 회로이다. AND 게이트의 입력 부분에 'o'이 표시된 부분은 NOT 게이트를 붙여서 값을 반전시켜서 사용한다는 의미이다.

입력		출력			
A	B	C	D	E	F
0	0	1	0	0	0
0	1	0	1	0	0
1	0	0	0	1	0
1	1	0	0	0	1

(a) 진리표

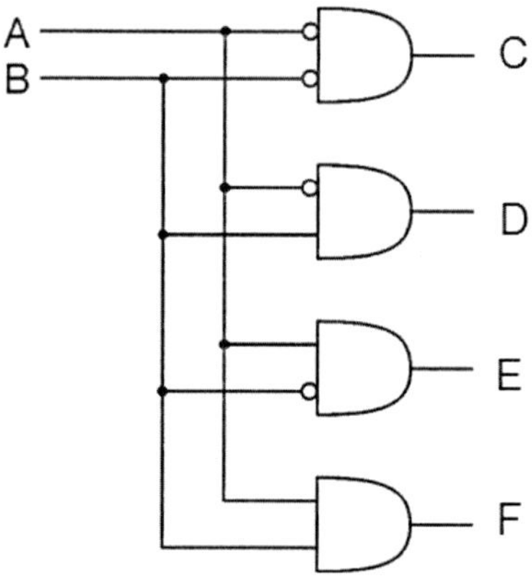

(b) 회로도

그림 8.17 2비트 디코더의 진리표와 회로도

입력 A와 B가 모두 0일 때의 출력 값들을 검토해보자. 출력 C를 위한 AND 게이트에는 A와 B 모두 반전된 값인 1이 입력이 되고 따라서 출력은 1이 된다. 이때 D, E 및 F는 AND 게이트의 입력 중에서 하나는 0이므로, 이들은 출력이 모두 0이 된다. 따라서 입력 A와 B가 모두 0일 때는 C만 1이고 나머지는 모두 0이다. 이렇게 입력 A와 B의 입력 값에 따라서 따져보면 진리표와 일치하는 것을 확인할 수 있을 것이다. 이 디코더를 그림 8.16에 활용한다면 C는 RAM, D는 ROM, E는 키보드 제어기, 그리고 F는 화면 제어기에 각각 연결하면 된다.

참고

디코더를 사용하는 예로서, 그림 8.18은 TOY 프로세서에서 3비트 디코더를 활용하여 8개 레지스터들 중에서 하나에만 쓰기가 활성화되도록 하는 회로를 보여준다(이것은 9.2절에서 다룰 내용인데 여기에 미리 인용하였다). 산술/논리 연산결과나 메모리에서 읽어온 내용을 목적지 레지스터에 기록하기 위한 것이다. 여기서 굵은 선 위에 '/' 표시와 숫자 3이 적힌 것은 3개의 신호선이 병렬로 있다는 표시이며 숫자 32가 적힌 것은 32개의 신호선이 병렬로 있다는 표시이다. 목적지 레지스터 번호는 명령어의 DR 필드에 표시되어 있는데, 이 3비트를 그대로 디코더(DRDec)에 전달함으로써 8개의 레지스터들 중에서 지정된 목적지 레지스터에 해당하는 1개만 활성화된다. 이것을 레지스터에 기록할 것을 표시하는 LdREG 신호와 AND로 결합하여 해당 레지스터의 기록 신호로 전달함으로써 DATA에 전달된 값을 DR에 지정된 레지스터에만 기록하게 되는 것이다.

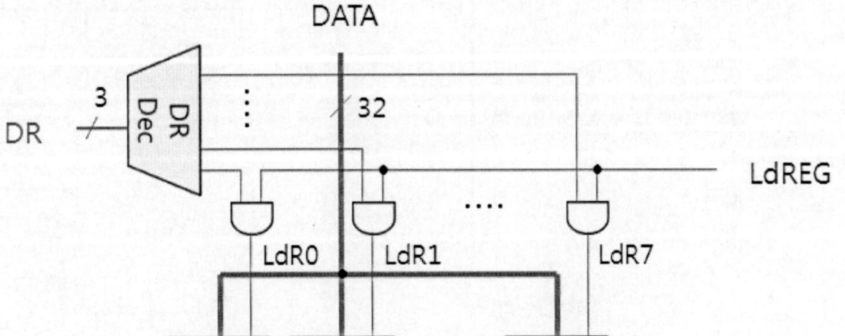

그림 8.18 TOY 프로세서에서 3비트 디코더 사용 예

8.5 멀티플렉서(MUX : Multiplexer)

[멀티플렉서] 멀티플렉서(multiplexer, MUX)는 여러 개의 입력들 중에서 선택 신호에 의해 지정된 하나를 선택하여 출력하는 회로이다. 예를 들어 ALU에서 덧셈 작업을 할 때 8개의 레지스터들 중 하나를 선택하여 ALU의 첫 번째 오퍼랜드로 전달해야 한다. 여기에 8개의 레지스터로부터 나오는 값들 중에서 멀티플렉서를 통하여 하나를 선택하는 회로가 필요하다. 여기서 선택이라는 의미는 선택된 입력이 출력으로 직접 연결된다는 의미가 아니고, 선택된 입력과 동일한 값이 출력으로 나온다는 의미이다.

[4대1 멀티플렉서] 그림 8.19는 4개의 입력 데이터 중 하나를 선택하는 멀티플렉서 회로이다. 진리표에서 x 표시는 아무 값이나 상관없다는 의미이다. 2비트의 입력인 S는 넷 중에서 하나를 지정하는 선택 신호이다. 만약 S가 00이면 입력 A와 같은 값이 출력 Out에 나오고 B, C, 및 D의 입력 값과는 무관하다. S가 01이면 입력 B와 같은 값이 출력에 나오고, 10이면 입력 C와 같은 값이 출력에 나오는 것이다

S_1	S_0	A	B	C	D	Out
0	0	0	x	x	x	0
0	0	1	x	x	x	1
0	1	x	0	x	x	0
0	1	x	1	x	x	1
1	0	x	x	0	x	0
1	0	x	x	1	x	1
1	1	x	x	x	0	0
1	1	x	x	x	1	1

(a) 진리표

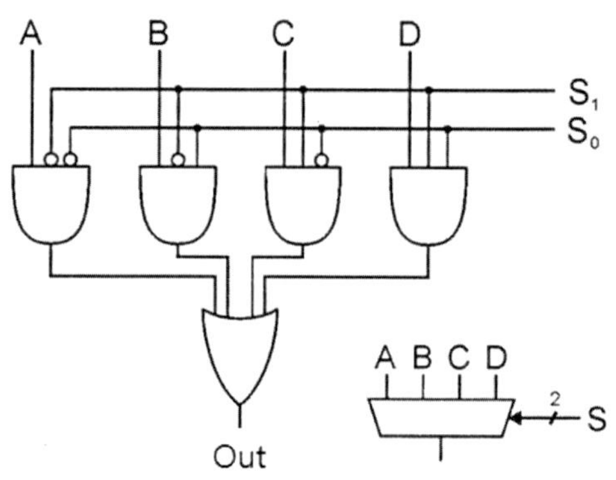

(b) 회로도와 표시기호

그림 8.19 4대1 멀티플렉서의 진리표와 회로도

이 회로의 논리 값을 분석해 보자. 만약 S가 00이면 A를 입력으로 하는 AND 게이트에는 S_1과 S_0의 반전된 값이 전달되어 모두 1이므로, A도 1이면 출력이 1이 된다. A가 0이면 출력은 0이 된다. 결과적으로 S가 00일 때 A의 AND 게이트 출

력은 A와 같은 값이 된다. 이때(S가 00일 때) B, C, 및 D를 입력으로 하는 AND 게이트들의 출력은 무조건 0일 수밖에 없다. 이들은 B의 경우 S_0가 0이어서, C의 경우 S_1이 0이어서, D의 경우 둘 다 0이어서 AND 게이트 출력은 무조건 0이 된다. 이제 이들 4개의 AND 게이트 출력을 모아서 OR 게이트로 결합하면 B, C, D의 AND 게이트 출력은 모두 0이므로, A의 AND 게이트 출력도 0이면 Out은 0이고, A의 AND 게이트 출력이 1이면 Out도 1이 된다. 즉, Out은 A의 AND 게이트 출력과 같고 이것은 A의 입력과 같은 값이므로, 이 멀티플렉서의 출력 Out은 입력 A와 같은 값이 된다.

마찬가지 원리로 S가 01이면 Out은 입력 B와 같은 값이 되고, 10이면 C와 같은 값이며, 11이면 D와 같은 값이 된다. 따라서 S의 2비트 선택 신호에 따라서 A, B, C, 및 D의 4개의 입력 중에서 선택된 하나와 같은 값이 멀티플렉서의 출력에 나온다.

디코더와 멀티플렉서의 차이를 정확하게 구분할 필요가 있는데, 디코더는 입력 개수보다 많은 출력 개수를 가지며 입력 값들의 조합에 따라서 출력들 중에서 오직 하나만 1이 되도록 한다. 멀티플렉서는 여러 개의 입력들과 한 개의 출력이 있으며 별도의 선택신호에 의해서 선택된 입력과 동일한 값이 출력에 나오도록 한다.

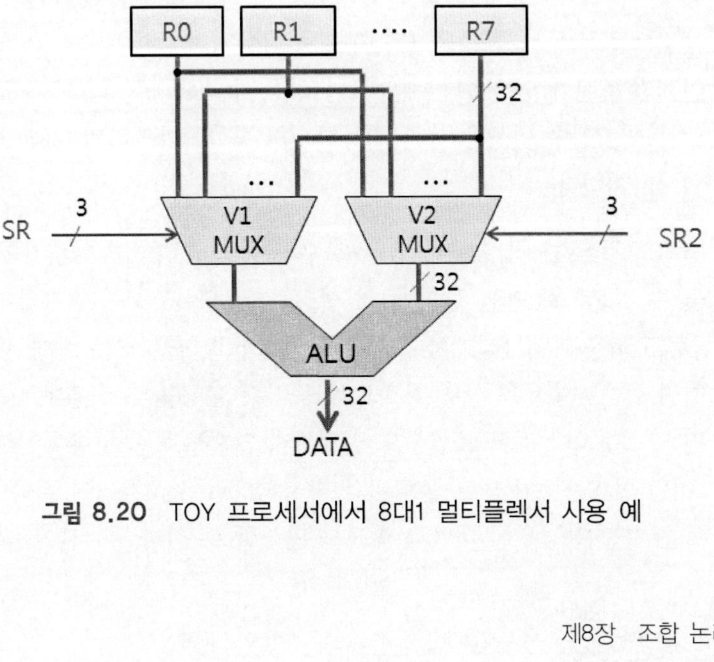

그림 8.20 TOY 프로세서에서 8대1 멀티플렉서 사용 예

참고

멀티플렉서를 사용하는 예로서, 그림 8.20은 TOY 프로세서에서 8대1 멀티플렉서를 활용하여 8개 레지스터들 중에서 하나를 선택하여 ALU의 입력으로 전달하는 회로이다(이것은 9.2절에서 다룰 내용인데 여기에 미리 인용하였다). 32비트 데이터를 위한 멀티플렉서는 1비트 멀티플렉서 32개를 병렬로 연결하여 각 비트별로 1개씩 사용한다. ALU에는 2개의 입력이 필요하므로 멀티플렉서가 2개 사용되었다. ALU 연산에 필요한 첫 번째 오퍼랜드는 명령어의 SR 필드에 표시되어 있는데, 이 3비트를 멀티플렉서 V1MUX의 선택 신호로 사용함으로써 8개의 레지스터들 중에서 지정된 소스 레지스터의 값이 선택된다. 명령어의 SR2 필드에 표시된 3비트는 멀티플렉서 V2MUX의 선택 신호로 사용함으로써 ALU의 두 번째 오퍼랜드를 위한 값이 선택된다.

참고

디코더는 n개의 입력에 대하여 2n개의 출력이 있는데 반해서 멀티플렉서는 n개의 선택신호와 2n개의 입력에 대하여 1개의 출력만 있다. 디코더는 입력 값에 따라서 출력 중에서 1개만 1인데 반해서 멀티플렉서는 선택신호에 의해서 지정된 입력의 값과 동일한 값이 출력에 나온다.

8.6 가산기

TOY 프로세서의 ALU는 덧셈과 뺄셈을 포함한 8가지의 연산 기능을 가진다. 그 중에서 ADD 명령어 실행을 위한 **가산기** 회로를 만들어 보자. 10진수 덧셈을 기계적으로 작동하게 만들려면 꽤 복잡하겠지만 2진수 덧셈은 경우의 수가 몇 개 안되기 때문에 단순하다. 먼저 1비트 2진수 A와 B를 더하는 작업을 분석해 보자. 1비트의 2진수 덧셈은 모든 가능한 경우를 다 나열하면 0+0, 0+1, 1+0, 및 1+1의 4가지이다.

[1비트 가산기] 여러 자리수의 2진수 덧셈을 고려하면 아랫자리에서 올림수가 있을 수 있으므로 그림 8.21 (a)의 진리표가 모든 가능한 경우를 다 포함하고 있다. 입력 Cin은 아랫자리에서 올라온 올림수이고, 출력 S는 현재 자리수의 덧셈 결과이며, 출력 Cout은 상위 자리로의 올림수 발생을 나타낸다. 0+0이고 Cin이 0이면 합 S는 0이 되고 올림수도 발생하지 않으므로 Cout은 0이다. 0+1이고 Cin이 1이면 합 S는 0이 되고 올림수가 발생하므로 Cout은 1이 된다. 이러한 방법으로 모든 가능한 경우에 대한 진리표를 완성할 수 있다. 이 진리표에 맞게 조합 논리

회로를 설계하면 (b)와 같이 구성할 수 있으며, 진리표의 각각의 입력 경우를 회로에 대입하여 보면 출력이 맞게 나오는 것을 쉽게 확인할 수 있다.

A	B	C_{in}	C_{out}	S
0	0	0	0	0
0	0	1	0	1
0	1	0	0	1
0	1	1	1	0
1	0	0	0	1
1	0	1	1	0
1	1	0	1	0
1	1	1	1	1

(a) 진리표

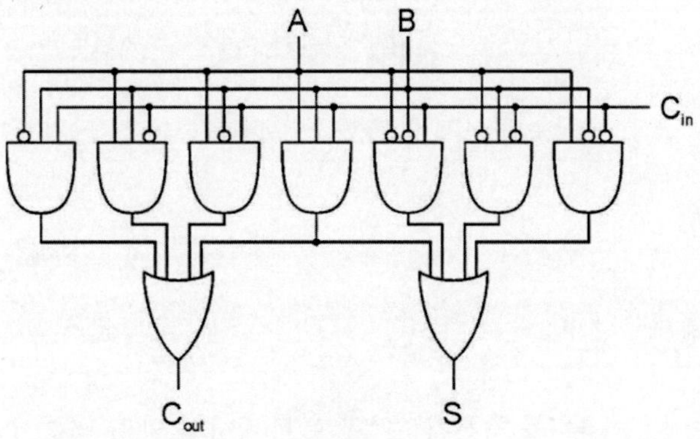

(b) 회로도

그림 8.21 11비트 가산기의 진리표와 회로도

[4비트 가산기] 예를 들어서 4비트 덧셈을 위한 가산기 회로를 만들려면 1비트 가산기 4개를 그림 8.22와 같이 병렬로 연결하여 구성할 수 있다. 상단의 4비트 입력 A와 B에 대하여 출력은 하단의 Cout과 4비트 값 S이다. TOY 프로세서에서는 ADD 명령어를 위해서 ALU는 32비트 덧셈을 해야 하므로 1비트 가산기 32개를 병렬로 연결하여 사용한다. 덧셈 결과의 캐리(Carry) 출력은 제일 상위 비트 가산기의 Cout이 된다.

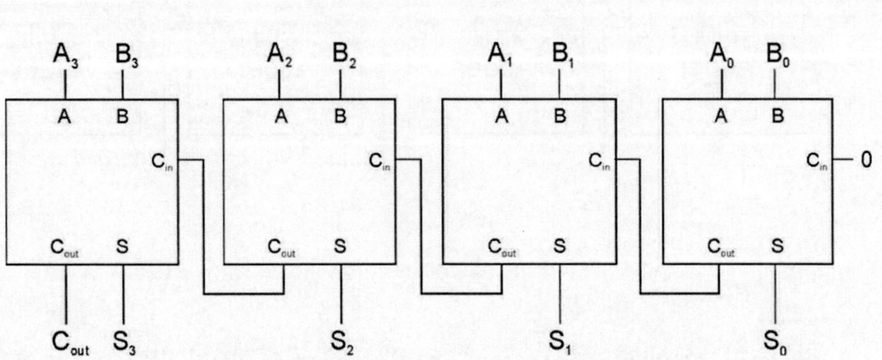

그림 8.22 4비트 가산기(ADD 연산 회로)

참고

[오버플로 회로] 가산기의 오버플로는 1.6절에서 본 바와 같이 양수와 음수를 더하는 경우에는 발생하지 않으며, 양수와 양수를 더한 결과가 음수로 나타나거나, 음수와 음수를 더한 결과가 양수로 나타나는 경우에 1이 된다. 즉, A와 B의 최상위 비트가 모두 0인데 합 S의 최상위 비트는 1이거나, A와 B의 최상위 비트가 모두 1인데 S의 최상위 비트가 0인 경우이다. 따라서 그림 8.22의 오버플로 회로는 O_{out} = OR(AND(A_3, B_3, NOT(S_3)), AND(NOT(A_3), NOT(B_3), S_3)로 구성할 수 있다. 이것을 더 단순하게는 O_{out} = XOR(C_{out}, C_2)로 구성할 수도 있다. 여기서 C_2는 S_2 단의 C_{out}을 의미한다.

8.6 감산기

[4비트 감산기] TOY 프로세서의 SUB 명령어 실행을 위한 **감산기**는 가산기를 약간 변형하여 설계한다. 빼기는 2의 보수를 더하는 것으로 수행할 수 있으므로 A−B의 연산은 A+(−B)로 처리하도록 그림 8.23과 같이 구성할 수 있다. B 입력을 2의 보수로 만드는 것은 B 입력을 NOT 게이트를 통하여 반전시켜서 1의 보수를 만들고, 여기에 1을 더하기위하여 최하위 비트의 캐리 입력 Cin에 1을 지정하는 것으로 해결된다.

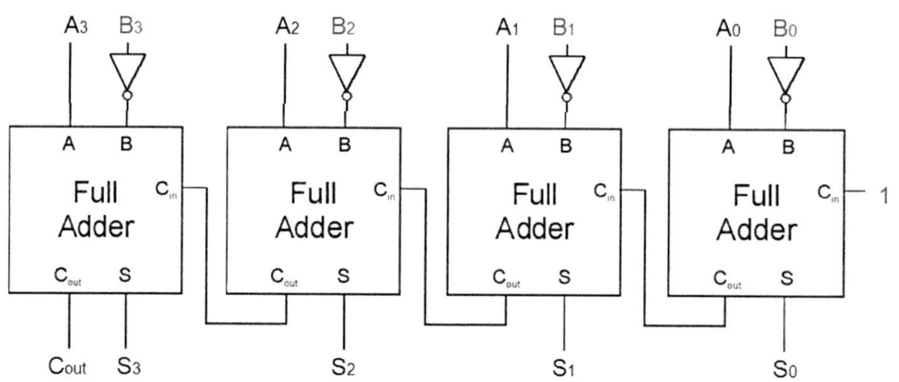

그림 8.23 4비트 감산기(SUB 연산 회로)

빼기 연산에서 빌림수(borrow)의 여부는 Cout이 1이면 빌림수가 없음을 의미하고, 0이면 있음을 의미한다. 이것은 간단한 정수를 활용하여 2의 보수를 더하는 과정에서 확인할 수 있을 것이다.

8.8 산술 및 논리 연산 유닛

[ALU] 산술 및 논리 연산 유닛(ALU: Arithmetic and Logic Unit)은 프로세서가 실행할 수 있는 산술 연산 명령어 및 논리 연산 명령어들을 처리하는 회로들의 집합체이다. TOY 프로세서는 ADD, SUB, AND, OR, XOR, COPY, LS(LSL/LSR), 및 AS(ASL/ASR)의 8종류의 연산 회로들을 포함한다. 그림 8.24는 TOY 프로세서의 ALU를 가상적으로 보여준다. ALU 내부에 8가지 연산 회로들이 있어서 각각 연산결과를 생성한다. 이들 중에서 명령어 종류(명령어의 ALU 부분 3비트)를 선택신호로 사용하는 멀티플렉서에서 하나를 선택하여 출력으로 내보내면 된다. ALUMUX의 입력에 표시한 0부터 7까지의 번호는 3비트 선택신호가 000부터 111까지일 때 어느 것이 선택되는지를 표시한다.

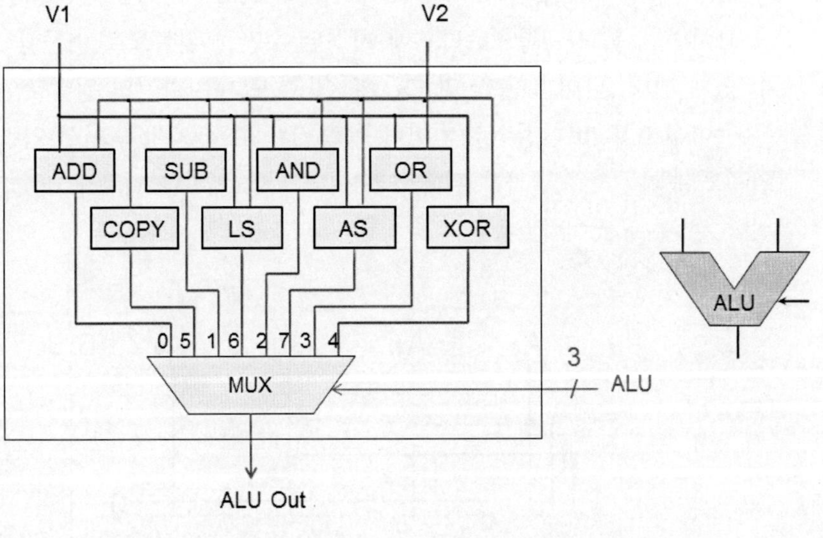

그림 8.24 TOY 프로세서의 ALU 내부 구성과 표시 기호

ADD와 SUB 연산 회로는 앞에서 설명한 가산기와 감산기 회로를 32비트로 적용한다. AND 연산은 두 개의 입력 값의 대응되는 비트들 간에 AND 게이트를 통하여 이루어진다. 그림 8.25는 4비트 AND 연산 회로이다. OR 연산 회로와 XOR 연산 회로도 이와 비슷한 방법으로 구성하면 될 것이다. COPY 연산은 입력을 그대로 출력으로 전달하면 된다.

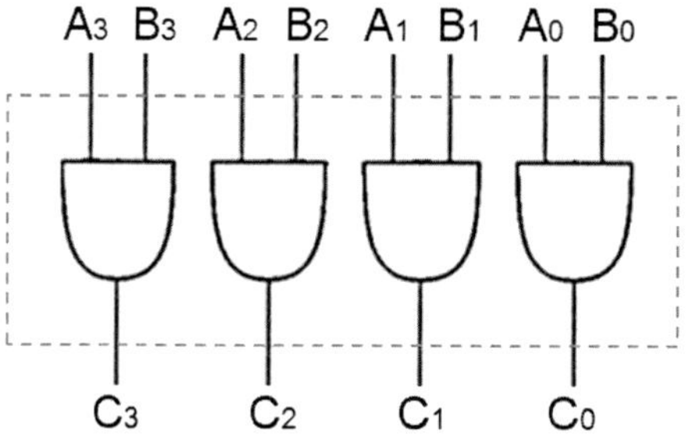

그림 8.25 4비트 AND 연산 회로

[쉬프트 연산 회로] 시프트 연산회로는 입력 값을 지정된 비트 수만큼 이동시켜야 한다. 그림 8.26은 4비트 입력 값 A를 B에 2비트로 지정된 수만큼 왼쪽으로 이동시키는 회로(LSL, Logical Shift Left)를 보여준다. 출력 값 C_3은 멀티플렉서 MUX3을 통하여 B 값이 00이면 A_3을 선택하고, 01이면 A_2를, 10이면 A_1을, 그리고 11이면 A_0를 선택함으로써 B에 지정된 수만큼 왼쪽으로 이동한 효과를 얻을 수 있게 된다. 나머지 출력 값 C_2, C_1, 및 C_0도 마찬가지의 원리로 처리한다. 예를 들어서 B가 10(십진수로 2)이면 출력 C는 A1A000이 되어서 입력 A를 2비트 왼쪽으로 이동시킨 결과가 된다. LSR이나 ASR을 위한 회로도 비슷한 원리로 구성할 수 있을 것이다.

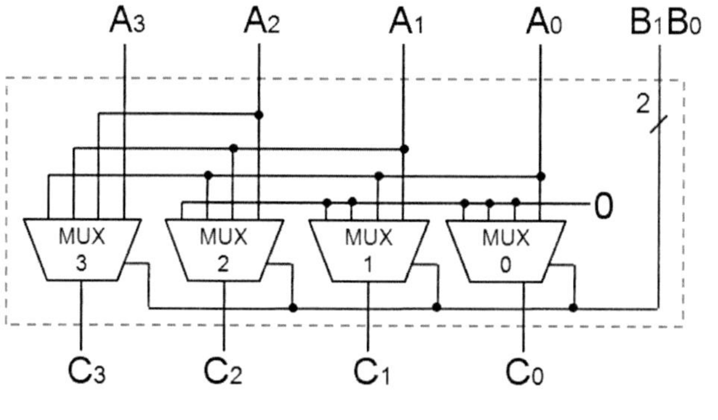

그림 8.26 4비트 LSL 연산 회로

8.9 전송 게이트

[전송 게이트] 전송 게이트(transmission gate)는 입력 신호를 필요에 따라 그대로 출력으로 연결하거나 차단할 수 있는 게이트이다. 그림 8.27은 CMOS 회로로 구성한 전송 게이트이다. 제어신호 Control이 3V(논리 값 1)이면 상단 트랜지스터에는 낮은 전압이 제어신호에 전달되어서 A와 Output이 연결되고, 하단 트랜지스터는 높은 전압이 게이트에 전달되어서 이것도 A와 Output이 연결된다. 반대로, Control 신호가 0V(논리 값 0)이면 상단 트랜지스터에는 높은 전압이 제어신호에 전달되어서 차단되고, 하단 트랜지스터에는 낮은 전압이 게이트에 전달되어서 역시 차단된다.

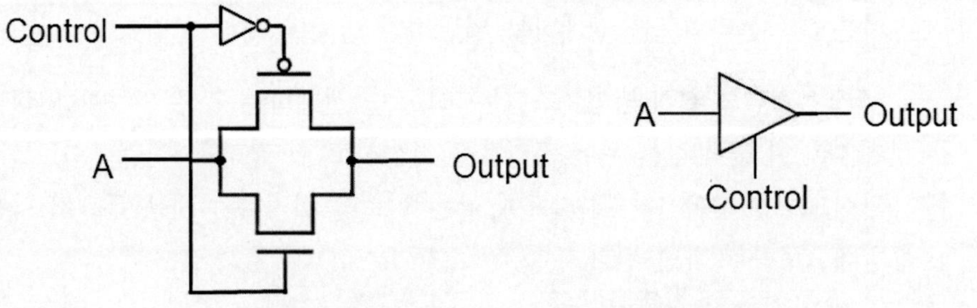

그림 8.27 전송 게이트 회로도와 표시 기호

프로세서 내부나 컴퓨터 회로를 설계하는데 있어서 여러 가지의 출력 신호들 중에서 하나만 출력 신호에 연결할 필요가 있다. 이를 위해서 멀티플렉서를 활용할 수도 있지만 전송 게이트를 활용할 수도 있다. 입력 신호들은 각각 전송 게이트를 통해서 연결하고, 전송 게이트들 중에서 1개만 활성화(Control에 높은 전압)하면 해당 신호만 그대로 연결될 것이다. TOY 프로세서에서 전송 게이트의 활용 예로는, 그림 10.5에서 DataDR, DataALU, AddrALU 및 AddrPC 신호가 전송 게이트의 활성화를 제어하는 신호로 사용되고 있다.

멀티플렉서는 여러 개의 입력들 중에서 선택신호에 의해 지정된 입력과 같은 값이 출력에 나타나도록 하는 회로인데 반해서, 출력이 서로 연결된 여러 전송 게이트들은 이들 중에서 하나에만 활성화 신호를 1로 하면 그 입력과 출력이 직접 연결된다. 멀티플렉서 대신에 전송 게이트를 활용하려면 각 전송 게이트 별 활성화 신호들은 선택 신호를 입력으로 하는 디코더를 사용하여 생성하면 된다. 멀티플렉서를 사용하면 입력 개수가 미리 확정되지만, 전송 게이트를 사용하면 필요에 따라서 새로운 신호들을 쉽게 추가할 수 있다. 대신에 각각의 활성화 신호를 별도로 생성해야 하는 번거로움은 있다.

8.10 조합논리회로 설계

TOY 프로세서는 순차논리회로로 설계하며, 순차논리회로를 설계하기 위해서는 회로의 동작 요구 조건에 맞게 진리표를 결정하고 이 진리표에 따른 조합논리회로를 설계하여 포함시켜야 순차논리회로가 완성된다. 여기서는 우선 진리표에 따른 조합논리회로를 설계하는 일반적인 방법에 대해 설명한다.

[조합논리회로 설계 방법] 조합논리회로를 설계하는 것은 가능한 입력들의 조합에 대하여 출력 값을 위한 진리표를 작성하고 이 진리표에 맞는 회로를 결정하는 과정으로 이루어진다. 진리표에 맞는 회로를 결정하는 것은 무조건 다음과 같은 방식으로 처리하면 된다.

(1) 진리표에서 출력이 1이 되는 입력 조건별로 각각 AND 게이트를 적용한다.

(2) 이 AND 게이트들의 출력을 OR 게이트로 결합한 것을 진리표의 출력으로 한다.

(3) 진리표 상에 출력이 여러 개이면 각각을 별도로 취급하여 (1)과 (2)의 방법을 적용한다.

입력 조건별 AND 게이트의 출력은 해당 조건일 때에만 1이고 나머지 조건들에는 모두 0이다. 따라서 이러한 AND 게이트들의 출력을 OR 게이트로 결합하면 입력 조건들 중에서 하나라도 1이면 OR 게이트의 출력이 1이 되고, 하나도 만족되지 않으면 출력이 0이 되어서 진리표의 조건에 맞게 되는 것이다. 어떤 조합논리회로도 진리표만 주어지면 이러한 방법으로 회로를 구성할 수 있다. 이 회로를 더 단순한 것으로 개선하는 방법들은 있지만 여기서는 목적에 맞는 회로를 구성하는 것에 주안점을 두고, 더 단순한 회로를 구하는 것은 일반적인 직관에 의해 처리하는 정도로만 한다.

[1비트 가산기 설계] 하나의 예로서 앞에서 다룬 1비트 가산기는 진리표가 그림 8.28의 (a)와 같다. 여기서 출력이 2개인데 각각 별개로 생각하면 된다. 진리표에서 보듯이 출력 C_{out}은 입력 A, B, 및 C_{in}의 값이 011, 101, 110, 및 111일 때의 4가지 경우만 1이고 나머지는 0이다. 이 진리표를 위한 회로 (b)에서 1번부터 4번까지의 AND 게이트들은 진리표에서 1인 입력 조건들과 하나씩 대응된다. 1번 AND 게이트는 입력이 011일 때에만 1이고 나머지는 0이다. 2, 3, 4번 AND 게이트도 특정 입력 조건에만 1이고 나머지는 0이다. 따라서 출력 C_{out}은 이들을 모두 8번 OR 게이트로 결합하면 이들 중 어느 하나라도 1이면 1이 되고 아무것도 해당되지 않으면 0이 되어서 진리표의 C_{out}과 일치하게 된다. 출력 S도 마찬가지의 원리를 적용하여 회로를 구성하면 된다. 여기서 4번 AND 게이트의 출력은 C_{out}과 S에 공통으로 활용하였다.

A	B	C_{in}	C_{out}	S
0	0	0	0	0
0	0	1	0	1
0	1	0	0	1
0	1	1	1	0
1	0	0	0	1
1	0	1	1	0
1	1	0	1	0
1	1	1	1	1

(a) 진리표

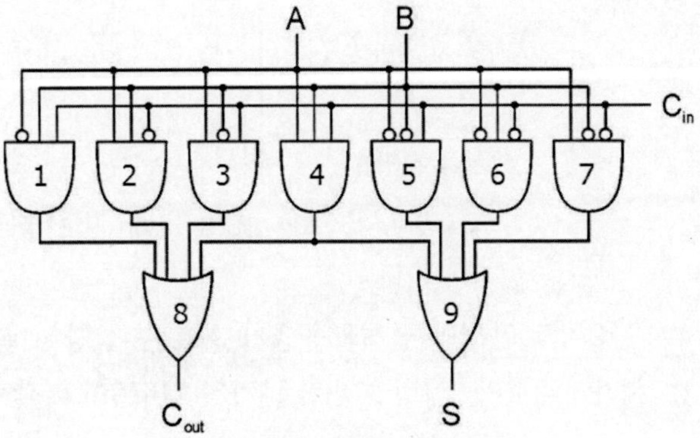

(b) 회로도

그림 8.28 1비트 가산기 회로설계

[4대1 멀티플렉서 설계] 앞에서 다룬 그림 8.17의 2비트 디코더는 출력이 4개인데 각각 별개로 생각하면 되고, 각 출력별로 1이 되는 입력 조건은 1개밖에 없으므로 OR 게이트가 필요하지 않았다. 다른 예로서 앞에서 다룬 4대1 멀티플렉서의 회로도 마찬가지의 방법으로 설계할 수 있는데 그 진리표는 그림 8.29의 (a)와 같다. 여기서 x 표시는 어떤 값이라도 상관없다는 의미이다. S가 00일 때에 출력 Out은 B, C, D의 값에는 상관없이 A와 동일한 출력임을 나타내고, S가 01일 때에 출력 Out은 A, C, D의 값에는 상관없이 B와 동일한 출력임을 나타내고

있다. S가 10과 11일 때에도 각각 C와 D의 값과 동일한 값이 Out에 출력된다. Out의 값이 1인 경우는 S가 00이고 A가 1일 때, S가 01이고 B가 1일 때, S가 10이고 C가 1일 때, S가 11이고 D가 1일 때 등의 4가지이다. 따라서 이 진리표에 따른 회로는 1번부터 4번까지의 AND 게이트가 각각의 경우에 1이 되고 이들을 5번의 OR 게이트로 결합하면 진리표와 일치하는 Out 출력을 얻을 수 있다.

S_1	S_0	A	B	C	D	Out
0	0	0	x	x	x	0
0	0	1	x	x	x	1
0	1	x	0	x	x	0
0	1	x	1	x	x	1
1	0	x	x	0	x	0
1	0	x	x	1	x	1
1	1	x	x	x	0	0
1	1	x	x	x	1	1

(a) 진리표

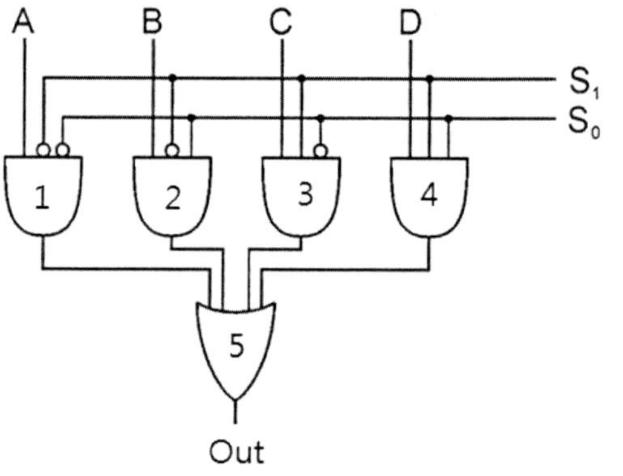

(b) 회로도

그림 8.29 4대1 멀티플렉서 회로설계

[2비트 곱셈기 설계] 곱셈기 회로는 상당히 복잡한데 여기서는 2비트 곱셈기를 가정해보자. 입력 A와 B는 각각 2비트이고 출력 M은 4비트이다. 이 곱셈기를 위한 진리표는 표 8.1과 같을 것이다. A와 B의 모든 입력 조합에 대하여 그 곱에 해당하는 값이 M에 표시되어 있다. 예를 들어서 A가 2이고 B가 3이면 출력은 2와 3의 곱인 6이어야 하는데, 이것은 2비트 입력 A가 10이고 B가 11일 때 4비트 출력 M은 0110으로 진리표에 표시되어 있다. A가 00이면 B의 값에 상관없이 이들의 곱인 M은 0000이다. 이 진리표에 맞는 회로는 꽤 복잡하겠지만 다른 예들과 마찬가지로 4개의 출력 M3부터 M0까지를 각각 규칙에 따라서 구성해 볼 수 있을 것이다.

표 8.1 2비트 곱셈기의 진리표

입력				출력			
A1	A0	B1	B0	M3	M2	M1	M0
0	0	x	x	0	0	0	0
0	1	0	0	0	0	0	0
0	1	0	1	0	0	0	1
0	1	1	0	0	0	1	0
0	1	1	1	0	0	1	1
1	0	0	0	0	0	0	0
1	0	0	1	0	0	1	0
1	0	1	0	0	1	0	0
1	**0**	**1**	**1**	**0**	**1**	**1**	**0**
1	1	0	0	0	0	0	0
1	1	0	1	0	0	1	1
1	1	1	0	0	1	1	0
1	1	1	1	1	0	0	1

[제 9 장]

순차 논리회로

9.1 D 플립플롭

[순차 논리회로] 조합 논리 회로는 2진 논리의 입력들의 값에 따라서 출력 값이 정해지는 논리 회로이다. 예를 들면 2개의 2진수를 입력 값으로 받아서 그 더한 결과를 출력 값으로 내보내는 회로가 조합 논리 회로의 한 예이다. 이에 비해서 **순차 논리 회로**는 회로 내부의 현재 상태를 나타내는 값이 있고, 입력들의 값뿐만 아니라 현재의 내부 상태 값도 출력 값을 결정하는데 사용되는 회로를 말한다. 조합논리 회로는 현재의 입력 값들에 의해서만 출력이 결정되지만, 순차논리 회로는 회로 내부의 현재 상태 값도 출력을 결정하는 요소이다. 다음 상태도 현재의 상태 값과 입력 값에 의해서 결정된다.

D 플립플롭(flip-flop)은 순차논리 회로를 구성하는 기본 소자로서 현재의 상태 값을 저장해 두는 용도로 사용된다. 또한 D 플립플롭은 레지스터를 구성하는 1비트 저장장치로도 사용되는데, 레지스터는 프로세서 내에서 임의의 값을 기록해 두고 연산에 이 값을 사용할 수 있도록 하는 부분으로서 TOY 프로세서에는 8개의 32비트 레지스터들이 사용된다.

[D래치] D 플립플롭은 2개의 **D래치**(latch)로 구성되는데 그림 9.1이 D 래치의 회로도이다. WE(Write Enable, 쓰기 활성화)는 D래치에 새로운 값을 기록할 때에만 1로 지정한다.

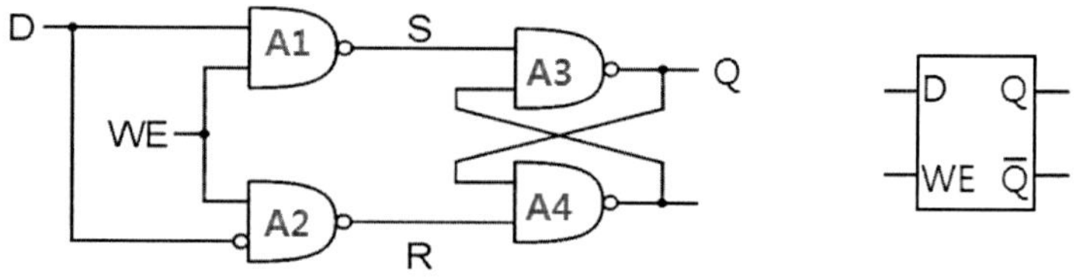

그림 9.1 D 래치의 회로 구성과 표시 기호

우선 WE가 1일 때의 회로 동작을 분석해 보자. WE가 1이고 D가 0이면 그림 9.2 (a)와 같이 NAND 게이트 A1의 출력 S는 1이고 NAND 게이트 A2의 출력 R은 0이 된다(A2의 입력에서 D는 반전된 값이 전달된다). R이 0이므로 A4의 출력은 무조건 1이다. A3은 입력이 둘 다 1이므로 출력은 0이 된다. 즉 Q는 0이다. WE가 1이고 D가 1이면 반대로 S는 0이고 R이 1이고 따라서 Q는 1이다. 즉, WE가 1일 때에는 Q값은 D와 같은 값이 된다.

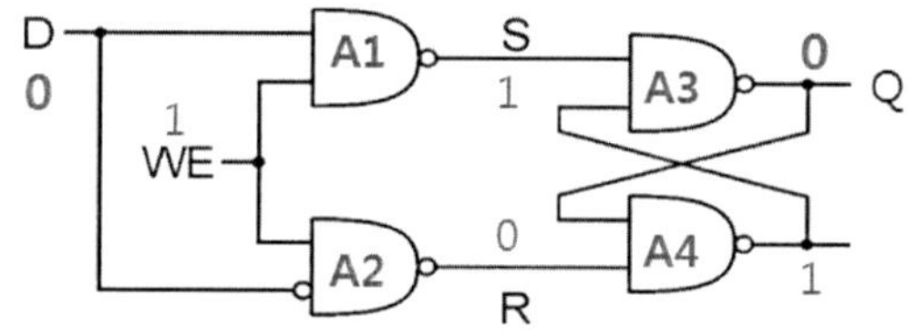

(a) WE = 1이고 D = 0일 때

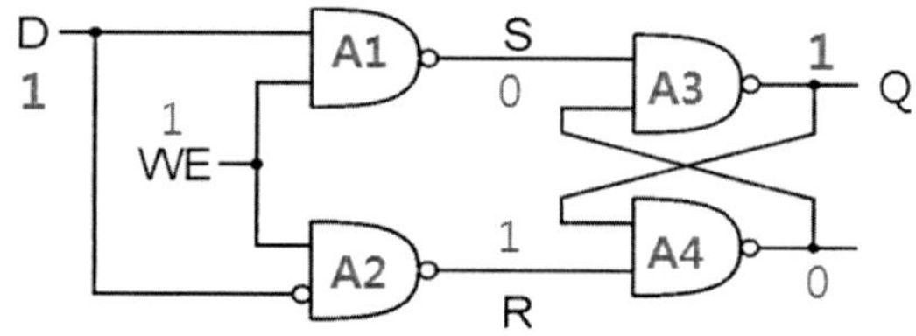

(b) WE = 1이고 D = 1일 때

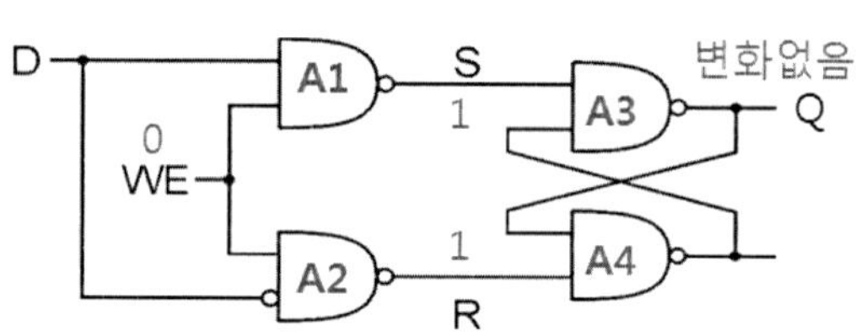

(c) WE = 0일 때

그림 9.2 D래치의 동작

WE가 0일 때에는 D의 값에 상관없이 NAND 게이트 A1과 A2의 출력 S와 R은 모두 1이 된다. 만약 원래의 Q 값이 0이었으면 A4의 입력으로 0이 전달되어 A4의 출력은 1이고, A3의 입력은 둘 다 1이므로 Q는 여전히 0으로 일치한다. 그러나 원래의 Q값이 1이었으면 A4의 입력은 둘 다 1이므로 A4의 출력은 0이 되고, 이것이 A3의 입력으로 전달되어서 Q는 1이 된다. 결론적으로 WE가 0이면 D값에 상관없이 원래의 Q값이 동일하게 유지된다. 이것을 진리표로 표현하면 표 9.1과 같다.

▮표 9.1▮ D래치의 진리표

WE	D	S	R	Q
0	0	1	1	Q
0	1	1	1	Q
1	0	1	0	0
1	1	0	1	1

이제 D래치를 원하는 값을 기록해 두는 장치로 사용하자. WE 신호는 평소에 0으로 유지한다. 새로운 값을 기록하려면 기록할 값을 D에 전달한 상태에서 WE 신호를 1로 변경한 후에 WE신호를 다시 0으로 변경한다. WE 신호가 1이 되는 시점에 출력 Q는 D와 같은 값으로 될 것이고, WE가 0으로 되돌아온 후에는 Q값은 현재의 값이 그대로 유지된다. 기록된 값은 변하지 않는 것이다. 현재의 기록된 값을 사용하려면 Q값을 그대로 연결하면 된다.

순차논리 회로에서는 현재의 상태 값과 입력 값에 의해서 다음 상태의 값이 결정되고 이것이 다시 상태를 기록하는 장치의 입력으로 연결된다. 만약에 D 래치를 상태를 저장하는 장치로 활용한다면 그림 9.3과 같은 회로를 가정해 보자. 현재 입력 A는 1이고 D래치의 Q값은 0이라고 가정한다. 그러면 B는 1이 되고 따라서 래치의 입력은 1이다. 이 상태에서 래치의 입력을 기록하기 위해서 WE 신호를 1로 변경하면 다음과 같이 출력 B가 불안정해 진다. WE가 1이면 래치의 입력이 기록되면서 Q가 1이 되고 따라서 B는 0으로 변경된다. 그러면 래치의 입력이 0으로 바뀌고, WE는 여전히 1이므로 이제 Q는 0으로 바뀌면서 B는 다시 1로 바뀐다. 이렇게 WE가 1인 동안에 B의 값이 1과 0을 무한히 반복하게 되는 것이다.

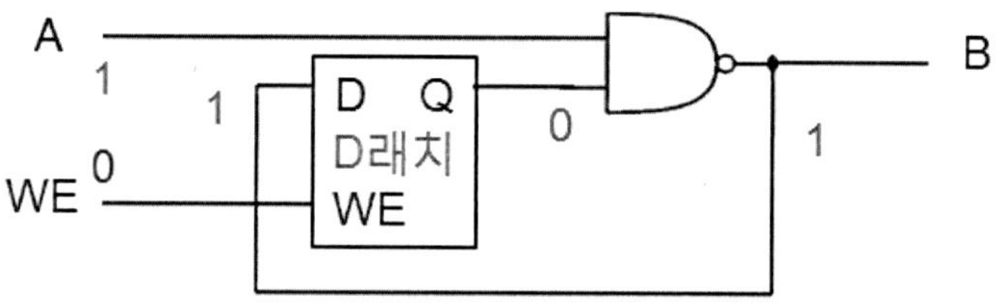

그림 9.3 D래치 회로의 문제점

[D 플립플롭] 그림 9.4의 **D 플립플롭**은 2개의 D 래치를 사용하여 현재 출력은 입력과 분리되고 클록 신호가 0에서 1로 상승하는 시점에만 출력이 변하는 플립플롭이다. 이것은 순차 논리 회로를 설계할 때 현재의 상태를 저장하는 데에도 사용되고 프로세서 내부의 레지스터를 구성하는 데에도 사용된다.

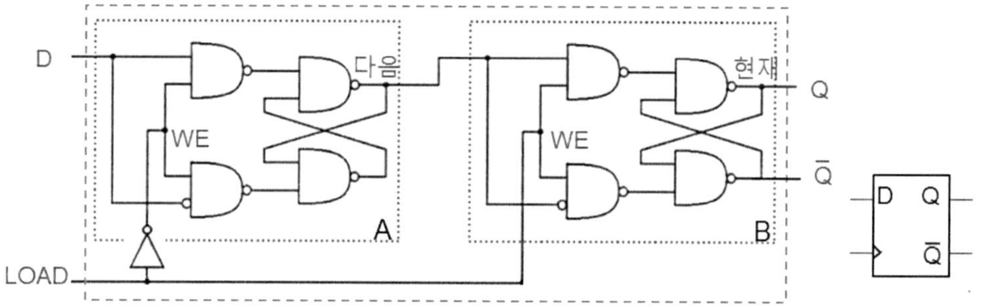

그림 9.4 D 플립플롭의 회로 구성과 표시 기호

LAOD 신호가 0인 상태에서는 A 래치의 WE 신호는 1이고, B 래치의 WE 신호는 0이다. 즉, 현재의 입력 D 값이 내부의 다음 값(A 래치의 Q)에 기록되고 출력(B 래치의 Q)은 변화가 없다. 이제 LOAD가 1로 되면 A 래치는 WE 신호가 0이 되어서 D 입력에 상관없이 다음 값은 그대로 유지되고, B 래치는 WE 신호가 1이 되어서 내부에 기록된 다음 값이 출력 Q로 전달된다. LOAD가 1로 유지되는 동안에는 D 입력 값이 변하더라도 A 래치의 값이 변하지 않으므로 B 래치의 출력도 변하지 않는다. 따라서, LOAD 신호가 0에서 1로 상승하는 시점에만 내부에 준비되어 있던 다음 값이 출력 값으로 기록된다.

그림 9.3의 문제의 회로에서 D 래치 대신에 D 플립플롭을 적용한 그림 9.5의 회로는 안정하게 동작하는 것을 확인할 수 있다. 현재 왼쪽 래치는 WE가 1이므로

입력 값 1이 기록되어 Q_0은 1이고 오른쪽 래치는 WE가 0이므로 Q_1은 변하지 않고 0이 유지된다. 이 상태에서 D 플립플롭의 입력을 기록하기 위해서 LOAD가 1로 변경되면 오른쪽 래치는 WE가 1이므로 1이 기록되면서 Q_1은 1은 1로 변경되고 B도 0으로 변경될 것이다. 그러나 왼쪽 래치는 WE가 0이므로 Q_0의 값은 1로 계속 유지되고 따라서 Q_1과 B의 값은 더 이상 변하지 않는다.

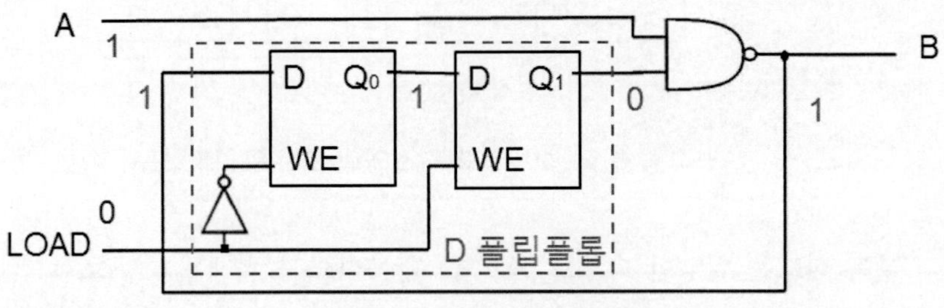

그림 9.5 D 플립플롭의 적용

> 참고
>
> **[래치와 플립플롭]** 래치와 플립플롭의 용어는 통일된 정의가 없고 서로 혼용되고 있는데, 여기서는 대체로 널리 사용하는 의미를 따랐다. 래치는 WE 신호가 1인 상태에서는 언제든지 입력 값이 출력 값으로 기록되는 것을 의미하고, 플립플롭은 LOAD 신호가 상승으로 변하는 순간(상승 에지, positive edge)에만 값이 기록되는 것을 의미한다. 플립플롭은 그림 9.4와 같이 LOAD 신호의 상승 에지에 기록되도록 설계된(positive edge triggered) 것과, 반대로 LOAD 신호의 하강 에지에 기록되도록 설계된(negative edge triggered) 것이 있다.

9.2 레지스터

[레지스터] 프로세서 내부의 **레지스터(register)**는 기본적으로 D 플립플롭을 병렬로 배치한 것이다. TOY 프로세서의 각 레지스터는 D 플립플롭 32개를 병렬로 배치하여 구성한다. 그림 9.6은 4비트 레지스터 회로를 보여준다. 여기서 Load 신호는 레지스터에 새로운 값을 기록할 때 활성화되며 평소에는 0으로 유지한다. Load 신호가 0이면 D 플립플롭은 출력이 변하지 않을 것이다. 레지스터에 입력 D의 4비트 값을 기록하는 것은 Load 신호를 1로 변경한 상태에서 시스템 클록

신호가 0에서 1로 변하는 시점에 이루어진다. 이후에 Load 신호를 다시 0으로 되돌려 놓으면 레지스터의 출력은 변하지 않고 그대로 유지 된다.

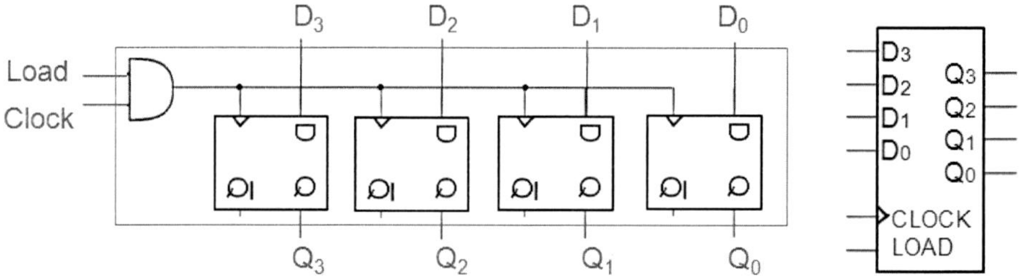

그림 9.6 4비트 레지스터의 회로구성과 표시 기호

클록 신호는 일정한 속도로 0과 1을 반복하도록 설계된 회로로서, 전체 시스템의 동작 속도를 일정하게 유지하는 역할을 한다. 이렇게 Load 신호와 클록 신호를 AND로 결합하여 사용하면 전체 회로의 여러 레지스터들에 기록하는 작업들이 필요할 때 각각의 Load 신호가 약간의 시차가 있을 경우에도 모두 보조를 맞추어 동시에 기록되는 효과가 있다.

[레지스터 간의 ADD] 프로세서가 레지스터들 간에 ADD 연산을 처리하는 기본 원리를 생각해보자. 그림 9.7은 이 책의 1부에서 다루었던 어셈블리 언어 프로그램에서 레지스터 R1의 값과 레지스터 R2의 값을 더해서 레지스터 R3에 저장하는 작업을 위한 회로이다. 어셈블리 언어로는 'ADD R3, R1, R2' 명령어에 해당한다. 4비트 가산기의 입력 A에는 레지스터 R1의 출력을, B에는 레지스터 R2의 출력을 연결하고, 가산기의 출력은 레지스터 R3의 D 입력에 연결한다. 가산기의 캐리 입력은 0으로 설정하고, 캐리 출력은 사용하지 않는다. 클록 신호는 3개의 레지스터에 공통으로 연결한다. R1과 R2의 LOAD 신호는 0으로 설정하고, R3의 LOAD 신호(LoadR3)는 1로 설정해 준다. 이 상태에서 클록 신호가 0에서 1로 상승하면 R3에는 R1의 값과 R2의 값을 더한 결과가 저장되고, R1과 R2의 값은 변하지 않는다.

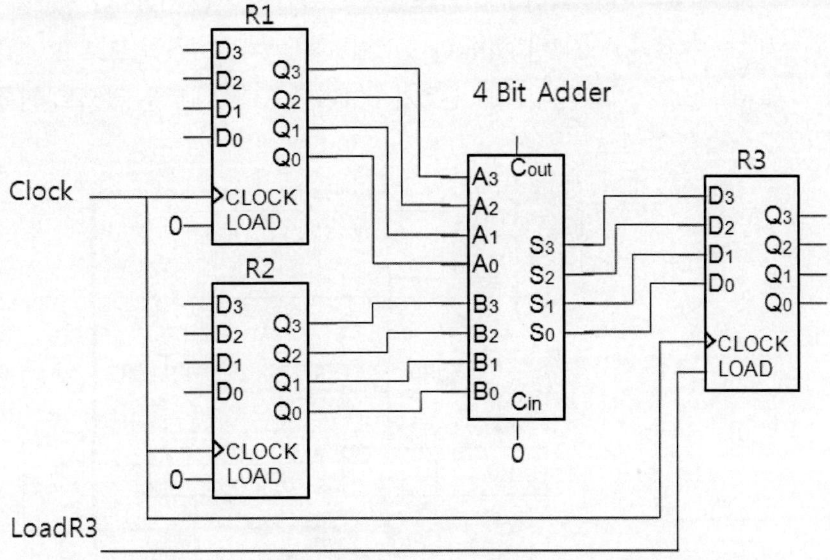

그림 9.7 R1의 값과 R2의 값을 더해서 R3에 저장하기

[레지스터 간의 연산] ALU를 이용하여 임의의 레지스터들 간에 산술/논리 연산을 하는 회로를 구성하여 보자. 그림 9.8은 10장에서 설명할 TOY 프로세서의 산술/논리 연산 부분만 발췌한 것이다. R0부터 R7까지는 각각 32비트의 데이터를 저장할 수 있는 레지스터이다. 클록 신호는 모든 레지스터들에 공통으로 전달되는데 회로를 단순하게 표현하기 위해서 그림에서는 생략하였다. 여기서 굵은 선 위에 '/' 표시와 숫자 3이 적힌 것은 3개의 신호선이 병렬로 있다는 표시이며 숫자 32가 적힌 것은 32개의 신호선이 병렬로 있다는 표시이다.

레지스터들의 값은 모두 멀티플렉서 V1MUX와 V2MUX 둘 다 입력으로 연결된다. SR과 SR2는 각각 3비트 신호로서 8개의 레지스터들 중에서 하나를 선택한다. R0를 선택하기 위해서는 000, R1을 선택하기 위해서는 001, R2를 선택하기 위해서는 010 등으로 지정한다. ALU는 3비트 신호로서 ALU의 8개의 연산기능들 중에서 하나를 선택한다. 연산기능은 그림 8.24에서 제시한 예와 같이 ADD는 000, SUB는 001, AND는 010, OR는 011 등으로 정의된다.

디코더 DRDec의 8개의 출력은 각각 LdReg 신호와 AND 게이트로 결합되어 R0부터 R7까지의 각 레지스터의 Load 신호로 사용된다. DR 신호는 3비트로서 디코더 DRDec의 입력 신호로 사용된다. LdReg 신호가 0이면 모든 레지스터의

Load 신호는 0이 되어서 아무데도 기록되지 않는다. LdReg 신호가 1인 상태에서 DR 신호가 000이면 LdR0만 1이 되고 나머지는 0이 되므로 R0 레지스터만 새로운 값으로 기록된다. DR 신호가 001이면 R1만 새로운 값으로 기록될 것이다.

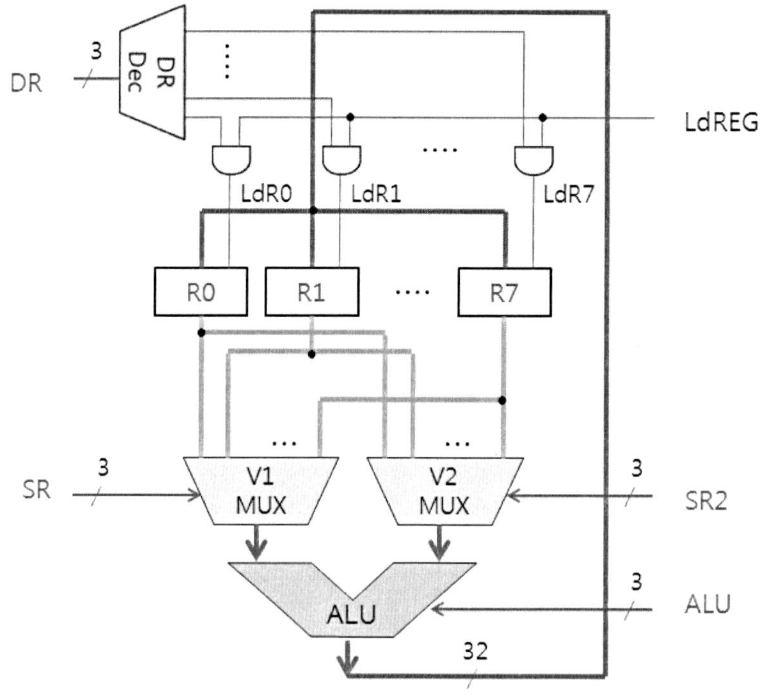

그림 9.8 레지스터들 간의 산술논리 연산 회로

이제 R2의 값과 R3의 값을 더해서 R0에 기록하는 작업을 위한 신호들을 지정해보자. SR은 R2를 선택하기 위해서 010으로, SR2는 R3을 선택하기 위해서 011로, ALU는 ADD 기능을 선택하기 위해서 000으로 지정한다. 그러면 ALU의 출력은 R2의 값과 R3의 값을 더한 결과가 출력되고 있을 것이다. DR은 R0를 지정하기 위해서 000으로 하고 LdREG 신호를 1로 하면 클록이 0에서 1로 변하는 시점에 ALU의 출력이 R0에만 기록될 것이다.

9.3 순차 논리회로 설계

[회로의 기본 구성] 프로세서는 시스템 클록에 따라서 상태가 변해가는 순차 논리회로이다. 순차 논리 회로의 기본 구성은 그림 9.9와 같다. 입력의 개수, 출력의 개수 및 내부 상태의 비트 수는 회로마다 다르겠지만 기본 구성은 비슷하다. 여기서는 외부 입력은 X와 Y의 2개이고, 외부 출력은 A, B 및 C의 3개이며, 현재의 상태를 저장하기 위해서 2개의 D 플립플롭을 사용한 것으로 가정하였다. 조합논리회로 부분은 이 회로의 동작 조건에 맞게 적절히 설계되어야 한다. 다음 상태를 나타내는 S'_1과 S'_0는 각각 S_1과 S_0을 위한 D 플립플롭의 입력 D에 연결한다. 다음 상태의 신호는 다시 플립플롭의 입력으로 연결되므로 D래치가 아니라 D 플립플롭을 사용하는 것이다. 현재의 상태 S_1 및 S_0의 값과 외부 입력 값에 의해서 다음 상태의 값 S'_1과 S'_0이 정해지면, 클록이 0에서 1로 변하는 시점에 D 플립플롭에 기록되면서 상태가 변경된다. 클록이 매 주기의 0에서 1로 변경되는 시점마다 새로운 상태로 변경되는 것이다.

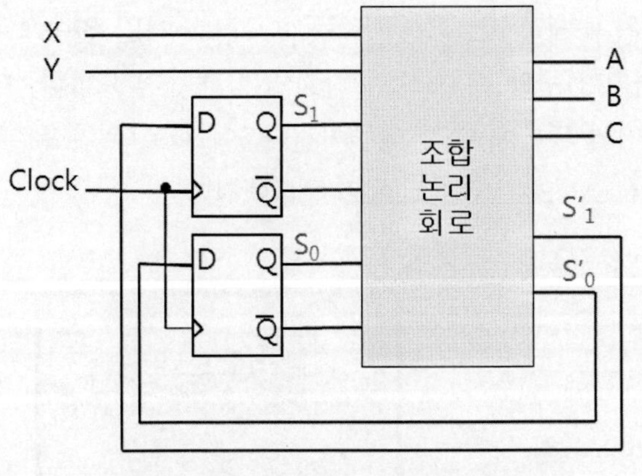

그림 9.9 순차 논리회로의 구성

[설계 절차] 순차논리 회로의 설계는 대체로 다음의 순서대로 진행 한다.

1단계 회로의 동작에 대한 요구조건에 따라서 구별해야 할 상태들을 정의하고 각 상태별로 출력이 무엇인지를 정의한다.

2단계 각 상태 간에 천이 조건을 정의한다. 여기까지의 결과는 상태천이도로 표현할 수 있다.

3단계 각 상태별로 고유한 번호를 부여한다. 상태 번호를 표현하는 비트 수 만큼의 D 플립플롭을 사용한다. 상태별로 번호를 선택하는 방법은 임의로 하면 되는데, 선택하는 방법에 따라서 최종회로가 달라지므로 여러 가지를 시도해보고 제일 간단한 회로가 되는 것을 선택하면 된다. 상태별로 D 플립플롭의 번호를 부여할 때 남는 번호가 있으면 정상 상태 중의 하나로 천이하도록 한다. 예를 들어서 필요한 상태가 3가지이면 D 플립플롭 2개가 필요하고 따라서 D 플립플롭의 4가지 가능한 상태중 하나는 남게 된다.

4단계 현재 상태 번호와 입력 신호에 따라 출력과 다음 상태 번호를 표현하는 진리표를 작성한다.

5단계 이 진리표에 따라 출력 신호 및 다음 상태의 신호를 생성하는 조합논리회로를 설계한다. 다음 상태 신호는 D 플립플롭의 입력으로 연결한다.

우리의 목표는 TOY 프로세서를 설계하는 것인데, 우선 간단한 순차논리 회로를 설계해 보자. 그림 9.10은 교통안내 신호로서 방향 선택에 따라 세 개의 불빛이 오른쪽으로 흐르거나 왼쪽으로 흐르듯이 순차적으로 켜지도록 하는 장치이다. 방향 스위치가 0이면 오른쪽으로 흐르고, 1이면 왼쪽으로 흐르도록 한다. 한 번에 한 개의 전구만 켜지므로 3가지의 상태가 필요하다. 다음 상태로의 천이는 일정한 주기의 클록에 따라 이루어진다. 이 회로의 입력은 방향 스위치 (D) 하나이고 출력은 A, B 및 C의 3개로 이루어진다.

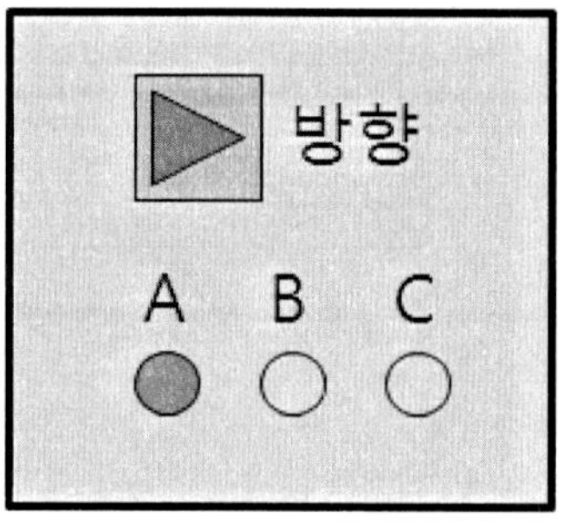

그림 9.10 교통안내 신호

1단계 그림 9.11은 3가지의 상태 X, Y, 및 Z와 각 상태별로 켜지는 전구를 지정하고 있다. 방향 스위치가 1이면 불빛이 오른쪽으로 흐르게 하기 위해 상태가 X, Y, Z, X, Y, Z의 순서로 변경되도록 할 것이다. 방향 스위치가 0이면 불빛이 왼쪽으로 흐르도록 Z, Y, X, Z, Y, X의 순서로 상태가 변경되도록 할 것이다.

그림 9.11 3가지 상태의 정의

2단계 그림 9.12의 상태 천이도는 세 가지의 상태들 간에 입력인 방향 스위치 값에 따라서 상태가 변해가는 과정을 표현한 것이다. 클록 신호가 0에서 1로 바뀌는 시점에 다음 상태로 천이한다. 예를 들어 X 상태에서는 출력 중 A만 1이며, 다음 상태는 방향이 0일 때는 Y이고 1일 때는 Z이다. 방향이 0이면 클록 신호의 속도에 맞춰서 X, Y, Z 순서로 상태가 변해가고, 방향이 1이면 X, Z, Y 순서로 상태가 변해는 것을 나타내고 있다.

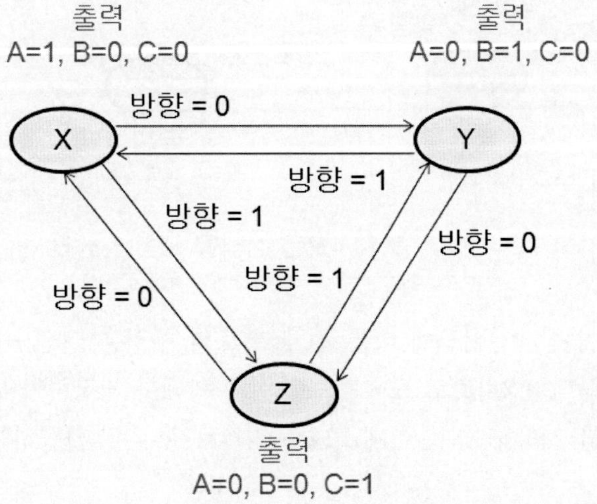

그림 9.12 상태 천이도

3단계 그림 9.13은 상태번호까지 결정한 완성된 상태천이도이다. 상태가 3가지이므로 상태들을 구별하는 데는 최소한 2비트가 필요하여 D 플립플롭을 2개 사용한다. 각 상태별 번호는 임의로 부여하면 된다. 여기서는 편의상 X는 00, Y는 01, Z는 10으로 정한다. 상태별로 번호를 부여하는 방법에 따라서 최종회로가 달라지는데, 여러 가지를 적용해 보고 최종회로가 가장 단순하게 되는 것을 선택하면 된다. 상태번호 11은 필요하지 않지만 이것에 대한 내용도 회로에는 포함해야 한다. 처음 전원을 인가한 시점의 상태가 우연히 11일 수도 있기 때문이다. 사용하지 않는 상태에 대한 다음 상태는 정상적인 상태 중의 하나로 정하고, 출력도 합리적으로 지정해 주면 된다. 여기에서는 현재 상태가 11인 경우에 대한 출력은 모두 0으로 처리하고(전구가 켜지지 않게 하고) 다음 상태는 무조건 정상상태 중의 하나인 00으로 천이하도록 하였다.

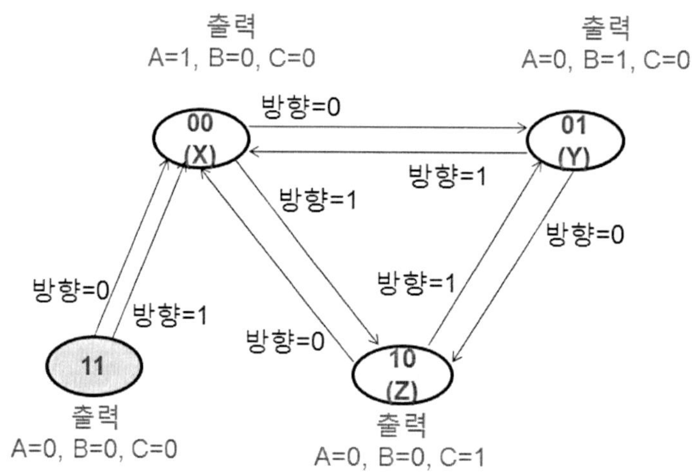

그림 9.13 모든 상태를 포함한 상태 천이도

이 상태천이도에 따른 전체 회로의 구성은 그림 9.14와 같이 될 것이다. 상태는 2비트로 표현되므로 현재 상태를 저장하기 위해서 D 플립플롭 2개를 사용하였다. 이제 조합논리회로 부분을 완성하면 된다.

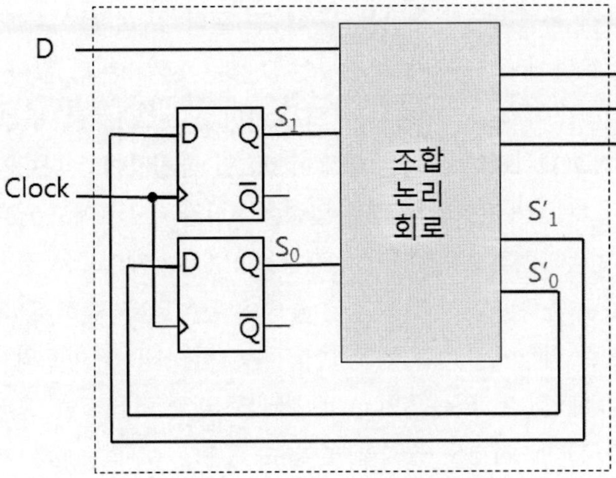

그림 9.14 전체 회로의 구성

4단계 그림 9.13의 상태천이도에 맞게 작성된 진리표는 표 9.2와 같다. 상태천이도에 표현된 대로 방향이 0이고 현재상태가 00이면 출력은 A만 1이고 나머지는 모두 0이고, 다음 상태는 01이 되도록 진리표에 표시하였다. 방향이 0이고 현재상태가 01이면 출력은 B만이 1이고 나머지는 모두 0이고, 다음 상태는 10이다. 진리표의 나머지 경우들도 상태천이도에 맞게 출력값을 결정하였다.

표 9.2 교통안내 신호 진리표

입력		출력			
방향(D)	상태(S_1 S_0)	다음 상태(S'_1 S'_0)	A	B	C
0	0 0	0 1	1	0	0
0	0 1	1 0	0	1	0
0	1 0	0 0	0	0	1
0	1 1	0 0	0	0	0
1	0 0	1 0	1	0	0
1	0 1	0 1	0	1	0
1	1 0	0 0	0	0	1
1	1 1	0 0	0	0	0

5단계 이제 이 진리표에 따라서 조합논리 부분을 구성하기만 하면 된다. 그림 9.15는 최종 회로이다. 출력은 S'_1, S'_0, A, B 및 C로서 총 5개인데 이들은

각각 독립적으로 회로를 구성하면 된다. 예를 들어서 출력 S'$_1$은 진리표의 세로축에 표시된 대로 입력인 D, S_1, S_0의 3비트 값이 001일 때와 100일 때만 1이 되고 나머지는 모두 0이 되는 회로를 구성한다. 회로의 3번 AND 게이트의 출력은 입력이 001일 때만 1이고 나머지는 모두 0이다. 4번 AND 게이트의 출력은 입력이 100일 때만 1이고 나머지는 모두 0이다. 3번과 4번의 AND 게이트 출력을 6번 OR 게이트로 결합하면 진리표에 표시된 출력신호 S'$_1$에 지정된 출력이 완성된다. 출력 S'$_0$도 마찬가지의 방법으로 입력이 000일 때만 1이 되는 1번 AND 게이트의 출력과 입력이 110일 때만 1이 되는 2번 AND 게이트의 출력을 5번 OR게이트로 결합하면 진리표에 지정된 출력을 얻을 수 있다.

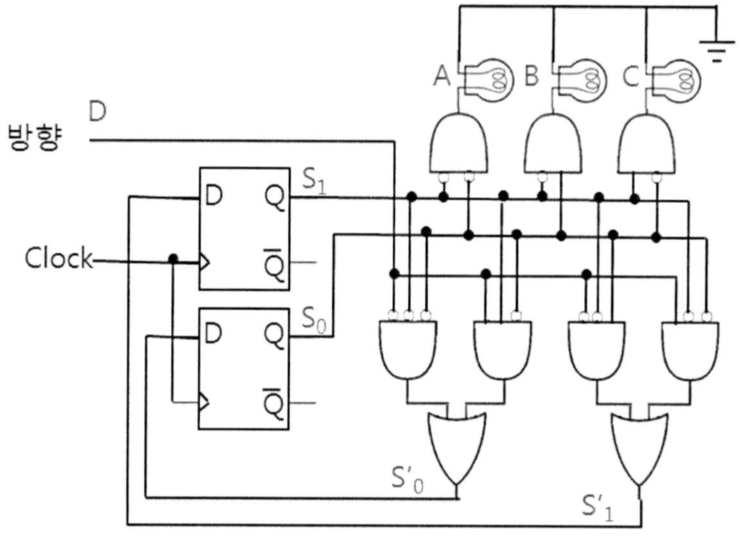

그림 9.15 교통안내 신호 회로도

출력 A도 같은 방법으로 회로를 구성할 수 있지만 더 단순한 회로를 얻을 수 있다. A는 입력이 000일 때와 100일 때만 1이고 나머지는 0이 되는 회로가 필요하다. 이것은 입력 D의 값이 0이든 1이든 상관없이 S1과 S0이 둘 다 0이면 출력이 1이고 그렇지 않으면 출력이 0인 것을 의미한다. 따라서 7번 AND 게이트처럼 구성하면 간단하게 완성된다. 출력 B와 C도 같은 방식으로 단순한 회로를 얻을 수 있다.

이렇게 만든 신호 S'_1과 S'_0은 각각 D 플립플롭의 입력으로 연결한다. 출력 A, B 및 C 는 각각 해당되는 전구에 접속하면 된다(단, 전구의 소모 전력이 클 경우에는 전구별로 별도의 전력을 공급하고 A, B 및 C를 각 전구의 스위치 신호로 사용해야 한다). 클록이 0에서 1로 변하는 시점에 D 플립플롭은 D 입력에 지정된 값 (다음 상태의 값)이 기록되면서 상태가 변경된다. 클록의 속도는 예를 들어 0.5초 단위로 불빛이 이동하도록 하려면 0.5Hz의 클록을 사용하면 된다.

[회로의 개선] D 플립플롭에는 출력 Q와 동시에 반대의 값도 출력으로 제공되므로 이것을 활용하면 회로를 보다 단순하게 구현할 여지가 있다. 그림 9.15에서 AND 게이트들에 입력을 반대로 바꾸는 부분에는 NOT 게이트를 사용해야하는데, Q의 반대 출력을 활용하면 된다. 또한 AND 게이트나 OR 게이트보다 NOR 게이트나 NAND 게이트가 더 단순하다. 그림 9.16은 앞의 회로와 동일하게 작동하지만 NOR 게이트를 활용하여 개선한 회로이다.

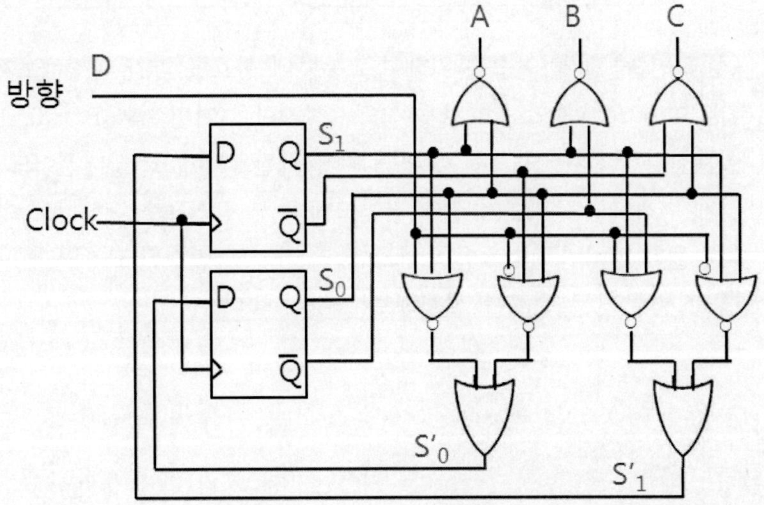

그림 9.16 개선된 회로도

상태별로 번호를 부여하는 방법을 달리하면 최종회로도 달라진다. 만약 X 상태는 01, Y 상태는 11 그리고 Z 상태는 10으로 상태번호를 부여한다면 진리표는 표 9.3과 같이 변형될 것이다. 사용하지 않는 상태 00은 전구는 켜지 않고 정상적인 상태 01로 천이하도록 하였다. 이 진리표대로 조합 논리 회로를 구성하여 새 회로를 얻을 수 있다. 직접 그려보면 앞의 회로보다는 복잡하다는 것을 확인할 수 있을 것이다. 동일한 동작을 하지만 회로는 더 복잡한 것이다. 따라서 여러 가지의 상태 번호 부여 방법들을 적용해 보고 최종회로가 가장 단순해지는 것을 선택하는 것이 좋다.

▌표 9.3▌ 변경된 진리표

입력		출력			
방향(D)	상태(S_1 S_0)	다음 상태(S'_1 S'_0)	A	B	C
0	0 0	0 1	0	0	0
0	0 1	1 1	1	0	0
0	1 0	0 1	0	0	1
0	1 1	1 0	0	1	0
1	0 0	0 1	0	0	0
1	0 1	1 0	1	0	0
1	1 0	1 1	0	0	1
1	1 1	0 1	0	1	0

[설계 연습] 설계 연습을 위하여 교통안내 신호를 약간 변경해보자. 방향 스위치가 0이면 오른쪽으로 흐르듯이 표시하지만, 1이면 A와 B가 교대로 깜박이도록 설계한다. 그러면 새로운 상태는 추가할 필요가 없고 상태천이도만 동작 조건에 맞게 변경하면 된다. 이 상태 천이도에 맞게 진리표를 작성하고 회로를 구성하는 과정을 진행하면 된다. 이 외에도 여러 가지로 변형된 교통안내 신호를 정의하고 그 조건에 맞는 회로를 설계해보는 것이 좋다.

9.4 메모리

[RAM] RAM(Random Access Memory)도 레지스터의 연장선 상에서 생각하면 된다. 예를 들어 32비트(4바이트) 크기의 저장 공간(워드, word)이 1024개(총 4K 바이트)인 메모리 모듈은 32비트 크기의 레지스터가 1024개 들어있고, 각각의 레지스터는 10비트의 주소로 구별한다고 가정하면 된다. 그러나 메모리의 한 비트는 D 플립플롭으로 구성할 필요는 없고 이보다 단순한 D 래치로 구성해도

된다. 그림 9.17은 k비트 크기의 워드 n개로 구성된 RAM 회로이다.

DATA 부분은 k개의 데이터 신호가 병렬로 연결되고, ADDR 부분은 log2 n개의 주소 신호가 병렬로 연결된다. n이 1024이면 ADDR은 10비트가 되는 것이다. MemEn은 읽기나 쓰기를 실시함을 메모리 모듈에 전달하는 신호이다. MemWr은 읽기(0)인지 쓰기(1)인지를 구별하는데 MemEn 신호가 1로 활성화된 상태에서만 의미가 있다. 메모리 모듈 내부의 WE(Write Enable) 신호는 MemEn과 MemWr을 AND 게이트로 결합한 것으로서 1이면 쓰기를 실시함을 의미한다. OE(Output Enable) 신호는 전송 게이트의 제어신호로 사용되는데, MemEn과 NOT MemWr을 AND 게이트로 결합한 것으로서 1이면 메모리의 내용을 DATA 부분의 신호로 연결되고, 0이면 차단한다는 것을 의미한다.

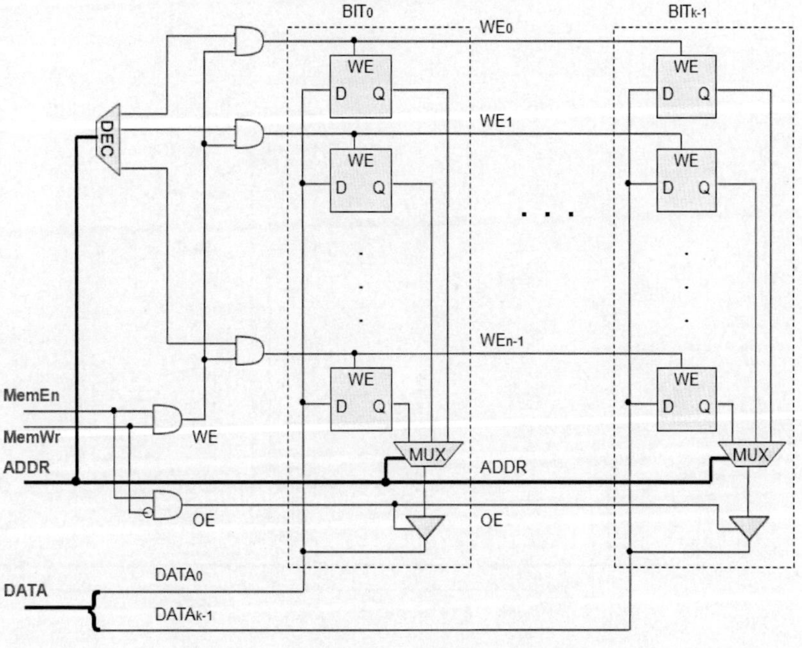

그림 9.17 k비트 n워드 RAM의 회로 구성

[메모리 읽기] 이 회로에서 메모리 읽기를 할 때의 동작을 확인해 보자. 프로세서가 메모리 읽기를 할 때에는 ADDR에는 주소를 전달하고, MemWr에는 0(읽기)을, MemEn은 1(활성화)을 전달한다. ADDR은 각 비트별 멀티플렉서(MUX)의 선택 신호로 사용되므로 ADDR에 해당하는 주소의 D 래치 값이 MUX의 출력이 되

고 OE 신호가 1인(활성화된) 상태이므로 전송게이트를 통해서 DATA 신호로 연결된다(이때 WE 신호는 0이므로 모든 주소의 D 래치들에는 기록되지 않는다). 프로세서는 메모리로부터 나오는 DATA 부분의 값을 프로세서 내부의 적절한 레지스터에 기록한 후에 MemEn을 0(비활성화)으로 변경하면 메모리 읽기 작업이 완료된다.

[메모리 쓰기] 프로세서가 메모리 쓰기를 할 때에는 ADDR에는 주소를 전달하고, DATA에는 기록할 데이터를 전달하고, MemWr에는 1(쓰기)을, MemEn에는 1(활성화)을 전달한다. ADDR은 디코더 DEC를 통해서 n개 중 하나만 1로 출력되고 WE 신호는 1이므로 해당 워드의 D 래치들에 DATA 부분의 대응되는 비트 값들이 각각 기록된다(이때 OE 신호는 0이므로 전송 게이트가 차단되어서 현재의 D 래치 값들이 다시 DATA 신호 쪽으로 전달되지는 않는다).

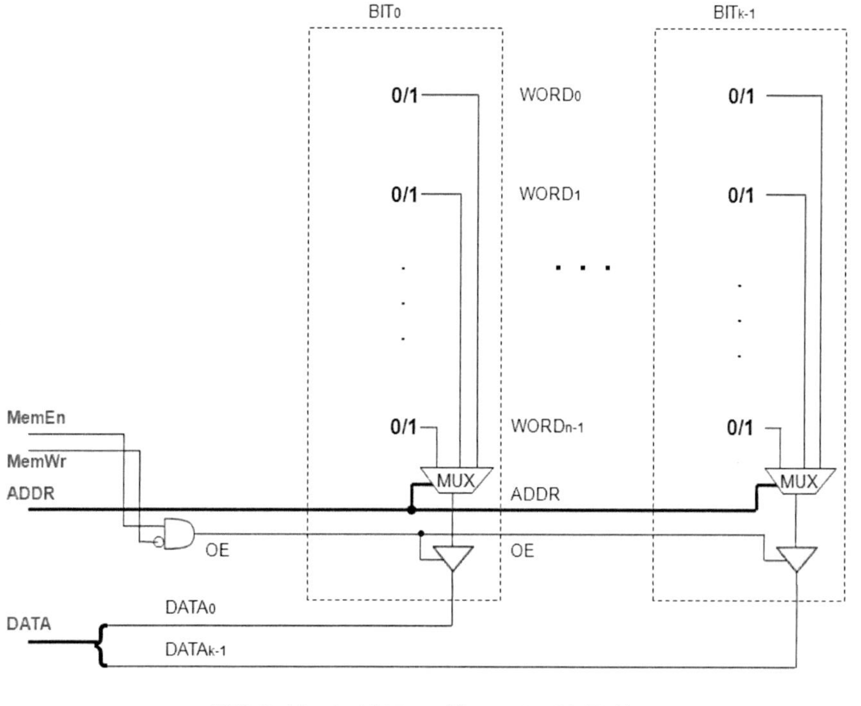

그림 9.18 k 비트 n 워드 ROM의 구성

참고 **[SRAM과 DRAM]** 그림 9.17은 정확하게 말하면 SRAM(Static RAM)을 구성하는 회로이다. SRAM은 1비트 저장을 위해서 많은 개수의 트랜지스터가 필요하다. DRAM (Dynamic RAM)은 1비트 당 1개의 트랜지스터만으로 구성하여 메모리 용량을 대폭 늘린 것인데, 저장된 값이 안정적으로 유지되지 않는 문제가 있다. 따라서 메모리의 현재 값을 그대로 다시 기록하는 리프레시 동작을 주기적으로 반복하도록 한다.

[ROM] ROM(Read Only Memory)은 주소별로 미리 지정된 값이 기록되어 있고, 읽기만 가능한 메모리이다. 즉, 쓰기 기능은 없고 현재의 값을 읽을 수만 있는 메모리로서 RAM 회로에서 쓰기와 관련된 부분이 없고, D래치 대신에 접지(0V로서 논리 값 0)나 직접 연결(0)하거나 3V(논리 값 1)에 직접 연결한다. 그림 9.18은 ROM 회로로서 RAM 회로를 변형하여 그린 것이다(사실 ROM은 다른 시각에서 보면 일종의 조합 논리 회로이다. 주소를 입력으로 하고 각각의 주소에 대응되는 출력이 미리 정해져 있는 논리 회로로 구성해도 된다).

9.5 수동식 계산기 회로

TOY 프로세서의 회로를 다루기 전에 먼저 간단한 수동식 계산기 회로를 분석해 보자. 그림 9.19는 TOY 프로세서의 레지스터들과 ALU 명령어 그룹의 기계어 코드를 모방하여 수동으로 작동하는 계산기를 가정한 것이다. R0부터 R7까지의 레지스터들은 32비트이며 모든 연산은 32비트 정수 연산을 한다. 회로에는 표시하지 않았지만 레지스터들에는 클록 신호가 전달된다.

각 부분의 입력 값은 TOY 프로세서의 기계어 코드에서 정의한 코드를 사용하며 모든 입력신호는 해당 스위치를 조작하여 0이나 1을 입력한다. 스위치를 위로 올리면 1이고 아래로 내리면 0이다. LOAD 버튼은 잠시 눌렀다가 놓는 버튼으로서 누르면 1이고 놓으면 0이다. 연산을 진행하기 위해서는 먼저 원하는 계산 작업에 맞게 DR, SR, SR2, V, 및 ALU까지의 13개의 스위치들로 연산을 지정하고 V가 1일 때에는 VAL의 32개 스위치로 즉석 값을 설정한다. 이 상태에서 LOAD 버튼을 한 클록 구간만큼 눌렀다가(1) 놓으면(0) 한 번의 연산이 이루어진다.

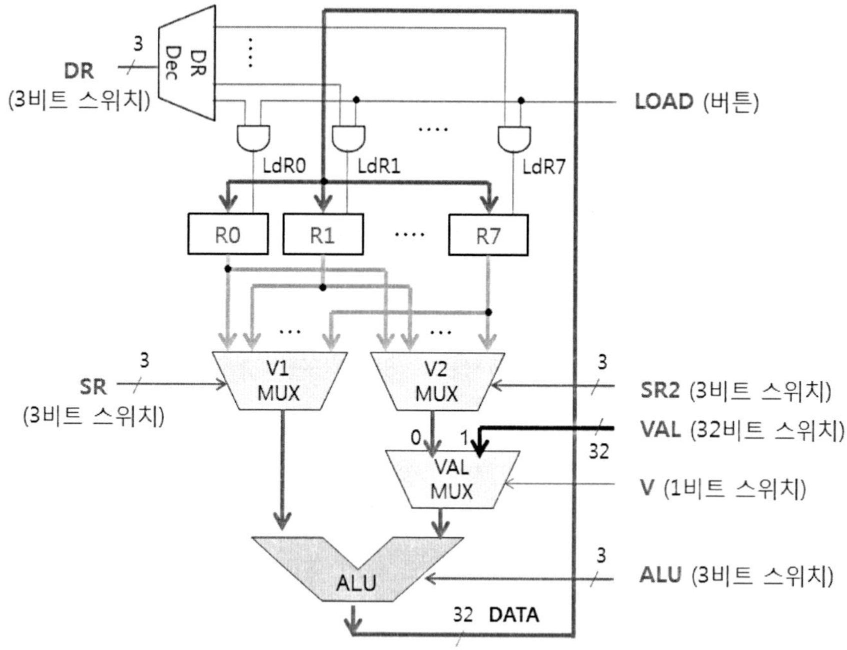

그림 9.19 수동식 계산기 회로

TOY의 기계어 코드에 정의된 대로, ALU 스위치 입력은 8가지의 연산중에 하나를 선택하는 것으로서 000이면 ADD, 001이면 SUB 등의 연산이 선택된다. SR 및 SR2의 스위치 입력은 ALU의 연산에 적용할 레지스터 값을 선택하는 것으로서 000이면 R0의 값, 001이면 R1의 값이 선택되는 것이다. V 스위치 값은 ALU 연산에 적용할 값을 선택하는 스위치로서 0이면 SR2 스위치에 의해서 선택된 레지스터 값이, 1이면 VAL 스위치에 의해서 입력된 32비트의 값이 선택된다. DR 스위치 입력은 ALU의 출력을 기록할 레지스터를 선택한다.

예를 들어서 각 스위치가 DR=011, SR=001, SR2=010, V=0, 및 ALU=000이면 R1의 값과 R2의 값을 더한 결과가 DATA로 전달된다. SR 스위치가 001이므로 멀티플렉서 V1MUX는 R1의 값이 출력되고, SR2 스위치가 010이므로 V2MUX는 R2의 값이 출력된다. V 스위치는 0이므로 VALMUX는 V2MUX의 값이 출력된다. 따라서 ALU 회로의 출력은 R1의 값과 R2의 값을 더한 결과가 된다.

이 상태에서 LOAD 버튼을 한 클록 시간만큼만 눌렀다가 놓으면 R3에 DATA의 값이 기록된다. ALU 회로의 출력 DATA는 R0부터 R7까지의 레지스터들에 모두 전달된다. DR 스위치가 011이므로 디코더 DRDec 출력은 R3에 해당하는 신호만 1이고 나머지는 모두 0이다. LOAD 버튼이 0이면 LdR0부터 LdR7까지 모두 0이므로 레지스터들의 값은 변하지 않는다. 이 상태에서 LOAD 버튼을 누르면(1이면) LdR3만 1이 되고, 클록 신호가 1로 변하는 시점에 DATA의 값이 R3에만 기록된다. LOAD 버튼을 놓으면(0이면) 더 이상 레지스터의 값은 변하지 않는다.

다음 연산을 위해서 스위치들을 변경한다. 예를 들어서 V를 1로하고 VAL 스위치는 정수 3에 해당하도록 지정하고, ALU는 001(SUB), SR은 011(R3), DR은 001(R1)로 지정하면 ALU 회로의 출력 DATA는 R3의 값에서 VAL에 지정된 값 3을 뺀 결과가 출력된다(V 값이 1이므로 SR2의 값은 상관없다). 이 상태에서 LOAD 버튼을 한 클록 구간만큼 눌렀다가 놓으면 DATA의 값이 R1에 기록된다.

이 수동 계산기로 복잡한 계산도 그 과정에 맞게 일련의 스위치 조작을 통해서 처리할 수 있다. 예를 들어서 1부터 100까지를 차례대로 더해서 최종 결과가 R0에 들어 있도록 하는 작업은 먼저 R0에 0을 저장하고, R1에 1을 저장한다. 다음에 R0에 R1을 더해서 R0에 저장하고, R1에 1을 더해서 R1에 저장하는 작업을 100번 반복하면 되는 것이다.

TOY 프로세서는 수동으로 스위치들을 조작하는 대신에 메모리에서 읽어온 기계어 코드를 적용하여 실행과정을 자동화한 것이다. 첫 클록 사이클에는 메모리에서 명령어를 읽어오고, 명령어를 해독하고, 명령어대로 실행하는 과정을 반복하는 것이다. 이렇게 단계별로 정해진 동작이 진행되도록 프로세서 내부에는 전체를 제어하는 순차논리회로가 포함한다.

[제 10 장]

TOY 프로세서 회로 설계

10.1 프로세서 기본 구조

TOY 프로세서는 마이크로프로세서의 이해를 위해서 이 책에서 사용하는 가상적인 프로세서로서, 널리 사용되는 ARM 프로세서를 모델로 사용하여 단순화 시킨 것이다. ARM 프로세서는 처음 접하는 사람에게는 상당히 복잡하므로 이 책에서는 아주 단순한 TOY 프로세서를 통하여 그 동작원리와 프로그래밍, 회로 설계 등을 쉽게 이해하도록 하였다.

프로세서는 순차논리회로로서 메모리에서 명령어를 읽어오는 과정, 읽어온 명령어를 해독하는 과정, 명령어 별로 그 기능에 맞게 실행하는 과정 등을 순차적으로 반복하도록 상태를 천이해 가면서 필요한 제어 신호들을 생성해야 한다. 단순하게 생각하면 각 단계별로 상태를 부여해서 3개의 상태가 필요하고 차례대로 다음 상태로 변해가면 된다. 그러나 명령어 실행 단계는 명령어마다 동작이 제각각 달라야 하므로 명령어 개수만큼의 상태들로 분리하여야 한다. 상태의 개수가 많아질수록 회로도 복잡해지므로 가능하면 개수를 줄이는 것이 필요하다.

TOY 프로세서는 23개의 명령어들을 처리할 수 있는 프로세서이다. 여기서는 SWI와 RTI는 제외하고 21개만 회로에 반영한다. 명령어들을 처리할 수 있도록 순차 논리 회로를 구성해야 하는데 가능하면 단순한 회로로 설계할 수 있도록 해야 한다.

우선 프로세서의 기본 구조는 그림 10.1과 같이 8개의 32비트 레지스터들의 집합인 레지스터 파일(Reg. File) 부분, 산술논리 연산을 위한 ALU 부분, 명령어 읽기 과정에서 메모리로부터 읽어온 명령어를 저장하는 명령어 레지스터(IR:

Instruction Register), 그리고 각 부분에 필요한 신호를 생성하는 제어로직(Control Logic) 부분으로 구성된다. 제어로직 부분은 순차논리회로로 구성되며 프로세서가 동작하는 각 단계별로 각 부분에서 필요한 신호들을 출력으로 내보낸다. 제어로직의 입력으로는 명령어 해독 과정에서 필요한 기계어 코드를 IR에서 가져와야 한다.

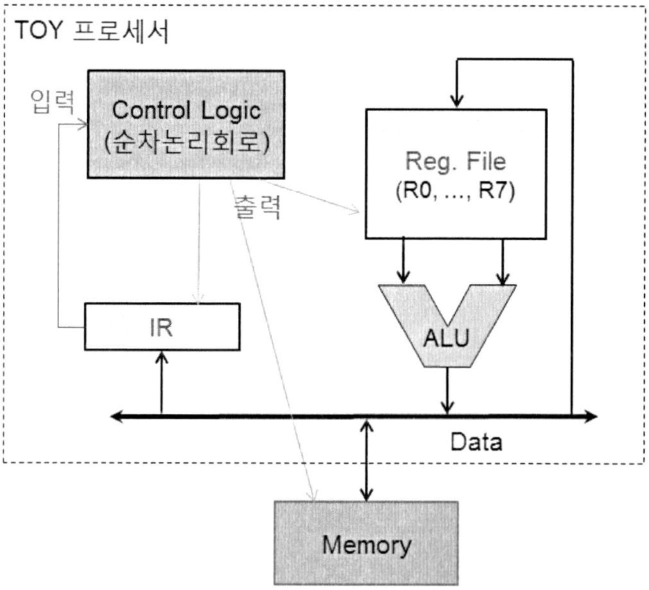

그림 10.1 TOY 프로세서 기본 구조

제어로직이 상태별로 내보내야 하는 신호들을 우선 몇 가지만 간단하게 검토해보자. 명령어 읽기 상태에서는 메모리에서 명령어를 읽어 와서 IR에 저장해야 한다. 이때 제어로직이 내보내야할 출력 신호로는 PC(R7) 레지스터의 값이 메모리에 주소로 전달되도록 하고, 읽기를 표시하는 신호도 메모리에 전달하고, 메모리에서 나오는 데이터가 IR에 저장되게 하기 위해서 필요한 각종 신호들이다. 명령어 해독 상태에서는 IR에 저장된 기계어에 따라서 명령어 종류별로 제어로직 내부의 다음 상태를 달리하도록 내부 상태를 변경하도록 하고, 제어로직의 외부로는 출력신호가 필요하지 않다. 명령어 실행은 명령어 종류별로 상태가 다른데, 산술논리 연산을 위한 명령어를 실행하는 상태라면 ALU의 출력이 레지스터 파일의 특정 레지스터에 저장되게 하기 위한 신호들을 출력해야 한다. LOAD 명령어를 실행하는 상태라면 적절한 주소와 읽기를 표시하는 신호가 메모리에 전달되도록 하고, 메모리에서 나오는 데이터를 레지스터 파일의 특정 레지스터에 저장되게 하는 신호들을 출력해야 한다.

10.2 기계어 코드의 형식 정의

전체 회로를 단순화시키기 위한 방안의 하나로서 32비트 기계어 코드를 구성하는 각 부분을 가능하면 명령어 종류에 상관없이 동일한 의미로 정의하고 그대로 회로의 각 부분에 직접 연결하여 사용할 수 있도록 한다. 이를 위해서는 기계어 코드를 비트별로 일정한 의미를 부여할 수 있도록 필드를 할당한다. 표 10.1은 TOY 프로세서의 기계어 코드에서 각 필드별로 부여된 의미를 보여준다. 4장에서 제시한 기계어 코드 표는 이 근거에 따라 설계한 것이다. 물론 처음부터 바로 이런 구성을 결정할 수 있는 것은 아니고, 포함할 명령어 집합을 고려하여 여러 가지 변형들을 분석한 후에 비교적 단순한 것을 선택한 결과이다.

표 10.1 TOY 프로세서 기계어 코드 구성

비트위치	b_{31} b_{29}	b_{28} b_{26}	b_{25} b_{23}	b_{22} b_{20}	b_{19} b_{17}	b_{16}	b_{15} b_{13}	b_{12} b_0
이름	OP	ALU	CC	DR	SR	V	SR2	VAL
비트수	3	3	3	3	3	1	3	13

[OP와 ALU] OP의 3비트는 명령어 그룹을 표시하고, ALU 3비트는 명령어 그룹 내에서 세부 명령어를 표시한다. 예를 들어 8개의 산술논리 연산 명령어들은 모두 OP가 000이고 ALU는 000부터 111까지의 8가지로 서로 달리한다. 명령어의 ALU 부분 3비트는 명령어 실행과정에서 ALU 회로에 직접 전달하여 내부의 8가지 기능들 중에서 하나를 선택하는 신호로 사용된다.

[SR] SR의 3비트는 ALU 연산 회로를 사용할 경우에 첫 번째 오퍼랜드로 사용될 레지스터를 표시한다. 즉, 이 3비트는 8개 레지스터 중에서 하나를 선택하는 멀티플렉서의 선택 신호로 사용된다. 메모리의 읽기나 쓰기 명령어(LOAD, STORE 등)들에서는 메모리 주소를 지정하는 용도로 사용한다.

[V와 SR2/VAL] V의 1비트는 ALU의 두 번째 오퍼랜드가 레지스터 중의 하나를 지정하는 것인지(V=0), 아니면 즉석 값을 사용할 것인지(V=1)를 표시한다. 레지스터를 지정하는 경우에는 SR2 3비트 부분에 그 번호를 표시하고, 즉석 값을 사용할 경우에는 SR2 3비트와 VAL 13비트를 포함하여 총 16비트 정수로 그 값을 표시한다.

[DR] DR의 3비트는 실행결과의 데이터를 저장할 목적지 레지스터를 표시한다. 이 3비트는 연산 결과를 저장할 레지스터를 선택하는 디코더의 입력으로 사용한다. 예외로, 메모리 쓰기 명령어들은 DR 부분을 메모리에 저장할 값을 가지고 있는 소스 레지스터를 표시한다.

[CC] CC의 3비트는 실행결과의 데이터를 DR에 표시된 목적지 레지스터에 기록할 것인지에 대한 조건을 표시하도록 한다. N, Z 및 P 비트로 구성되는데 N 비트는 이전에 실행 결과가 음수였으면 조건이 만족되는 것을 의미하고, Z 비트는 0이었으면, 그리고 P 비트는 양수였으면 조건이 만족되는 것을 의미한다. 이 3가지 중에서 하나라도 만족되면 DR에 지정된 레지스터에 결과 데이터를 기록하도록 한다. CC 비트들은 기본적으로 분기 명령어에서 분기 조건을 지정하기 위한 것이지만, 나머지 명령어들에서는 111로 지정하여 (ADD, AND 등) 무조건 DR에 기록하거나 000을 지정하여 (CMP, STORE 등) 절대로 DR에 기록하지 않도록 표현한다.

CCR 레지스터의 N과 Z 비트에는 이전의 명령어 실행결과가 음수였는지 0이었는지를 저장하고 있으므로, 현재 명령어는 기계어에 표현된 CC 부분의 NZP 3비트와 CCR의 NZ 2비트를 활용하여 조건을 결정한다. 조건이 만족되는 경우로는 CC의 N이 1이고 CCR의 N도 1이거나, CC의 Z가 1이고 CCR의 Z도 1이거나, CC의 P가 1이고 CCR의 N과 Z가 모두 0인 경우의 3가지이다.

이렇게 명령어 종류에 상관없이 동일하게 기계어 코드의 비트들에 대한 정의가 된다면 명령어 실행 단계에서는 IR에 저장된 비트들을 그림 10.2와 같이 회로의 각 부분에 직접 연결할 수 있게 된다. IR의 DR 부분은 레지스터 파일에서 데이터를 저장할 목적지 레지스터를 지정하도록 연결하고, SR 부분과 SR2 부분은 각각 레지스터 파일에서 ALU의 첫 번째 오퍼랜드와 두 번째 오퍼랜드로 사용될 레지스터를 선택하는데 사용하도록 연결한다. IR의 ALU 부분은 ALU 회로에서 특정 연산을 위한 회로가 선택되도록 연결한다. IR의 OP 부분은 제어로직에 연결하여 명령어 해독 단계에서 사용되도록 한다.

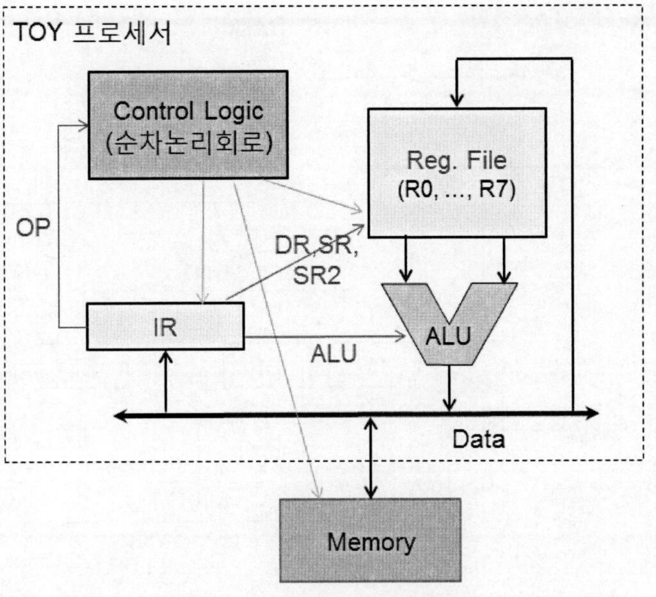

그림 10.2 IR의 비트들의 연결

레지스터 파일은 그림 10.3과 같이 8개의 32비트 레지스터들로 구성되는데, IR의 DR, SR 및 SR2 부분의 비트 값들이 어떻게 활용되는지를 볼 수 있다. IR의 DR 부분 3비트는 디코더 DRDec의 입력으로 사용되어서 8개 레지스터 중에 하나만 활성화 신호가 1이 되도록 한다. 이때 데이터를 무조건 목적지 레지스터에 저장하는 것이 아니라 저장해야 하는 시점에 저장되도록 해야 하는데, 그 시점을 표시하는 신호인 LdREG와 AND 게이트로 결합하여 사용하였다. LdREG 신호는 제어로직의 출력신호로부터 파생되도록 하는데 10.9절에서 설명한다.

멀티플렉서 VSRMUX는 8개 레지스터들을 입력으로 하고 IR의 SR 부분 3비트를 선택신호로 하여 하나의 레지스터 값을 출력하도록 한다. 이 출력은 ALU의 첫 번째 오퍼랜드로 연결된다. 데이터는 32비트로 이루어지므로 이 멀티플렉서는 32개의 1비트 멀티플렉서를 병렬로 연결하여 사용하며 SR 3비트는 32개 모두 동일하게 적용된다. IR의 SR2 부분 3비트가 멀티플렉서 VSR2MUX의 선택신호로 사용되는 것도 마찬가지이다.

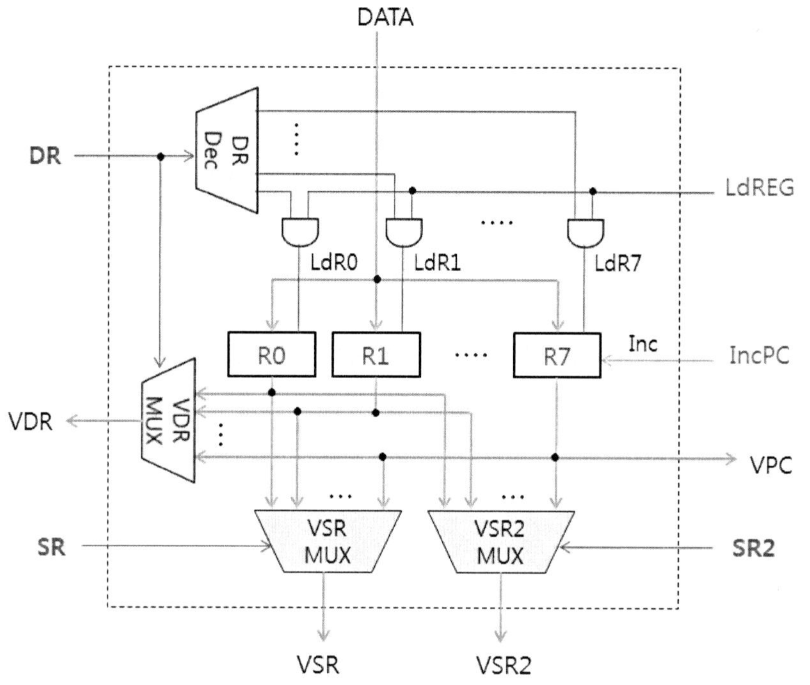

그림 10.3 레지스터 파일의 내부 구성

멀티플렉서 VDRMUX는 IR의 DR 부분 3비트를 선택신호로 사용하는데 이것은 STORE 명령어를 실행할 때 이 부분이 메모리에 전달할 레지스터 번호를 지정하고 있기 때문이다. 이 멀티플렉서의 출력 VDR은 STORE 명령어를 실행할 때 메모리에 데이터로 전달되도록 할 것이다. R7(PC)의 값은 항상 VPC로 연결되어 있는데 이것은 명령어 읽기 단계에서 메모리에 주소로 전달되도록 할 것이다. IncPC 신호는 제어로직의 출력중 하나인데 명령어 해독 단계에서 PC를 1만큼 증가시키기 위한 것으로서 10.9절에서 보충하여 설명할 것이다. 이제 레지스터 파일 부분을 반영한 TOY 프로세서 회로의 기본 구성은 그림 10.4와 같다.

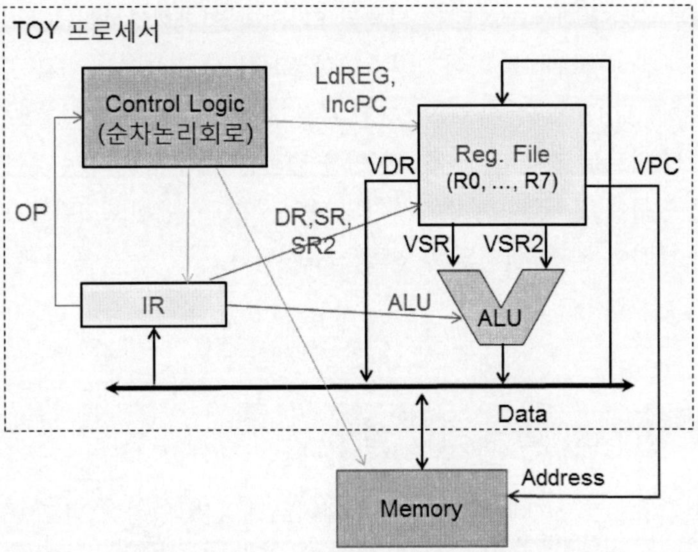

그림 10.4 TOY 프로세서 회로 기본 구성

ALU 회로의 내부는 그림 10.5와 같이 구성된다.

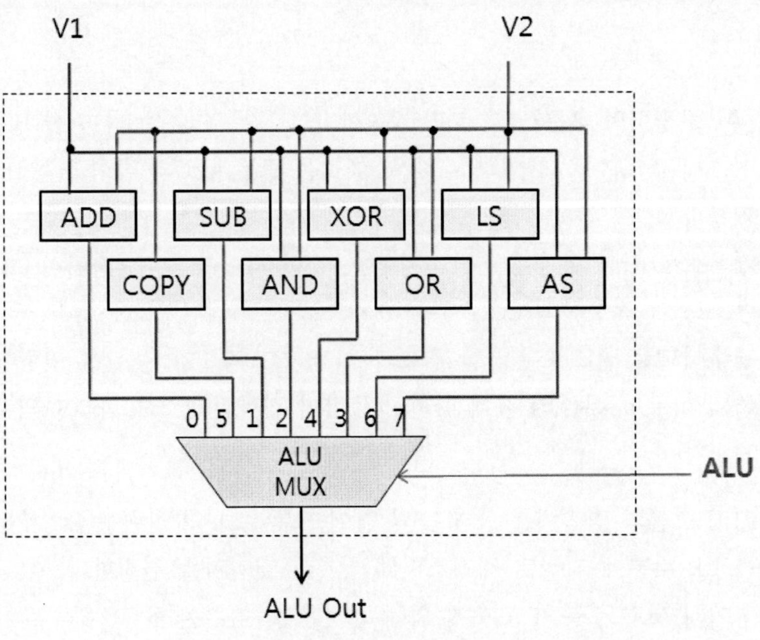

그림 10.5 ALU의 내부 구성

내부에는 조합논리회로로 설계된 8가지의 연산회로들이 모두 있고 각자 자신의 연산에 해당하는 출력이 있다. 멀티플렉서 ALUMUX는 이들 중 하나를 선택하여 출력으로 내보내는데 IR의 ALU 부분 3비트가 그 선택 신호로 사용된다. 따라서 ALU 회로는 명령어에 지정된 연산 결과를 출력하게 되는 것이다. ALUMUX의 8개 입력에 표시한 0부터 7까지의 수는 ALU 선택신호 3비트가 000부터 111까지에 대하여 각각 선택되는 입력을 표시한다.

10.3 유사 명령어들의 통합 설계

명령어 별로 실행내용이 다르면 제어로직은 각 명령어 별로 별도의 실행 상태를 가져야 한다. 순차논리회로를 설계할 때 구별해야 하는 상태의 개수가 많을수록 회로는 복잡해진다. 따라서 명령어들을 실행시의 동작이 유사한 것들끼리 몇 개의 그룹으로 묶어서 그룹별로 하나의 상태를 정의함으로써 상태의 개수를 가능한 한 줄이는 것이 바람직하다. TOY 프로세서의 명령어들은 다음과 같이 4개의 그룹으로 정리할 수 있다.

[ALU 명령어 그룹] ADD부터 ASR까지의 모든 산술/논리 연산 명령어들을 편의상 ALU 명령어 그룹이라고 하자. 이들은 모두 ALU의 출력을 목적지 레지스터에 기록하고, 그 값에 따라서 CCR의 N과 Z비트도 갱신한다. CMP는 SUB의 특수한 경우로서 연산 결과를 저장하지 않는 것만 차이가 있다. 따라서 CMP는 SUB와 같은 코드를 적용하되 CC 부분을 000으로 지정한다. NOT는 XOR 명령어의 특수한 경우이므로 별도로 취급할 필요가 없다. LSL과 LSR은 같은 명령어 코드를 적용하되 비트 b_{12}부분의 값에 따라서 동작이 결정된다. ASL과 ASR의 관계도 마찬가지이다.

ALU 그룹의 명령어는 표 10.2와 같이 모두 ALU의 출력을 CC 부분의 코드에 따라 DR 부분에 지정된 레지스터에 기록할 것인지를 결정한다. ALU의 동작은 명령어의 ALU 부분의 코드에 의해 결정한다. 따라서 표 10.3과 같이 이들은 모두 명령어의 OP 부분에 같은 코드(000)를 부여하고, ALU 부분에는 명령어별로 지정된 기능을 선택하는 코드를 부여한다.

▌표 10.2▐ ALU 명령어 그룹의 동작

명령어	TOY 프로세서 동작
ADD	Rd ← Rs + Rs2
SUB	Rd ← Rs − Rs2
AND	Rd ← Rs AND Rs2
OR	Rd ← Rs OR Rs2
XOR	Rd ← Rs XOR Rs2
COPY	Rd ← Rs2
LSL/LSR	Rd ← Rs LSL/LSR Rs2
ASL/ASR	Rd ← Rs ASL/ASR Rs2

▌표 10.3▐ ALU 명령어 그룹의 기계어 코드

	b_{31} b_{29}	b_{28} b_{26}	b_{25} b_{23}	b_{22} b_{20}	b_{19} b_{17}	b_{16}	b_{15} b_{13}	b_{12} b_0
명령어	OP	ALU	CC	DR	SR	V	SR2	VAL
ADD		0 0 0	1 1 1	Rd	Rs			
SUB		0 0 1	1 1 1	Rd	Rs			
CMP		0 0 1	0 0 0	Rd	Rs			
AND		0 1 0	1 1 1	Rd	Rs			
OR	0 0 0	0 1 1	1 1 1	Rd	Rs			
XOR		1 0 0	1 1 1	Rd	Rs			
COPY		1 0 1	1 1 1	Rd	Rs			
LSL/LSR		1 1 0	1 1 1	Rd	Rs			
ASL/ASR		1 1 1	1 1 1	Rd	Rs			

[LDR 명령어 그룹] LOAD 와 LDR 명령어를 편의상 LDR 명령어 그룹이라고 하자. 이들은 모두 메모리에서 읽어온 내용을 목적지 레지스터에 기록하는데, 메모리 주소는 LOAD의 경우에는 PC(R7)에 적절한 오프셋(offset)을 더한 값이 되고, LDR의 경우에는 지정된 레지스터 Ra에 오프셋을 더한 값이 된다.

▌표 10.4▐ LDR 명령어 그룹의 동작

명령어	TOY 프로세서 동작
LOAD	Rd ← M[R7 + offset]
LDR	Rd ← M[Ra + offset]

이들은 주소를 계산하기위해서 가산기가 필요한데 ALU의 가산기를 활용한다. 표 10.5와 같이 명령어의 ALU 부분에는 ADD에 해당하는 코드 (000)을 부여하고, SR 부분에는 R7이나 지정된 Ra 레지스터 번호를, 그리고 SR2/VAL 부분에 오프셋 값을 지정하면 된다. 이 두 개의 명령어는 실행 동작은 동일하므로 OP 부분에는 같은 코드 (001)를 부여한다.

표 10.5 LDR 명령어 그룹의 기계어 코드

b_{31} b_{29} b_{28} b_{26} b_{25} b_{23} b_{22} b_{20} b_{19} b_{17} b_{16} b_{15} b_{13} b_{12} b_{0}

명령어	OP	ALU	CC	DR	SR	V	SR2	VAL
LOAD	0 0 1	0 0 0	1 1 1	Rd	R7	1	offset	
LDR		0 0 0	1 1 1	Rd	Ra	1	offset	

[STR 명령어 그룹] STORE와 STR 명령어를 편의상 STR 명령어 그룹이라고 하자. 이들은 모두 소스 레지스터의 내용을 메모리에 기록하는 것인데, 메모리 주소는 STORE의 경우에는 PC(R7)에 오프셋을 더한 것이 되고, STR의 경우에는 지정된 레지스터 Ra에 오프셋을 더한 것이 된다.

표 10.6 STR 명령어 그룹의 동작

명령어	TOY 프로세서 동작
STORE	M[R7 + offset] ← Rs
STR	M[Ra + offset] ← Rs

이들도 주소를 계산하는데 있어서 LDR 명령어 그룹과 동일한 방법을 적용한다. 이 두 개의 명령어는 실행 동작이 동일하므로 OP 부분에는 같은 코드 (010)를 부여한다. 목적지 레지스터에 저장하는 작업이 없으므로 CC 부분에는 000을 지정하고, DR 부분에는 소스 레지스터의 번호를 표시하도록 하였다.

표 10.7 LDR 명령어 그룹의 기계어 코드

b_{31} b_{29} b_{28} b_{26} b_{25} b_{23} b_{22} b_{20} b_{19} b_{17} b_{16} b_{15} b_{13} b_{12} b_{0}

명령어	OP	ALU	CC	DR	SR	V	SR2	VAL
STORE	0 1 0	0 0 0	0 0 0	Rs	R7	1	offset	
STR		0 0 0	0 0 0	Rs	Ra	1	offset	

[BRR 명령어 그룹] BR, BRR, LEA, LINK 및 RET 명령어들을 편의상 BRR 명령어 그룹이라고 하자. 이들은 모두 소스 레지스터의 값에 오프셋 값을 더한 결과를 목적지 레지스터에 기록하는 것으로 처리할 수 있다. 이들은 CCR의 N과 Z비트를 갱신하지 않는다. 이들의 동작을 정리하면 표 10.8과 같다. BR은 R7(PC)에 오프셋을 더한 값을 R7에 기록하고, BRR은 주소 레지스터인 Ra에 오프셋을 더한 값을 R7에 기록한다. LEA는 R7에 오프셋을 더한 값을 목적지 레지스터 Rd에 기록한다. LINK는 R7에 1을 더한 값을 링크 레지스터인 R6에 기록하고, RET는 R6의 값을 R7에 기록한다.

▌표 10.8▐ BRR 명령어 그룹의 동작

명령어	TOY 프로세서 동작
BR	R7 ← R7 + offset
BRR	R7 ← Ra + offset
LEA	Rd ← R7 + offset
LINK	R6 ← R7 + 1
RET	R7 ← R6 + 0

이들 명령어도 가산기가 필요한데 ALU 회로의 가산기를 그대로 사용하려면, 표 10.9와 같이 모두 명령어의 ALU 부분에는 ADD를 위한 코드(000)를 부여하고, CC 부분에는 조건에 맞는 코드를 지정한다. 실행 동작은 모두 동일하므로 OP 부분에는 같은 코드(011)를 부여한다. 이들이 ADD 명령어와 다른 점은 CCR 레지스터를 갱신하지 않는다는 것이다.

▌표 10.9▐ BRR 명령어 그룹의 기계어 코드

	b_{31} b_{29}	b_{28} b_{26}	b_{25} b_{23}	b_{22} b_{20}	b_{19} b_{17}	b_{16}	b_{15} b_{13}	b_{12} b_0
명령어	OP	ALU	CC	DR	SR	V	SR2	VAL
BR		0 0 0	N Z P	R7	R7	1	offset	
BRR		0 0 0	N Z P	R7	Ra	1	offset	
LEA	0 1 1	0 0 0	1 1 1	Rd	R7	1	offset	
LINK		0 0 0	1 1 1	R6	R7	1	1	
RET		0 0 0	1 1 1	R7	R6	1	0	

> **참고** 명령어 집합 및 기계어 코드를 결정하는 과정에서는 여러 번의 재설계 과정을 반복해야 한다. 명령어 집합은 가능하면 회로 구성이 간단하면서도 설계하는 프로세서의 용도에 필요한 것은 모두 포함해야 한다. 먼저 제공 가능한 명령어 개수와 이에 따른 명령어 집합을 대략 정하고, 이것을 바탕으로 회로를 구성해 보면서 기계어 코드를 결정한다. 즉, 회로 구성이 간단할 수 있도록 기계어 코드의 비트 위치들을 결정한다. 이렇게 설계한 회로와 기계어 코드를 바탕으로 회로를 단순화할 수 있는 방향으로 명령어 집합을 조정하고 회로 및 기계어 코드를 수정하는 작업을 반복한다.

10.4 TOY 프로세서 회로의 동작

TOY 프로세서의 SWI와 RTI 명령어는 운영체제 기능을 호출하는 과정에서 사용하는 것으로서 프로세서의 모드를 변경하는 등의 복잡한 내용을 포함해야 하므로 여기서는 더 이상 언급하지 않고 회로 설계에서도 제외한다. 이제 TOY 프로세서의 전체 명령어 집합을 순차 논리 회로로 구현하기 위해서 우리는 표 10.10에 있는 4가지의 명령어 그룹에 대한 동작들만 구현하면 된다.

▮표 10.10▮ TOY 프로세서 기계어 코드

그룹	OP (b_{31}–b_{29})	ALU (b_{28}–b_{26})	CC (b_{25}–b_{23})	DR (b_{22}–b_{20})	SR (b_{19}–b_{17})	V (b_{16})	SR2 (b_{15}–b_{13})	VAL (b_{12}–b_0)
ALU	0 0 0	ALU	N Z P	Rd	Rs	V		
LDR	0 0 1	0 0 0	1 1 1	Rd	Ra	1	offset	
STR	0 1 0	0 0 0	0 0 0	Rs	Ra	1	offset	
BRR	0 1 1	0 0 0	N Z P	Rd	Ra	1	offset	

최상위 3비트 OP는 명령어의 그룹을 구별하고, ALU는 ALU 회로의 연산 기능을 선택하며, CC는 연산 결과를 DR에 지정된 목적지 레지스터에 기록할지를 결정한다. ALU 회로의 연산 작업에서 첫 번째 오퍼랜드는 SR에 지정된 레지스터의 값이며, 두 번째 오퍼랜드는 V 값에 따라서 달라진다. V가 0이면 SR2의 3비트에 지정된 레지스터의 값이고, 1이면 SR2/VAL 부분 전체의 16비트에 표현된 정수 값이다.

이제 TOY 프로세서 회로가 순차논리회로로서 요구되는 동작은 다음과 같이 명령어 읽기, 명령어 해독, ALU 명령어 그룹 실행, LDR 명령어 그룹 실행, STR 명령어 그룹 실행, 및 BRR 명령어 그룹 실행의 6가지이다. ALU 명령어 그룹의 실행은 ALU의 연산 결과를 DR 부분에 지정된 목적지 레지스터에 기록하고, 그 값에 따라서 CCR의 N비트와 Z비트를 갱신한다. BRR 명령어 그룹의 실행은 ALU 명령어 그룹(그중에서 ADD)과 동일하지만 CCR을 갱신하지 않는다. LDR 명령어 그룹의 실행은 ALU의 연산 결과를 메모리에 주소로 전달하고, 메모리로부터 나오는 데이터를 DR 부분에 지정된 목적지 레지스터에 기록한다. STR 명령어 그룹의 실행은 ALU의 연산 결과를 메모리에 주소로 전달하고, DR 부분에 지정된 소스 레지스터의 값을 메모리에 데이터로 전달하여 기록한다.

10.5 TOY 프로세서 회로 구성

TOY 프로세서의 전체 회로도는 그림 10.4의 기본 구성도를 바탕으로 10.4절에 정리된 동작 조건을 만족하기 위하여 그림 10.6과 같이 구성할 수 있다. 제어로직(Control Logic) 부분은 TOY 프로세서의 핵심적인 부분으로서 순차논리 회로로 구성되며 10개의 제어 신호들(AddrPC부터 MemWr 까지)을 생성한다. 이 회로구성으로 결정한 것은 여러 번의 수정 과정을 거쳐서 이루어졌는데, 여기서는 일단 이 회로를 기본으로 하여 제어로직 부분을 순차 논리 회로로 설계하는 데에 초점을 맞추도록 한다. 또한 메모리 읽기와 쓰기는 메모리 칩과의 신호들을 동작 속도까지 감안하여 정밀하게 설계해야 하지만 여기서는 동작원리에만 집중하여 단순하게 처리하였다.

각 부분에는 신호의 이름이 붙어있는데 같은 이름의 신호들 간에는 서로 연결되어 있음을 의미한다. 제어로직(Control Logic)에서 나오는 가는 굵기의 화살표에 신호의 이름은 제어 로직에서 생성된 신호들이 회로의 각 부분에 전달되는 위치를 표시한다. IR (Instruction Register)은 명령어 읽기 과정에서 메모리로부터 읽어온 명령어를 프로세서 내부에 임시로 저장하는 레지스터이다. 신호의 이름에 IR[ALU]와 같은 형식으로 표시된 것은 IR 레지스터의 ALU 부분에 있는 3비트 코드를 의미한다. IR[CC], IR[DR], IR[SR], 및 IR[SR2]도 마찬가지이다. IR[SR2/VAL]은 IR의 SR2 부분 3비트와 VAL 부분 13비트를 포함하는 16비트의 코드를 의미한다. 멀티플렉서 MUX1에 전달되는 IR[V]는 IR의 V 비트를 의미한다.

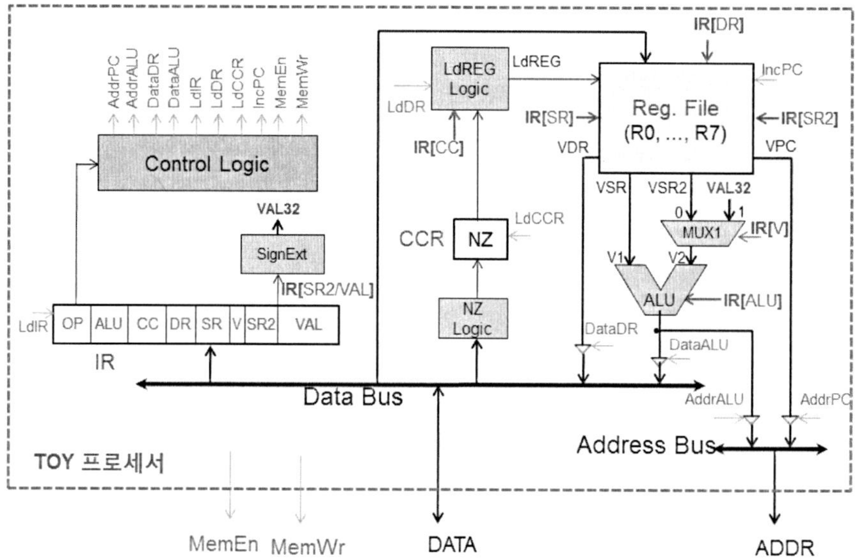

(주) 신호 표기 IR[X]는 IR의 X 부분의 비트들을 의미함.

그림 10.6 TOY 프로세서 전체 회로도

그림에서 가장 굵은 양방향 화살표는 프로세서 내부의 버스로서 32비트 신호들을 전달하는 통로이다. **데이터 버스**(data bus)는 32비트의 데이터를 전달하는 통로이고, **주소 버스**(address bus)는 메모리의 읽기/쓰기 동작을 할 때 그 32비트 주소를 메모리에 전달하기 위한 통로이다. 버스라는 용어는 여러 개의 신호 묶음을 전달하는 통로를 지칭하는 용어로서, 회로상의 여러 곳의 신호들 중에서 하나가 들어오고 회로의 각 부분에 그 신호 값이 전달되도록 서로 연결된 것이다. 대중교통인 버스가 지정된 노선으로만 운행하면서 누구든지 타고 내릴 수 있는 것에서 유래한 용어이다. 단, 여기서는 한 번에 한 곳으로부터의 신호만 연결될 수 있다. 두 개 이상의 신호가 동시에 연결되면서 서로 다른 값이면 버스에서 합선에 의한 과전류로 회로가 망가지기 때문이다.

중간 굵기의 화살표들은 32비트 값이 전달되는 방향을 표시하고 있다. 버스 방향으로 전달되는 신호들은 삼각형 모양의 전송 게이트로 제어되는데 각각 대응되는 제어신호에 의해 버스로 데이터가 연결되거나 차단되도록 한다. 예를 들어 AddrALU 신호가 1이고 AddrPC 신호는 0이라면 ALU의 출력이 주소 버스에 전달된다. 반대로 AddrALU 신호가 0이고 AddrPC가 1이라면 VPC 값이 주소 버스에 전달되고 ALU의 출력은 차단된다. 두 신호 모두 0이면 주소 버스에는 아무것도 전달되지 않고 값은 알 수 없는 상태가 된다.

회로에서 LdREG Logic, NZ Logic 및 SignExt로 표시된 부분은 10.9절에서 다룰 것이다. LdREG Logic 회로는 IR의 CC 부분에 표현된 NZP의 3비트 값과 현재 CCR 레지스터의 NZ의 2비트 값을 활용하여 레지스터 파일의 특정 레지스터에 실제로 기록이 필요한지를 표시하는 LdREG 신호를 생성한다. NZ Logic 회로는 데이터 버스의 32비트 데이터로부터 CCR에 기록할 N 비트와 Z 비트의 값을 결정한다. SignExt 회로는 IR의 SR2/VAL 부분의 16비트를 32비트로 부호를 확장한 값 (VAL32)을 출력하며 이 값은 멀티플렉서 MUX1의 입력으로 연결된다. MUX1의 선택신호는 IR[V] 비트에 의해 결정된다. 이 값이 0이면 왼쪽의 VSR2가 선택되고, 1이면 오른쪽의 VAL32가 된다.

레지스터 파일의 출력인 VDR은 IR[DR]의 3비트 신호에 의해 선택된 레지스터의 값이 출력된다. VDR은 STR 명령어 그룹을 실행할 때에만 사용되는데, IR[DR]에 지정된 레지스터의 값이 데이터 버스를 통하여 메모리의 DATA 부분에 데이터로 전달된다. 레지스터 파일의 VPC는 PC(R7)의 값이 그대로 출력되는데 명령어 읽기를 할 때 메모리의 ADDR 부분에 주소로 전달된다. 레지스터 파일의 IncPC 신호는 PC(R7) 레지스터 값을 1만큼 증가시키는 신호이다. 이것은 명령어를 읽어온 후에 PC 값을 1만큼 증가시킬 때 사용된다.

LDR 명령어 및 STR 명령어에서는 IR[SR]에 지정된 레지스터의 값과 VAL32의 값을 더한 것을 메모리 주소로 사용한다. 이렇게 더하는 작업을 위해서 ALU 회로를 이용하는데, 표 10.10에서 보듯이 기계어 코드의 ALU 부분이 000이므로 ALU에서는 가산기의 출력이 나오고, V 부분이 1이므로 가산기의 V2 입력에는 기계어 코드의 offset 부분 16비트를 32비트로 부호확장한 값이 전달된다. 따라서 ALU의 출력은 IR[SR]에 지정된 레지스터의 값에 offset 값을 더한 값이 된다. 이 출력을 메모리의 ADDR 부분으로 전달하여 주소로 사용한다.

TOY 프로세서와 메모리는 별도의 회로로 구성되고 이들 간에는 그림 10.7과 같이 32비트 주소인 ADDR, 32비트 데이터인 DATA, 1비트의 MemEn 신호, 그리고 1비트의 MemWr 신호로 연결된다. DATA는 읽기인지 쓰기인지에 따라서 신호전달 방향이 결정되고, 나머지는 모두 TOY 프로세서에서 메모리로 전달하는 신호이다. MemWr이 1이면 메모리 쓰기를 지정하고 0이면 메모리 읽기를 지정한다. MemEn 신호가 1로 활성화되면 MemWr에 지정된 메모리 읽기나 쓰기를 실행하라는 신호이다. MemEn 신호가 0이면 메모리는 아무 반응을 하지 않는다(메모리는 동작속도가 모델마다 다를 수 있으므로 정확한 회로에서는 이러한 특성이 반영되어야 하지만, 이 회로에서는 원리만 이해하는 수준에서 단순하게 표현하기 위해서 메모리는 1 클록 만에 읽기나 쓰기가 완료된다고 가정하였다).

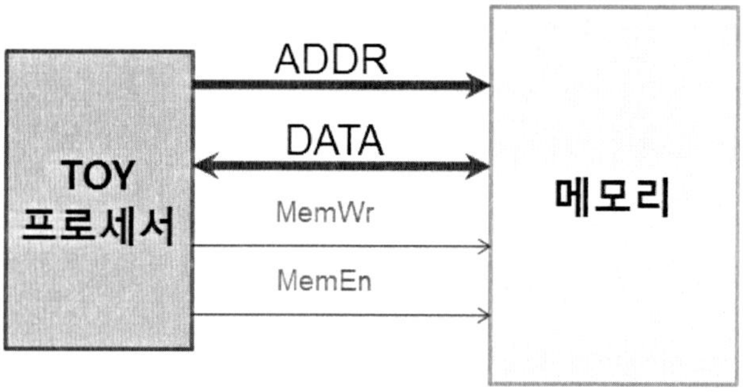

그림 10.7 메모리의 읽기와 쓰기를 위한 신호

메모리에 쓰기를 위해서는 주소 버스를 통해서 32비트 주소를 메모리의 ADDR 부분으로 전달하고, 데이터 버스를 통해서 32비트 데이터를 메모리의 DATA 부분으로 전달하고, MemWr 신호를 모두 1로 설정하여 쓰기로 지정한 상태에서 MemEn 신호를 1로 활성화하면 된다. 1 클록 정도의 시간이 지난 후에 MemEn 신호를 다시 0으로 비활성화하면 메모리 쓰기가 완료된다. 메모리 읽기를 위해서는 주소 버스를 통해 32비트 주소를 ADDR로 전달하고 MemWr 신호는 0으로 설정하여 읽기로 지정한 상태에서 MemEn 신호를 1로 활성화하면 된다. 그러면 메모리에서는 DATA 부분으로 읽고자 하는 값이 전달되어 나온다. 이렇게 데이터 버스로 전달된 값을 프로세서 내부의 적절한 레지스터에 기록을 한 후에 MemEn 신호를 0으로 비활성화하면 메모리 읽기가 완료된다.

10.6 명령어 실행과정과 상태천이

기계어 프로그램의 실행은 명령어 읽기(Fetch), 명령어 해독(Decode), 및 명령어 실행(Execution) 과정의 끝없는 반복으로 이루어진다. 이 과정은 순차논리 회로로 구성되는 제어 로직에 의해 10개의 신호들을 적절히 순차적으로 생성해 줌으로써 처리된다. 이 과정에서 다음 명령어의 주소를 지정하는 PC를 증가시켜줌으로써 매번 그 다음 주소에 위치한 명령을 읽어 와서 실행하게 한다.

TOY 프로세서의 명령어들은 크게 4개의 그룹으로 나누어지고, 같은 그룹의 명령어들은 실행과정이 같다.

- ALU 명령어 그룹: 산술/논리 연산과 관련된 명령어들을 위한 것으로서, ALU를 통하여 연산을 한 결과를 목적지 레지스터에 저장하고, CCR의 NZ 비트들을 갱신한다.
- LDR 명령어 그룹: LOAD 관련 명령어를 위한 것으로서 메모리 읽기를 해서 목적지 레지스터에 기록한다.
- STR 명령어 그룹: STORE 관련 명령어를 위한 것으로서 소스 레지스터의 값을 메모리에 기록한다.
- BRR 명령어 그룹: BRR을 포함한 그 외의 명령어들을 위한 것으로서, ALU를 통하여 연산을 한 결과를 목적지 레지스터에 기록한다. CCR은 갱신하지 않는다.

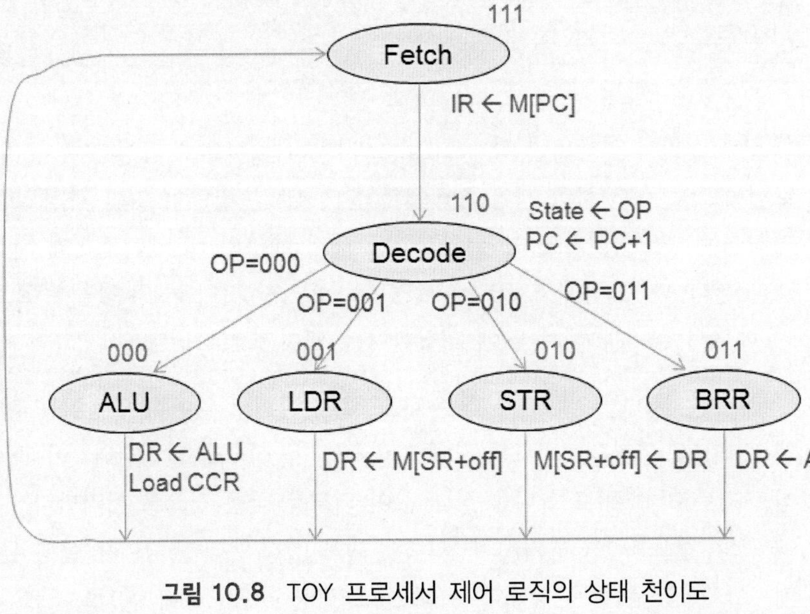

그림 10.8 TOY 프로세서 제어 로직의 상태 천이도

따라서 명령어 실행 작업은 4가지의 상태를 구별해야 하고, 여기에 명령어 읽기 상태 및 명령어 해독 상태를 포함하여 총 6가지의 상태를 필요로 한다. 그림 10.8은 TOY 프로세서 제어 로직의 상태 천이도 및 각 상태에서 실행할 작업 내용을 보여준다. 6개의 상태만 사용하므로 제어 로직의 순차 논리 회로에서 내부 상태를 기록하는 데 3개의 D 플립플롭이 사용될 것이다. 상태간의 천이는 매 시스템 클록에 맞춰 이루어진다.

6개의 상태별로 번호를 부여할 때 전체 논리 회로를 구성하기에 간편하도록 번호를 부여해야 한다. 상태별 번호를 이렇게 부여한 배경은 ALU부터 BRR까지의 상태는 Decode 상태의 처리를 간단하게 하기 위하여 명령어의 OP 부분 3비트 값과 일치하도록 한 것이고, 남은 번호 중에서 임의로 111과 110을 각각 Fetch와 Decode 상태에 부여했으며, 상태 100과 101은 향후에 새로운 명령어를 추가할 때 사용할 수 있도록 미정인 상태로 비워두었다.

참고

[프로세서 초기화] 처음에 전원이 인가되면 프로세서는 특정한 상태로 초기화가 이루어지도록 회로를 설계해야 하는데, 이 회로에서 그러한 기능이 빠져있다. 보통 별도의 리셋 신호를 두어서 이 신호가 활성화되면 강제로 초기화가 되도록 하고 전원이 인가되는 시점에 이 신호가 잠시 활성화되도록 한다. TOY 프로세서는 초기화되면 내부 상태가 111로 되도록 하면 된다. 리셋 신호가 활성화되면 PC(R7)도 부팅 프로그램이 들어 있는 ROM의 주소가 되도록 초기화되어야 한다.

처음에 전원이 인가되면 상태 111로 초기화되는 것으로 가정한다. 순차 논리 회로인 TOY 프로세서의 제어 로직에서 상태 111은 명령어 읽기 과정으로서 PC가 가리키는 메모리의 내용을 읽어서 프로세서 내부의 IR 레지스터에 저장하는 작업을 한다. 이 그림에서 'IR ← M[PC]'로 표기한 것이 PC의 값을 주소로 사용하여 메모리 읽기를 해서 IR에 저장한다는 의미를 나타낸다.

클록이 한 사이클 지나면 상태는 110으로 전환되고 읽어온 명령어를 디코딩하는데 IR의 OP 부분의 3비트의 값에 따라서 다음 상태를 달리한다. 이 과정은 단순히 OP 부분의 3비트를 다음 상태 값이 되도록 하는 것으로 처리한다. 이와 동시에 PC의 값도 1만큼 증가시켜 놓는다. 다음 상태가 각 명령어를 실행하는 상태인데, ALU 명령어들은 상태 000으로, LDR 명령어는 상태 001로, STR 명령어는 상태 010으로, 그리고 BRR 명령어는 상태 011로 전환된다.

상태 000은 ALU 명령어 그룹의 명령어를 실행하는 상태로서, ALU 회로에 의해 결정된 값을 IR[DR] 부분에 지정된 목적지 레지스터에 저장하는 것으로 완료된다. 이 과정에서 ALU 회로의 출력 값에 따라 CCR 레지스터의 N과 Z비트도 갱신하는데, NZ Logic의 출력 2비트를 CCR에 기록하는 작업이다. 명령어 구별은 ALU 회로에 전달되는 IR[ALU] 3비트에 의해 이루어진다. 클록이 한 사이클 지나면 상태는 111로 돌아가서 다음 명령어를 읽어오는 절차를 반복한다.

상태 011은 BRR 명령어 그룹의 명령어들을 실행하기 위한 상태이다. 이들은 ALU 회로를 통하여 IR[SR]에 지정된 레지스터의 값에 IR[SR2/VAL] 부분의 16비트 정수를 32비트로 확장한 값(offset)을 더한 결과를 IR[DR] 부분에 지정된 레지스터에 기록하는 것이다. 이 명령어의 기계어 코드는 ALU 부분에 ADD를 의미하는 000을, ALU의 두 번째 오퍼랜드를 offset 값으로 지정하기 위해서 V 부분은 1이고 SR2/VAL 부분에는 offset 값을 표현한다. 이 명령어 그룹은 CCR 값은 변경하지 않는다. 다음 상태는 다시 111로 돌아간다.

상태 001은 LDR 명령어 그룹의 실행을 위한 상태로서 IR[SR]에 지정된 레지스터의 값에 offset 값을 더한 것을 주소로 사용하여 메모리의 내용을 읽어 와서 IR[DR]에 지정된 레지스터에 기록하는 것이다. 상태천이도에서는 'DR ← M[SR+off]'으로 표기하였다. LDR 명령어에서도 IR[SR]의 값과 offset을 더하는 작업은 ALU 회로를 이용하므로 IR[ALU] 부분은 ADD와 마찬가지로 000으로 설정하고 있다. 다음 상태는 다시 111로 돌아간다.

상태 010은 STR 명령어 그룹의 실행을 위한 상태로서 IR[SR]에 지정된 레지스터의 값에 offset 값을 더한 것을 주소로 사용하여 메모리에 쓰기를 한다. 쓰기를 위한 데이터는 IR[DR]에 지정된 레지스터의 값을 사용한다. STR 명령어에서도 LDR 명령어와 같은 이유로 IR[ALU] 부분을 000으로 설정하고 있다. 상태천이도에서는 'M[SR+off] ← DR'로 표기하였다. 다음 상태는 다시 111로 돌아간다.

10.7 상태별 제어 신호

이제 각 상태별로 지정된 동작을 하도록 적절한 제어 신호를 발생시키는 제어로직 부분의 순차논리회로를 설계한다. 표 10.11은 TOY 프로세서의 제어 논리 회로에서 각 상태별로 발생하는 신호를 보여준다. 이러한 진리표가 나오게 된 과정을 차례대로 설명할 것이다. 명령어를 디코딩하는 110 상태는 아직 완성되지 않았는데 차차 채워나가기로 한다. 100 상태와 101 상태는 아직 기능이 정해지지 않은 명령어들을 위해 남겨놓은 것이다.

▌표 10.11▐ TOY 프로세서 제어 로직 신호 진리표

입력		출력										
현재 상태 $S_2S_1S_0$	OP	Next $N_2N_1N_0$	AddrPC	AddrALU	DataDR	DataALU	LdIR	LdDR	LdCCR	IncPC	MemEn	MemWr
0 0 0	x x x	1 1 1	0	0	0	1	0	1	1	0	0	x
0 0 1	x x x	1 1 1	0	1	0	0	0	1	0	0	1	0
0 1 0	x x x	1 1 1	0	1	1	0	0	0	0	0	1	1
0 1 1	x x x	1 1 1	0	0	0	1	0	1	0	0	0	x
1 0 0												
1 0 1												
1 1 0			0	0	0	0	0	0	0	1	0	x
1 1 1	x x x	1 1 0	1	0	0	0	1	0	0	0	1	0

제어 신호는 총 13개로서, AddrPC부터 MemWr까지 회로의 각 부분에 보내는 10개의 신호와 내부적으로 다음 상태를 지정하는 3비트(Next)로 이루어진다. Next를 제외한 모든 출력은 IR의 OP 값에 상관없이 현재 상태에 따라서 결정된다. Next도 디코딩을 위한 110 상태를 제외하고는 OP 값에 상관없이 결정된다. 110 상태에서만 OP 값에 따라서 Next가 결정된다. 출력 부분에 있는 x 표시는 아무 값이나 상관없음(don't care)을 나타낸다. MemWr 신호는 MemEn이 1일 때만 그 의미가 있으므로 MemEn이 0이면 x로 표시할 수 있다. 이렇게 x로 표시된 부분은 최종 회로를 구성할 때 회로가 단순해지도록 정하면 된다.

[명령어 읽기 상태] 먼저 111 상태는 명령어 읽기 과정으로서 PC가 가리키는 메모리의 내용을 읽어서 프로세서 내부의 IR 레지스터에 저장하는 작업을 해야 한다. 그림 10.9는 이 과정에서 활성화되어야 하는 신호들을 굵은 선과 글씨로 표시하였다. VPC를 통해서 전달되는 PC의 값을 주소 버스로 내보내기 위해서 AddrPC 신호를 1로 활성화하면 PC의 값이 메모리의 ADDR에 전달된다. 이때

AddrALU는 0이라야 주소 버스에는 VPC 신호만 전달된다. MemWr 신호는 읽기에 해당하는 0으로 지정하고, MemEn 신호를 1로 활성화한다.

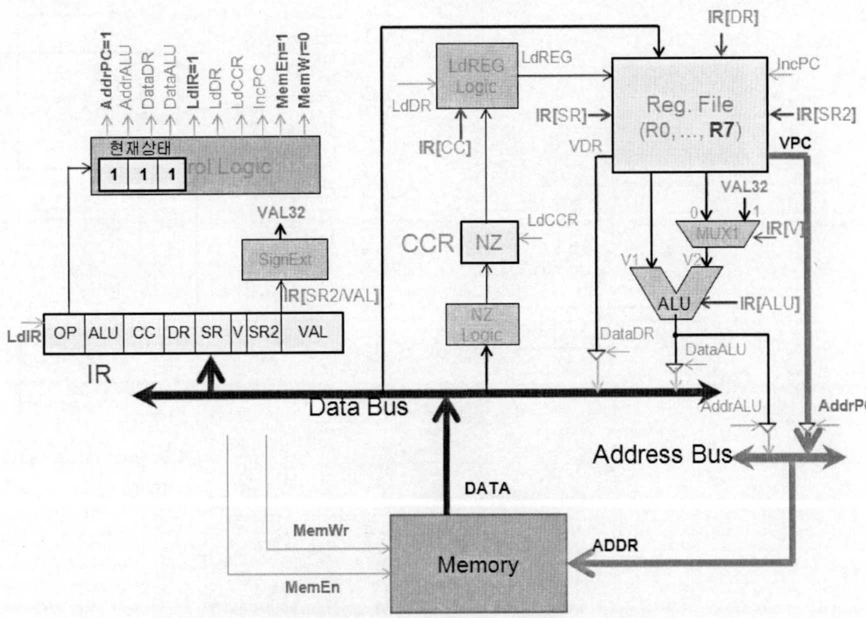

그림 10.9 명령어 읽기 상태(111)의 활성화 신호

이 신호에 따라서 메모리에서는 ADDR에 지정된 주소의 메모리 내용을 DATA로 내보낸다. 이때 DataDR과 DataALU 신호는 0이라야 데이터 버스에는 메모리의 출력만이 전달된다. 프로세서는 DATA에 나오는 값을 IR에 저장하기 위해서 LdIR 신호를 활성화하면 된다. CCR은 변경되지 않으므로 LdCCR은 0으로, 레지스터 파일의 목적지 레지스터에 저장하지 않으므로 LdDR은 0으로, PC를 증가시키지 않으므로 IncPC는 0으로 한다. 따라서 이 상태에서는 AddrPC, MemEn, 및 LdIR 신호만 1이고 나머지는 모두 0이다. 111 상태의 다음 상태는 110 상태이므로 Next는 110으로 지정하였다.

[명령어 디코딩 상태] IR에 읽어 들인 명령어를 디코딩하는 110 상태는 IR의 OP 부분의 값에 따라서 다음의 상태를 달리한다. 이 과정에서 PC 값도 1만큼 증가시킨다. 그림 10.10은 이 상태에서 활성화되는 신호들을 보여준다. 다음 상태를 결정하기 위해서 IR[OP]의 값을 다음상태로 기록하는 작업이 필요한데, 이것은 다

음 절에서 다룬다. PC 값을 1만큼 증가시키기 위해서는 IncPC 신호를 1로 설정하고, 나머지 제어 신호들은 아무 동작도 필요가 없으므로 모두 0으로 처리한다.

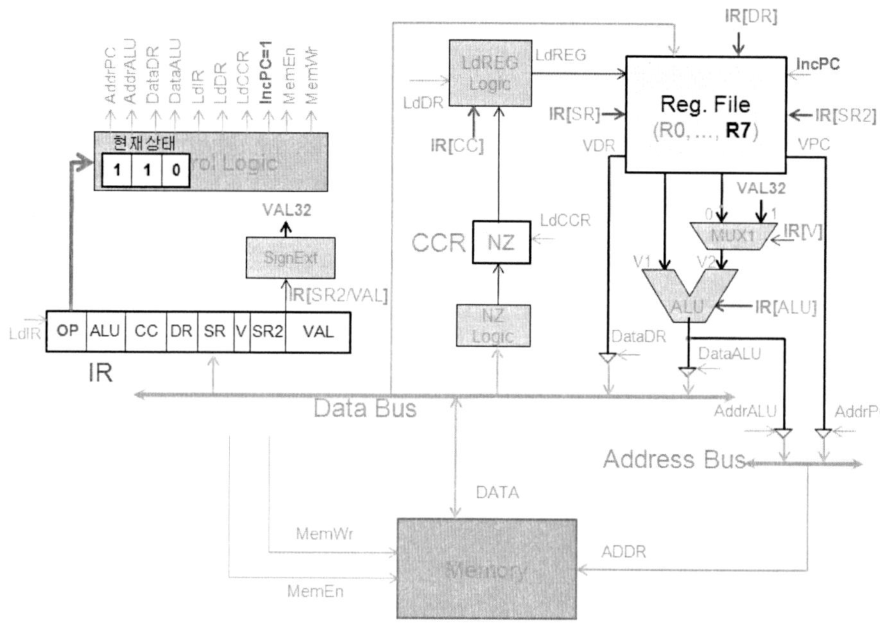

그림 10.10 명령어 디코딩 상태(110)의 활성화 신호

[ALU 명령어 그룹 실행 상태] ALU 회로 부분에는 IR[ALU] 값이 8가지의 ALU 기능중 하나를 선택하도록 전달된다. ALU 명령어 그룹의 IR[ALU] 부분 코드는 ALU 회로의 기능 선택 신호와 일치하도록 정의하였다. 여기서는 선택신호 3비트가 000은 ADD, 001은 SUB, 010은 AND, 011은 OR, 100은 XOR, 101은 COPY, 110은 LS, 그리고 111은 AS인 것으로 가정하였다. 따라서 ALU의 출력은 IR[SR]의 레지스터 값과, IR[SR2] 레지스터의 값 또는 IR[SR2/VAL]의 정수 값을 입력으로 하여 지정된 연산을 한 결과가 출력된다. 따라서 000 상태에서는 ALU 회로의 출력을 데이터 버스를 통하여 DR에 지정된 레지스터에 저장하기만 하면 된다. 그림 10.11은 이 상태에서 활성화되는 신호들을 보여준다. DataALU 신호를 1로하여 ALU의 출력이 데이터 버스에 전달되도록 하고(이때 DataDR은 0이어야 함), LdDR 신호를 활성화하여 데이터 버스를 통하여 전달된 값을 IR[DR]에 지정된 레지스터에 기록하도록 한다. CCR 레지스터 값의 갱신을 위해서 LdCCR 신호도 활성화한다. 메모리 동작은 하지 않으므로 MemEn이 0이고

AddrALU와 AddrPC도 0이다. IR에 저장하지 않으므로 LdIR은 0이고 PC를 증가하지도 않으므로 IncPC는 0이다. 다음 상태는 다음 명령어를 읽기 위한 상태인 111상태이다.

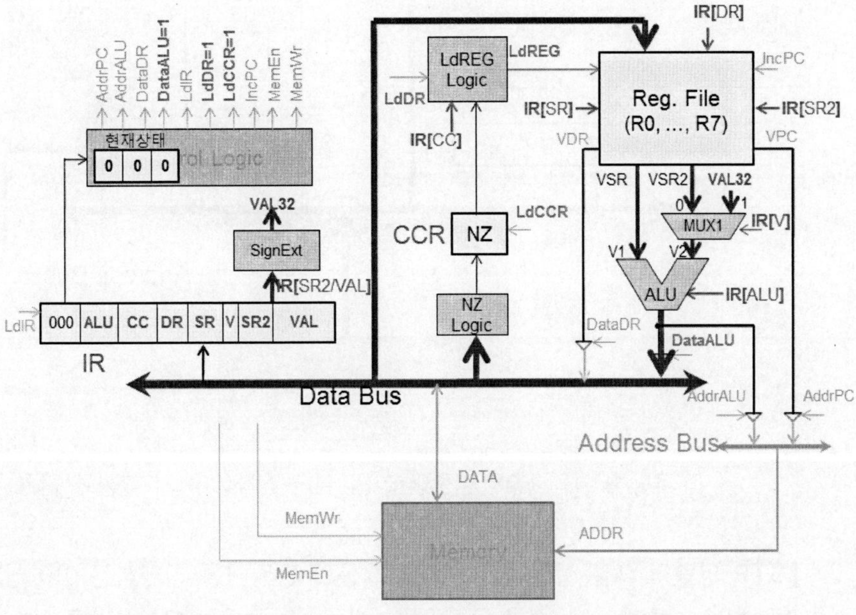

그림 10.11 ALU 명령어 그룹 실행 상태(000)의 활성화 신호

[LDR 명령어 그룹 실행 상태] 001 상태는 LDR 그룹의 명령어를 실행하는 상태로서 그림 10.12는 이 상태에서 활성화되는 신호들을 보여준다. ALU 회로의 출력은 IR[SR] 에 지정된 레지스터의 값과 IR[SR2/VAL] 부분에 지정된 16비트 정수 값인 offset의 합으로서 메모리 주소가 된다. 따라서, AddrALU 신호를 1로 활성화함으로써(이때 AddrPC는 0이어야 함) 지정된 주소가 주소 버스를 통하여 메모리의 ADDR로 전달된다. 메모리에는 읽기 작업을 위해서 MemWr은 0으로 지정하고 MemEn은 1로 활성화하여 읽기를 지정한다. 이 신호에 따라서 메모리는 지정된 주소의 메모리 내용을 DATA 부분으로 내보내므로(이때 DataDR과 DataALU는 0이어야 함) LdDR 신호를 1로 하여 데이터 버스를 통해서 전달된 값을 IR[DR]에 지정된 목적지 레지스터에 기록하도록 한다. 다음 상태는 명령어를 읽기 위한 상태인 111 상태이다.

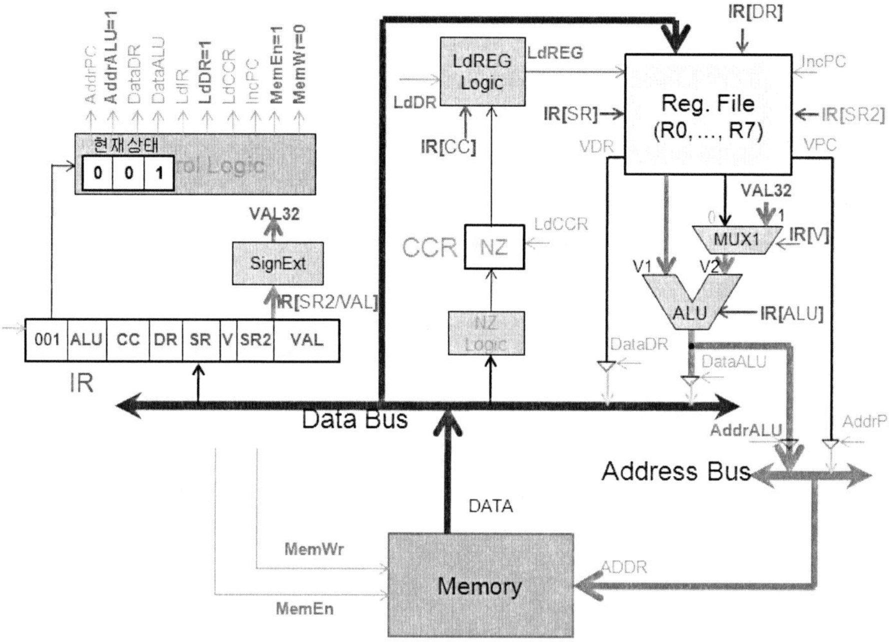

그림 10.12 LDR 명령어 그룹 실행 상태(001)의 활성화 신호

[STR 명령어 그룹 실행 상태] STR 그룹의 명령어를 실행하는 010 상태에서 활성화되는 신호들은 그림 10.13과 같다. LDR 명령어와 마찬가지 이유로 AddrALU를 활성화한다. 메모리는 쓰기를 해야 하므로 MemWr은 쓰기를 표시하는 1로 지정하고 MemEn은 1로 활성화한다. IR[DR]에 지정된 레지스터의 값은 VDR 부분으로 출력되므로 DataDR을 1로 설정함으로써(이때 DataALU는 0이어야 함) 이 값이 데이터 버스를 통하여 메모리에 DATA로 전달되도록 한다. 다음 상태는 명령어를 읽기 위한 상태인 111 상태이다.

[BRR 명령어 그룹 실행 상태] 011 상태는 BRR 그룹의 명령어를 실행하는 상태로서 IR[SR]에 지정된 레지스터의 값에 IR[SR2/VAL] 부분에 지정된 offset 값을 더해서 그 결과를 DR에 지정된 레지스터에 기록한다. 이 작업은 사실상 ADD 명령어와 동일하다. 단, CCR 값은 갱신하지 않으므로 LdCCR은 0으로 유지한다. 다음 상태는 명령어를 읽기 위한 111 상태이고, 그림 10.14는 이 상태에서 활성화되는 신호들을 보여준다.

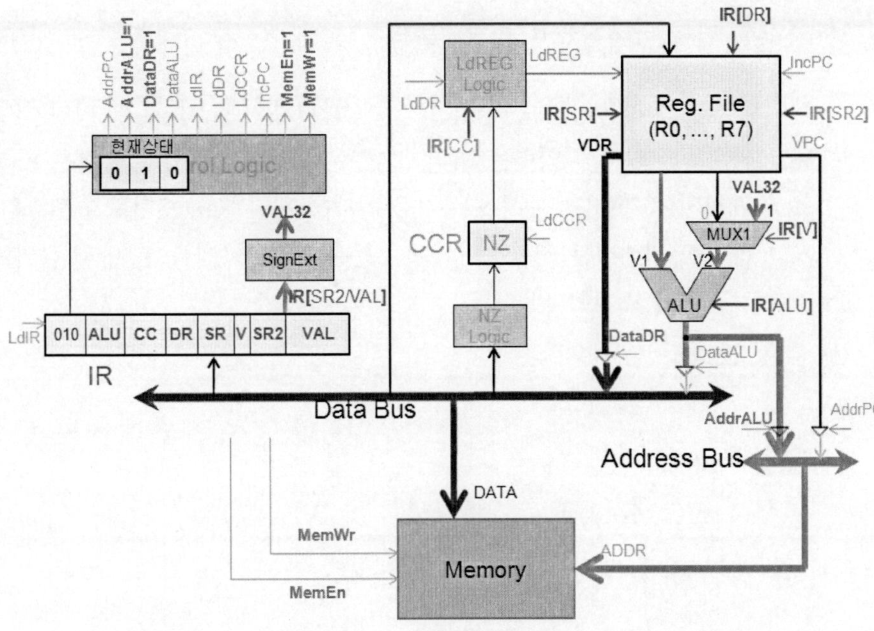

그림 10.13 STR 명령어 그룹 실행 상태(010)의 활성화 신호

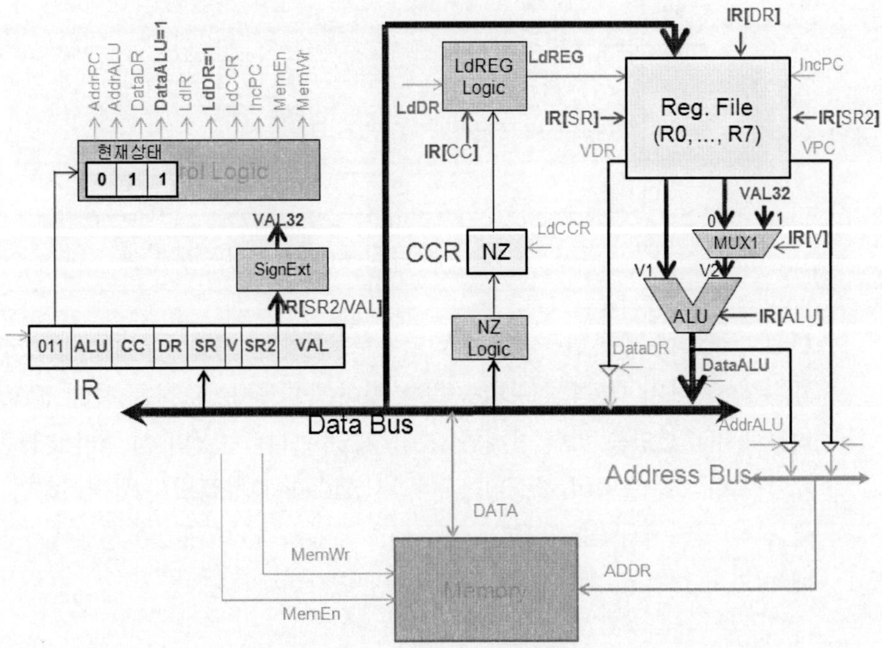

그림 10.14 BRR 명령어 그룹 실행 상태(011)의 활성화 신호

10.8 제어 로직 순차 논리회로 설계

제어로직의 순차논리회로 구성은 일반적인 순차논리회로와 마찬가지로 그림 10.15와 같다. 외부의 입력은 IR의 OP 부분 3비트이고 외부 출력은 AddrPC부터 MemWr까지 10개이다. 내부에는 다음 상태를 위한 Next 3비트가 필요하다. 이렇게 구성하기 위해서는 조합논리회로 부분은 표 10.11에서 본 바와 같이 입력이 6개이고 출력이 13개이다.

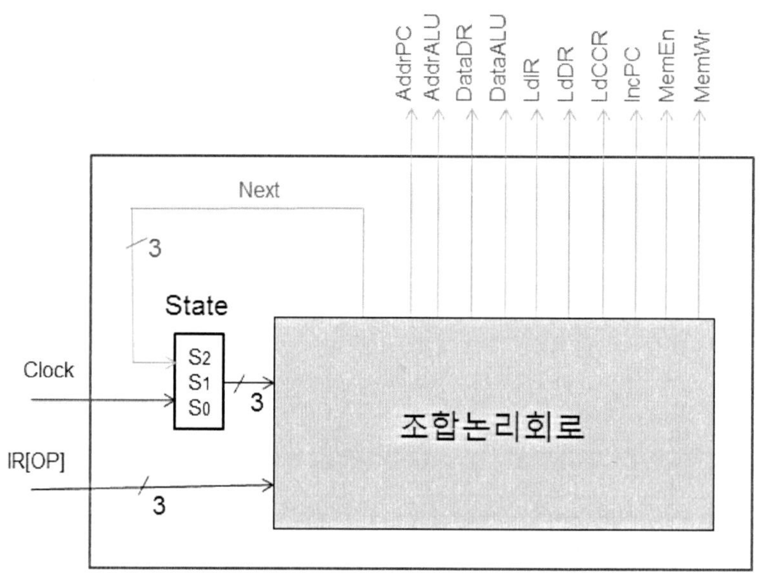

그림 10.15 제어로직 순차논리 회로의 구성

입력의 개수가 많으면 조합논리회로를 구성할 때 회로가 복잡해지므로, 입력의 개수를 6개에서 더 줄일 방법을 찾는 것이 좋다. 제어로직을 위한 표 10.11의 진리표에서 디코딩을 위한 상태인 110을 제외하고는 입력의 OP 3비트 값은 무관하게 다음상태와 출력이 결정된다. 따라서 110 상태만 특별하게 처리하면 표 10.12와 같이 입력에서 OP 3비트를 제거해도 무방하다. 이제 110 상태에서 OP 3비트에 따라서 다음상태를 결정하는 방법만 있으면 된다.

표 10.12 TOY 프로세서 제어로직의 단순화된 진리표

입력	출력										
현재 상태 $S_2S_1S_0$	Next N_2N_1N0	AddrPC	AddrALU	DataDR	DataALU	LdIR	LdDR	LdCCR	IncPC	MemEn	MemWr
0 0 0	1 1 1	0	0	0	1	0	1	1	0	0	x
0 0 1	1 1 1	0	1	0	0	0	1	0	0	1	0
0 1 0	1 1 1	0	1	1	0	0	0	0	0	1	1
0 1 1	1 1 1	0	0	0	1	0	1	0	0	0	x
1 0 0											
1 0 1											
1 1 0		0	0	0	0	0	0	0	1	0	x
1 1 1	1 1 0	1	0	0	0	1	0	0	0	1	0

아직 정리되지 않은 디코딩 상태 부분을 마무리해 보자. 읽어 들인 명령어를 디코딩 하는 상태인 110 상태에서는 OP 부분의 값에 따라서 다음의 상태를 달리한다. 명령어 실행상태들의 상태번호가 OP 3비트와 일치하므로 상태를 저장하는 D 플립플롭의 입력에 OP 3비트를 그대로 입력으로 전달하면 문제가 간단히 해결될 것이다. 상태 천이도에서 명령어별로 실행상태의 번호를 부여할 때 일부러 OP 코드 값과 일치하는 번호를 부여한 이유가 여기에 있다.

이렇게 회로를 구성하기 위해서는 디코딩 상태인 110일 때에만 1이 되는 별도의 신호 Decode를 출력에 추가한다. 이 신호가 1일 때는 상태를 저장하는 D 플립플롭의 입력에 IR[OP] 3비트를 연결하고, 0일 때에는 Next 3비트를 연결하도록 하면 된다. 이러한 목적으로 멀티플렉서(StateMUX)를 활용하면 그림 10.16과 같이 제어로직을 구성할 수 있다.

제어 로직을 위한 진리표를 완성하기 위해서는 사용하지 않는 상태인 100 상태 및 101 상태에 대한 출력을 정의해야 한다. 이들은 합리적인 가정에 의해서 전체 회로를 단순화할 수 있는 방향으로 결정하면 된다. Next 3 비트는 무조건 명령어 읽기 상태로 넘어가도록 111로 정의한다. 메모리 동작은 하지 않도록 MemEn은

0으로 하고 따라서 MemWr은 x로 된다. 나머지 출력신호들도 모두 아무런 영향이 없도록 0으로 정하였다. 표 10.13은 이렇게 정리한 결과를 보여준다. 여기서 명령어 디코딩 상태의 Next는 사용되지 않으므로 아무 값이나 상관이 없어서 xxx로 하였다.

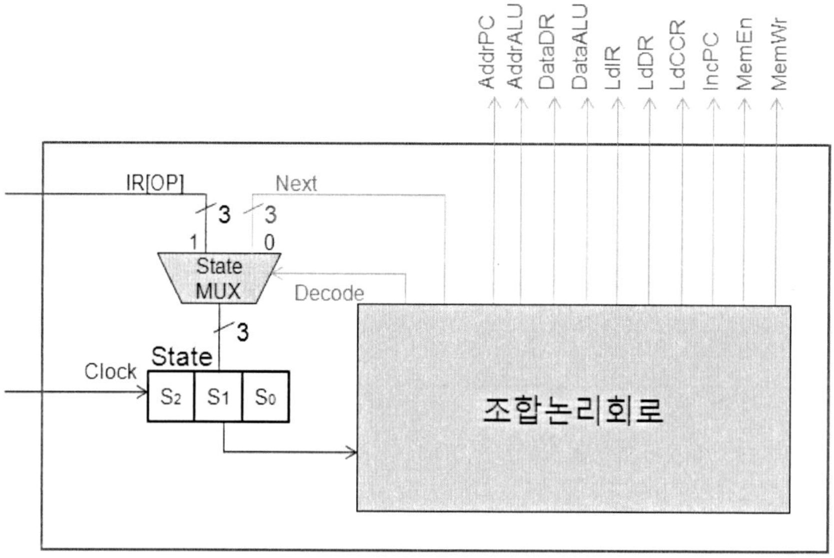

그림 10.16 제어 로직 순차논리 회로의 개선

표 10.13 단순화된 제어 로직 신호 진리표

현재 상태 $S_2S_1S_0$	Decode	Next $N_2N_1N_0$	AddrPC	AddrALU	DataDR	DataALU	LdIR	LdDR	LdCCR	IncPC	MemEn	MemWr
0 0 0	0	1 1 1	0	0	0	1	0	1	1	0	0	x
0 0 1	0	1 1 1	0	1	0	0	0	1	0	0	1	0
0 1 0	0	1 1 1	0	1	1	0	0	0	0	0	1	1
0 1 1	0	1 1 1	0	0	0	1	0	1	0	0	0	x
1 0 0	0	1 1 1	0	0	0	0	0	0	0	0	0	x
1 0 1	0	1 1 1	0	0	0	0	0	0	0	0	0	x
1 1 0	1	x x x	0	0	0	0	0	0	0	1	0	x
1 1 1	0	1 1 0	1	0	0	0	1	0	0	0	1	0

이제 제어 로직에서 제어신호들을 발생하는 순차 논리 회로를 완성하기 위해서 표 10.13에서 x로 표시된(확정되지 않은) 부분들을 적절히 결정하여 진리표를 완성해야 한다. 이 부분은 0이든 1이든 상관없는 것으로서 최종회로가 단순해지도록 적절한 값을 선택한다. 완성된 진리표는 표 10.14와 같다. 명령어 디코딩 상태인 110 상태에서는 다음 상태가 의미가 없지만 111로 지정하였다. 이렇게 하면 다음 상태인 Next의 3비트 N2, N1 및 N0의 회로를 단순하게 처리할 수 있는 장점이 있다. 즉, N2와 N1은 항상 1로 하고, N0는 현재 상태가 111일 때만 0이 되도록 하면 된다. MemWr 신호는 x 부분을 모두 0이로 처리함으로써 010 상태에서만 1이 되도록 하였다.

▌표 10.14▌ 완성된 제어 로직 신호 진리표

현재 상태 $S_2S_1S_0$	Decode	Next $N_2N_1N_0$	AddrPC	AddrALU	DataDR	DataALU	LdIR	LdDR	LdCCR	IncPC	MemEn	MemWr
0 0 0	0	1 1 1	0	0	0	1	0	1	1	0	0	0
0 0 1	0	1 1 1	0	1	0	0	0	1	0	0	1	0
0 1 0	0	1 1 1	0	1	1	0	0	0	0	0	1	1
0 1 1	0	1 1 1	0	0	0	1	0	1	0	0	0	0
1 0 0	0	1 1 1	0	0	0	0	0	0	0	0	0	0
1 0 1	0	1 1 1	0	0	0	0	0	0	0	0	0	0
1 1 0	1	1 1 1	0	0	0	0	0	0	0	1	0	0
1 1 1	0	1 1 0	1	0	0	0	1	0	0	0	1	0

이제 표 10.14의 진리표를 조합논리 회로로 완성하면 된다. 그림 10.17은 각 제어 신호를 조합논리 회로로 구성한 예이다. Next 신호를 제외하고는 현재의 상태가 000, 001, 010, 011, 110, 및 111의 6개에 대해서만 1인 경우가 있으므로 이들 6가지를 각각 AND 게이트로 만든다. 각 제어신호는 이 6개의 신호들 중에서 1인 경우만 선택하여 OR 게이트로 결합한다. 예를 들어 Decode는 입력이 110일 때만 1이고, AddrPC는 111일 때만 1이며, AddrALU는 001이거나 010일 때만 1이다. 나머지 신호도 앞의 진리표와 일치한다는 것을 쉽게 확인할 수 있을 것이다. Next 신호에서 N_2와 N_1은 항상 1이다. N_0는 현재 상태가 111일 때에만 0이므로 이 경우만을 선택하여 값을 반대로 만든다.

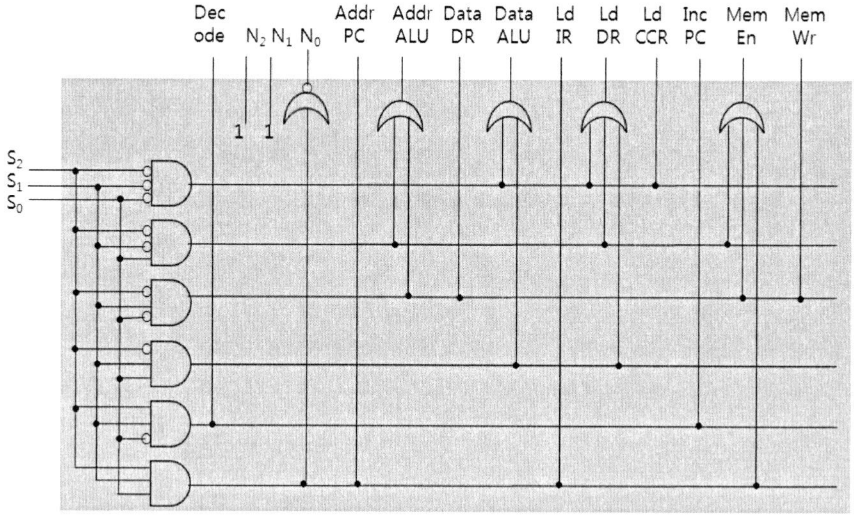

그림 10.17 제어 로직의 신호별 조합 논리 회로

제어로직 부분의 전체 순차논리회로는 그림 10.18과 같이 구성된다. 내부 상태를 저장하기 위해서 3개의 D 플립플롭을 사용하고, 현재의 상태에 따라서 AddrPC 부터 MemWr까지의 10개 신호가 출력된다. Decode 신호는 멀티플렉서의 선택 신호로 사용되고, 3비트의 Next 신호는 다음 상태를 결정하는데 사용된다.

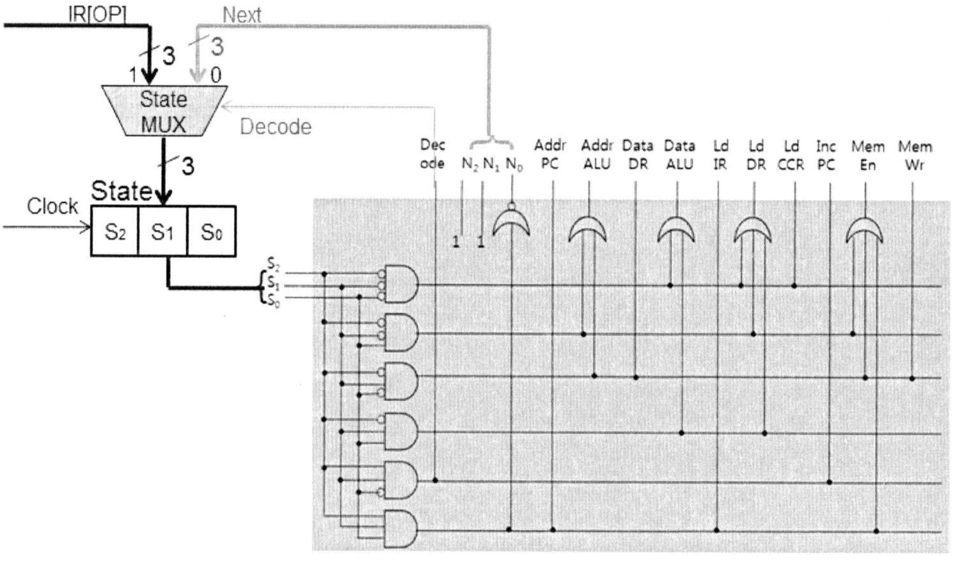

그림 10.18 제어 로직 순차 논리 회로

10.9 세부 논리 블록들의 회로

[LdREG Logic 회로] 이제 남은 몇 개의 세부 회로 부분을 완성하도록 한다. LdREG 신호 발생 로직은 그림 10.19와 같이 설계할 수 있다. TOY 프로세서는 IR[CC] 부분의 3비트 값과 CCR 레지스터의 NZ 2비트의 값에 의해서 목적지 레지스터에 기록할지 여부를 결정한다. 이 조건을 만족하면서 제어논리 회로에서 LdDR 신호가 발생하면 목적지 레지스터에 기록한다.

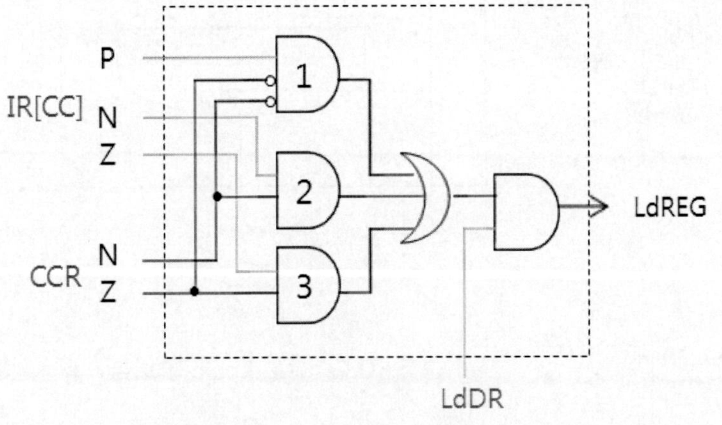

그림 10.19 LdREG Logic의 세부 회로

IR[CC]의 Z 비트가 1이면 이전에 계산한 결과가 0이면 조건이 만족된다는 의미이고 이것은 곧 CCR의 Z 비트가 1이면 만족된다는 의미이다. 즉, CCR의 Z 비트가 1이고 IR[CC]의 Z 비트가 1이면 조건이 만족되는 것이다. 따라서 이 둘을 AND 게이트 (3번)로 결합하여 그 출력이 1이면 조건이 만족되는 것을 표시한다. 마찬가지의 이유로 IR[CC]의 N 비트는 CCR의 N 비트와 AND 게이트 (2번)로 처리한다. IR[CC]의 P 비트는 이전에 계산한 결과가 양수이면 조건이 만족된다는 의미인데 이것은 곧 CCR의 N 비트와 Z 비트가 모두 0이면 만족된다는 의미이다. 따라서 회로에서 1번 AND 게이트와 같이 구성하면 된다. 이들 세 가지 조건 중 하나라도 만족하면 되므로 세 개의 AND 게이트 출력을 OR 게이트로 결합하면 된다. 이 출력을 다시 제어로직의 출력인 LdDR 신호와 AND 게이트로 결합하여 LdREG 신호를 생성하면, 조건이 만족되면서 LdDR 신호가 1일 때에만 목적지 레지스터에 기록하는 목적을 달성할 수 있다.

[NZ Logic 회로] CCR의 N 비트와 Z 비트의 생성 로직은 그림 10.20과 같이 만들 수 있다. N 비트는 최상위 비트를 그대로 사용하면 되고, Z 비트는 32개의 비트들이 모두 0일 때에만 1이 되도록 하면 된다.

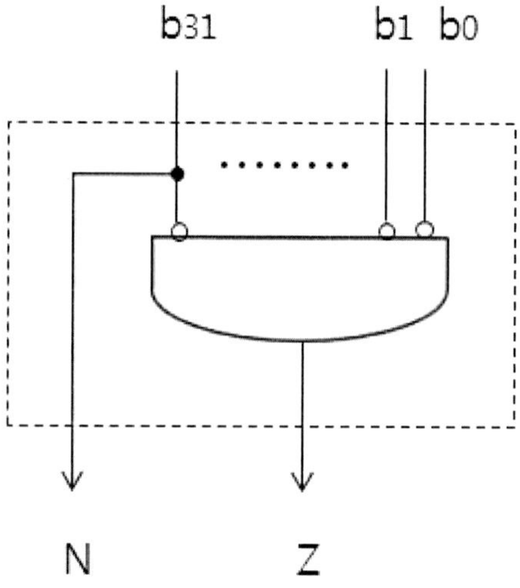

그림 10.20 NZ Logic의 회로

[SignExt 회로] IR[SR2/VAL] 부분의 16비트 정수는 부호확장 회로(SignExt)에 의해서 32비트 정수로 변환된다. 부호확장 회로는 그림 10.21과 같이 최상위 비트인 비트 15를 상위의 16개 비트에 동일하게 복사하여 사용하는 것으로 간단하게 해결된다.

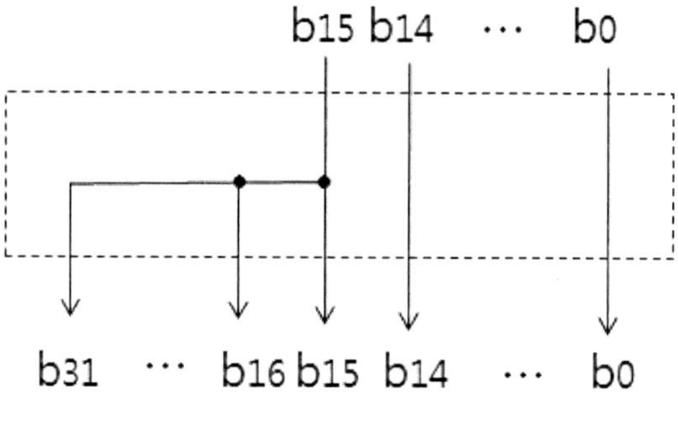

그림 10.21 부호확장을 위한 SignExt 회로

[R7의 IncPC 회로] R7(PC)은 IncPC 신호가 1이면 1만큼 증가하고 0이면 그대로 유지되어야 한다. 그림 10.22는 이러한 목적으로 활용할 수 있는 회로이다. R7의 Load 신호는 IncPC와 LdR7을 OR 게이트로 결합한 것이므로 IncPC가 1이거나 LdR7이 1이면 R7은 새로운 값으로 갱신된다. R7의 값과 1을 더한 값이 항상 MUX의 입력에 전달된다. IncPC 신호가 1이면 MUX의 출력이 R7에 1을 더한 값이 되고 내부의 Load 신호도 활성화된다. IncPC 신호가 0이면 MUX의 출력은 DATA가 되고 Load 신호는 LdR7이 1일 때 활성화된다.

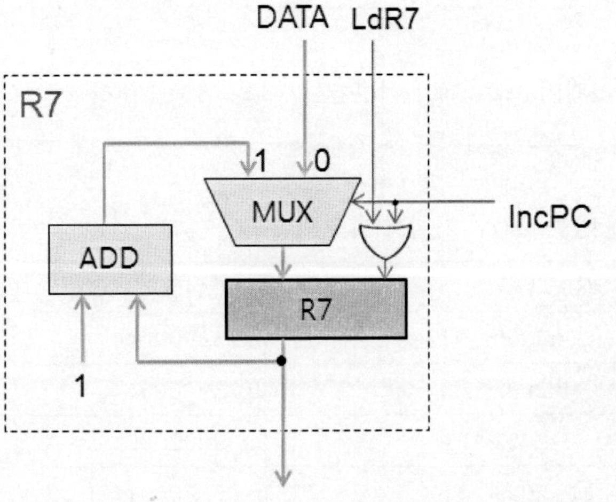

그림 10.22 R7의 IncPC 신호 포함 회로

10.10 TOY 프로세서 회로의 동작과정

[어셈블리 언어 프로그램] TOY 프로세서 회로가 동작하는 과정을 추적해 보기 위해서 프로그램 10.1을 가정해 보자. C 언어로는 "`x = x + y;`"에 해당하는 것으로서 변수 x의 값에 변수 y의 값을 더한 결과를 x에 기록하는 아주 간단한 프로그램이다.

[프로그램 10.1] TOY 어셈블리 언어 프로그램

```
        .ORIGIN 0x2000       ; 시작 주소를 0x2000 번지로
        LOAD R0, x           ; 변수 x의 값을 R0에 읽어들임
        LOAD R1, y           ; 변수 y의 값을 R1에 읽어들임
        ADD R0, R0, R1       ; R0과 R1을 더해서 R0에 저장
        STORE R0, x          ; R0의 값을 변수 x에 기록
        SWI 255              ; 프로그램 종료
x:      .FILL 0x1234         ; 변수 x (초기값은 0x1234)
y:      .FILL 0x4321         ; 변수 y (초기값은 0x4321)
```

[TOY 기계어 프로그램] 이 프로그램을 어셈블링하면 메모리에 저장될 TOY 기계어 프로그램은 표 10.15와 같다.

표 10.15 TOY 기계어 프로그램

메모리 주소	기계어코드	어셈블리언어
0x2000	0x238F0004	LOAD R0, 0x2005
0x2001	0x239F0004	LOAD R1, 0x2006
0x2002	0x03802000	ADD R0, R0, R1
0x2003	0x400F0001	STORE R0, 0x2005
0x2004	0x97F100FF	SWI 255
0x2005	0x00001234	.FILL 0x1234
0x2006	0x00004321	.FILL 0x4321

[TOY 회로 동작과정] 현재 PC 값은 0x2000, R0 및 R1의 값은 0이라고 가정하고 TOY 프로세서가 동작하는 과정에서 회로 내부 각 부분의 값을 클록 순서대로 정리하면 표 10.16과 같을 것이다.

▌표 10.16▐ TOY 회로 각 부분의 값

클록 순서	TOY 프로세서 내부상태	PC	R0	R1	IR	주소버스의 내용	데이터버스의 내용
1	명령어 읽기	0x00002000	0x00000000	0x00000000	0x238F0004	0x00002000	0x238F0004
2	명령어 해독	0x00002001	0x00000000	0x00000000	0x238F0004	–	–
3	명령어 실행	0x00002001	0x00001234	0x00000000	0x238F0004	0x00002005	0x00001234
4	명령어 읽기	0x00002001	0x10000234	0x00000000	0x239F0004	0x00002001	0x239F0004
5	명령어 해독	0x00002002	0x00001234	0x00000000	0x239F0004	–	–
6	명령어 실행	0x00002002	0x00001234	0x00004321	0x239F0004	0x00002006	0x00004321
7	명령어 읽기	0x00002002	0x00001234	0x00004321	0x03802000	0x00002002	0x03802000
8	명령어 해독	0x00002003	0x00001234	0x00004321	0x03802000	–	–
9	명령어 실행	0x00002003	0x00005555	0x00004321	0x03802000	–	0x00005555
10	명령어 읽기	0x00002003	0x00005555	0x00004321	0x400F0001	0x00002003	0x400F0001
11	명령어 해독	0x00002004	0x00005555	0x00004321	0x400F0001	–	–
12	명령어 실행	0x00002004	0x00005555	0x00004321	0x400F0001	0x00002005	0x00005555
13	명령어 읽기	0x00002004	0x00005555	0x00004321	0x97F100FF	0x00002004	0x97F100FF
14	명령어 해독	0x00002005	0x00005555	0x00004321	0x97F100FF	–	–
15	명령어 실행				0x97F100FF	–	–

이 프로그램의 실행과정을 단계별로 검토해보면 다음과 같다. 프로세서 내부 상태는 명령어 읽기 상태 (111)에서 시작한다. 이 상태에서는 그림 10.23과 같이 AddrPC=1이므로 주소버스에는 PC 값인 0x2000이 전달되고, 메모리에는 MemEn=1, MemWr=0이 전달된다. 그러면 메모리에서는 0x2000번지의 내용인 0x238F0004가 데이터 버스로 전달된다. LdIr=1이므로 IR에는 0x238F0004가 기록된다. 다음 상태는 110이다.

다음 클록(클록2)에서 TOY 회로는 명령어 해독 상태(110)로 변경된다. 이 상태에서는 그림 10.24와 같이 IncPC=1이므로 PC 값은 1만큼 증가하여 0x2001로 변경되고, 다음 상태는 IR의 최상위 3비트 값으로 결정된다. 이때 주소버스와 데이터 버스에는 아무 값도 전달되지 않는다.

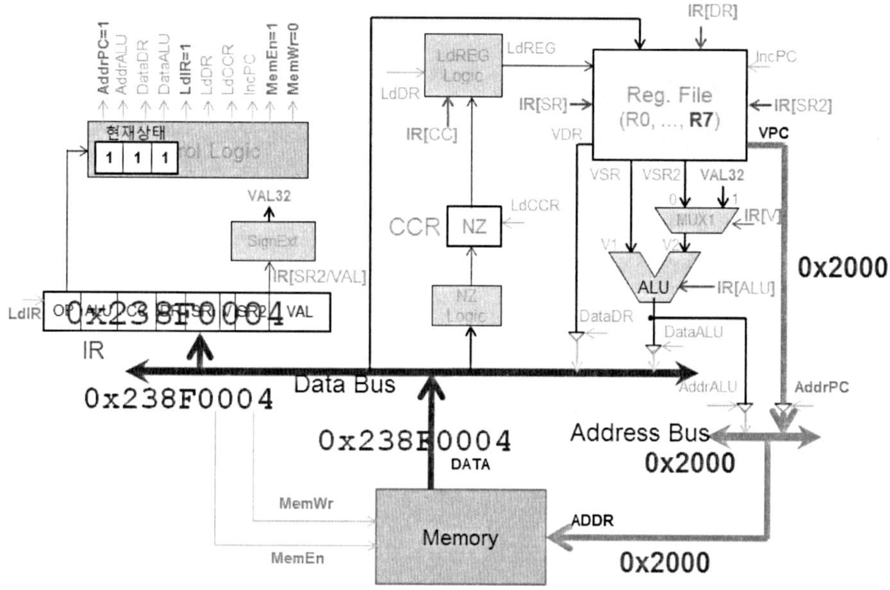

그림 10.23 첫 번째 명령어 읽기 과정의 신호 값

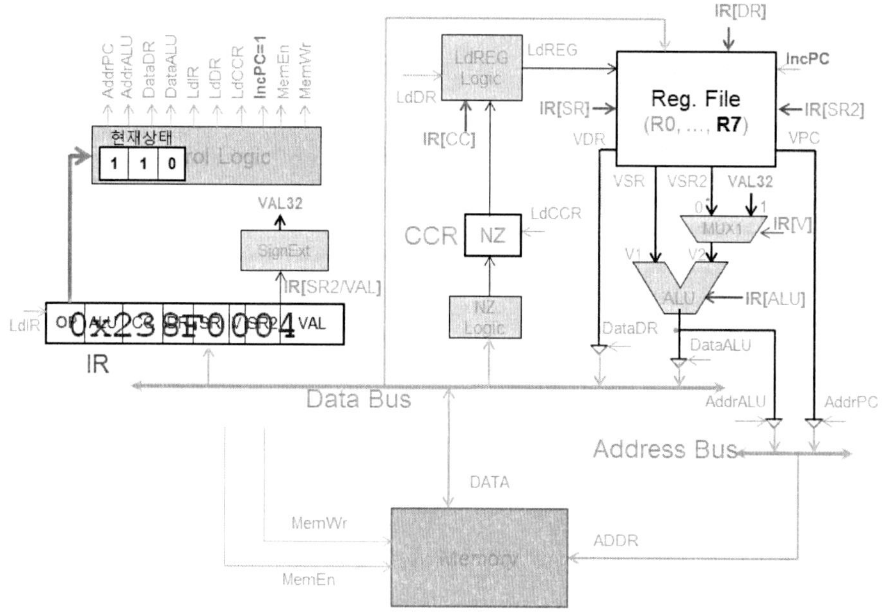

그림 10.24 첫 번째 명령어 해독 과정의 신호 값

현재 IR의 최상위 3비트는 001이므로 다음 클록(클록3)에서 LDR 명령어 그룹 실행 상태(001)로 변경된다. 이 상태에서는 그림 10.25와 같이 실행 내용은 현재 PC값 0x2001에 IR의 SR2/VAL 부분의 값인 0x0004를 더한 결과(0x2005)가 ALU의 출력으로 나오고 AddrALU=1이므로 ALU의 출력 값이 주소버스에 전달된다. 메모리에는 MemEn=1, MemWr=0이 전달되므로 메모리에서는 0x2005번지의 내용인 0x1234가 데이터 버스로 전달된다. LdDR=1이므로 데이터 버스의 값은 DR 부분에 지정된 레지스터인 R0에 기록된다. 다음 상태는 다시 명령어 읽기 상태인 111이다.

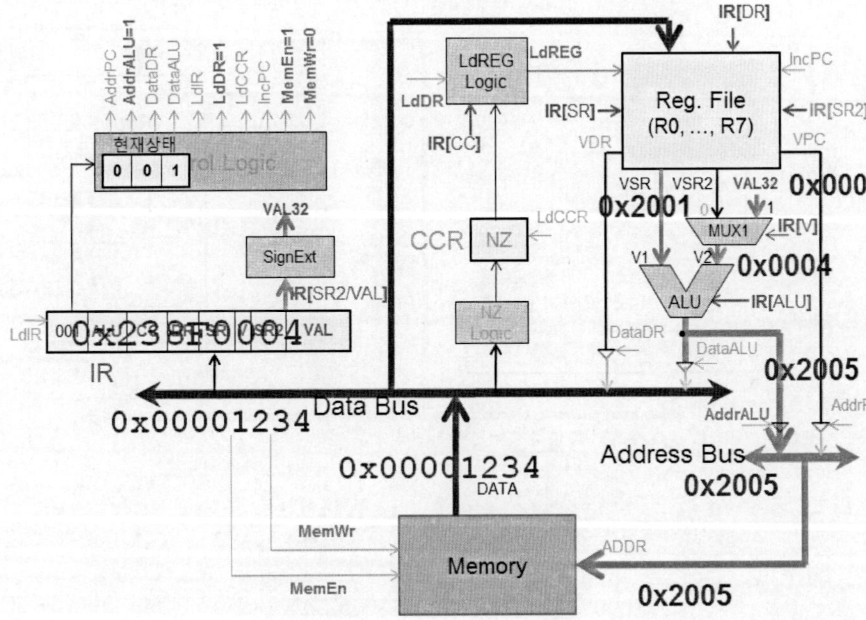

그림 10.25 첫 번째 명령어(LOAD R0, 0x2005) 실행과정의 신호 값

다음 클록(클록4)에서 TOY 회로는 명령어 읽기 상태(111)로 변경된다. AddrPC=1이므로 주소버스에는 PC 값인 0x2001이 전달되고, 메모리에는 MemEn=1, MemWr=0이 전달된다. 메모리에서는 0x2001번지의 내용인 0x239F0004가 데이터 버스로 전달되고, LdIr=1이므로 IR에는 0x239F0004가 기록된다. 다음 상태는 110이다.

이러한 진행 과정을 차례대로 진행하면서 명령어 들이 실행된다. 클록7에서의

LDR 명령어 그룹 실행에서는 현재 PC값 0x2002에 IR의 SR2/VAL 부분의 값인 0x0004를 더한 결과(0x2006)가 주소버스에 전달되고, 메모리 읽기를 동작으로 0x2006번지의 내용인 0x4321이 데이터 버스로 전달된다. 이 값은 R1에 기록된다.

클록9에서의 ADD 명령어 실행 상태에서는 그림 10.26과 같이 R0의 값 0x1234와 R1의 값 0x4321을 더한 결과(0x5555)가 ALU의 출력으로 나온다. DataALU=1이므로 ALU의 출력 값이 데이터 버스로 전달되며 LdDR=1이므로 IR의 DR 부분에 지정된 레지스터인 R0에 저장된다. AddrPC=0, AddrALU=0이므로 주소버스에는 아무것도 전달되지 않는다.

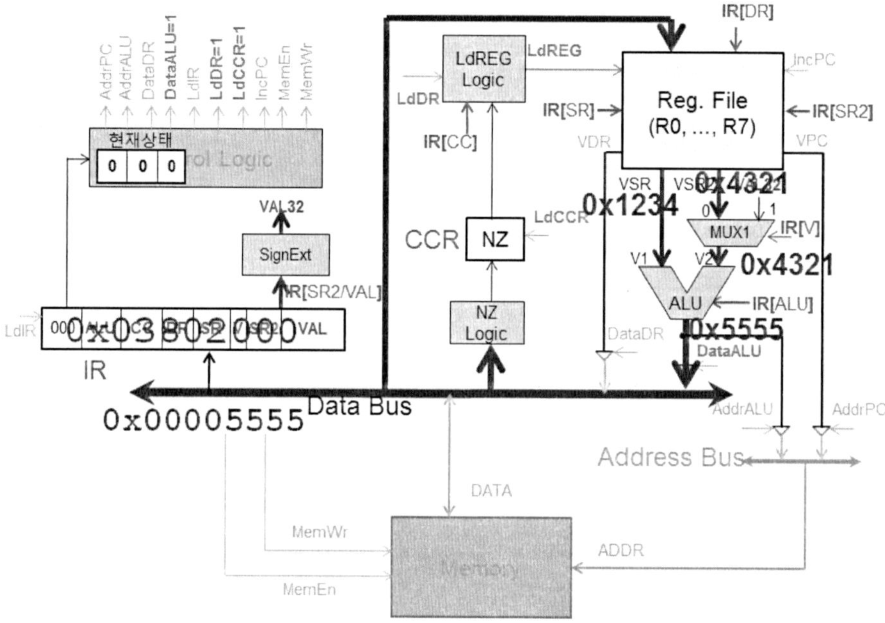

그림 10.26 세 번째 명령어(ADD R0, R0, R1) 실행과정의 신호 값

클록12에서의 STORE 명령어 실행 상태에서는 그림 10.27과 같이 현재 PC값 0x2004에 IR의 SR2/VAL 부분의 값인 0x0001를 더한 결과(0x2005)가 주소버스에 전달되고, DataDR=1이므로 DR 부분에 지정된 레지스터인 R0의 값 0x5555가 VDR을 통해서 데이터 버스에 전달된다. MemEn=1 및 MemWr=1이므로 메모리에는 0x2005번지에 0x5555가 기록된다.

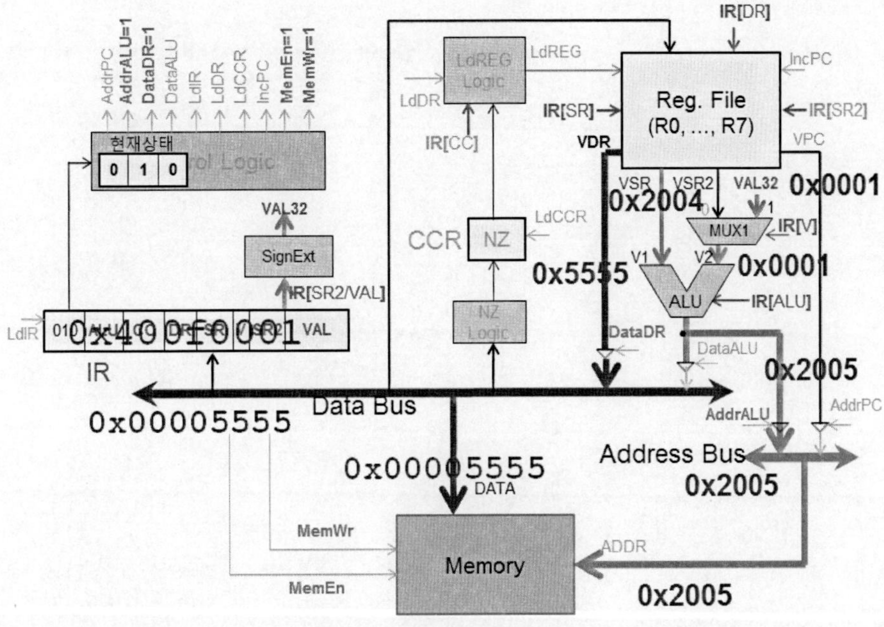

그림 10.27 네 번째 명령어(STORE R0, 0x2005) 실행과정의 신호 값

제4부

상용 마이크로프로세서

[제 11 장]

ARM 프로세서

11.1 ARM 프로세서의 역사

ARM 계열의 프로세서는 최근 널리 사용되고 있는 프로세서들 중의 하나로서 ARM(Advanced RISC Machine)사에서 개발하였으며 1985년에 32비트 버전의 첫 모델이 발표되었다. RISC(Reduced Instruction Set Computer) 구조에 바탕을 두고 있어서 레지스터 개수는 많지만 회로가 단순해져서 전력소모가 작으면서도 성능이 우수한 것이 특징이었다. ARM사는 프로세서를 직접 생산하는 대신에 설계도를 타사에 판매하고 여러 반도체 회사들이 이 설계 기술을 바탕으로 여러 가지 부가 기능들을 추가하여 무수히 많은 모델의 프로세서들을 생산하고 있다. 삼성을 비롯하여 퀄컴, 엔비디아, 르네사스, Atmel, TI 등 우리가 알고 있는 대형 반도체 회사들은 거의 다 포함된다. 2013년 현재 연간 100억개 정도가 생산되며, 스마트폰의 95%, 이를 포함한 모든 휴대형 정보기기들의 60% 정도가 ARM 프로세서를 적용하고 있다(참고로 2016년에 일본의 스프트뱅크가 ARM을 35조원에 인수했다).

ARM사에서는 지속적으로 프로세서의 기능을 확장하고 성능을 향상해 왔다. ARM 기반 프로세서들의 핵심 부분인 ARM 코어의 설계를 몇 개의 계열별로 개발하여 제공하고 있는데, 이들은 CPU 기본 구조, 반도체 공정기술, 실행속도, 및 CPU 코어 개수 등에 따라 구별된다. 현재 ARM7 계열부터, ARM10, ARM11, 및 Cortex까지 개발되어 있다. ARM Cortex도 여러 가지 모델들이 있는데 Cortex-M(Microcontroller) 시리즈는 간단한 기기들을 위한 MCU(Micro-Controller Unit)로서 내부에 메모리도 포함하고 있다. Cortex-R(Realtime) 시리즈는 중간 규모의 실시간 동작이 필요한 기기들을 위한 것이며, Cortex-A(Application) 시리즈는 스마트폰이나 텔레비전을 포한한 복잡한 동작이 필요한 기기들을 위한 것이다. Cortex-A 시리즈에는 64비트 버전도 있다.

칩 제조회사들은 특정 ARM 코어 설계도를 ARM사로부터 구매하고 여기에 독자적인 기능들을 추가하여 설계한 칩을 생산한다. 삼성전자의 S5PC110 프로세서는 Galaxy S 스마트 폰에 사용된 것으로서 ARM Cortex-A8 코어에 그래픽 처리기 및 휴대형 정보단말기를 위한 주변장치들을 추가하여 설계한 것이다. 애플의 첫 아이폰에 사용된 A4 프로세서도 ARM Cortex-A8 코어에 스마트폰에 필요한 여러 가지 회로들을 추가한 것이다. 삼성전자의 S3C44BOX 프로세서는 다양한 휴대형 정보 기기들에 사용될 수 있도록 설계된 것인데 ARM7 계열의 ARM7TDMI 코어를 적용하였다.

11.2 기본구조

ARM(32비트 구조 기준)은 16개의 32비트 레지스터, 데이터 처리는 레지스터에서만 허용하는 Load/Store 구조, 단순한 어드레싱 모드 등을 적용하고 있다. 모든 명령어는 32비트로 고정된 크기로 설계함으로써 명령어 디코딩 회로를 단순화할 수 있고 고속 실행을 위한 파이프라인 처리 등의 회로 구성이 쉬워진다. 여기에 여러 가지 특징들을 가미하여 고성능이면서도 전력 소모를 줄이고 칩의 크기를 줄일 수 있도록 하고 있다. 그림 11.1은 ARM7 코어의 내부 구조를 블록다이어그램으로 보여준다. 오른쪽 큰 박스 부분(instruction decoder and logic control)이 TOY의 Control Logic과 Instruction Register를 포함하는 회로에 해당하는데, 내부의 각 회로 부분에 전달할 제어 신호 출력들과 다음 상태 및 제어 신호 결정에 사용될 입력 신호들을 표시하고 있다. 왼쪽 상단의 Register bank 부분이 TOY의 레지스터 파일 부분에 해당하며 범용 레지스터는 16개의 32비트 기본 레지스터들 외에 프로세서 실행 모드별로 별도로 사용되는 15개의 특수 레지스터들을 포함하여 총 31개로 이루어져 있다. 프로그램 상태 레지스터도 기본 레지스터 외에 실행 모드별로 별도로 사용되는 5개를 포함하여 총 6개로 이루어져 있다.

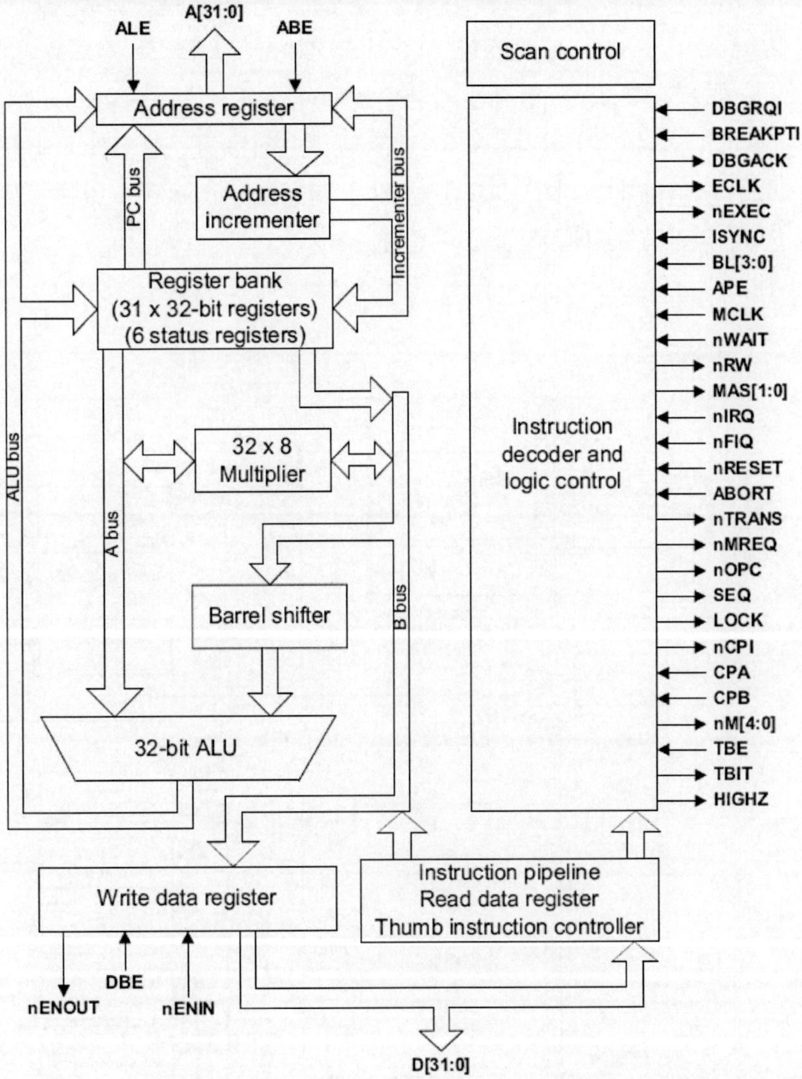

(출처: Wikipedia https://en.wikipedia.org/wiki/ARM_architecture)

그림 11.1 ARM7 블록 다이어그램

ARM 코어에 여러 가지 주변 회로들이 추가된 예로서 그림 11.2는 휴대형 정보 기기 등에서 널리 사용되는 프로세서인 S3C44BOX의 내부 블록 다이어그램이다. CPU 코어는 ARM7의 변형인 ARM7TDMI이고, 여기에 메모리 칩을 연결하기 위한 회로, 화면 구동을 위한 LCD 제어회로, 인터럽트 제어 회로, 전원 관리 회로, 시스템 클록 생성회로 등이 포함되어 있다. 기타 주변장치로는 각종 센서에서 들어오는 아날로그 신호를 디지털 값으로 변환해주는 회로(ADC: Analog to Digital Converter), 일정한 시간이 경과하면 자동으로 신호를 발생하는 회로(Watchdog Timer), 현재의 시간을 정밀하게 표시해주는 회로(RTC: Real-Time Clock), 여러 가지 장치들을 연결할 때 적용되는 표준인 GPIO 제어회로, 시리얼 통신을 처리하는 회로(UART) 등 많은 기능들이 포함되어 있다. 그림 11.3은 이 칩의 외관과 핀 배치도를 보여준다.

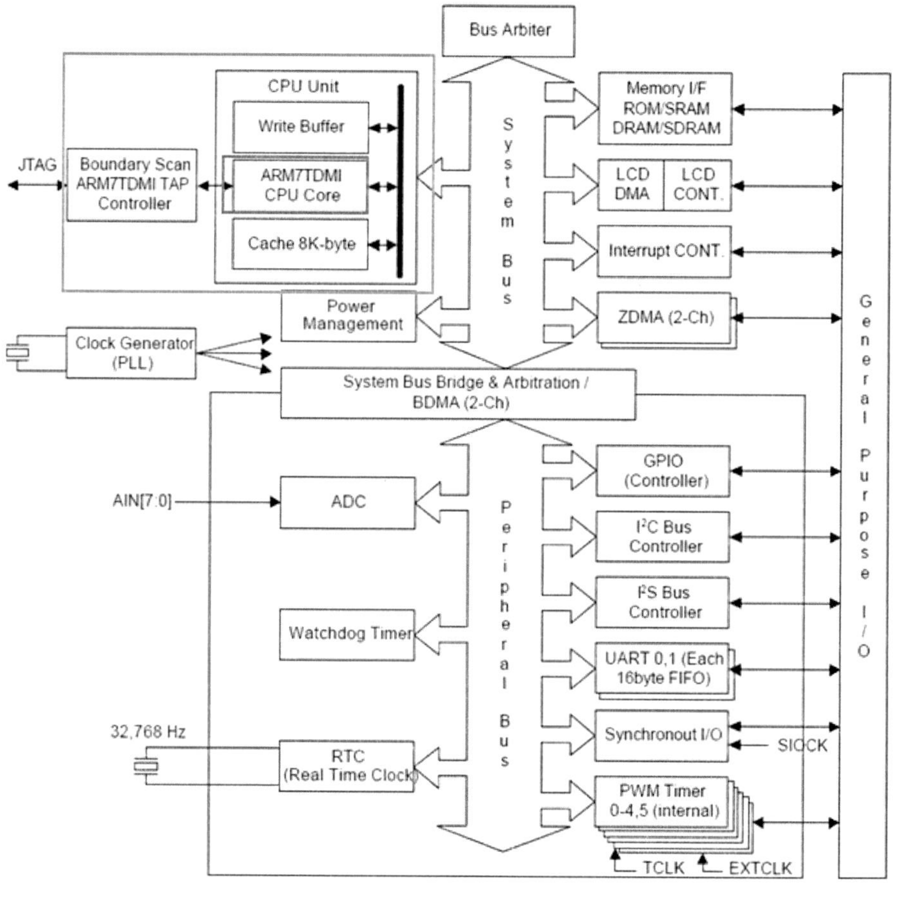

(출처: 삼성전자)

그림 11.2 삼성 S3C44BOX 프로세서의 블록 다이어그램

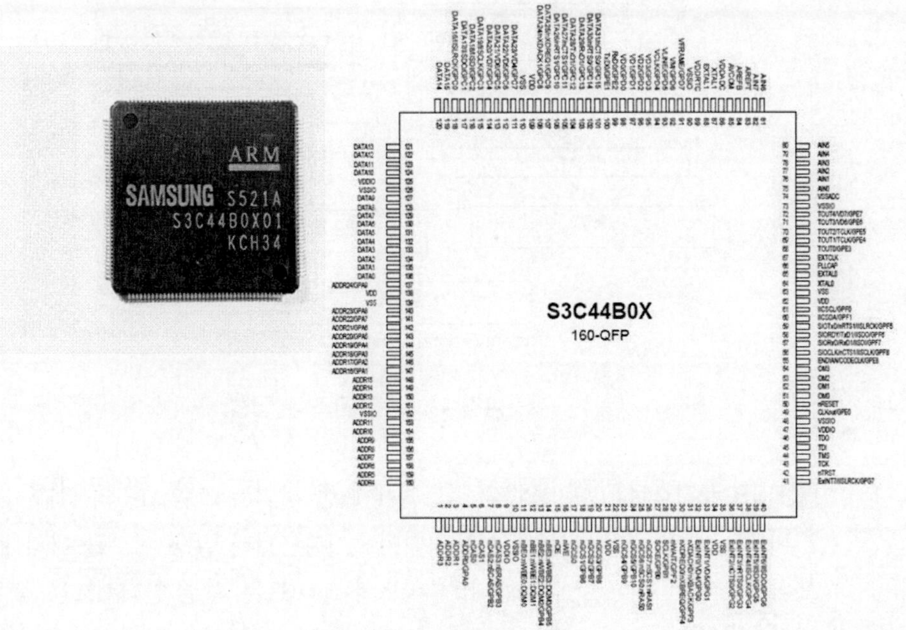

(출처: 삼성전자)

그림 11.3 S3C44BOX 칩의 외관과 핀 배치도

11.3 레지스터 집합

[레지스터 집합] ARM 프로세서는 R0부터 R15까지의 16개의 32비트 레지스터들과 프로세서 상태를 나타내는 32비트 레지스터인 CPSR(Current Program Status Register)이 있다. 그림 11.4는 ARM의 레지스터 집합을 보여주고 있다. R15 레지스터는 PC에 해당하고, R14는 함수를 호출할 때에 링크 레지스터로 사용되며, R13은 스택 포인터로 사용된다.

참고

TOY 프로세서는 ARM 프로세서의 설계를 참고하여 단순화시킨 것이다. CCR 레지스터는 ARM의 CPSR에 해당하고, 범용 레지스터는 8개로 줄여서 R0부터 R7까지를 사용한다. ARM에서는 PC, 링크 레지스터, 및 스택 포인터로 끝 번호 부분의 레지스터인 R15, R14, 및 R13을 각각 사용하는 데, TOY에서도 끝 번호 부분의 레지스터인 R7, R6, 및 R5를 각각 사용한다.

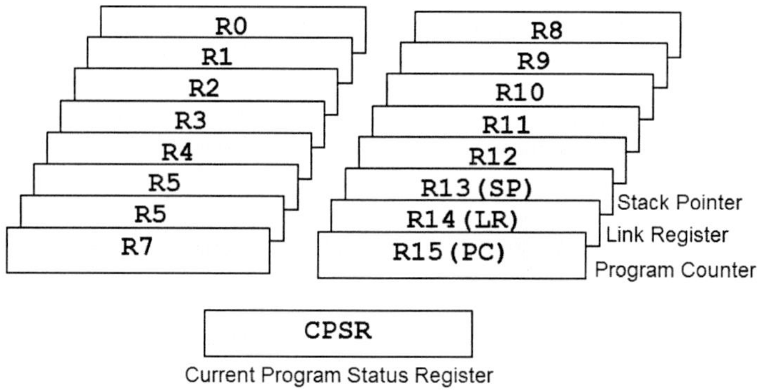

그림 11.4 레지스터 집합

[CPSR 레지스터] CPSR의 각 비트들에 대한 정의는 그림 11.5와 같다. N 비트와 Z 비트는 TOY 프로세서와 같은 의미이고, C는 캐리 발생 여부를 나타내며, V는 오버플로 발생 여부를 나타낸다. I 비트와 F 비트는 외부 인터럽트를 불허할지를 지정하는데 I 비트를 1로 설정하면 외부 인터럽트를 허용하지 않게 되고, 0로 설정하면 외부 인터럽트의 발생 시에 그 인터럽트 처리 루틴을 실행하도록 하는 것이다.

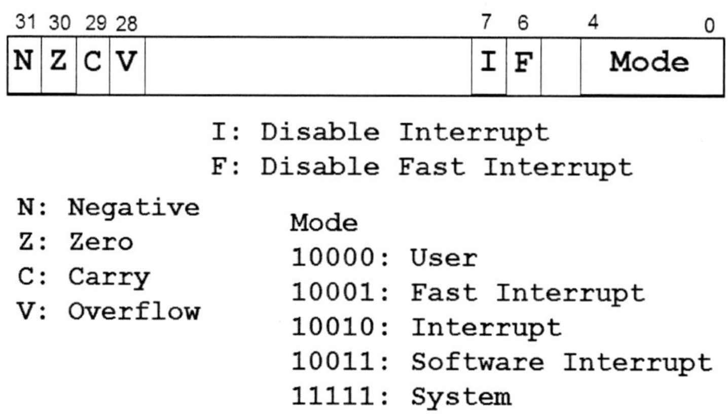

그림 11.5 CPSR의 비트별 정의

F 비트는 고속 인터럽트에 대한 것으로서 의미는 I 비트와 동일하지만 일반 인터럽트보다 우선순위가 높은 인터럽트를 위한 것이다. 현재의 프로세서 모드를 나

타내는 5비트의 모드(Mode) 필드는 일반 프로그램이 실행되는 상태와 운영체제가 실행하는 상태 등을 구별하기 위해 사용된다. 이들 중에서 User 모드가 일반적인 응용 프로그램을 실행하고 있는 상태를 나타내며, 나머지는 전부 운영체제가 실행되는 상태(특권 상태)인데 운영체제 모드로 전환되는 사유에 따라서 모드가 세부적으로 구별된다. 예를 들어서 10010은 인터럽트를 처리하는 상태이고, 10011은 SWI 명령어를 통하여 운영체제 기능을 실행할 때의 상태이다.

11.4 명령어의 기계어 표현

[기계어 표현 형식] ARM 프로세서의 기계어 코드 기본 형식은 그림 11.6과 같다. 제일 상단의 그룹은 대부분의 산술/논리 연산 명령들에 해당하고, 중간에는 Load/Store 명령어들에 대한 것이며, 분기를 위한 Branch 명령과 운영체제 기능 호출 등에 사용되는 소프트웨어 인터럽트 명령어 등이 있다.

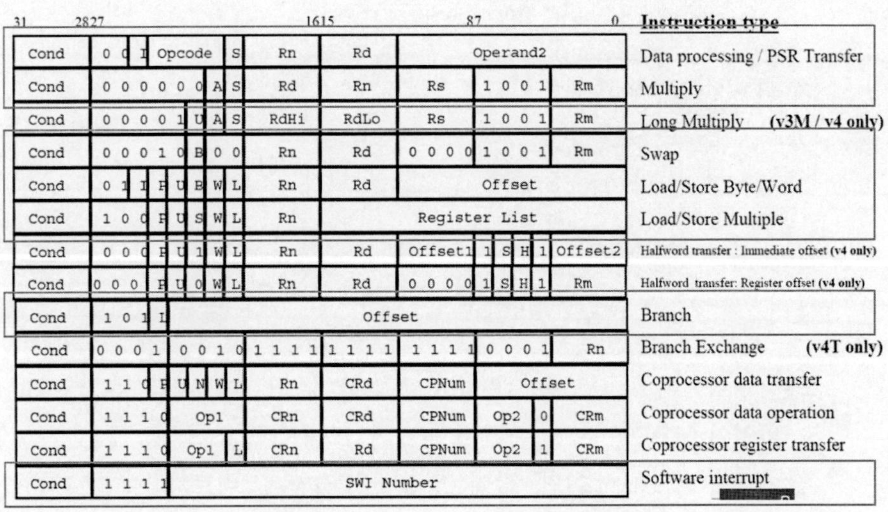

그림 11.6 명령어의 기계어 표현 형식

[메모리 접근 단위] LOAD와 STORE 명령어에서 메모리의 읽기와 쓰기를 바이트, 워드(2바이트), 또는 롱워드(4바이트) 단위로 처리할 수 있는데 기계어 표현의 B/W/L 비트에 표시된다. 일반적인 프로세서들도 대체로 메모리 접근을 이렇

게 여러 가지의 단위로 처리할 수 있지만, TOY 프로세서는 회로를 단순화하기 위해서 무조건 4바이트 단위로만 처리하도록 하였다.

[조건부 실행] ARM 프로세서의 독특한 특징 중의 하나로서 모든 명령어는 조건부 실행이 가능한데, 기계어 표현의 제일 상위 4비트(Cond)에 실행을 위한 조건을 표시한다. 이것은 TOY 프로세서 명령어의 CC 부분과 유사하며, 일반적인 프로세서에서는 분기 명령어만 조건부로 실행할 수 있는 것과 차이가 있다. 그림 11.7은 여러 가지 조건들의 표현 방법을 보여준다.

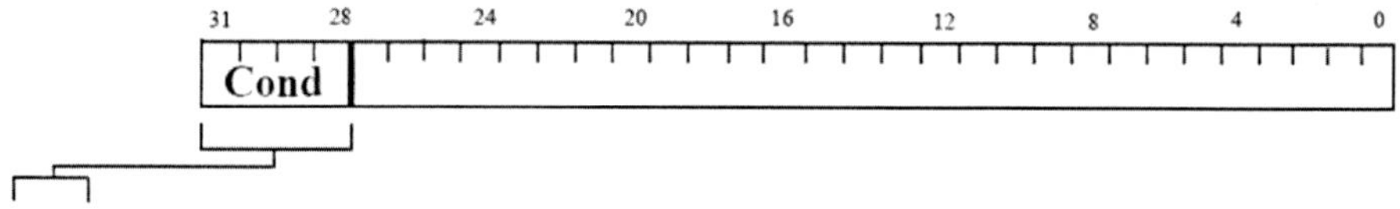

0000 = EQ - Z set (equal)
0001 = NE - Z clear (not equal)
0010 = HS / CS - C set (unsigned higher or same)
0011 = LO / CC - C clear (unsigned lower)
0100 = MI -N set (negative)
0101 = PL - N clear (positive or zero)
0110 = VS - V set (overflow)
0111 = VC - V clear (no overflow)
1000 = HI - C set and Z clear (unsigned higher)
1001 = LS - C clear or Z (set unsigned lower or same)
1010 = GE - N set and V set, or N clear and V clear (>or =)
1011 = LT - N set and V clear, or N clear and V set (>)
1100 = GT - Z clear, and either N set and V set, or N clear and V set (>)
1101 = LE - Z set, or N set and V clear,or N clear and V set (<, or =)
1110 = AL - always
1111 = NV - reserved.

그림 11.7 명령어의 실행조건 표현

모든 명령어에 이 조건을 덧붙여서 표현할 수 있는데, 예를 들어서 ARM의 어셈블리 언어로 'BEQ next' 는 분기 명령어 'B'에 실행 조건 'EQ'를 덧붙인 것으로서 '값이 같으면(equal 이면, 값이 0이면, CPSR의 Z 비트가 1이면) 레이블이 next인 위치로 분기하라'는 명령어이다. 이것은 TOY 프로세서에서 'BR z, next'에 해당한다. 다른 예로서 'ADD R0, R1, R2'는 그 의미가 TOY 프로세서와 일치한다. 여기에 실행 조건을 부가하여 'ADDEQ R0, R1, R2'로 표기하면 이전의 실행결과가 0이면 ADD 명령어를 실행하고 그렇지 않으면 무시하고 넘어가라는 의미가 된다.

[NZCV 갱신 지정] ARM 명령어들은 CPSR의 NZCV 비트들을 갱신할지 여부도 명령어마다 별도로 표기할 수 있다. 앞의 ADD 명령어 사용 예에서는 실행과정에서 이 비트들이 변경되지 않는다. 만약 이 비트들의 갱신이 필요하면 명령어에 'S' 문자를 추가해서 'ADDS R0, R1, R2' 나 'ADDEQS R0, R1, R2'로 표현한다. 명령어의 기계어 표현에서는 S 비트 부분에 표시된다. 일반적인 프로세서들은 산술 및 논리 연산 명령어들에 한해서 무조건 이 비트들을 갱신하도록 하고 있으며, TOY 프로세서도 모든 산술 및 논리 연산 명령어들은 무조건 CCR의 NZ 비트들을 갱신하게 되어 있다.

11.4 명령어 집합

[TOY와 대응되는 명령어 집합] ARM 프로세서는 다양한 명령어들을 제공한다. 표 11.1은 TOY 프로세서에서 제공하는 명령어들에 대응되는 ARM 프로세서 명령어들만 비교하여 보여준다. TOY 프로세서의 명령어들이 ARM 프로세서를 상당히 모방했음을 알 수 있을 것이다. ARM에는 이 외에도 다양한 형식의 산술 명령어들, 곱셈 명령어들, 여러 레지스터들을 한꺼번에 LOAD나 STORE 처리를 하는 명령어, 인터럽트 처리와 관련된 명령어 들이 포함된다. 이 외에도 LOAD나 STORE 명령어에서 스택 포인터를 자동으로 증가시키거나 감소시키는 기능이 있어서 스택의 PUSH나 POP 동작을 하나의 명령어로 처리할 수 있게 해준다. ARM 명령어에서 즉석 값은 수치 앞에 '#' 문자를 표시하여 구별하고, 이 문자가 없으면 주소로 간주한다.

표 11.1 TOY 명령어와 ARM 명령어의 비교

TOY	ARM	비고
ADD Rd, Rs, Rs2	ADDS Rd, Rs, Rs2	
SUB Rd, Rs, Rs2	SUBS Rd, Rs, Rs2	
CMP Rs, Rs2	CMP Rs, Rs2	
AND Rd, Rs, Rs2	ANDS Rd, Rs, Rs2	
OR Rd, Rs, Rs2	ORRS Rd, Rs, Rs2	
COPY Rd, Rs	MOVS Rd, Rs	

▌표 11.1▌ TOY 명령어와 ARM 명령어의 비교(계속)

TOY	ARM	비고
COPY Rd, n	MOVS Rd, #n	
NOT Rd, Rs	MVNS Rd, Rs	
XOR Rd, Rs, Rs2	EORS Rd, Rs, Rs2	
LSL Rd, Rs, n	MOVS Rd, Rs, LSL #n	MOV에 시프트 연산 적용
LSR Rd, Rs, n	MOVS Rd, Rs, LSR #n	MOV에 시프트 연산 적용
ASL Rd, Rs, n	MOVS Rd, Rs, LSL #n	MOV에 시프트 연산 적용
ASR Rd, Rs, n	MOVS Rd, Rs, ASR #n	MOV에 시프트 연산 적용
LOAD Rd, addr	LDR Rd, addr	
LDR Rd, Ra, n	LDR Rd, [Ra, #n]	
STORE Rs, addr	STR Rs, addr	
STR Rs, Ra, n	STR Rs, [Ra, #n]	
BR nzp, addr	B[cond] addr	cond 는 EQ, PL, ...
BRR nzp, Ra, n	ADD[cond] PC, Ra, #n	cond 는 EQ, PL, ...
LEA Rd, addr	MOV Rd, addr	
LINK BR nzp, addr	BLAL addr	함수 addr 호출 (ARM은 한 명령어로 처리)
RET	MOV PC, R14	
SWI n	SWI #n	
RTI	MOVS PC, R14	
SUB R5, R5, 1 STR Rs, R5, 0	STR Rs, [R13, #-1]!	스택 PUSH (ARM은 한 명령어로 처리)
LDR Rd, R5, 0 ADD R5, R5, 1	LDR Rd, [R13], #1	스택 POP (ARM은 한 명령어로 처리)

[ARM 명령어 집합] ARM 프로세서에서 제공하는 명령어는 표 11.2와 같다. 이 외에도 여러 가지의 특수 명령어들과 코프로세서와 관련된 명령어들이 있지만 이 표에서는 제외하였다. 이 명령어들은 어셈블리 언어로 프로그램을 작성할 때 사용 가능한 것들이며, 굵게 표시된 명령어들은 TOY 프로세서에서도 제공되는 것을 의미한다.

▌표 11.2▐ ARM 프로세서 명령어 집합

이름	의미	동작
ADD	Add	Rd ← Rs + Rs2
SUB	Subtract	Rd ← Rs − Rs2
ADC	Add with carry	Rd ← Rs + Rs2 + carry
SBC	Subtract with Carry	Rd ← Rs − Rs2 − 1 + carry
RSB	Reverse Subtract	Rd ← Rs2 − Rs
RSC	Reverse Subtract with Carry	Rd ← Rs2 − Rs − 1 + carry
AND	AND	Rd ← Rs AND Rs2
ORR	OR	OR ← Rs OR Rs2
EOR	Exclusive OR	Rd ← Rs EOR Rs2
BIC	Bit clear	Rd ← Rs AND (NOT Rs2)
CMP	Compare	CPSR[NZCV] ← Rs − Rs2
CMN	Compare Negative	CPSR[NZCV] ← Rs + Rs2
TEQ	Test bitwise equality	CPSR[NZCV] ← Rs EOR Rs2
TST	Test bits	CPSR[NZCV] ← Rs AND Rs2
MOV	Move register	Rd ← Rs2
MVN	Move negative register	Rd ← NOT Rs2
LDR	Load register	Rd ← MEM[address]
STR	Store register	MEM[address] ← Rs
LDM	Load multiple registers	레지스터들에 스택에서 POP
STM	Store Multiple	레지스터들을 스택에 PUSH
SWP	Swap register with memory	Rd ← MEM[Rs], MEM[Rs] ← Rm
B	Branch	PC ← address
BL	Branch with Link	R14 ← PC, PC ← address
BX	Branch and Exchange	PC ← Rs, CPSR[T] ← Rs[0]
SWI	Software Interrupt	
MUL	Multiply	Rd ← Rs * Rs2
MLA	Multiply Accumulate	Rd ← (Rm * Rs) + Rn

[조건부 실행과 NZCV 갱신] ARM의 명령어에는 실행할 조건과 CPSR의 NZCV 비트들을 갱신할지 여부를 덧붙여서 표현할 수 있다. 표 11.3은 각 명령어에 덧붙일 수 있는 조건들을 보여준다. 굵게 표시된 것들은 TOY 프로세서의 분기 명령에서 대응되는 조건이 있는 것을 의미한다. 예를 들어 'ADD R0, R1, R2'는 무조건 R1의 값과 R2의 값을 더해서 R0에 기록하지만, 'ADDPL R0, R1, R2'는 직전까지 실행한 결과의 NZCV 값을 검사하여 PL에 해당하는 조건일 때에만 더한 결과를 R0에 기록한다. 'ADDAL R0, R1, R2'은 'ADD R0, R1, R2'과 같은 의미이다. 이들은 명령어 실행과정에서 NZCV 값을 갱신하지 않는데, 이 값들도 갱신하도록 하려면 S를 덧붙여서 'ADDS R0, R1, R2'나 'ADDPLS R0, R1, R2'로 표현하면 된다. 표 11.4는 ADD 명령어를 예로 들어서 여러 가지의 변형된 표현들을 비교하여 보여준다.

▌표 11.3▐ ARM 명령어의 실행조건 표시

이름	의미	NZCV 검사
PL	positive or zero	N=0
MI	negative	N=1
EQ	equal	Z=1
NE	not equal	Z=0
GT	greater than	Z=0 AND N=V
GE	greater than or equal	N=V
LE	less than or equal	Z=1 OR (N != V)
LT	less than	N != V
AL	always	무조건
HI	unsigned higher	C=1 AND Z=0
LS	unsigned lower or same	C=1 OR Z=1
CS	carry set	C=1
CC	carry clear	C=0
VS	overflow set	V=1
VC	overflow clear	V=0

▌표 11.4▐ ADD 명령어의 여러 가지 변형 예

프로그램 표현	의미
ADD R0, R1, R2	R0 ← R1 + R2, NZCV 불변
ADDPL R0, R1, R2	직전까지 실행한 결과의 NZCV 값을 검사하여 PL에 해당하는 조건이면 R0 ← R1 + R2, NZCV 불변
ADDAL R0, R1, R2	'ADD R0, R1, R2'와 같은 의미
ADDS R0, R1, R2	R0 ← R1 + R2, NZCV 갱신
ADDEQS R0, R1, R2	직전까지 실행한 결과의 NZCV 값을 검사하여 EQ에 해당하는 조건이면 R0 ← R1 + R2, NZCV 갱신
ADDALS R0, R1, R2	'ADDS R0, R1, R2'와 같은 의미

[MOV 명령어와 시프트 연산] ARM 프로세서의 MOV(move의 의미) 명령어는 특정 레지스터에 원하는 값을 복사하기 위해 사용하는데, 다양한 변형들을 지원한다. 예를 들어 단순히 즉석 값 15를 R1 레지스터에 기록하기 위해서는 'MOV R1, #15'로 표현하고, R2의 값을 R1에 복사하기 위해서는 'MOV R1, R2'로 표현한다. MOV 명령어로 값을 복사하는데 있어서 소스 오퍼랜드의 값을 적절히 변형하여 적용할 수 있다. 대표적인 예로서 소스 오퍼랜드 값을 적절히 시프트(LSL, LSR, ASR)시켜서 목적지 레지스터에 저장할 수 있다. 예를 들어 R2의 값을 LSL로 3비트 이동시킨 값을 R1에 저장하려면 'MOV Rd, Rs, LSL #n'로 표현한다. LSR과 ASR도 마찬가지이며, 시프트 연산에서 ASL은 LSL과 동일하므로 제외한다. 표 11.5는 시프트 연산의 몇 가지 표현 예를 보여준다. 시프트 외에도 비트들을 순환 고리 모양으로 일정한 비트 수만큼 회전하는 기능(ROR/ROL: rotate right/left)도 가능하다. MVN 명령어는 소스 오퍼랜드에 NOT 오퍼레이션을 적용한 결과를 목적지 레지스터에 저장하는 것으로서 TOY의 NOT 명령어와 같은 용도로 사용한다.

[분기 명령어] ARM 프로세서의 분기 명령어는 B이다. B는 단순히 지정한 주소로 이동하는 것인데 여기에 실행 조건을 붙여서 BPL이나 BEQ 등으로 표현한다. 조건의 표시가 없이 B만 사용하면 무조건 분기하라는 BAL과 동일한 의미이다.

▌표 11.5▌ 시프트 연산의 표현

프로그램 표현	의미
MOV R1, R2, LSL #3	R2의 값을 3비트만큼 LSL 적용한 결과를 R1에 저장 (TOY 프로세서의 'LSL R1, R2, 3'에 해당함)
MOV R1, R2, LSR #3	R2의 값을 3비트만큼 LSR 적용한 결과를 R1에 저장 (TOY 프로세서의 'LSR R1, R2, 3'에 해당함)
MOV R1, R2, ASR #3	R2의 값을 3비트만큼 ASR 적용한 결과를 R1에 저장 (TOY 프로세서의 'ASR R1, R2, 3'에 해당함)

[함수 호출 및 복귀] 함수를 호출하기 위한 명령어로는 BL을 사용한다. BL도 사실상 분기 명령어의 일종인데, B는 단순히 지정한 주소로 이동하는 것이고 BL은 함수를 호출할 때 되돌아올 주소(BL 명령어 바로 다음 주소)를 링크 레지스터(R14)에 기록한 후에 지정한 주소로 이동하는 것이다. 분기 명령어의 기계어 표현에서는 L 비트로 구별한다. BL도 분기 조건을 붙여서 사용할 수 있다. 참고로 TOY 프로세서는 BL 기능이 없기 때문에 먼저 LINK 명령어로 되돌아올 주소를 링크 레지스터에 저장한 다음에 분기 명령어를 실행하도록 하고 있다. 함수의 실행을 완료한 시점에 이를 호출한 위치로 복귀하기 위해서는 링크 레지스터에 저장된 주소를 PC에 기록해서 복귀할 주소의 명령어를 실행하도록 한다. 이 작업은 단순히 'MOV PC, R14'로 표현하면 된다. TOY 프로세서에서는 RET 명령어로 이 작업을 처리한다.

[운영체제 기능 호출 및 복귀] 운영체제의 기능을 호출하기 위해서는 TOY 프로세서와 마찬가지로 SWI를 사용한다. 예를 들어서 'SWI #3'을 실행하면 운영체제 모드로 변경된다. 이 과정에서 원래의 CPSR 내용은 특수 레지스터인 SPSR_svc에 복사하고, 복귀할 주소인 PC의 내용은 특수 레지스터인 R14_svc에 복사한 다음에 CPSR의 Mode 부분은 Software Interrupt 모드로 변경하고, PC는 무조건 8(운영체제 내의 SWI 처리 루틴의 주소)로 변경한다. 이때 3은 운영체제 처리루틴 내에서 사용한다. 운영체제의 처리 과정을 끝내고 복귀하는 부분에는 운영체제 내에서만 실행할 수 있는 특권 명령어인 'MOVS PC, R14_svc'를 사용한다. 이 명령어를 실행하면 SWI를 실행할 때의 역순으로 당시의 모드와 실행위치로 복구하게 된다.

[LDR과 STR] LDR은 메모리 내용을 레지스터로 읽어 들이기 위한 명령어이고,

STR은 레지스터의 내용을 메모리에 기록하기 위한 것이다. 이들도 메모리의 주소를 지정하는데 있어서 여러 가지 변형을 지원한다. TOY 프로세서는 어드레싱 모드에 따라서 LOAD(STORE)와 LDR(STR)을 구별하였는데 ARM에서는 LDR (STR) 하나만으로 두 가지를 다 표현한다. 표 11.6은 LDR과 STR의 다양한 표현 예를 보여준다. 직접 레이블을 지정할 수도 있고, '[Ra]' 형태로 표현하면 레지스터 Ra의 내용이 매모리의 주소가 된다. '[Ra, #offset]'과 같이 표현하면 Ra의 값에 offset만큼을 더한 것이 메모리 주소가 된다. '[Ra, Rm]'으로 표현하면 Ra의 값과 Rm의 값을 더한 것이 메모리 주소가 된다.

표 11.6 LDR/STR 명령어의 다양한 표현

프로그램 표현	의미
STR R1, addr	R1의 값을 레이블이 addr인 메모리 주소에 저장
STR R1, [R13]	R1의 값을 R13의 값을 주소로 사용하여 메모리에 저장
STR R1, [R13, #-4]	R1의 값을 R13의 값에 -4을 더한 값을 주소로 사용하여 메모리에 저장
LDR R1, addr	addr 주소의 메모리 내용을 읽어서 R1에 저장
LDR R1, [R13]	R13의 값을 주소로 사용하여 메모리를 읽어서 R1에 저장
LDR R1, [R13, #4]	R13의 값에 4을 더한 값을 주소로 사용하여 메모리를 읽어서 R1에 저장

[스택 동작을 위한 명령어] ARM 프로세서는 표 11.7과 같이 스택의 PUSH 와 POP 동작을 STR 명령어와 LDR 명령어로 표현할 수 있다. 즉 메모리 쓰기와 읽기에 스택포인터로 사용된 레지스터의 값을 변경하는 것을 하나의 명령어로 표현하는 것이다. 예를 들어서 'STR R1, [R13, #-4]!' 로 표현하면 스택 포인터인 R13에 먼저 -4를 더한 후에 그 주소의 메모리에 R1의 값을 기록한다. 이 작업은 R1의 값을 스택에 PUSH하는 동작과 정확히 일치한다. 여기서 -1이 아니라 -4를 더한 것은 스택 동작이 4바이트 단위로 이루어지기 때문인데, ARM 프로세서는 메모리의 주소당 1바이트의 정보를 기록하므로 4바이트를 처리하려면 연속된 4개의 주소 영역이 사용된다. 'LDR R1, [R13], #4'로 표현하면 스택포인터인 R13에 저장된 주소를 사용하여 메모리에서 읽어 와서 R1에 저장한 후에 R13에는 4를 더해준다. 이것은 스택에서 POP 동작으로 읽어온 값을 R1에 저장하는 것에 해당한다.

표 11.7 스택 동작을 위한 LDR과 STR 명령어의 활용

프로그램 표현	의미
STR R1, [R13, #-4]!	스택에 R1을 PUSH R1의 값을 R13의 값에 -4을 더한 값을 주소로 사용하여 메모리에 저장한 후에, 그 주소를 R13에 기록
LDR R1, [R13], #4	스택에서 R1을 POP R13의 값을 주소로 사용하여 메모리를 읽어서 R1에 저장한 후에 R13에 4를 더함

11.6 어셈블리 언어 프로그램 예

ARM 어셈블리 언어로 최대 공약수를 구하는 프로그램을 작성해 보자. 그림 11.8은 알고리즘의 흐름도를 보여준다. 최대공약수를 구하는 더 효율적인 알고리즘들이 있겠지만 여기서는 ARM의 어셈블리 언어로 프로그램을 표현하는 간단한 예를 보여주기 위해서 이 알고리즘을 선택했다. R0와 R1에는 주어진 2개의 정수가 있고, 실행을 완료한 후에는 R0에 최대 공약수가 들어있도록 한다. 이 알고리즘을 그대로 ARM 어셈블리 언어로 표현하면 프로그램 11.1과 같다.

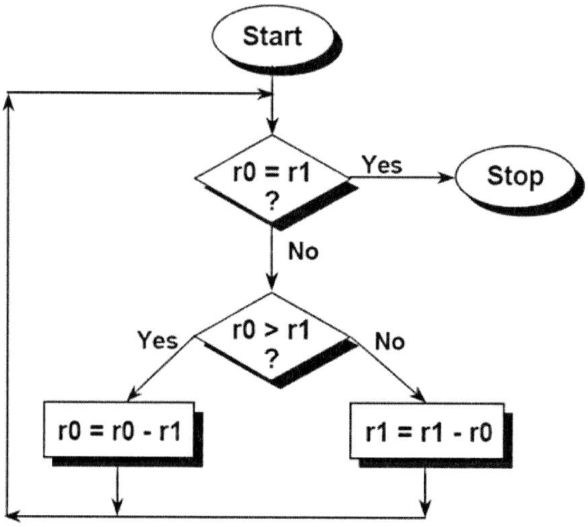

그림 11.8 최대 공약수 알고리즘의 흐름도

[프로그램 11.1] ARM 프로세서의 최대 공약수 프로그램

```
...
gcd: CMP R0, R1              ; R0을 R1과 비교
     BEQ stop                ; 일치하면 (EQ) stop로 분기
     BLT less                ; 작으면 (LT) less로 분기
     SUB R0, R0, R1          ; R0 ← R0 - R1  (크면)
     BAL gcd                 ; 무조건 (AL) gcd로 분기
less: SUB R1, R1, R0         ; R1 ← R1 - R0
     BAL gcd                 ; 무조건 (AL) gcd로 분기
stop: ...
...
```

참고로 프로그램 11.1을 TOY 어셈블리 언어로는 프로그램 11.2와 같이 표현할 수 있다. TOY 프로세서의 명령어 집합을 정의할 때 ARM의 명령어 집합을 기초로 하였으므로, 예상했던 것처럼 ARM 프로세서의 프로그램과 아주 유사함을 확인할 수 있을 것이다.

[프로그램 11.2] TOY 프로세서의 최대 공약수 프로그램

```
...
gcd:    CMP R0, R1
        BR z, stop
        BR n, less
        SUB R0, R0, R1
        BR nzp, gcd
less: SUB R1, R1, R0
        BR nzp, gcd
stop: ...
...
```

ARM 프로세서의 조건부 실행 기능을 활용하면 프로그램을 보다 효율적으로 실행하도록 작성할 수 있다. 프로그램 11.3은 SUB 명령어에 조건부 실행 기능을 활용하여 단순화된 형태의 프로그램으로 작성한 것이다. CMP 명령어에 의해서

NZCV의 값이 결정되면 SUBGT 명령어는 GT 조건일 때에만 실행되고 NZCV의 값은 변하지 않는다. 다음의 SUBLT 명령어는 LT 조건일 때에만 실행되고 NZCV의 값은 변하지 않는다. 다음의 BNE 명령어는 NE 조건일 때에만 분기가 이루어진다. 이렇게 표현된 프로그램은 간단하기도 하지만 분기 명령어가 4개에서 1개로 줄어든 것도 매우 중요하다. 명령어들을 고속으로 실행하도록 회로를 설계할 때 일반적으로 파이프라인 실행 구조를 적용하는데, 분기 명령어가 많을수록 파이프라인 실행의 효과가 줄어들기 때문이다.

[프로그램 11.3] 조건부 실행을 활용한 최대 공약수 구하기

```
...
gcd: CMP R0, R1              ; R0를 R1과 비교
       SUBGT R0, R0, R1      ; 더크면 (GT) R0 ← R0- R1
       SUBLT R1, R1, R0      ; 더 작으면 (LT) R1 ← R1 - R0
       BNE gcd               ; 같지 않으면 gcd로 분기
stop: ...
...
```

참고

[AVR 프로세서] 소규모의 제어기기에 많이 사용되는 8비트 프로세서로는 AVR이 있으며, 최근 교육용으로 널리 보급된 Arduino 모듈들에 이 프로세서가 사용되고 있다. AVR의 선조격인 8051도 예전에는 많이 사용되었다. AVR은 Atmel사의 8비트 프로세서로서 소규모의 임베디드 시스템용으로 적합하며 어셈블러 및 C 컴파일러도 제공된다. AVR 프로세서 군에 속하는 Atmega128은 내부에 프로그램을 저장할 수 있는 128K 바이트의 플래시 메모리와 4K 바이트의 RAM이 들어있어서 이 프로세서 하나만으로도 기본적인 컴퓨터 기능을 수행할 수 있다. 8비트 데이터 버스를 사용하며 32개의 8비트 범용 레지스터들과 특수 레지스터를 가지고 있다. 레지스터들은 메모리의 특정 주소에 매핑되는 점에서 ARM과 같은 일반 프로세서와는 구조상 차이가 있다. 메모리 접근을 위한 주소는 16비트를 사용하고, TOY나 ARM과 마찬가지로 Load/Store 명령어 구조를 채택하고 있다. 또한 여러 가지 주변장치들을 직접 연결하여 사용하는 데에 필요한 회로들도 포함하고 있다. 이렇게 CPU와 메모리 및 다양한 추가회로들이 하나로 통합된 칩을 마이크로컨트롤러, 일명 마이컴이라고 한다.

[제 12 장]

x86 프로세서

12.1 x86 프로세서의 역사

x86 프로세서가 널리 사용되게 된 직접적인 계기는 1981년에 당시로서는 거대 컴퓨터 기업인 IBM에서 인텔의 8086을 적용한 개인용 컴퓨터 (PC, 상품명 IBM 5150)를 발표한 것이다. 이후에 많은 기업들이 저렴한 가격의 호환 기종들을 판매하면서 PC가 급속도로 보급되고 x86 프로세서도 널리 사용되게 되었다. 인텔에서 1976년에 8086을 개발한 이후에 80286, 80386, 80486 등의 시리즈로 기능과 성능이 향상된 프로세서들을 꾸준히 발표함으로써 이들을 묶어서 x86 프로세서라고 한다. 펜티엄은 5라는 뜻이 내포되어 있는데 80486의 후속 프로세서의 상품명으로 80586 대신에 사용하기 시작한 것이다.

(출처: Wikipedia, Intel)

그림 12.1 x86 프로세서들의 외관

이후에 최근의 Intel Core i7까지 이어져 오고 있으며 하나의 칩에 여러 개의 코어를 넣어서 병렬로 실행함으로써 성능을 높이고 있다. AMD사에서도 x86과 동일한 기계어 코드를 실행할 수 있는 호환 프로세서들을 지속적으로 발표해오고 있다.

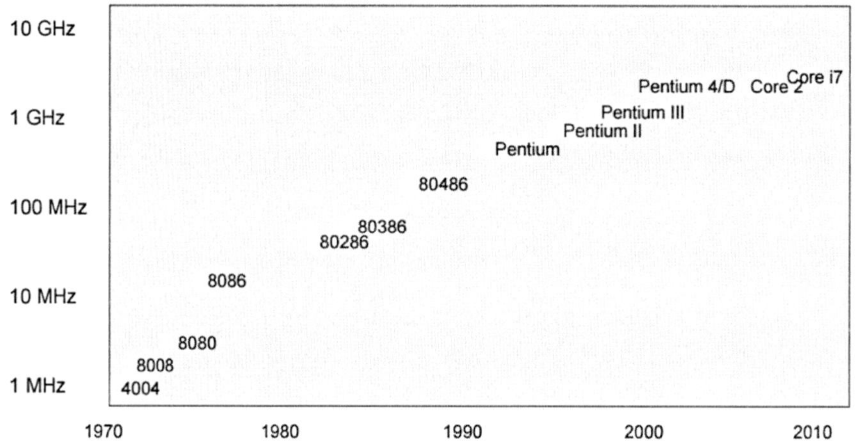

그림 12.2 x86 프로세서 역사

인텔에서는 새로운 프로세서를 개발할 때 이전 프로세서의 기능을 확장하는 형태로 진행해 왔다. 8086은 16비트 프로세서로서 8비트 구조의 8008 프로세서를 확장하여 설계한 것이고, 80386은 32비트로 확장한 것이며, 최근의 Core i7은 64비트 버전이다. 여기서는 32비트 버전을 기준으로 설명한다. 32비트 버전도 여러 가지가 있지만 공통적이고 핵심적인 기본 기능에 대해서만 설명한다.

12.2 레지스터 집합

[레지스터 집합] 레지스터는 EAX부터 EDX까지, EBP, ESP, ESI, EDI 등의 8개의 32비트 범용 레지스터들이 있고, 여기에 ARM이나 TOY의 PC에 해당하는 EIP와 프로세서의 상태를 나타내는 EFLAGS 레지스터가 있다. 레지스터마다 이름에 'E'(extended의 의미)가 앞에 붙어있는 것은 원래 16비트 프로세서인 8086에서 사용하던 16비트 레지스터를 32비트로 확장하면서 붙인 이름이다. 세그먼트 레지스터는 메모리의 주소를 결정할 때 사용되는데 16비트로 구성된다.

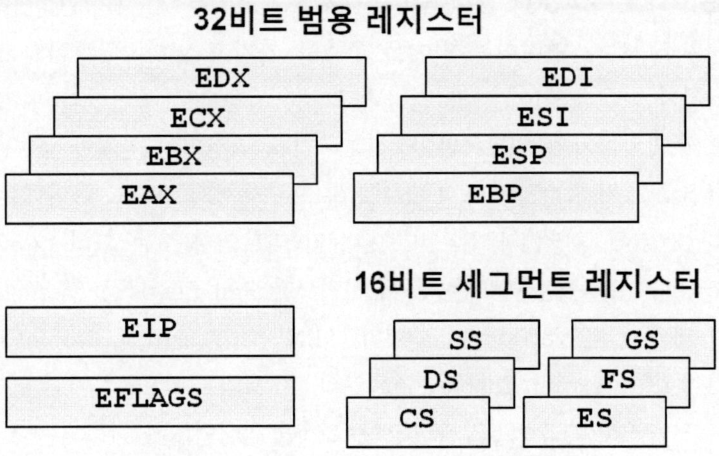

그림 12.3 x86 프로세서의 레지스터 집합

[범용 레지스터] 범용 레지스터들 중에서 ESP(Stack Pointer)는 스택처리를 위한 명령어세서 주소 레지스터로 사용된다. 나머지는 특별한 제한은 없지만 몇 가지 가정하는 용도가 있다. EBP(Base Pointer)는 프레임 포인터로 사용하는 것으로서 함수의 실행과정에서 인수나 지역변수의 스택 주소에 대한 기준을 기록하는 용됴이고, ESI(Source Index)와 EDI(Destination Index)는 레지스터 간접 어드레싱 모드에서 인덱스로 사용한다. EAX부터 EDX까지의 레지스터들은 32비트인데 그 중 일부분만을 지정할 수도 있다. 예를 들어서 그림 12.4와 같이 EAX는 32비트 전체를 의미하지만, AX는 하위 16비트만을 의미하며, AL은 최하위 8비트를 의미하고 AH는 바로위의 8비트를 의미한다. 이것은 16비트 구조의 8086과 하위 호환성을 유지하기 위한 것이다. 참고로 64비트로 확장한 프로세서에서는 하위 32비트는 동일하지만 64비트 전체를 지정할 때에는 RAX를 사용한다.

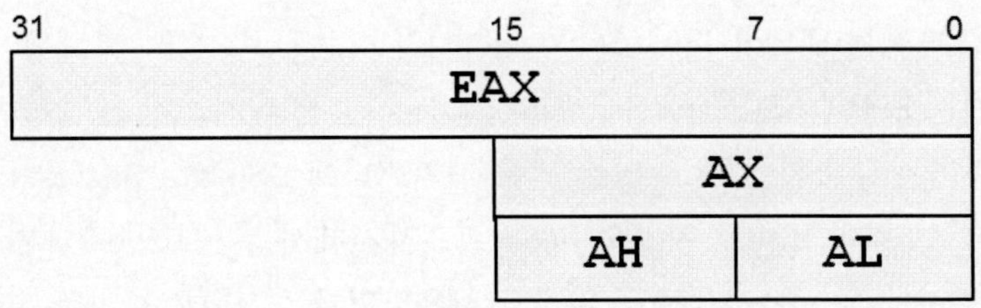

그림 12.4 범용 레지스터의 일부분 지정

[EIP와 EFLAGS] EIP(Instruction Pointer)는 ARM의 PC에 해당하는 32비트 레지스터로서 명령어를 읽어올 주소를 가지고 있다. 명령어의 크기는 종류별로 크기가 다른데 읽어온 양 만큼씩 EIP는 자동으로 증가한다. ARM과 TOY에서는 모든 명령어가 32비트(4바이트)로 크기가 고정되어 있지만 x86 프로세서는 명령어별로 크기가 다양하다. EFLAGS는 프로세서의 상태를 나타내는 것으로서 ARM의 CPSR에 해당한다. 32 비트이며 각 비트의 용도는 그림 12.5와 같다. ARM의 NZCV 비트들에 해당하는 것이 각각 SF(Sign Flag), ZF(Zero Flag), CF(Carry Flag) 및 OF(Overflow Flag)이다. ARM의 I(Interrupt Disable) 비트에 해당하는 것이 IF(Interrupt Enable Flag)인데, ARM의 I 비트는 1이면 인터럽트가 금지되는 것을 의미하고 x86의 IF 비트는 1이면 인터럽트가 허용되는 것을 의미한다. 이 외의 나머지 비트들도 용도가 있지만 여기서는 설명을 생략한다.

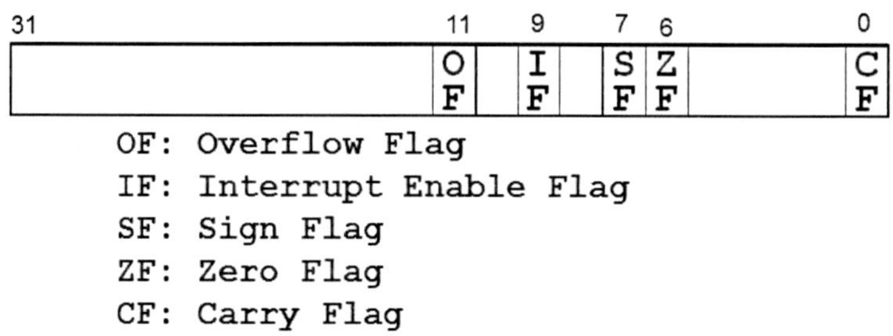

그림 12.5 EFLAGS 레지스터의 비트별 용도

[세그먼트 레지스터] 세그먼트 레지스터는 16비트 크기로서 메모리 주소를 결정할 때 사용된다. 메모리의 주소는 48비트인데 상위 16비트는 세그먼트 레지스터의 값을 사용하고 하위 32비트는 EIP나 범용 레지스터의 값을 사용한다. 여러 개의 세그먼트 레지스터들이 있는데 각각 그 용도가 정해져 있다. 명령어를 읽어올 때에는 EIP와 CS(Code Segment)가 사용되고, 스택 처리 명령어를 실행할 때에는 ESP와 SS(Stack Segment)가 사용된다. 레지스터 간접 모드로 실행되는 명령어는 주소를 가지고 있는 범용 레지스터에 DS(Data Segment)가 사용된다. 참고로, 원래 16비트 구조의 8086 프로세서에서는 세그먼트 레지스터를 20비트의 메모리 주소를 생성하기 위해서 사용하였다. 그런데 32비트 프로세서로 확장하면서 세그먼트 레지스터의 용도가 지금처럼 완전히 다르게 정의되었다.

12.3 명령어의 기계어 표현

x86 프로세서의 기계어 표현은 매우 복잡하다. 그만큼 논리회로로 구성하기에 매우 복잡할 것이다. 여기서는 복잡한 설명은 생략하고 기본적인 구조만 소개한다. ARM은 모든 명령어가 32비트로 고정된데 반해서 x86은 명령어별로 그 크기가 1바이트부터 최대 15바이트까지 다양하다. 기계어 표현의 기본 구조는 그림 12.6과 같지만 약간의 변형들도 있다. Prefix는 0에서 4바이트까지인데 명령어의 실행에 변화를 주는 것을 표현하고, Opcode는 1또는 2바이트로서 명령어 종류를 나타낸다. ModReg은 1바이트인데 레지스터 번호 2개와 어드레싱 모드를 표현하고, IndBase는 1바이트인데 에드레싱 모드에 따라서 베이스 레지스터와 인덱스 레지스터 및 인덱스 스케일을 표현한다. Disp는 0에서 4바이트로서 어드레싱 모드에 따라서 주소 오프셋 값을 표현한다. Imm은 0부터 4바이트로서 Opcode에 따라서 필요한 즉석 값을 표현한다.

Prefix	Opcode	ModReg	IndBase	Disp.	Imm.

그림 12.6 x86 프로세서의 기계어 표현

12.4 명령어 집합

명령어 집합은 x86의 프로세서 별로 차이가 많다. 펜티엄 프로세서를 기준으로 하면, 기본적인 명령어만 300여개나 되고 여기에 부동소숫점 연산, 문자열 처리, 멀티미디어 처리 등의 명령어들을 포함하면 1천개가 넘는다. 8086 프로세서만 하더라도 81개의 명령어들이 있는데 여기서는 표 12.1과 같이 TOY 프로세서에 대응되는 것 위주로만 설명한다. x86의 매 명령어마다 'l'이 붙어있는 것은 32비트(long)로 처리하라는 의미이다. 이 글자가 없는 명령어는 16비트로 처리한다. 레지스터 이름에는 앞에 '%'를 붙여서 레이블의 이름과 구별하기 쉽도록 하고, 즉석 값은 숫자 앞에 '$'를 붙여서 주소와 구별하기 쉽도록 한다.

▌표 12.1▐ TOY와 x86의 명령어 비교

TOY	x86	비고
ADD R0, R0, R1 ADD R0, R0, 7	addl %ebx, %eax addl $7, %eax	EAX ← EAX + EBX EAX ← EAX + 7
SUB R0, R0, R1	subl %ebx, %eax	EAX ← EAX - EBX
CMP R0, 7	cmpl $7, %eax	EAX - 7
AND R1, R1, R2	andl %ecx, %ebx	EBX ← EBX and ECX
OR R1, R1, 7	orl $7, %ebx	EBX ← EBX or 7
COPY R0, R1	movl %ebx, %eax	EAX ← EBX
COPY R0, 7	movl $7, %eax	EAX ← 7
NOT R0, R0	notl %eax	EAX ← not EAX
XOR R0, R0, R1	xorl %ebx, %eax	EAX ← EAX xor EBX
LSL R0, R0, 1	shll %eax	
LSR R0, R0, 1	shrl %eax	
ASL R0, R0, 1	sall %eax	EAX ← EAX << 1
ASR R0, R0, 1	sarl %eax	EAX ← EAX >> 1
LOAD R0, 0x2000	movl 0x2000, %eax	EAX ← M[0x2000]
LDR R0, R1, 4	movl 4(%ebx), %eax	EAX ← M[EBX+4]
STORE R0, 0x2000	movl %eax, 0x2000	M[0x2000] ← EAX
STR R0, R1, 4	movl %eax, 4(%ebx)	M[EBX+4] ← EAX
BR nzp, 0x2000 BR z, 0x2000	jmp 0x2000 jeq 0x2000	
BRR nzp, R0, 0	jmp %eax	
LEA R0, 0x2000	LEA 0x2000, %eax	
LINK BR nzp, 0x2000	call 0x2000	함수 호출
RET	ret	함수에서 복귀
SWI 5	int $5	운영체제 기능 호출
RTI	iret	운영체제에서 복귀
SUB R5, R5, 1 STR R0, R5, 0	pushl %eax	스택 PUSH (한 명령어로 처리)
LDR R0, R5, 0 ADD R5, R5, 1	popl %eax	스택 POP (한 명령어로 처리)

산술논리 연산에 대하여 ARM과 TOY는 소스 오퍼란드 2개와 목적지 오퍼란드를 각각 지정하는데 반해서 x86 프로세서는 소스 오퍼란드 1개와 목적지 오퍼란드를 표시한다. 목적지 오퍼란드로 표시된 것은 소소 오퍼란드로도 사용되는 것을 전제로 한다. x86 어셈블리 언어에서는 관례상 목적지 오퍼란드를 끝에 표현한다. 예를 들어서 "addl %ebx, %eax" 표현하면 EAX의 값과 EBX의 값을 더해서 EAX에 저장하는 것을 의미한다. 즉 EAX는 소스 오퍼란드이면서 동시에 목적지 오퍼란드이다. 산술논리 명령어가 실행되면 실행결과에 따른 NZCV에 해당하는 값은 EFLAGS 레지스터의 SF, ZF, CF, 및 OF에 각각 기록된다.

분기 명령어로서 무조건 분기는 jmp이고 (jump의 의미), 조건에 따른 분기는 jg, jge, je, jne, jle, jl 등의 다양한 표현을 사용한다. 이들은 각각 크다, 크거나 같다, 같다, 같지 않다, 작거나 같다, 작다의 조건에 대응된다. 이들 외에도 비부호 정수일 경우와 오버플로 여부에 대한 조건 분기 명령어들도 있다.

스택의 PUSH와 POP 동작을 위해서 push와 pop 명령어가 제공된다. 이때 스택 포인터는 ESP가 사용된다. 함수를 호출하는 명령어는 call로서 직접 함수의 주소를 지정한다. 이 명령어를 실행하면 되돌아올 주소는 자동으로 스택에 PUSH한 후에 함수의 주소로 이동한다. 함수에서 복귀하는 명령어인 ret를 실행하면 복귀할 주소는 스택에서 POP하여 사용한다. ARM에서 복귀할 주소를 링크 레지스터에 저장하는 것과 차이가 있는 것이다.

운영체제 기능을 호출하기 위해서 사용하는 명령어는 int(interrupt의 의미)로서 번호를 지정할 수 있다. 이 명령어를 실행하면 되돌아올 주소와 원래의 모드는 자동으로 스택에 PUSH된다. 운영체제 부분에서 작업을 끝내고 다시 원래의 위치와 모드로 복귀하는 명령어가 iret(interrupt return의 의미)인데 스택에서 원래의 모드와 되돌아올 주소를 POP하여 사용한다.

ARM 프로세서는 회로를 단순하게 설계하기 위해서 메모리 접근은 LOAD/STORE 명령어를 통해서만 이루어지고 모든 산술논리 연산들은 프로세서 내에서만 이루어지는 구조를 가지고 있다. 이에 반해서 x86은 mov 명령어 외에도 여러 가지 명령어에 메모리의 접근이 적용된다. 예를 들어서 "addl $4, 0x2000"은 메모리 0x2000 번지의 내용에 4를 더하는 것인데, 이것을 실행하는 과정은 0x2000번지의 내용을 읽어 와서 4를 더한 후에 그 결과를 다시 0x2000 번지에 기록하는 것이다. 따라서 ADD 연산을 처리하는 회로가 매우 복잡할 것이다.

12.5 어셈블리 언어 프로그램 예

프로그램 12.1은 x86 프로세서를 위한 어셈블리 언어 프로그램의 예이다. 이것은 ARM을 위해 사용했던 최대공약수 알고리즘을 x86 명령어에 맞게 작성한 것이다. 두 개의 수는 EAX와 EBX 레지스터에 저장되어 있고 결과 값은 EAX에 저장한다고 가정한다.

[프로그램 12.1] x86 프로세서의 최대 공약수 프로그램

```
...
gcd: cmpl %ebx, %eax            ; EAX을 EBX와 비교
       je stop                  ; 일치하면 (equal) stop로 분기
       jl less                  ; 작으면 (less) less로 분기
       subl %ebx, %eax          ; EAX ← EAX - EBX
       jmp gcd                  ; 무조건 gcd로 분기
less: subl %eax, %ebx           ; EBX ← EBX - EAX
       jmp gcd                  ; 무조건 gcd로 분기
stop: ...
...
```

프로그램 12.2는 C 언어 프로그램을 x86 프로세서의 어셈블리 언어로 컴파일 결과를 보여주는 예로서 함수를 처리하는 것을 보여준다. TOY 프로세서에서 함수 호출을 처리하는 것과 유사하게 함수의 인수는 스택에 푸시하고 지역변수는 스택에 할당한다. 함수의 반환 값은 EAX 레지스터를 활용한다.

[프로그램 12.2] C 언어 프로그램의 컴파일

```
; C 언어 소스 프로그램
; int sum(int a, int b) {
;     int result;
;     result = a + b;
;     return result;
; }
```

```
        ; 스택에는 ESP를 기준으로 아래로
        ; 복귀할 주소, 인수 a, 인수 b가 저장되어 있음 (각각 4바이트)
sum: pushl %ebp                     ; EBP 값을 스택에 저장 (ESP 4 감소)
        movl %esp, %ebp             ; EBP ← ESP
        subl $4, %esp               ; result를 위한 스택 영역 확보

        ; 이제 result는 스택에서 EBP-4의 위치
        ; EBP의 위치로부터 하래로 저장된 EBP 값, 복귀주소, a, b 영역
        ; 각각 4바이트이므로 복귀주소는 EBP+4, a는 EBP+8, b는 EBP+12

        movl 8(%ebp), %eax          ; EAX ← a
        addl 12(%ebp), %eax         ; EAX ← EAX + b
        movl %eax, -4(%ebp)         ; result ← EAX

        movl -4(%ebp), %eax         ; EAX ← result (반환 값)
        addl $4, %esp               ; reslut를 위한 스택 영역 제거
        popl %ebp                   ; EBP 값 복구 (ESP 4 증가)
        ret                         ; sum을 호출한 위치로 복귀
```

참고

[최초의 마이크로프로세서] 최초로 개발된 마이크로프로세서인 인텔의 4비트 프로세서 4004는 1969년 일본의 계산기 업체인 Busicom사의 의뢰로 개발되었다. 당시 갓 창업한 작은 회사에 불과하던 인텔에서는 칩을 설계하는 과정에서 계산기 전용의 회로 대신에 범용의 프로세서 회로로 구성하는 것이 쉽다는 아이디어에서 출발하여 4004를 1971년에 발표하면서 최초의 마이크로프로세서라는 기록을 남겼다. Busicom사는 이 칩의 가격을 할인받는 조건으로 소유권을 인텔에 넘겨줌으로써 오늘날의 거대 기업 인텔이 존재하게 되는 실마리가 되었다. 인텔은 1972년에 8비트 프로세서인 8008을 발표하고 이어서 1974년에 역시 8비트의 8080을 발표하였는데, 최초의 PC라는 타이틀을 가진 Altair 8800의 CPU가 바로 8080이다. 빌 게이츠와 폴 앨런은 Altair 8800에 BASIC 언어를 처리하는 프로그램을 개발하는 것을 시작으로 하여 오늘날의 마이크로소프트라는 거대 기업을 일구게 되었다.

참고

[VAX 11/780 CPU] 1977년에 DEC(Digital Equipment Corporation)에서 발표한 VAX 11시리즈 780은 당시의 32비트 컴퓨터로서 매우 인기가 있는 모델이었고 이후에 컴퓨터의 성능을 평가할 때 기준으로 활용 되었다. 전체 크기는 웬만한 캐비닛 크기였는데 그림 12.7은 그 내부의 모습을 보여준다. 좌측 상단의 CPU(Central Processing Unit) 부분만 하더라도 수십 장의 보드로 구성되어 있고 보드 한 장은 A3 용지 정도의 크기였다. 이 부분이 지금은 하나의 칩으로 생산되고 있으니 크기가 너무 작아서(?) 그냥 프로세서가 아니라 마이크로프로세서라고 부른다.

(출처: Wikipedia)

그림 12.7 VAX 11/780 내부

부록

[부록 A]

ASCII 코드

문자	16진수	10진수	문자	16진수	10진수	문자	16진수	10진수	문자	16진수	10진수
nul	00	0	sp	20	32	@	40	64	`	60	96
soh	01	1	!	21	33	A	41	65	a	61	97
stx	02	2	"	22	34	B	42	66	b	62	98
etx	03	3	#	23	35	C	43	67	c	63	99
eot	04	4	$	24	36	D	44	68	d	64	100
enq	05	5	%	25	37	E	45	69	e	65	101
ack	06	6	&	26	38	F	46	70	f	66	102
bel	07	7	'	27	39	G	47	71	g	67	103
bs	08	8	(	28	40	H	48	72	h	68	104
ht	09	9	)	29	41	I	49	73	i	69	105
nl	0a	10	*	2a	42	J	4a	74	j	6a	106
vt	0b	11	+	2b	43	K	4b	75	k	6b	107
np	0c	12	,	2c	44	L	4c	76	l	6c	108
cr	0d	13	-	2d	45	M	4d	77	m	6d	109
so	0e	14	.	2e	46	N	4e	78	n	6e	110
si	0f	15	/	2f	47	O	4f	79	o	6f	111
dle	10	16	0	30	48	P	50	80	p	70	112
dc1	11	17	1	31	49	Q	51	81	q	71	113
dc2	12	18	2	32	50	R	52	82	r	72	114
dc3	13	19	3	33	51	S	53	83	s	73	115
dc4	14	20	4	34	52	T	54	84	t	74	116
nak	15	21	5	35	53	U	55	85	u	75	117
syn	16	22	6	36	54	V	56	86	v	76	118
etb	17	23	7	37	55	W	57	87	w	77	119
can	18	24	8	38	56	X	58	88	x	78	120
em	19	25	9	39	57	Y	59	89	y	79	121
sub	1a	26	:	3a	58	Z	5a	90	z	7a	122
esc	1b	27	;	3b	59	[	5b	91	{	7b	123
fs	1c	28	〈	3c	60	₩	5c	92	|	7c	124
gs	1d	29	=	3d	61	]	5d	93	}	7d	125
rs	1e	30	〉	3e	62	^	5e	94	~	7e	126
us	1f	31	?	3f	63	_	5f	95	del	7f	127

[부록 B]

TOY 프로세서 기계어 코드

	OP	ALU	CC	DR	SR	V	SR2	VAL
	b_{31} b_{29}	b_{28} b_{26}	b_{25} b_{23}	b_{22} b_{20}	b_{19} b_{17}	b_{16}	b_{15} b_{13}	b_{12} b_{0}
ADD	0 0 0	0 0 0	1 1 1	Rd	Rs	V		
SUB	0 0 0	0 0 1	1 1 1	Rd	Rs	V		
CMP	0 0 0	0 0 1	0 0 0	0 0 0	Rs	V		
AND	0 0 0	0 1 0	1 1 1	Rd	Rs	V		
OR	0 0 0	0 1 1	1 1 1	Rd	Rs	V		
XOR	0 0 0	1 0 0	1 1 1	Rd	Rs	V		
NOT	0 0 0	1 0 0	1 1 1	Rd	Rs	1	1 1 1	1 1 ..... 1 1
COPY	0 0 0	1 0 1	1 1 1	Rd	0 0 0	V		
LSL	0 0 0	1 1 0	1 1 1	Rd	Rs	1	0 0 0	0 n
LSR	0 0 0	1 1 0	1 1 1	Rd	Rs	1	0 0 0	1 n
ASL	0 0 0	1 1 1	1 1 1	Rd	Rs	1	0 0 0	0 n
ASR	0 0 0	1 1 1	1 1 1	Rd	Rs	1	0 0 0	1 n
LOAD	0 0 1	0 0 0	1 1 1	Rd	1 1 1	1		
LDR	0 0 1	0 0 0	1 1 1	Rd	Ra	1		
STORE	0 1 0	0 0 0	0 0 0	Rs	1 1 1	1		
STR	0 1 0	0 0 0	0 0 0	Rs	Ra	1		
BR	0 1 1	0 0 0	N Z P	1 1 1	1 1 1	1		
BRR	0 1 1	0 0 0	N Z P	1 1 1	Ra	1		
LEA	0 1 1	0 0 0	1 1 1	Rd	1 1 1	1		
LINK	0 1 1	0 0 0	1 1 1	1 1 0	1 1 1	1	0 0 0	0 0 ..... 0 1
RET	0 1 1	0 0 0	1 1 1	1 1 1	1 1 0	1	0 0 0	0 0 ..... 0 0
SWI	1 0 0	1 0 1	1 1 1	1 1 1	0 0 0	1		
RTI	1 0 0	0 0 0	1 1 1	1 1 1	1 1 0	1	0 0 0	0 0..... 0 0
	1 0 1							

[부록 C]

TOY 어셈블리 언어 문법

C.1 명령어 집합

TOY 프로세서의 전체 명령어 집합은 표 C.1과 같다. TOY 프로세서는 산술 및 논리 연산 명령어를 실행하면서 CCR 비트들을 새롭게 갱신한다. 오퍼랜드의 표현에는 다음의 규칙들을 적용한다.

- 레지스터를 표시하는 Rd, Rs 및 Ra 부분에는 R0부터 R6까지의 임의의 레지스터를 지정할 수 있다. R7은 PC와 동일한 레지스터를 의미한다(Rd는 목적지 레지스터, Rs는 소스 레지스터, Ra는 주소 레지스터를 의미한다).
- Rs2 부분에는 R0부터 R6까지의 임의의 레지스터를 지정할 수도 있고, 16비트로 표현할 수 있는 임의의 정수를 직접 지정할 수도 있다(Rs2는 두 번째 소스 오퍼랜드를 의미한다).
- LSL, LSR, ASL 및 ASR의 n 부분은 시프트 연산의 이동할 비트 수로서 0부터 31까지의 수치를 지정한다.
- 주소를 나타내는 addr은 메모리의 주소를 수치로 지정하거나 프로그램 내에 표시된 레이블을 지정한다. addr에 해당하는 주소는 현재 명령어의 위치로부터 16비트의 정수로 표현이 가능한 범위 이내여야 한다.
- offset은 16비트로 표현할 수 있는 임의의 정수이다.

▮표 C.1▮ TOY 프로세서 명령어 집합

이름	어셈블리 언어 표현	의미	CCR 갱신
Add	ADD Rd, Rs, Rs2	Rd ← Rs + Rs2	O
Subtract	SUB Rd, Rs, Rs2	Rd ← Rs - Rs2	O
Compare	CMP Rs, Rs2	Rs - Rs2	O
And	AND Rd, Rs, Rs2	Rd ← Rs AND Rs2	O
Or	OR Rd, Rs, Rs2	Rd ← Rs OR Rs2	O
Exclusive Or	XOR Rd, Rs, Rs2	Rd ← Rs XOR Rs2	O
Not	NOT Rd, Rs	Rd ← NOT Rs	O
Logical Shift Left	LSL Rd, Rs, n	Rd ← Rs를 n 비트 왼쪽 이동	O
Logical Shift Right	LSR Rd, Rs, n	Rd ← Rs를 n 비트 오른쪽 이동	O
Arithmetic Shift Left	ASL Rd, Rs, n	Rd ← Rs를 n 비트 왼쪽 이동	O
Arithmetic Shift Right	ASR Rd, Rs, n	Rd ← Rs를 n 비트 오른쪽 이동(부호유지)	O
Copy	COPY Rd, Rs2	Rd ← Rs2	O
Load	LOAD Rd, addr	Rd ← 메모리의 addr번지 내용	x
	LDR Rd, Ra, offset	Rd ← 메모리의 Ra+offset번지 내용	x
Store	STORE Rs, addr	메모리의 addr번지 내용 ← Rs	x
	STR Rs, Ra, offset	메모리의 Ra+offset번지 내용 ← Rs	x
Branch	BR nzp, addr	조건에 따라 실행 위치를 addr 주소로 이동	x
	BRR nzp, Ra, offset	조건에 따라 실행 위치를 Ra+offset 주소로 이동	x
Load Effective Address	LEA Rd, addr	Rd ← addr번지	x
Link	LINK	R6 ← PC+1	x
Return	RET	PC ← R6	x
Software Interrupt	SWI n	운영체제의 n번 기능 호출	x
Return from Interrupt	RTI	SWI 명령어 다음 위치로 복귀	x

C.2 프로그램 표현 문법

[프로그램 표기] 어셈블리 언어 프로그램은 줄 단위로 의미가 있다. 각 줄은 완전히 빈 줄일 수도 있고 한줄 전체가 주석일 수도 있다. 각 줄에서 세미콜론(';') 이후 부분은 그 줄의 끝까지가 주석이다. 각 줄은 다음과 같은 형식을 따른다.

```
; 주석
레이블               ; 주석
       명령어 오퍼랜드 ; 주석
레이블 명령어 오퍼랜드 ; 주석
```

레이블은 반드시 그 줄의 첫 칸부터 시작하고 콜론(':')을 덧붙인다. 레이블이 없는 줄은 반드시 한 칸 이상을 비워두고 시작해야 한다. 한 줄은 명령어와 오퍼랜드가 없이 레이블만 있을 수도 있다.

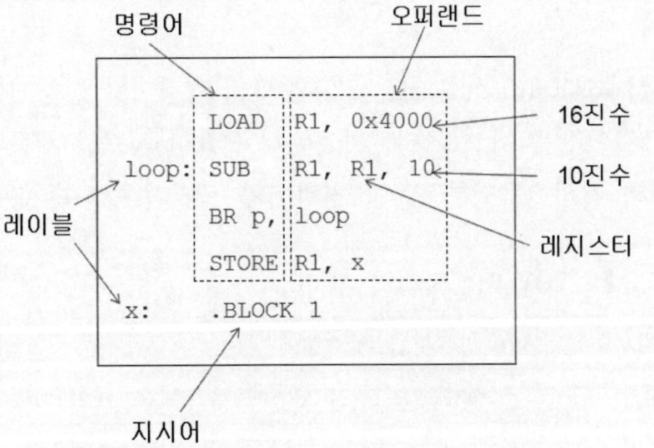

그림 C.1 명령어와 오퍼랜드 표기 예

임의의 문자열로 표시된 이름인 **레이블**(label)은 프로그램의 적절한 위치들에 이름을 붙인 것이다. 오퍼랜드로 레이블을 사용하면 어셈블링 과정에서 실제 주소로 대체된다. 이것은 C 언어에서 레이블을 표시해 두고 'goto' 문을 이용하여 해당 레이블로 이동할 때의 사용법과 같은 목적의 표현이다. 어셈블리 언어에서 레이블은 이동할 주소지정 외에도 함수나 변수의 주소를 지정하는 데에도 사용된다.

[오퍼랜드 표기] 표 C.2는 TOY 어셈블러가 사용하는 오퍼랜드 표기법을 보여준다.

레지스터를 지정할 때에는 R0부터 R6까지의 임의의 레지스터를 표기한다. 직접 지정된 수치는 10진수나 16진수로 표기한다. 16진수는 C 언어와 마찬가지로 앞에 '0x'를 덧붙여서 표기한다. 예를 들어 16진수로 12FD는 '0x12FD' 로 표기한다. 문자의 ASCII 코드는 따옴표를 붙여서 표기한다. 예를 들어 'A' 표기는 글자 A의 ASCII 코드 값을 의미한다. 주소는 임의의 음이 아닌 10진수나 16진수로 표기한다.

▌표 C.2▐ 오퍼랜드 표기법

오퍼랜드	표기	의미
레지스터	R0, R1, ..., R6, PC	특정 레지스터
수치	3, −25, 0x54, ...	직접 지정된 수치 (10진수, 16진수)
ASCII 코드	'A', 'b', ...	문자의 ASCII 코드 값
주소	3000, 0x40A0, ...	메모리 상의 주소로서 음이 아닌 수(10진수, 16진수)
레이블	sum, x3, _next, ...	프로그램에 지정된 레이블 위치로서 임의의 문자열

[지시어] 지시어(directive)는 프로세서의 명령어로 실행되는 것이 아니고, 어셈블러가 프로그램을 어셈블하는 과정에서 필요한 정보를 제공한다. 표 C.3은 TOY 어셈블러의 지시어들인데, 일반 명령어와 구별이 쉽도록 항상 '.'으로 시작한다.

▌표 C.3▐ TOY 어셈블러의 지시어

지시어	사용 예	의미
.ORIGIN addr	**.ORIGIN** 0x2000	프로그램을 0x2000번지부터 시작
.FILL value	**.FILL** 2345	현재 주소에 1개의 32비트 메모리 영역을 확보하고, 값을 2345로 설정
	.FILL 'A'	현재 주소에 1개의 32비트 메모리 영역을 확보하고, 값을 'A'의 ASCII 코드 (0x41)로 설정
	.FILL L1	현재 주소에 1개의 32비트 메모리 영역을 확보하고, 레이블 L1에 해당하는 주소로 설정
.BLOCK n	**.BLOCK** 5	현재의 주소부터 5개의 32비트 메모리 영역 확보
.STRING "str"	**.STRING** "yes"	현재의 주소부터 4개의 32비트 메모리 영역을 확보하고 차례대로 'y', 'e', 's', 및 null (0)의 ASCII 코드를 저장

'.ORIGIN'은 어셈블러로 하여금 프로그램의 시작 주소가 지정된 주소 addr 임을 알려준다. 어셈블러는 기계어 코드로 변환할 때 메모리 0번지부터 기계어 코드들을 채워나간다. 만약 프로그램의 시작부분에 '.ORIGIN 0x2000'이 있으면 메모리의 0x2000번지부터 기계어 코드들을 채워나가는 것으로 처리한다.

변수를 선언하기 위해서는 FILL이나 BLOCK을 사용한다. '.FILL value'는 초기값이 지정된 변수를 선언할 때 사용하는데, value로 지정된 값 자체를 현재 주소에 채우라는 의미로서 이 프로그램이 실행될 때 처음부터 이 값이 메모리에 들어있도록 한다. 이것은 C 언어에서 초기값이 지정된 변수를 선언하는 경우에 해당한다. value 부분에는 오퍼랜드 표기법의 수치, ASCII 코드 및 레이블을 사용할 수 있다.

'.BLOCK n'은 현재의 위치에 n개 메모리 영역을 비워두라는 의미이다. 예를 들어 '.BLOCK 5'는 현재의 위치로부터 5개의 메모리 영역을 비워두라는 의미인데, 이 프로그램이 실행될 때 이 영역은 처음부터 0이 들어있도록 처리한다. 이것은 C 언어에서 5개의 원소를 가지는 배열을 초기값을 지정하지 않고 선언한 경우에 해당한다.

'.STRING'은 문자열을 초기값으로 설정할 때 사용한다. 문자열은 반드시 ""로 묶어서 표시한다. 예를 들어 '.STRING "yes"'은 현재의 주소로부터 차례대로 'y', 'e', 's'에 해당하는 ASCII 코드를 기록하고, 덧붙여서 문자열의 끝을 나타내는 null 문자(ASCII 코드 0)를 기록한다.

C.3 변수의 사용 예

C 언어에서 변수를 사용하듯이 어셈블리 언어에서도 변수를 사용한다. 변수는 현재의 값을 임시로 기록해 두기 위해서 메모리상에 확보된 영역으로서 레이블로 이름을 붙인 것이다. 프로그램 C.1은 C 언어에서 변수를 사용하는 간단한 예이다. 정수형 변수 x는 초기값이 7로 지정되어 있고, y는 초기값이 지정되지 있지 않다.

[프로그램 C.1] 변수를 사용하는 C 언어 프로그램

```
int x = 7, y;
...
y = x + 3;
...
```

이 프로그램은 프로그램 C.2와 같이 어셈블리 언어로 변환할 수 있다. 변수 x를 위해서 레이블을 x로 표현하고, 이 자리에 '.FILL 7'를 이용하여 32비트 메모리 공간을 확보하면서 값은 7로 지정한다. 변수 y를 위해서는 레이블 y로 표현하고, 이 자리에 '.BLOCK 1'을 이용하여 1개의 32비트 메모리 공간만 확보해 둔다. x와 3을 더해서 y에 기록하는 작업은, 먼저 변수 x의 값을 레지스터 R1에 읽어 들이고 여기에 3을 더한 다음에 변수 y에 기록하는 것으로 처리하였다.

[프로그램 C.2] 변수를 사용하는 어셈블리 언어 프로그램

```
    ...
    LOAD R1, x          ; 변수 x의 값을 읽어서 R1에 저장
    ADD R1, R1, 3       ; R1에 3을 더해서 다시 R1에 저장
    STORE R1, y         ; R1의 값을 변수 y의 주소에 저장
    ...

x: .FILL 7              ; 레이블 x 의 위치에 32비트 메모리 영역을
                        ; 확보하고 초기 값을 7로 지정
y: .BLOCK 1             ; 레이블 y 의 위치에 1개의 32비트 크기의
                        ; 메모리 영역확보
    ...
```

C 언어 프로그램에서는 변수를 프로그램 앞부분에 먼저 선언하고 사용하지만, 어셈블리 언어 프로그램에서는 일반적으로 뒷부분에 변수들을 배치하는 방법이 사용된다. 대부분의 C 언어 컴파일러는 어셈블리 언어 프로그램으로 변환하는 과정에서 변수들이 뒷부분에 배치되도록 메모리 주소를 배정한다.

C.4 운영체제 기능 호출

TOY 프로세서를 위한 어셈블리 언어 프로그램을 작성하는데 있어서 키보드로부터 문자를 읽어 들이거나, 화면에 문자를 출력하거나, 프로그램을 종료하는 등의 기능을 사용할 필요가 있다. 이 기능들은 운영체제에서 제공하며 표 C.4는 이러한 기능을 사용하기 위해 SWI 명령어를 활용하는 방법을 보여준다. 이것은 TOY 프로세서의 실행과정을 시뮬레이터를 통하여 확인해 볼 수 있도록 하기 위한 최소한의 운영체제 기능이다.

▌표 C.4▌ 운영체제 기능 호출

이름	어셈블리 언어 표현	의미
문자 읽기	`SWI 0`	키보드에서 한 문자를 읽어서 R0에 기록, 입력한 문지는 회면에도 출력
문자 쓰기	`SWI 1`	R0에 저장된 문자를 화면에 출력
문자열 읽기	`SWI 2`	키보드에서 문자열을 읽어서 R0가 가리키는 메모리 주소부터 차례대로 저장, 문자열의 끝은 0(null)로 처리
문자열 쓰기	`SWI 3`	R0가 가리키는 메모리 주소로부터 시작되는 문자열을 화면에 출력, 문자열의 끝은 0(null) 문자로 가정
에코모드 설정	`SWI 4`	키보드 입력시의 에코모드 설정: R0의 값이 1이면 에코 실행, R0의 값이 0이면 에코 없음 (기본 모드는 에코 있음)
프로그램 종료	`SWI 255`	실행 중인 프로그램의 종료

[부록 D]

TOY 소프트웨어 사용법 (toycc, toyas, toysim, toyrerm, toyvm)

D.1 소프트웨어 설치

TOY 소프트웨어 패키지에는 toycc.exe(TOY C Compiler), toas.exe(TOY Assembler), toysim.exe(TOY Simulator), toyterm.exe(TOY Terminal Emulator), toyvm.exe (TOY Virtual Machine) 및 cygwin1.dll 파일이 포함되어 있다. 이들을 자신의 폴더 위치에 복사해 놓기만 하면 된다. cygwin1.dll은 TOY 소프트웨어들이 실행될 때 Cygwin 환경을 제공해 주는 파일이다. TOY 시뮬레이터를 실행하면 현재 폴더에 ".toyterm" 파일이 자동으로 생성되는데 이것은 시뮬레이터와 터미널 에뮬레이터 간에 정보를 교환하기 위해서 임시로 사용되는 파일이다.

그림 D.1은 패키지에 포함된 툴들을 사용하여 C 언어 프로그램을 컴파일하고, 어셈블링하고, 실행하는 절차를 보여준다. 예를 들어서 C 언어로 작성된 프로그램이 test.c라면 toycc로 컴파일한 결과는 TOY 어셈블리 언어 프로그램으로서 test.s에 저장된다. test.s를 toyas로 어셈블링하면 TOY 기계어 프로그램인 실행 파일로서 test.o에 저장된다. 이 실행파일은 toysim이나 toyvm으로 실행한다. toysim으로 실행할 때에 화면 입출력이 필요하면 toyterm을 함께 실행한다. 직접 어셈블리 언어로 작성한 프로그램은 컴파일 과정만 생략하면 된다.

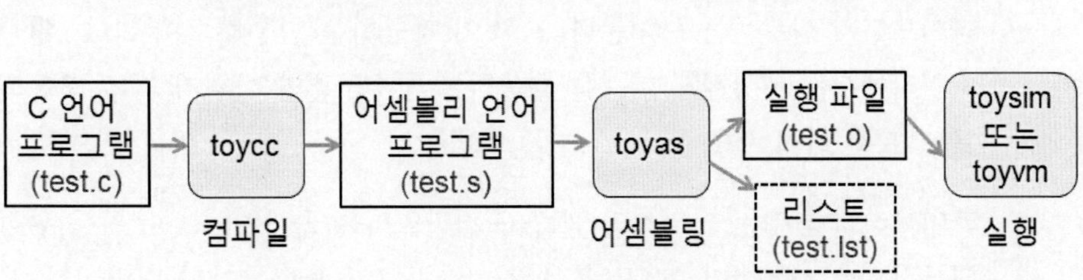

그림 D.1 C 언어 프로그램의 컴파일 및 실행

D.2 TOY C 컴파일러(toycc) 사용법

[TOY C 컴파일러 실행] TOY C 컴파일러인 toycc로 특정 C 언어 프로그램(예를 들어 test.c)을 컴파일하기 위해서는 그림 D.2의 (a)와 같이 명령 창에서 "toycc test"을 입력하거나, (b)와 같이 프로그램 파일을 지정하지 않고 그냥 실행한 후에 파일 이름을 입력할 수 있다. 이때 C 프로그램 파일 이름은 끝의 ".c" 부분은 빼고 입력한다.

(a) 명령 창에서 직접 파일 이름 입력

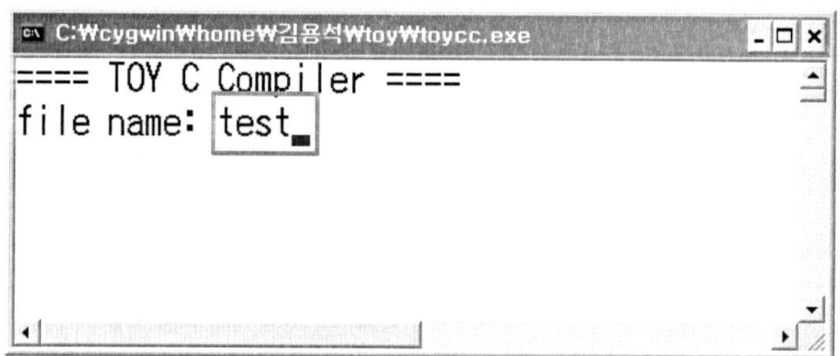

(b) toycc의 실행 화면에서 파일 이름 입력

그림 D.2 toycc 실행 방법

[라이브러리 함수] 표 D.1은 toycc에서 운영체제 기능을 호출하기 위해 제공하는 라이브러리 함수들을 보여준다. 이것이 제공하는 함수의 전부이다. 일반적인 컴파일러에서는 운영체제 기능을 호출하는 함수들뿐만 아니라 자주 사용되는 함수들도 표준 라이브러리 함수로 제공한다.

라이브러리 함수는 아니지만 TOY C 컴파일러는 곱하기와 나누기를 위한 함수도 내부적으로 사용한다. TOY 프로세서는 곱하기나 나누기의 명령어가 없기 때문에 적절한 함수를 활용해야 한다. 예를 들어 "x = y * z + 5;"와 같은 표현이 있다면 TOY C 컴파일러는 내부적으로 곱하기를 위한 함수 MUL을 추가하고 "x = MUL(y, z) + 5;"의 의미로 가정하고 컴파일 한다.

▌표 D.1▌ TOY C 컴파일러의 라이브러리 함수

C 언어 표현	사용 예	의미
getchar(void)	char ch; ch = getchar();	키보드에서 한 문자를 읽어서 변수 ch에 기록
putchar(char)	putchar(ch); putchar('A');	인수에 지정한 문자를 화면에 출력
gets(char[])	char a[20]; gets(a);	키보드에서 문자열을 읽어서 인수에 지정한 배열의 시작부터 차례대로 저장, 문자열의 끝은 null (ASCII 0) 문자로 처리
puts(char[])	puts(a); puts("Yes");	인수에 지정한 배열 (또는 문자열)의 시작부터 null (ASCII 0) 문자가 나올 때까지 차례대로 화면에 출력
setecho(int)	setecho(0); setecho(1);	키보드 입력시 에코 없이(0), 또는 에코가 출력되게(1) 설정
exit(void)	exit();	호출한 프로그램을 종료

[함수호출 관련 규칙] toycc에는 함수 호출과 관련하여 다음과 같은 규칙을 적용하였다. C 언어 프로그램을 컴파일하여 생성되는 어셈블리 언어 프로그램에는 이러한 규칙이 반영되어 있다.

- 함수의 인수는 스택을 통해서 전달하며, 역순으로 인수들을 스택에 PUSH한다. 즉, 마지막 인수를 먼저 스택에 PUSH하고, 첫 인수는 가장 마지막에 PUSH한다.
- 반환 값은 R0 레지스터를 활용한다.
- 스택 포인터로는 R5를, 프레임 포인터로는 R4를 사용한다.
- 지역 변수는 스택 상단에 할당한다.
- 함수 시작 부분에서 링크 레지스터를 PUSH하여 저장하고, 함수의 끝 부분에서 링크레지스터를 POP하여 원래의 값을 복구한다.

D.3 TOY 어셈블러(toyas) 사용법

[TOY 어셈블러 실행] TOY 어셈블러 toyas로 특정 어셈블리 언어 프로그램(예를 들어서 prog3-6.s)을 어셈블하기 위해서는 그림 D.3의 (a)와 같이 명령 창에서 "toyas prog3-6"을 입력하거나, (b)와 같이 프로그램 파일을 지정하지 않고 그냥 실행한 후에 파일 이름을 입력할 수 있다. 이때 어셈블리 언어 프로그램 파일 이름은 끝의 ".s" 부분은 빼고 입력한다. 어셈블링 결과물인 실행파일은 prog3-6.o이다.

(a) 명령 창에서 직접 파일 이름 입력

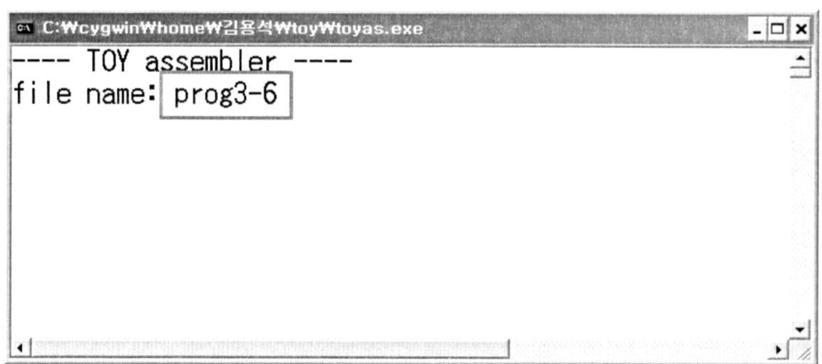

(b) toyas의 실행 화면에서 파일 이름 입력

그림 D.3 toyas 실행 방법

[리스트 파일 내용] 어셈블러를 실행하면 TOY 기계어 코드로 된 실행 파일 외에 리스트 파일이 생성된다. 리스트 파일은 텍스트 파일로서 어떻게 어셈블링 작업이 이루어졌는지를 보여주는 것이 목적이다. 그림 D.4의 어셈블리 언어 프로그램을 toyas를 이용하여 어셈블링 하면 그림 D.5와 같은 리스트 파일이 생성된다.

prog3-6 - 메모장

파일(F) 편집(E) 서식(O) 보기(V) 도움말(H)

```
          .ORIGIN 0x2000          ; program start address

          LOAD R1, value          ; load value into R1
          ASR R2, R1, 3           ; shift right 3 bits
          STORE R2, quot          ; store R2 on quot
          AND R2, R1, 0x07        ; mask the last 3 bits
          STORE R2, remain        ; store R2 on remain

halt:     BR nzp halt             ; branch here forever

value:    .FILL 0x12345           ; space for value with init. val.
quot:     .BLOCK 1                ; space quot without init. val.
remain:   .BLOCK 1                ; space for remain without init. val.
```

그림 D.4 어셈블리 언어 프로그램 파일 (prog3-6.s)

prog3-6 - 메모장

파일(F) 편집(E) 서식(O) 보기(V) 도움말(H)

```
Addr       Code        Line    Program
0x002000: 0x239f0005: (  3)      LOAD R1, value          ; load value into R1
0x002001: 0x1fa30003: (  4)      ASR R2, R1, 3           ; shift right 3 bits
0x002002: 0x402f0004: (  5)      STORE R2, quot          ; store R2 on quot
0x002003: 0x0ba30007: (  6)      AND R2, R1, 0x07        ; mask the last 3 bits
0x002004: 0x402f0003: (  7)      STORE R2, remain        ; store R2 on remain
0x002005: 0x63ffffff: (  9) halt:       BR nzp halt             ; branch here forever
0x002006: 0x00012345: ( 11) value:      .FILL 0x12345           ; space for value with init. val.
0x002007: 0x00000000: ( 12) quot:       .BLOCK 1                ; space quot without init. val.
0x002008: 0x00000000: ( 13) remain:     .BLOCK 1                ; space for remain without init. val

---- symbol table ----
    halt: 0x2005
   value: 0x2006
    quot: 0x2007
  remain: 0x2008
```

그림 D.5 리스트 파일 (prog3-6.lst)

리스트 파일에의 표현은 매 줄의 시작 부분이 메모리 주소, 다음이 그 주소에 들어갈 기계어 코드, 다음이 이 코드와 관련된 입력 어셈블리 언어 프로그램의 줄 번호 및 그 줄의 프로그램 내용을 보여준다. 이 예의 내용은 다음과 같다. 0x2000번지부터 시작되며 이 주소에는 'LOAD R1, value' 에 해당하는 기계어 코드인 0x239F0005가 들어간다. 이 줄은 원래 프로그램에서 3번째 줄로서 내용은 'LOAD R1, value   ; load value into R1'이라는 것을 보여준다. 다음의 0x2001번지에는 'ASR R2, R1, 3' 에 해당하는 기계어 코드로서 0x1FA30003이 들어간다. 리스트 파일의 끝 부분에는 심벌 테이블 내용을 보여주는데, halt는 0x2005 번지에 할당되었고, value는 0x2006 번지에 할당되었다는 등의 내용을 보여준다.

[실행 파일 형식] toyas를 실행하면 생성되는 기계어 코드로 된 실행파일은 이진 코드로 기록되므로 텍스트 편집기로는 내용을 확인할 수가 없지만 항상 그림 D.6과 같은 TOY 실행 파일 형식에 따른다. 이 화면은 이진 코드 파일의 내용을 보여주는 리눅스(또는 Cygwin)의 od(octal dump)를 이용하였다. 이것은 그림 D.4의 prog3-6.s 에서 생성된 기계어 코드 실행파일인 prog3-6.o의 내용을 보여준다. 박스 내부만 보면 되는데, 항상 첫 4바이트에는 TOY 파일 포맷임을 표시하는 매직 코드 0x544F5900이 있고, 다음으로 시작주소를 지정하는 4바이트(여기서는 0x00002000)가 있고, 그 다음부터 기계어 코드 프로그램이 차례대로 들어있는 것을 확인할 수 있다. 0x239f0005부터 마지막 0x00000000까지는 그림 D.5의 리스트 파일의 내용과 동일함을 확인할 수 있다.

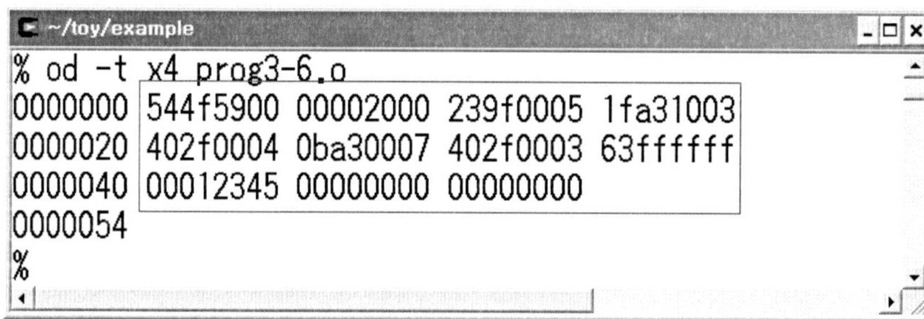

그림 D.6 TOY 파일 포맷의 실행 파일 (prog3-6.o)

D.4 TOY 시뮬레이터(toysim) 사용법

[TOY 시뮬레이터의 실행] TOY 시뮬레이터 toysim은 TOY 실행 파일 형식의 파일을 가상적으로 실행시켜 보는 시뮬레이터(simulator) 소프트웨어이다. toysim으로 특정 실행 프로그램(예를 들어 prog3-6.o)을 실행하기 위해서는 그림 D.7 (a)와 같이 명령 창에서 'toysim prog3-6'을 입력하거나, (b)와 같이 프로그램 파일을 지정하지 않고 그냥 실행한 후에 파일 이름을 입력할 수 있다. 이때 실행 파일 이름은 끝의 '.o' 부분은 빼고 입력한다.

(a) 명령 창에서 직접 파일 이름 입력

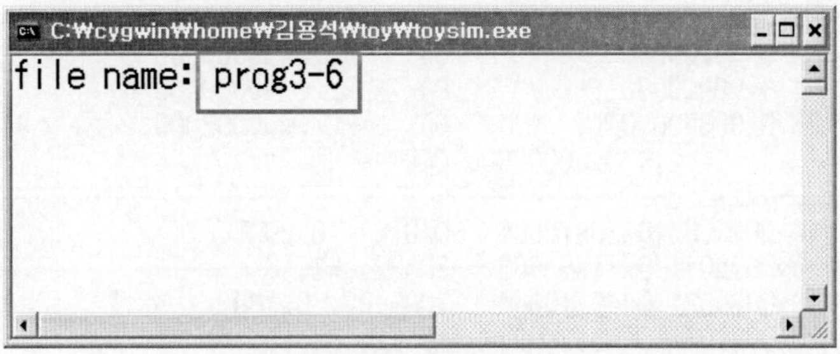

(b) toysim의 실행 화면에서 파일 이름 입력

그림 D.7 toysim 실행 방법

[TOY 시뮬레이터 사용법] 그림 D.8은 실행 파일 'prog3-6.o'를 toysim을 이용하여 실행하는 초기 화면이다. 먼저 이 시뮬레이터를 실행하면서 사용하는 명령들에 대한 간단한 설명이 있고, 다음으로 TOY 프로세서의 레지스터의 값을 보여준다. 다음으로 메모리에 적재된 프로그램 내용을 보여주고, 제일 하단에는 '> ' 표시 다음에 명령 입력을 기다리고 있는 상태를 보여준다. 메모리 내용을 보여주는 부분에는 지금 실행할 명령어가 있는 부분에 '>'를 표시해준다. 현재는 0x2000번지의 명령어를 실행할 차례라는 것을 보여주고 있다.

레지스터의 값을 보여주는 부분에서는 값을 32비트 정수에 대한 16진수 표현을 보여주면서 괄호 속에는 10진수 표현도 동시에 보여준다. 시뮬레이터의 시작 시점에는 모든 레지스터의 값을 0으로 초기화한다. PC는 실행 파일에서 읽어온 시작 주소인 0x2000으로 설정되어 있다. IR 레지스터는 읽어온 TOY 기계어 코드를 보여준다. CCR 레지스터에는 N 비트와 Z 비트를 표시하는데 해당 비트의 값이 0이면 '-'를 표시하고 1이면 해당 문자 (N 및 Z)를 표시한다.

그림 D.8 toysim을 이용한 prog3-6.o의 실행 화면

메모리 내용을 보여주는 부분에서는 먼저 메모리 주소를 16진수로 보여주고, 다음에는 메모리의 내용을 16진수로 보여주며, 다음에는 메모리 내용인 32비트 기계어 코드를 역 어셈블링을 통하여 그 어셈블리 언어 표현으로 보여준다. 대응되는 어셈블리언어 표현이 없는 것 (정상적인 기계어 코드가 아닌 것)은 괄호 속에 10진수로 보여준다. 만약 이 값이 문자의 ASCII 코드라면 그 문자를 함께 보여준다.

사용할 수 있는 명령으로는 'n'은 현재의 실행 위치에서 하나의 TOY 명령어만 실행한 후에 정지하라는 것이다. 'r'은 정지하지 말고 계속 실행하라는 의미이며 'q'는 시뮬레이터를 종료하라는 의미이다. 계속 실행하는 과정에도 특정한 주소에서는 무조건 정지하라는 것을 지정하는 것이 정지점(break point)이다. 정지점을 지정하기 위해서는 'b'를 이용하여 정지점 주소를 지정하면 된다. 예를 들어 'b 0x2005'라고 입력하면 0x2005 번지에 정지점이 설정된다. 정지점이 설정된 상태에서는 'r' 명령으로 계속 실행을 하더라도 정지점 주소에 도달하면 TOY 명령어를 실행하지 않고 정지면서 다음 명령 입력을 기다린다. 프로그램이 크면 한 화면에 전체가 보이지 않으므로 원하는 메모리 부분의 내용을 화면에 표시하는 기능이 필요하다. 'd'는 지정된 메모리 주소부터 한 화면 크기의 내용을 보여준다. 예를 들어 'd 0x2004'는 0x2004번지부터 메모리의 내용을 보여준다. 'h'는 사용법 설명 부분을 다시 화면에 보여준다.

그림 D.9는 'n' 명령 입력을 통하여 0x2000번지의 TOY 명령어 하나를 실행한 후에 정지한 상태를 보여준다. PC는 1만큼 증가해서 0x2001로 되었고, R1 레지스터에는 0x2006번지에서 읽어온 내용인 0x12345(10진수로는 74,565)가 기록되어 있다. 메모리 내용을 보여주는 부분에는 0x2001 번지 부분을 실행할 차례임을 보여주고 있다.

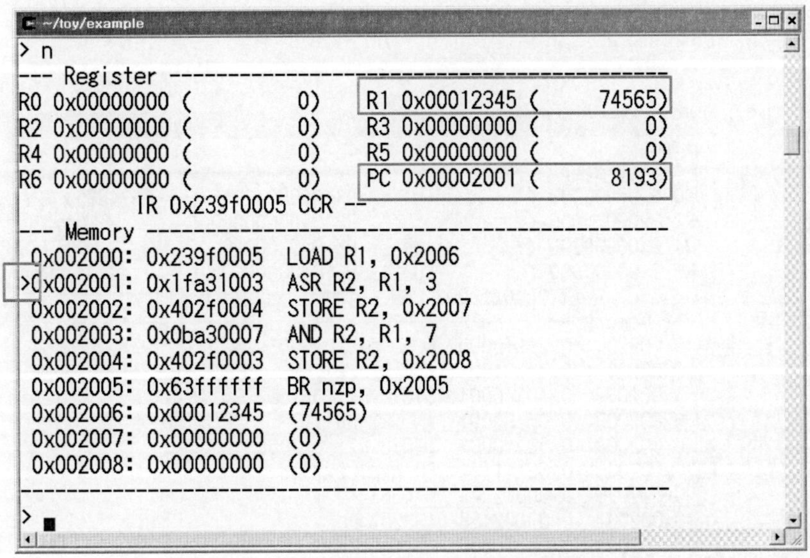

그림 D.9 0x2001번지의 명령을 실행한 후

그림 D.10은 'b 0x2005' 명령 입력을 통하여 0x2005번지에 정지점을 지정한 상태를 보여준다. 메모리 내용을 보여주는 부분에서 정지점으로 설정된 주소인 0x2005번지에는 첫 칸에 'B'를 표시하고, 0x2001번지에는 다음에 실행할 명령어 위치임을 표시하고 있다.

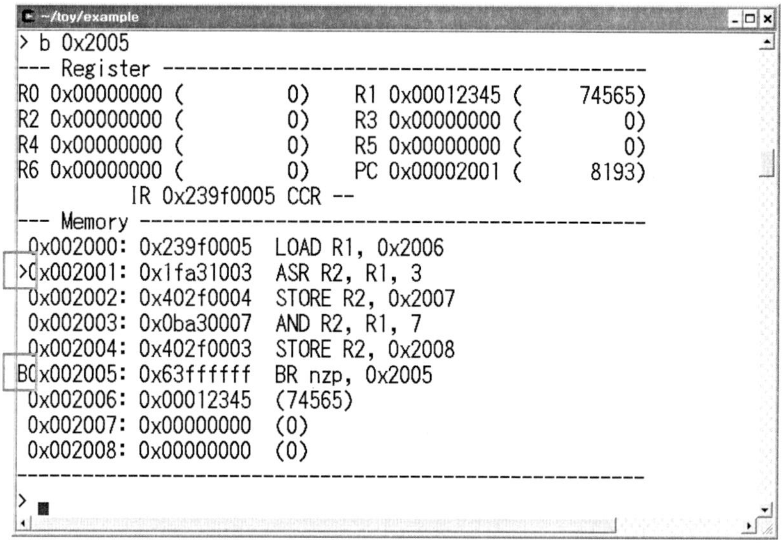

그림 D.10 0x2005번지에 정지점을 설정한 후

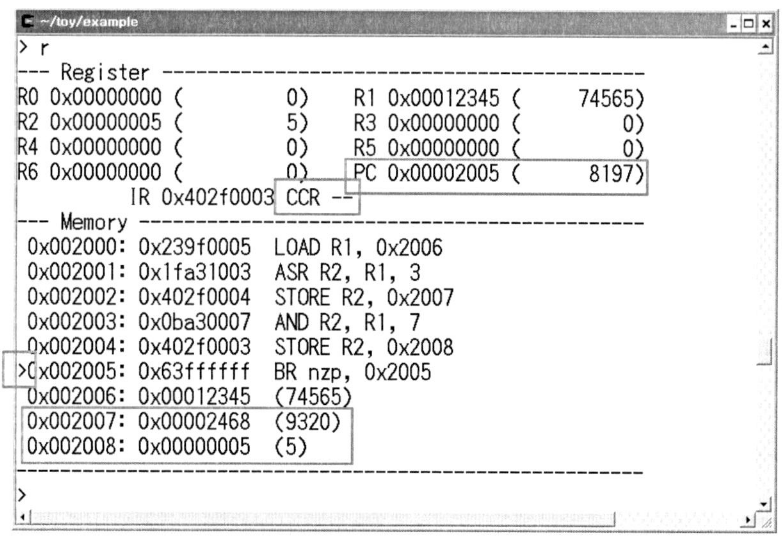

그림 D.11 정지점 0x2005번지까지 계속 실행한 후

그림 D.11은 'r' 명령 입력을 통하여 정지점인 0x2005번지에 도달할 때까지 계속 실행한 후에 정지한 상태를 보여준다. 0x2007번지에는 0x12345를 3비트 오른쪽으로 이동시킨(74,565를 8로 나눈 몫인) 0x2468(10진수로 9320)이 기록되어 있

고 0x2008번지에는 8을 나눈 나머지인 5가 기록되어 있다. PC 값은 0x2005로서 BR 명령어를 실행할 위치를 나타내고 있으며, CCR 레지스터는 여전히 N 비트와 Z 비트가 모두 0임을 나타내고 있다. 이 상태에서 다음 명령어를 실행하면 PC 값은 계속 0x2005를 유지하게 되고, 제자리에서 무한 루프를 돌게 된다.

D.5 TOY 터미널 에뮬레이터(toyterm) 사용법

[TOY 터미널 에뮬레이터 실행] 키보드 입력과 화면 출력이 있는 프로그램을 시뮬레이터로 실행해 보기 위해서는 문자 입출력장치를 위한 터미널 에뮬레이터(terminal emulator)가 있어야 한다. 먼저 터미널 에뮬레이터를 별도의 창에서 실행한 상태에서 TOY 시뮬레이터로 프로그램을 실행해야 한다. 터미널 에뮬레이터란 말 그대로 마치 콘솔 터미널인 것처럼 키보드 입력과 화면 출력을 처리해 주는 프로그램이다. TOY 터미널 에뮬레이터 toyterm은 아무 인수 없이 그냥 실행한다. toyterm 화면에서 입력한 문자들은 toysim에서 키보드 입력을 요청할 때 전달된다. 마찬가지로 toysim에서 화면 출력을 요청하면 toyterm 화면에 출력된다. 그림 D.12는 toysim으로 계산기 프로그램인 calc.o를 실행하면서 화면 입출력 상태를 보여준다. "3 + 45 ="를 입력하면 "48"이 화면에 출력되고 다음 줄로 넘어간다. "5 * 9 ="을 입력하면 "45"가 출력되고 다음 줄로 넘어간다.

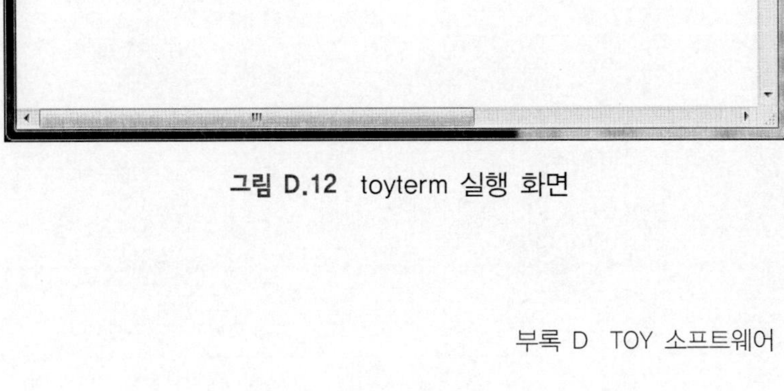

그림 D.12 toyterm 실행 화면

D.6 TOY 버추얼 머신(toyvm) 사용법

프로그램을 시뮬레이터를 통하여 진행과정을 제어할 필요가 없이 직접 실행하려면 간단하게 가상기계인 toyvm을 실행하면 된다. toyvm은 터미널 에뮬레이터가 필요하지 않고 현재 화면이 곧 문자 입출력 장치 화면이 된다. 실행파일 calc.o를 실행하려면 명령 창에서 'toyvm calc'를 입력하거나, 프로그램 파일을 지정하지 않고 그냥 실행한 후에 그림 D.13과 같이 파일 이름을 입력할 수 있다. 이때 실행 파일 이름은 끝의 '.o' 부분은 빼고 입력한다. calc의 실행 내용은 toyterm에서 실행한 것과 동일하다.

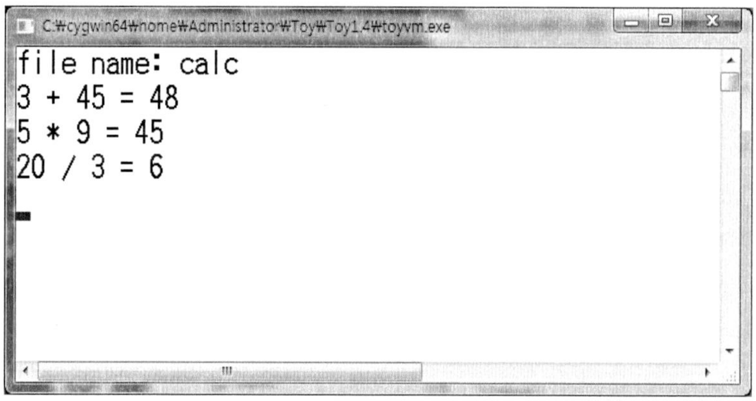

그림 D.13 toyvm으로 calc를 실행한 화면

[부록 E]

TOY 어셈블러 소스코드

toyas.c

```
//--------------------------------------------------------
// toyas.c -- TOY assembler for TOY processor
//
// (c) 2011 Yong-Seok Kim
// written by Yong-Seok KIM (Kangwon National University)
//
// 2011.12.09: version 1.0
//--------------------------------------------------------

#include <stdio.h>
#include <fcntl.h>

unsigned long toyAddr;

main(int argc, char *argv[])
{
    int check, argflag;
    char name[20], asmfile[20], objfile[20], lstfile[20];

    printf("---- TOY assembler ----\n");

    if (argc > 1) {
        argflag = 0;
        sprintf(name, "%s", argv[1]);
    } else {
        argflag = 1;
        printf("file name: ");
        scanf("%s", name);
        getchar();
    }

    sprintf(asmfile, "%s.s", name);
    sprintf(objfile, "%s.o", name);
    sprintf(lstfile, "%s.lst", name);

    if (openAssem(asmfile) < 0) {
        printf("input file error (%s)\n", asmfile);
        if (argflag != 0) {
            printf("type any key ...");
```

```
                getchar();
            }
            exit(1);
        }

        printf("TOY assembler Pass 1 -- \n");
        check = toyPass1();
        if (check < 0) {
            toyError(check);
            if (argflag != 0) {
                printf("type any key ...");
                getchar();
            }
            exit(2);
        }
        printf("-- Done.\n");

        rewindAssem();

        if (openObject(objfile, lstfile) < 0) {
            printf("output/list file error (%s, %s)\n", objfile, lstfile);
            if (argflag != 0) {
                printf("type any key ...");
                getchar();
            }
            exit(3);
        }

        printf("TOY assembler Pass 2 -- \n");
        check = toyPass2();
        if (check < 0) {
            toyError(check);
            if (argflag != 0) {
                printf("type any key ...");
                getchar();
            }
            exit(4);
        }
        printf("-- Done.\n");

        symbolWrite();

        closeAssem();
        closeObject();

        if (argflag != 0) {
            printf("type any key ...");
            getchar();
        }
    }

    //-------------------------------------------------------------
    // print error messages
```

```
//-------------------------------------------------------------

// ERRMSG: to print error message
int lineNum;
char lineProg[200];

#define ERR_OP                -1  // invalid instruction
#define ERR_ORIGIN            -2  // ORIGIN must be on the head
#define ERR_COUNT             -3  // syntax error
#define ERR_NOT_LABEL         -4  // invalid label
#define ERR_MULT_LABEL        -5  // label is multiply defined
#define ERR_LABEL_OR_ADDR     -6  // invalid label/address
#define ERR_RD                -7  // invalid Rd register
#define ERR_RS                -8  // invalid Rs register
#define ERR_RA                -9  // invalid Ra register
#define ERR_RS2               -10 // invalid Rs2 register/value
#define ERR_RD_OR_RS          -11 // invalid Rd/Rs register
#define ERR_COND              -12 // invalid condition
#define ERR_OFFSET            -13 // invalid offset
#define ERR_ADDR              -14 // invalid address
#define ERR_NUM               -15 // invalid number
#define ERR_VALUE             -16 // invalid value format
#define ERR_STRING            -17 // invalid string format
#define ERR_IN_FILE           -18 // input file error
#define ERR_OUT_FILE          -19 // output file error

char *toyErrMsg[] = { "",
    "invalid instruction",
    "ORIGIN must be on the program head",
    "syntax error",
    "invalid label",
    "label is multiply defined",
    "invalid label/address",
    "invalid Rd register",
    "invalid Rs register",
    "invalid Ra register",
    "invalid Rs2 register/value",
    "invalid Rd/Rs register",
    "invalid condition",
    "invalid offset",
    "invalid address",
    "invalid number",
    "invalid value format",
    "invalid string format",
    "input asm file error",
    "output obj file error"
};

toyError(int check)
{
    printf("(line %d)%s\n", lineNum, lineProg);
    printf("--> %s\n", toyErrMsg[-check]);
}
```

```
//--------------------------------------------------------------
// pass 1 of TOY assembler
//--------------------------------------------------------------

int toyPass1(void)
{
    unsigned long toyCode;
    int count, val, check;
    char *token[5], *label, *op;

    toyAddr = 0;
    lineNum = 0;

    count = readProgLine(token);
    if (count <= 0)
        return count;

    if ( ! strCompare(token[1], ".ORIGIN") ) {
        if (count != 3)
            return ERR_COUNT;

        check = getValue(token[2], &toyAddr);
        if (check < 0)
            return ERR_ADDR;

        // read next instruction line
        count = readProgLine(token);
        if (count <= 0)
            return count;
    }

    while (1) {
        label = token[0]; op = token[1];

        if (*label != 0) {
            if ( ! isLabel(label) )
                return ERR_NOT_LABEL;
            if (addSymbol(label, toyAddr) < 0)
                return ERR_MULT_LABEL;
        }
        if (count > 1) {
            if ( ! strCompare(op, ".BLOCK") ) {
                if (count != 3)
                    return ERR_COUNT;
                check = getValue(token[2], &val);
                if (check < 0 || val <= 0)
                    return ERR_NUM;
                toyAddr += val;
            } else if ( ! strCompare(op, ".STRING") ) {
                if (count != 3)
                    return ERR_COUNT;
                count = strLength(token[2]);
```

```
                if (count <= 0)
                    return ERR_STRING;
                toyAddr += count + 1;
            } else {
                toyAddr += 1;
            }
        }

        // read next instruction line
        count = readProgLine(token);
        if (count <= 0)
            return count;
    }
}

//------------------------------------------------------------
// pass 2 of TOY assembler
//------------------------------------------------------------

#define TOY_MAGIC   0x544F5900  // string "TOY"

toyPass2()
{
    unsigned long toyCode;
    int count, val, check;
    char *token[5], *op, *str;

    lineNum = 0;

    count = readProgLine(token);
    if (count <= 0)
        return count;

    codeWrite(TOY_MAGIC);

    if ( ! strCompare(token[1], ".ORIGIN") ) {
        if (count != 3)
            return ERR_COUNT;

        check = getValue(token[2], &toyAddr);
        if (check < 0)
            return ERR_ADDR;

        codeWrite(toyAddr);
        // listWrite(toyAddr);

        // read next instruction line
        count = readProgLine(token);
        if (count <= 0)
            return count;

    } else {
        toyAddr = 0;
```

```
            codeWrite(toyAddr);
        }

        while (1) {
            op = token[1];
            if (count != 1 && *op != 0) {
                if ( ! strCompare(op, ".FILL") ) {

                    if (count != 3)
                        return ERR_COUNT;
                    check = getValue(token[2], &val);
                    if (check < 0)
                        check = findSymbol(token[2], &val);
                    if (check < 0)
                        return ERR_VALUE;

                    codeWrite(val);
                    listWrite(val);
                    toyAddr++;

                } else if ( ! strCompare(op, ".BLOCK") ) {

                    if (count != 3)
                        return ERR_COUNT;
                    check = getValue(token[2], &val);
                    if (check < 0 || val <= 0)
                        return ERR_NUM;

                    codeWrite(0);   // fill value 0
                    listWrite(0);
                    toyAddr++;
                    while (--val > 0) {
                        codeWrite(0);
                        listWrite(0);
                        toyAddr++;
                    }

                } else if ( ! strCompare(op, ".STRING") ) {

                    if (count != 3)
                        return ERR_COUNT;
                    str = token[2];
                    if (*str == 0)
                        return ERR_STRING;
                    str++;          // skip '"'
                    while (*str != 0 && *str != '"') {
                        char ch = *str++;
                        if (ch == '\\') {
                            ch = *str++;
                            if (ch == 0 || ch == '"')
                                return ERR_STRING;
                            if (ch == 'n') {
                                ch = '\n';
```

```
                } else if (ch == 'r')
                    ch = '\r';
                else if (ch == 't')
                    ch = '\t';
            }
            codeWrite(ch);
            listWrite(ch);
            toyAddr++;
        }
        codeWrite(0);      // end of string
        listWrite(0);
        toyAddr++;

    } else if ( ! strCompare(op, ".ORIGIN") ) {

        return ERR_ORIGIN;

    } else {

        check = opCode(count, token, toyAddr+1, &toyCode);
        if (check < 0)
            return check;
        codeWrite(toyCode);
        listWrite(toyCode);
        toyAddr++;
    }
}

// read next instruction line
count = readProgLine(token);
if (count <= 0)
    return count;
}
}

//--------------------------------------------------------
// TOY op code
//--------------------------------------------------------

// determine TOY op code
int opCode(int count, char *token[], unsigned long currAddr, unsigned long
        *codeP)
{
    unsigned long addr, code;
    int val, check;
    char *op = token[1], *cond;

    if ( ! strCompare(op, "LINK") ) {

        if (count != 2)
            return ERR_COUNT;
        code = 0x63EF0001;

```

```
    } else if ( ! strCompare(op, "RET") ) {

        if (count != 2)
            return ERR_COUNT;
        code = 0x63FD0000;

    } else if ( ! strCompare(op, "NOT") ) {

        if (count != 4)
            return ERR_COUNT;
        code = 0x1381FFFF;

        val = getRegNum(token[2]);  // dest. register
        if (val < 0)
            return ERR_RD;
        code |= val << 20;

        val = getRegNum(token[3]);  // source register 1
        if (val < 0)
            return ERR_RS;
        code |= val << 17;

    } else if ( ! strCompare(op, "ADD") || ! strCompare(op, "SUB")
        || ! strCompare(op, "AND") || ! strCompare(op, "OR")
        || ! strCompare(op, "XOR") ) {

        if (count != 5)
            return ERR_COUNT;

        if ( ! strCompare(op, "ADD") )
            code = 0x03800000;
        else if ( ! strCompare(op, "SUB") )
            code = 0x07800000;
        else if ( ! strCompare(op, "AND") )
            code = 0x0B800000;
        else if ( ! strCompare(op, "OR") )
            code = 0x0F800000;
        else
            code = 0x13800000;

        val = getRegNum(token[2]);  // dest. register
        if (val < 0)
            return ERR_RD;
        code |= val << 20;

        val = getRegNum(token[3]);  // source register 1
        if (val < 0)
            return ERR_RS;
        code |= val << 17;

        val = getRegNum(token[4]);  // source register 2
        if (val >= 0) {
            code |= val << 13;
```

```
        } else {                // imm. value
            check = getValue(token[4], &val);
            if (check < 0)
                return ERR_RS2;
            code |= 0x00010000; // imm. value mode bit
            code |= (val & 0xFFFF);
        }

    } else if ( ! strCompare(op, "CMP") || ! strCompare(op, "COPY") ) {

        if (count != 4)
            return ERR_COUNT;

        val = getRegNum(token[2]);
        if (val < 0)
            return ERR_RD_OR_RS;

        if ( ! strCompare(op, "CMP") ) {
            code = 0x04000000;
            code |= val << 17;  // source register 1
        } else {
            code = 0x17800000;
            code |= val << 20;  // dest. register
        }

        val = getRegNum(token[3]);  // source register 2
        if (val >= 0) {
            code |= val << 13;
        } else {                // imm. value
            check = getValue(token[3], &val);
            if (check < 0)
                return ERR_RS2;
            code |= 0x00010000; // imm. value mode bit
            code |= (val & 0xFFFF);
        }

    } else if ( ! strCompare(op, "LSL") || ! strCompare(op, "LSR")
        || ! strCompare(op, "ASL") || ! strCompare(op, "ASR") ) {

        if (count != 5)
            return ERR_COUNT;

        // op code
        if ( ! strCompare(op, "LSL") )
            code = 0x1B800000;
        else if ( ! strCompare(op, "LSR") )
            code = 0x1B801000;
        else if ( ! strCompare(op, "ASL") )
            code = 0x1F800000;
        else            // ASR
            code = 0x1F801000;

        // dest. register
```

```
        val = getRegNum(token[2]);
        if (val < 0)
            return ERR_RD;
        code |= val << 20;

        // source register 1
        val = getRegNum(token[3]);
        if (val < 0)
            return ERR_RS;
        code |= val << 17;

        // source register 2
        val = getRegNum(token[4]);
        if (val >= 0) {
            code |= val << 13;
        } else {
            check = getValue(token[4], &val);
            if (check < 0)
                return ERR_RS2;
            if (val < 0 || val > 31)
                return ERR_RS2;
            code |= 0x00010000; // imm. value mode bit
            code |= (val & 0xFFFF);
        }

    } else if ( ! strCompare(op, "LOAD") || ! strCompare(op, "LDR")
        || ! strCompare(op, "STORE") || ! strCompare(op, "STR")
        || ! strCompare(op, "BR") || ! strCompare(op, "BRR")
        || ! strCompare(op, "LEA") ) {

        if ( ! strCompare(op, "BR") || ! strCompare(op, "BRR") ) {
            code = 0x60710000;
            cond = token[2];

            if ( ! strCompare(cond, "n") )
                val = 0x4;
            else if ( ! strCompare(cond, "z") )
                val = 0x2;
            else if ( ! strCompare(cond, "p") )
                val = 0x1;
            else if ( ! strCompare(cond, "nz")
                ||! strCompare(cond, "zn") )
                val = 0x6;
            else if ( ! strCompare(cond, "np")
                ||! strCompare(cond, "pn") )
                val = 0x5;
            else if ( ! strCompare(cond, "zp")
                ||! strCompare(cond, "pz") )
                val = 0x3;
            else if ( ! strCompare(cond, "nzp")
                ||! strCompare(cond, "npz")
                ||! strCompare(cond, "znp")
                ||! strCompare(cond, "zpn")
```

```
                ||! strCompare(cond, "pnz")
                ||! strCompare(cond, "pzn") )
                val = 0x7;
            else
                return ERR_COND;
            code |= (val << 23);

        } else {
            if ( ! strCompare(op, "LOAD") || ! strCompare(op, "LDR") )
                code = 0x23810000;
            else if ( ! strCompare(op, "LEA") )
                code = 0x638F0000;
            else
                code = 0x40010000;

            val = getRegNum(token[2]);  // dest./source reg.
            if (val < 0)
                return ERR_RD;
            code |= val << 20;
        }

        if ( ! strCompare(op, "LOAD") || ! strCompare(op, "STORE")
            || ! strCompare(op, "BR") || ! strCompare(op, "LEA") ) {
            if (count != 4)
                return ERR_COUNT;
            if ( isLabel(token[3]) ) {
                check = findSymbol(token[3], &addr);
                if (check < 0)
                    return ERR_LABEL_OR_ADDR;
            } else {
                check = getValue(token[3], &addr);
                if (check < 0)
                    return ERR_LABEL_OR_ADDR;
            }
            if (addr > currAddr) {
                val = (int)(addr - currAddr);
            } else {
                val = (int)(currAddr - addr);
                val = -val;
            }
            code |= 0x000E0000;
            code |= (val & 0xFFFF);
        } else  {
            if (count != 5)
                return ERR_COUNT;

            val = getRegNum(token[3]);  // addr. register
            if (val < 0)
                return ERR_RA;
            code |= val << 17;

            check = getValue(token[4], &val);
            if (check < 0)
```

```
                return ERR_OFFSET;

            code |= (val & 0xFFFF);
        }

    } else if ( ! strCompare(op, "SWI") ) {

        if (count != 3)
            return ERR_COUNT;

        code = 0x97F10000;
        check = getValue(token[2], &val);
        if (check < 0 || val < 0 || val > 0xFF)
            return ERR_VALUE;

        code |= val;

    } else if ( ! strCompare(op, "RTI") ) {

        if (count != 2)
            return ERR_COUNT;

        code = 0x83FD0000;

    } else {
        return ERR_OP;
    }
    *codeP = code;
    return 0;
}

// get register code from register name
// return: 0(success) / -1(error)
int getRegNum(char *name)
{
    int val;

    if ( ! strCompare(name, "PC"))
        return 7;
    if (name[0] != 'R' && name[0] != 'r')
        return -1;
    if (name[2] != 0)
        return -1;

    val = name[1] - '0';
    if (val < 0 || val > 7)
        return -1;
    return val;
}

// get value from a string
// return: 0(success) / -1(error)
int getValue(char *str, int *valueP)
```

```
{
    char ch;
    int val, num, sign;

    ch = *str++;
    val = 0;

    if (ch == '\'') {        // ASCII code
        val = *str++;
        if (val == '\\') {
            val = *str++;
            if (val == 'n')
                val = '\n';
            else if (val == 'r')
                val = '\r';
            else if (val == 't')
                val = '\t';
            else if (val == '\\')
                val = '\\';
            else if (val == '\'')
                val = '\'';
            else
                return -1;
        }
        if (*str++ != '\'' || *str != 0)
            return -1;
        *valueP = val;
        return 0;
    }

    sign = 1;
    if (ch == '-') {
        sign = -1;
        ch = *str++;
    }
    if (ch < '0' || ch > '9')
        return -1;
    if (ch == '0' && *str == 'x') {
        str++;
        ch = *str++;
        if (ch == 0)
            return -1;
        while (1) {
            if (ch == 0)
                break;
            if (ch >= '0' && ch <= '9')
                num = ch - '0';
            else if (ch >= 'A' && ch <= 'F')
                num = ch - 'A' + 10;
            else if (ch >= 'a' && ch <= 'f')
                num = ch - 'a' + 10;
            else
                return -1;
```

```
                val = val * 16 + num;
                ch = *str++;
            }
        } else {
            while (1) {
                if (ch == 0)
                    break;
                if (ch >= '0' && ch <= '9')
                    num = ch - '0';
                else
                    return -1;
                val = val * 10 + num;
                ch = *str++;
            }
        }
        *valueP = val * sign;
        return 0;
    }

    // return: 0 (is not label) / 1 (is a label)
    int isLabel(char *str)
    {
        char ch = *str++;

        if (ch == '.')
            ch = *str++;
        if (ch == '_' || (ch >= 'A' && ch <= 'Z') || (ch >= 'a' && ch <= 'z'))
            ch = *str++;
        else
            return 0;
        while (ch != 0) {
            if (ch == '_' || (ch >= '0' && ch <= '9')
                || (ch >= 'A' && ch <= 'Z') || (ch >= 'a' && ch <= 'z'))
                ch = *str++;
            else
                return 0;
        }
        return 1;
    }

    // return: 0 (equal) / 1 (not equal)
    int strCompare(char *str1, char *str2)
    {
        while (*str1 != 0) {
            if ((*str1 - *str2) != 0)
                return 1;
            str1++; str2++;
        }
        if (*str2 != 0)
            return 1;
        return 0;
    }

```

```
void strCopy(char *dest, char *src)
{
    while (*src != 0)
        *dest++ = *src++;
    *dest = 0;
}

// return: length of string / -1 (invalid string format)
int strLength(char *str)
{
    int count = 0;

    if (*str++ != '"')
        return -1;
    while (*str != 0 && *str != '"') {
        if (*str == '\\') {
            str++;
            if (*str == 0)
                return -1;
        }
        count++;
        str++;
    }
    if (*str != '"')
        return -1;
    if (*(++str) != 0)
        return -1;
    return count;
}

//-----------------------------------------------------------------
// symbol table management
//-----------------------------------------------------------------

#define MAX_SYMBOL_COUNT    500
static int symCount = 0;

struct symEnt {
    unsigned long symAddr;
    char symName[20];
} symTab[MAX_SYMBOL_COUNT];

int addSymbol(char *symbol, unsigned long addr)
{
    unsigned long addr2;

    if (symCount >= MAX_SYMBOL_COUNT)
        return -1;
    if (findSymbol(symbol, &addr2) >= 0)
        return -1;

    symTab[symCount].symAddr = addr;
    strCopy(symTab[symCount].symName, symbol);
```

```
    symCount++;
    return 0;
}

int findSymbol(char *symbol, unsigned long *addr)
{
    int count;
    struct symEnt *sym;

    sym = &symTab[0];
    count = symCount;
    while (count-- > 0) {
        if ( ! strCompare(symbol, sym->symName) ) {
            *addr = sym->symAddr;
            return 0;
        }
        sym++;
    }
    return -1;
}

//------------------------------------------------------------
// file management
//------------------------------------------------------------

#define LINE_SIZE   200
static char lineBuf[LINE_SIZE+1];
static int inFd, inOffset, outFd;
static int lstFd;

int openAssem(char *asmfile)
{
    inFd = open(asmfile, O_RDONLY);
    if (inFd < 0)
        return -1;
    inOffset = 0;
    return 0;
}

int rewindAssem(void)
{
    inOffset = 0;
}

int closeAssem(void)
{
    close(inFd);
}

int openObject(char *objfile, char *lstfile)
{
    char *lsthead = "Addr      Code        Line    Program\r\n";
```

```
    outFd = open(objfile, O_WRONLY | O_TRUNC | O_CREAT, 0644);
    if (outFd < 0)
        return -1;
    lstFd = open(lstfile, O_WRONLY | O_TRUNC | O_CREAT, 0644);
    if (lstFd < 0)
        return -1;
    if (write(lstFd, lsthead, strlen(lsthead)) < 0)
        return -1;
    return 0;
}

int closeObject(void)
{
    close(outFd);
    close(lstFd);
}

// write an instruction code
int codeWrite(unsigned long code)
{
    write(outFd, &code, (size_t)4); // write an instruction
}

// write a list line
int listWrite(unsigned long code)
{
    int count;
    char buf[200];

    count = sprintf(buf, "0x%06x: 0x%08x: (%3d) %s\r\n",
        toyAddr, code, lineNum, lineProg);

    write(lstFd, buf, count);
}

// write symbol table on the symbol table file
int symbolWrite()
{
    int fd, count, index = 0;
    char buf[80];

    count = sprintf(buf, "\r\n---- symbol table ----\r\n");
    write(lstFd, buf, count);

    while (index < symCount) {
        count = sprintf(buf, "%8s: 0x%x\r\n",
            symTab[index].symName, symTab[index].symAddr);
        write(lstFd, buf, count);
        index++;
    }
    return 0;
}

```

```
// read a non-empty program line and return tokens
// return: n > 0 (# of tokens) / 0 (end of file) / -1 (error)
int readProgLine(char *token[])
{
    int count;
#define TOY_END_OF_FILE    -9876

    count = 0;
    while (count == 0) {
        count = readOneLine(token);
        lineNum++;
    }
    if (count > 0)
        return count;
    if (count == TOY_END_OF_FILE)
        return 0;
    return count;           // input error
}

// read a program line and return tokens
// return: n >= 0 (# of tokens) / -1 (error)
int readOneLine(char *token[])
{
    int count, c2, index;
    char ch, *cp, *cp2;

    lseek(inFd, (off_t)inOffset, SEEK_SET);

    count = read(inFd, lineBuf, (size_t)LINE_SIZE);
    if (count == 0)         // end of file
        return TOY_END_OF_FILE;
    if (count < 0)          // read error
        return ERR_IN_FILE;

    // copy program line and preprocessing
    cp = lineBuf; cp2 = lineProg;
    c2 = count;
    while (c2-- > 0) {
        ch = *cp; *cp2 = ch;
        if (ch == '\n' || ch == ';')
            break;
        if (ch == '"') {
            cp++; cp2++;
            while (c2-- > 0) {
                ch = *cp; *cp2 = ch;
                if (ch == '"')
                    break;
                cp++; cp2++;
            }
        }
        if (ch == ':' || ch == ',' || ch == '\t' || ch == '\r' )
            *cp = ' ';
        if (ch == '\r')
```

```
            *cp2 = 0;
        cp++; cp2++;
    }
    if (*cp == ';') {
        *cp = 0;
        while (c2-- > 0) {
            ch = *(++cp);
            *(++cp2) = ch;
            if (ch == '\n')
                break;
        }
    }
    *cp++ = 0; *cp2 = 0;
    inOffset += cp - lineBuf;

    index = 0;
    cp = lineBuf;
    ch = *cp;
    if (ch == ' ') {        // no label
        token[index++] = cp;
        *cp = 0;        // null string
        count--;
        while (count > 0) {
            ch = *(++cp);
            if (ch != ' ')
                break;
            count--;
        }
    }
    if (ch == 0)
        return 0;

    while (count > 0) {
        token[index++] = cp;
        if (index > 5)
            return ERR_COUNT;

        if (index == 3 && ! strCompare(token[1], ".STRING") ) {
            if (*cp != '"')
                return ERR_STRING;
            cp++, count--;
            while (count > 0 && *cp != '"' && *cp != 0) {
                cp++, count--;
            }
            if (*cp != '"' || count == 0)
                return ERR_STRING;
            cp++, count--;
            if (*cp != ' ' && *cp != 0)
                return ERR_STRING;
            ch = *cp;
        } else while (count > 0) {
            if (count >= 3 && *cp == '\'' && *(cp+1) == ' '
                && *(cp+2) == '\'') {
```

```
                cp += 2;
                count -= 2;
                continue;
            }
            ch = *(++cp);
            if (ch == ' ' || ch == 0)
                break;
            count--;
        }
        *cp = 0;
        if (ch == 0)
            break;
        while (count > 0) {
            ch = *(++cp);
            if (ch != ' ')
                break;
            count--;
        }
        if (ch == 0)
            break;
    }
    return index;
}
```

[부록 F]

TOY 시뮬레이터 소스코드

toysim.c

```
//-----------------------------------------------------------
// toysim.c -- simulator of TOY processor
//
// (c) 2011 Yong-Seok Kim
// written by Yong-Seok KIM (Kangwon National University)
//
// 2011.12.27: version 1.0
//-----------------------------------------------------------

#include <stdio.h>
#include <fcntl.h>

#include "toyterm.h"

int runmode = 0;    // run mode

main(int argc, char *argv[])
{
    char name[20], objfile[20];
    char *devfile = TOY_DEV;

    if (argc > 1) {
        sprintf(name, "%s", argv[1]);
    } else {
        printf("file name: ");
        scanf("%s", name);
        getchar();
    }
    sprintf(objfile, "%s.o", name);

    if (argc > 2 && argv[2][0] == '-' && argv[2][1] == 'r')
        runmode = 1;

    if (runmode == 0)
        printf("---- TOY SIMULATOR ----\n");

    toyInitDevFile(devfile);

    toyLoadProg(objfile);
```

```

    if (runmode == 0)
        toyUsage();
    toySim();
}

//----------------------------------------------------------

int devFd;      // device emulation file

#define MEM_SIZE    0x10000
long MEM[MEM_SIZE];
long memBegin, memSize;
long toyStart;       // origin address
long brAddr = -1;    // break point address

long dispBegin = -1;     // display address
#define DISP_SIZE   16

long REG[8];
#define PC  (REG[7])

unsigned long IR;   // IR should be unsigned long
#define V_MASK      0x00010000
#define VAL_MASK    0x0000FFFF

unsigned long CCR;
#define CCR_N_BIT   0x02
#define CCR_Z_BIT   0x01

#define TOY_MAGIC   0x544F5900  // string "TOY"

// init. device (keyboard/display) emulation file
toyInitDevFile(char *file)
{
    unsigned long data, control;

    devFd = open(file, O_RDWR | O_TRUNC | O_CREAT, 0600);
    if (devFd < 0) {
        printf("device emulation file (%s) error\n", file);
        exit(1);
    }
    data = 0; control = 0;
    write(devFd, &data, 4);
    write(devFd, &control, 4);

    data = 0; control |= DP_READY;
    write(devFd, &data, 4);
    write(devFd, &control, 4);
    close(devFd);

    devFd = open(file, O_RDWR);
}
```

```
// load TOY machine code program into memory
toyLoadProg(char *file)
{
    int fd, index, count;
    unsigned long magic;

    fd = open(file, O_RDONLY);
    if (fd < 0) {
        printf("obj file (%s) open error\n", file);
        exit(1);
    }
    count = read(fd, &magic, 4);
    if (count <= 0) {
        printf("obj file (%s) read error\n", file);
        exit(1);
    }
    if (magic != TOY_MAGIC) {
        printf("not a TOY format file (%s)\n", file);
        exit(1);
    }
    count = read(fd, &toyStart, 4);
    if (count <= 0) {
        printf("obj file (%s) read error\n", file);
        exit(1);
    }

    index = 0;
    while (index < toyStart)
        MEM[index++] = 0;

    count = read(fd, &MEM[toyStart], MEM_SIZE - toyStart * 4);
    if (count <= 0) {
        printf("obj file (%s) read error\n", file);
        exit(1);
    }
    memBegin = toyStart; memSize = count / 4;
}

//------------------------------------------------------------
// simulator main routine
//------------------------------------------------------------

int toyAlu(unsigned long);
int toyLdr(unsigned long);
int toyStr(unsigned long);
int toyBrr(unsigned long);
int toySwi(unsigned long);
int toyBad(unsigned long);

int (*toyOpTab[8])(unsigned long) = {
    toyAlu, toyLdr, toyStr, toyBrr,
    toySwi, toyBad, toyBad, toyBad
```

```
};

long toyAluAdd(long, long);
long toyAluSub(long, long);
long toyAluAnd(long, long);
long toyAluOr(long, long);
long toyAluXor(long, long);
long toyAluCopy(long, long);
long toyAluLs(long, long);
long toyAluAs(long, long);

long (*toyAluTab[8])(long Val1, long Val2) = {
    toyAluAdd, toyAluSub, toyAluAnd, toyAluOr,
    toyAluXor, toyAluCopy, toyAluLs, toyAluAs
};

int toySim()
{
    int Op, check, index;
    int runflag;
    char ch;

    for (index=0; index < 8; index++)
        REG[index] = 0;
    CCR = 0;
    IR = 0;

    PC = toyStart;
    while (1) {
      if (runmode == 0) {
        toyDisp();
        toyDispNext();

        while (1) {
            ch = getchar();
            if (ch != '\n')
                break;
            if (dispBegin >= 0)
                toyDisp();
            toyDispNext();
        }
        dispBegin = -1;

        if (ch == 'b') {
            check = readAddr(&brAddr);
            if (check <= 0) {
                if (check < 0)
                    printf("b: invalid address\n");
                brAddr = -1;
            } else if (brAddr < memBegin || brAddr >= memBegin + memSize) {
                printf("b: out of address range\n");
                brAddr = -1;
            }
```

```
                continue;
            }
            if (ch == 'd') {
                check = readAddr(&dispBegin);
                if (check <= 0) {
                    if (check < 0)
                        printf("d: invalid address\n");
                    dispBegin = -1;
                }
                continue;
            }
            getchar();
            if (ch == 'q')
                return 0;
            if (ch == 'h') {
                toyUsage();
                getchar();
                continue;
            }

            runflag = 0;
            if (ch == 'r') {
                runflag = 1;
            } else if (ch != 'n') {
                continue;
            }
        } else {
            runflag = 1;
        }
        // run an instruction
        while (1) {
            IR = MEM[PC++];
            Op = IR >> 29;
            check = (*toyOpTab[Op])(IR);
            if (check < 0) {
                PC--;
                printf("ERROR: illegal instruction\n");
                printf(" 0x%06x: 0x%08x  ", PC, MEM[PC]);
                disAssem(PC, MEM[PC]);
                printf("\n");
                break;
            }
            if (PC == brAddr)
                break;
            if (runflag == 0)
                break;
        }
    }
}

// display information (register, memory)
toyDisp()
{
```

```
    int index, count;

   if (dispBegin < 0) {
    printf("--- Register -------------------------------------------------\n");
    printf("R0 0x%08x (%10d)    R1 0x%08x (%10d)\n",
        REG[0], REG[0], REG[1], REG[1]);
    printf("R2 0x%08x (%10d)    R3 0x%08x (%10d)\n",
        REG[2], REG[2], REG[3], REG[3]);
    printf("R4 0x%08x (%10d)    R5 0x%08x (%10d)\n",
        REG[4], REG[4], REG[5], REG[5]);
    printf("R6 0x%08x (%10d)    PC 0x%08x (%10d)\n",
        REG[6], REG[6], REG[7], REG[7]);
    printf("         IR 0x%08x CCR %c%c\n", IR,
        (CCR & CCR_N_BIT) != 0 ? 'N' : '-',
        (CCR & CCR_Z_BIT) != 0 ? 'Z' : '-');

    printf("--- Memory ----------------------------------------------------\n");
   }

    if (dispBegin >= 0) {
        index = dispBegin;
        count = DISP_SIZE;
        dispBegin += count;
    } else {
        index = PC - DISP_SIZE/2;
        count = DISP_SIZE;
        if (index < memBegin)
            index = memBegin;
        if (index + count > memBegin + memSize)
            count = (memBegin + memSize) - index;
    }

    while (count-- > 0) {
        if (index == PC)
            printf(">");
        else if (index == brAddr)
            printf("B");
        else
            printf(" ");
        printf("0x%06x: 0x%08x  ", index, MEM[index]);
        disAssem(index, MEM[index]);
        printf("\n");
        index++;
    }
    printf("----------------------------------------------------------------\n");
}

toyDispNext()
{
#if 1
    printf("> ");
#else
    printf(">0x%06x: ", PC);
```

```
    disAssem(PC, MEM[PC]);
    printf("\n> ");
#endif
}

toyUsage()
{
    printf("ToySim Command Usage\n");
    printf("  n: [next] execute next instruction\n");
    printf("  r: [run] run coninuously until reach to the break point\n");
    printf("  b addr: [break] set break point at address addr (ex: b 0x2004)\n");
    printf("  d addr: [display] display memory from addr (ex: d 0x2010)\n");
    printf("  q: [quit] exit simulator\n");
    printf("  h: [help] print this message\n");
}

// get address for b (break) command
int readAddr(long *addr)
{
    char ch;
    long val;

    while (1) {
        ch = getchar();
        if (ch != ' ' && ch != '\t' && ch != '\r' && ch != '\n')
            break;
        if (ch == '\n') {
            return 0;
        }
    }
    val = 0;
    if (ch == '0') {
        ch = getchar();
        if (ch == 'x') {
            ch = getchar();
            while (1) {
                if (ch == ' ' || ch == '\t' || ch == '\r' || ch == '\n') {
                    *addr = val;
                    return 1;
                }
                if (ch >= '0' && ch <= '9')
                    val = val * 16 + ch - '0';
                else if (ch >= 'A' && ch <= 'F')
                    val = val * 16 + ch - 'A' + 10;
                else if (ch >= 'a' && ch <= 'f')
                    val = val * 16 + ch - 'a' + 10;
                else
                    return -1;
                ch = getchar();
            }
        }
    }
```

```
    while (1) {
        if (ch == ' ' || ch == '\t' || ch == '\r' || ch == '\n') {
            *addr = val;
            return 1;
        }
        if (ch < '0' || ch > '9')
            return -1;
        val = val * 10 + ch - '0';
        ch = getchar();
    }
}

//-----------------------------------------------------
// disassemble an instruction
//-----------------------------------------------------

int disAssem(unsigned long addr, long inst)
{
    unsigned long Alu, Cc, Dr, Sr, Sr2;
    short val;

static char *ccS[] = { "-", "p", "z", "zp", "n", "np", "nz", "nzp" };
static char *regS[] = { "R0", "R1", "R2", "R3", "R4", "R5", "R6", "PC" };

    Alu = (inst >> 26) & 0x7;
    Cc = (inst >> 23) & 0x7;
    Dr = (inst >> 20) & 0x7;
    Sr = (inst >> 17) & 0x7;
    Sr2 = (inst >> 13) & 0x7;
    val = inst & 0xFFFF;

    if ((inst & 0xFF800000) == 0x03800000) {
        if (inst & V_MASK)
            printf("ADD %s, %s, %d", regS[Dr], regS[Sr], val);
        else
            printf("ADD %s, %s, %s", regS[Dr], regS[Sr], regS[Sr2]);
        return 0;
    }
    if ((inst & 0xFFF00000) == 0x04000000) {
        if (inst & V_MASK)
            printf("CMP %s, %d", regS[Sr], val);
        else
            printf("CMP %s, %s", regS[Sr], regS[Sr2]);
        return 0;
    }
    if ((inst & 0xFF800000) == 0x07800000) {
        if (inst & V_MASK)
            printf("SUB %s, %s, %d", regS[Dr], regS[Sr], val);
        else
            printf("SUB %s, %s, %s", regS[Dr], regS[Sr], regS[Sr2]);
        return 0;
    }
    if ((inst & 0xFF800000) == 0x0B800000) {
```

```
        if (inst & V_MASK)
            printf("AND %s, %s, %d", regS[Dr], regS[Sr], val);
        else
            printf("AND %s, %s, %s", regS[Dr], regS[Sr], regS[Sr2]);
        return 0;
    }
    if ((inst & 0xFF800000) == 0x0F800000) {
        if (inst & V_MASK)
            printf("OR %s, %s, %d", regS[Dr], regS[Sr], val);
        else
            printf("OR %s, %s, %s", regS[Dr], regS[Sr], regS[Sr2]);
        return 0;
    }
    if ((inst & 0xFF81FFFF) == 0x1381FFFF) {
        printf("NOT %s, %s", regS[Dr], regS[Sr]);
        return 0;
    }
    if ((inst & 0xFF800000) == 0x13800000) {
        if (inst & V_MASK)
            printf("XOR %s, %s, %d", regS[Dr], regS[Sr], val);
        else
            printf("XOR %s, %s, %s", regS[Dr], regS[Sr], regS[Sr2]);
        return 0;
    }
    if ((inst & 0xFF8E0000) == 0x17800000) {
        if (inst & V_MASK)
            printf("COPY %s, %d", regS[Dr], val);
        else
            printf("COPY %s, %s", regS[Dr], regS[Sr2]);
        return 0;
    }
    if ((inst & 0xFF800000) == 0x1B800000) {
        if (inst & V_MASK) {
            val = (inst & 0x0FFF);
            if ((inst & 0x1000) == 0)
                printf("LSL %s, %s, %d", regS[Dr], regS[Sr], val);
            else
                printf("LSR %s, %s, %d", regS[Dr], regS[Sr], val);
        } else {
            if ((inst & 0x1000) == 0)
                printf("LSL %s, %s, %s", regS[Dr], regS[Sr], regS[Sr2]);
            else
                printf("LSR %s, %s, %s", regS[Dr], regS[Sr], regS[Sr2]);
        }
        return 0;
    }
    if ((inst & 0xFF800000) == 0x1F800000) {
        if (inst & V_MASK) {
            val = (inst & 0x0FFF);
            if ((inst & 0x1000) == 0)
                printf("ASL %s, %s, %d", regS[Dr], regS[Sr], val);
            else
                printf("ASR %s, %s, %d", regS[Dr], regS[Sr], val);
```

```
        } else {
            if ((inst & 0x1000) == 0)
                printf("ASL %s, %s, %s", regS[Dr], regS[Sr], regS[Sr2]);
            else
                printf("ASR %s, %s, %s", regS[Dr], regS[Sr], regS[Sr2]);
        }
        return 0;
    }
    if ((inst & 0xFF8F0000) == 0x238F0000) {
        printf("LOAD %s, 0x%x", regS[Dr], addr + 1 + val);
        return 0;
    }
    if ((inst & 0xFF810000) == 0x23810000) {
        printf("LDR %s, %s, %d", regS[Dr], regS[Sr], val);
        return 0;
    }
    if ((inst & 0xFF8F0000) == 0x400F0000) {
        printf("STORE %s, 0x%x", regS[Dr], addr + 1 + val);
        return 0;
    }
    if ((inst & 0xFF810000) == 0x40010000) {
        printf("STR %s, %s, %d", regS[Dr], regS[Sr], val);
        return 0;
    }
    // BRR related
    if (inst == 0x63FD0000) {
        printf("RET");
        return 0;
    }
    if (inst == 0x63EF0001) {
        printf("LINK");
        return 0;
    }
    if ((inst & 0xFF8F0000) == 0x638F0000 && Dr != 7) {
        printf("LEA %s, 0x%x", regS[Dr], addr + 1 + val);
        return 0;
    }
    if ((inst & 0xFC7F0000) == 0x607F0000) {
        printf("BR %s, 0x%x", ccS[Cc], addr + 1 + val);
        return 0;
    }
    if ((inst & 0xFC710000) == 0x60710000) {
        printf("BRR %s, %s, %d", ccS[Cc], regS[Sr], val);
        return 0;
    }
    if ((inst & 0xFFFFFF00) == 0x97F10000) {
        printf("SWI %d", val);
        return 0;
    }
    if ((inst & 0xFFFFFFFF) == 0x83FD0000) {
        printf("RTI");
        return 0;
    }
```

```
    printf("(%d)", inst);
    if (inst >= ' ' && inst <= '~')
        printf(" '%c'", inst);
    else if (inst == '\n')
        printf(" '\\n'", inst);
    else if (inst == '\r')
        printf(" '\\r'", inst);
    else if (inst == '\t')
        printf(" '\\t'", inst);
    return 0;
}

//------------------------------------------------------------
// TOY insrtruction emulation
//------------------------------------------------------------

int toyAlu(unsigned long inst)
{
    unsigned long Alu, Cc, Rd, Rs, Rs2;
    short sval;
    long val;

    Alu = (inst >> 26) & 0x7;
    Rd = (inst >> 20) & 0x7;
    Rs = (inst >> 17) & 0x7;
    Cc = (inst >> 23) & 0x7;

    if (Cc == 0) {
        if (Alu != 1 || Rd != 0)    // CMP
            return -1;
    } else if (Cc != 7)
        return -1;
    if (Alu == 5 && Rs != 0)        // COPY
        return -1;

    if (inst & V_MASK) {
        sval = inst & VAL_MASK;
        val = sval;
    } else {
        Rs2 = (inst >> 13) & 0x7;
        val = REG[Rs2];
        if (Alu == 6 || Alu == 7)   // LS or AS
            val |= (inst & 0x1000); // shift right bit
    }
    val = (*toyAluTab[Alu])(REG[Rs], val);
    CCR = 0;
    if (val == 0)
        CCR |= CCR_Z_BIT;
    if (val < 0)
        CCR |= CCR_N_BIT;
    if (Cc != 0)
        REG[Rd] = val;
    return 0;
```

```
}

long toyAluAdd(long val1, long val2)
{
   return val1 + val2;
}

long toyAluSub(long val1, long val2)
{
   return val1 - val2;
}

long toyAluAnd(long val1, long val2)
{
   return val1 & val2;
}

long toyAluOr(long val1, long val2)
{
   return val1 | val2;
}

long toyAluXor(long val1, long val2)
{
   return val1 ^ val2;
}

long toyAluCopy(long val1, long val2)
{
   return val2;
}

long toyAluLs(long val1, long val2)
{
   unsigned long data = val1;
   unsigned char nbit = (val2 & 0x001F);

   if ((val2 & 0x1000) == 0)   // LSL
      return data << nbit;
   else                        // LSR
      return data >> nbit;
}

long toyAluAs(long val1, long val2)
{
   unsigned char nbit = (val2 & 0x001F);

   if ((val2 & 0x1000) == 0)   // ASL
      return val1 << nbit;
   else                        // ASR
      return val1 >> nbit;
}

```

```
int toyLdr(unsigned long inst)
{
    unsigned long Alu, Cc, Rd, Ra;
    short sval;

    Alu = (inst >> 26) & 0x7;
    Rd = (inst >> 20) & 0x7;
    Ra = (inst >> 17) & 0x7;
    Cc = (inst >> 23) & 0x7;

    if (Alu != 0 || Cc != 7 || (inst & V_MASK) == 0)
        return -1;

    sval = inst & VAL_MASK;

    REG[Rd] = MEM[REG[Ra] + sval];

    return 0;
}

int toyStr(unsigned long inst)
{
    unsigned long Alu, Cc, Rs, Ra;
    short sval;

    Alu = (inst >> 26) & 0x7;
    Rs = (inst >> 20) & 0x7;
    Ra = (inst >> 17) & 0x7;
    Cc = (inst >> 23) & 0x7;

    if (Alu != 0 || Cc != 0 || (inst & V_MASK) == 0)
        return -1;

    sval = inst & VAL_MASK;

    MEM[REG[Ra] + sval] = REG[Rs];

    return 0;
}

int toyBrr(unsigned long inst)
{
    unsigned long Alu, Cc, Rd, Ra;
    short sval;
    long val;

    Alu = (inst >> 26) & 0x7;
    Rd = (inst >> 20) & 0x7;
    Ra = (inst >> 17) & 0x7;
    Cc = (inst >> 23) & 0x7;

    if (Alu != 0 || (inst & V_MASK) == 0)
        return -1;
```

```

    if (((Cc & 0x4) != 0 && (CCR & CCR_N_BIT) != 0)
        || ((Cc & 0x2) != 0 && (CCR & CCR_Z_BIT) != 0)
        || ((Cc & 0x1) != 0
        && (CCR & CCR_N_BIT) == 0 && (CCR & CCR_Z_BIT) == 0) ) {
        sval = inst & VAL_MASK;
        REG[Rd] = REG[Ra] + sval;
    }

    return 0;
}

//-------------------------------------------------------
// SWI: software interrupt
//-------------------------------------------------------

int toySwi(unsigned long inst)
{
    int num;

    if ((inst & 0xFFFFFF00) != 0x97F10000)
        return -1;

    num = (inst & 0xFF);
    if (num == 0) {         // keyboard input

        toyGetChar();
        return 0;

    } else if (num == 1) {      // display output

        toyPutChar();
        return 0;

    } else if (num == 2) {      // read a string

        long saveR0 = REG[0];
        long addr = saveR0;

        while (1) {
            toyGetChar();
            if (REG[0] > ' ' && REG[0] <= '~')
                break;
        }
        MEM[addr++] = REG[0];
        while (1) {
            toyGetChar();
            if (REG[0] <= ' ' || REG[0] > '~')
                break;
            MEM[addr++] = REG[0];
        }
        MEM[addr] = 0;
        REG[0] = saveR0;
```

```
        return 0;

    } else if (num == 3) {      // print a string

        long saveR0 = REG[0];
        long addr = saveR0;

        while (MEM[addr] != 0) {
            REG[0] = MEM[addr++];
            toyPutChar();
        }
        REG[0] = saveR0;
        return 0;

    } else if (num == 255) {    // terminate program

        if (runmode == 0)
            toyDisp();          // display final values

        printf("\nTerminate program\n");
        if (runmode == 0) {
            printf("Type any key ... ");
            getchar();
        }
        exit(0);

    } else {
        printf("%06x: %08x --> unknown interrupt number(%d)\n",
            PC-1, inst, num);
        return -1;
    }
}

// SWI 0 (get a character) system call emulation
int toyGetChar(void)
{
    long data, control;

    while (1) {
        lseek(devFd, (off_t)KBCONTROL, SEEK_SET);
        read(devFd, &control, 4);
        if ((control & KB_READY) != 0)
            break;
    }

    lseek(devFd, (off_t)KBDATA, SEEK_SET);
    read(devFd, &data, 4);
    data &= 0xFF;
    REG[0] = data;

    control &= ~KB_READY;       // clear ready bit
    lseek(devFd, (off_t)KBCONTROL, SEEK_SET);
    write(devFd, &control, 4);
```

```

    return 0;
}

// SWI 1 (put a character) system call emulation
int toyPutChar(void)
{
    long data, control;

    while (1) {
        lseek(devFd, (off_t)DPCONTROL, SEEK_SET);
        read(devFd, &control, 4);
        if ((control & KB_READY) == 0)
            break;
    }

    data = REG[0];
    data &= 0xFF;
    lseek(devFd, (off_t)DPDATA, SEEK_SET);
    write(devFd, &data, 4);

    control |= DP_READY;        // set ready bit
    lseek(devFd, (off_t)DPCONTROL, SEEK_SET);
    write(devFd, &control, 4);

    return 0;
}

//-------------------------------------------------------
// Illegal instruction
//-------------------------------------------------------
int toyBad(unsigned long inst)
{
    printf("%06x: %08x --> illegal instruction\n", PC-1, inst);
    return -1;
}
```

[부록 G]

TOY 터미널 에뮬레이터 소스코드

toyterm.h, toyterm.c

```
//-----------------------------------------------------------------
// toyterm.h -- console terminal device emulation
//
// (c) 2011 Yong-Seok Kim
// written by Yong-Seok KIM(Kangwon National University)
//
// 2011.10.05: version 1.0
//-----------------------------------------------------------------

#define KBDATA        0            // offset of keyboard data register
#define KBCONTROL     1            // offset of keyboard control register
#define DPDATA        2            // offset of display data register
#define DPCONTROL     3            // offset of display control register

#define KB_READY      0x80000000   // keyboard ready bit
#define DP_READY      0x80000000   // display ready bit

#define TOY_DEV       ".toyterm"   // device emulation file
```

```
//-----------------------------------------------------------------
// toyterm.c -- console terminal emulator for TOY simulator
//
// (c) 2011 Yong-Seok Kim
// written by Yong-Seok KIM (Kangwon National University)
//
// 2011.10.05: version 1.0
//-----------------------------------------------------------------

#include <stdio.h>
#include <fcntl.h>
#include <sys/select.h>
#include <sys/time.h>

off_t lseek(int, off_t, int);

#include "toyterm.h"

```

```
main()
{
    unsigned long data, control;
    int dev, nfds;
    char kbch, dpch;

    printf("---- TOY console terminal ----\n");

    clearCanonicalMode();

    dev = open(TOY_DEV, O_RDWR);
    if (dev < 0) {
        printf("device emulation file (%s) error\n", TOY_DEV);
        getchar();
        exit(1);
    }

    kbch = 0;
    while (1) {
        lseek(dev, (off_t)DPCONTROL, SEEK_SET);
        read(dev, &control, 4);
        if ((control & DP_READY) != 0) {
            lseek(dev, (off_t)DPDATA, SEEK_SET);
            read(dev, &data, 4);
            dpch = data & 0xFF;

            putchar(dpch); fflush(stdout);

            control &= ~DP_READY;   // clear READY bit
            lseek(dev, (off_t)DPCONTROL, SEEK_SET);
            write(dev, &control, 4);
        }
        if (kbch != 0) {        // has unread character
            lseek(dev, (off_t)KBCONTROL, SEEK_SET);
            read(dev, &control, 4);
            if ((control & KB_READY) == 0) {
                data = 0;
                data |= kbch;
                lseek(dev, (off_t)KBDATA, SEEK_SET);
                write(dev, &data, 4);

                control |= KB_READY;
                lseek(dev, (off_t)KBCONTROL, SEEK_SET);
                write(dev, &control, 4);
                kbch = 0;
            }
        }
        if (kbch == 0) {
            fd_set fdset;
            struct timeval timeout;

            FD_ZERO(&fdset);
            FD_SET(0, &fdset);
```

```
            timeout.tv_sec = 0;
            timeout.tv_usec = 0;
            nfds = select(1, &fdset, NULL, NULL, &timeout);
            if (nfds < 0)
                return -1;
            if ( FD_ISSET(0, &fdset) )  // keyboard input
                kbch = getchar();
        }
    }
}

#include <termios.h>

int clearCanonicalMode()
{
    struct termios ios;
    int stat;

    stat = tcgetattr(0, &ios);
    if (stat < 0)
        return stat;

    ios.c_lflag &= ~ICANON;

    stat = tcsetattr(0, 0, &ios);
    if (stat < 0)
        return stat;
    return 0;
}
```

[찾아보기]

A

ADD ········ 84
Add ········ 38
ALU ········ 97, 243
ALU(Arithmetic and Logic Unit) ········ 6
AND ········ 42, 85
AND 게이트 ········ 199
ARM 프로세서 ········ 283
ASCII ········ 29
ASL ········ 88
ASR ········ 88
ASR(Arithmetic Shift Right) ········ 67
AVR 프로세서 ········ 300

B

BR ········ 91
BRR ········ 75, 91
.BLOCK ········ 53

C

CC ········ 244
CCR ········ 59
CCR 레지스터 ········ 35
CCR(Condition Code Register) ········ 9
CMP ········ 85
COPY ········ 86

D

D 플립플롭 ········ 219
DR ········ 244

F

.FILL ········ 53

I

if 문 ········ 121
IR(Instruction Register) ········ 97

L

LDR ········ 89
LEA ········ 92
LEA(Load Effective Address) ········ 71
LINK ········ 92
LOAD ········ 89
LSL ········ 87
LSL(Logical Shift Left ········ 66
LSR ········ 87
LSR(Logical Shift Right) ········ 66

N

NAND 게이트 ········ 199
NOR 게이트 ········ 197
NOT ········ 42, 86
NOT 게이트 ········ 195

O

OP ······ 243
OR ······ 42, 85
OR 게이트 ······ 197
.ORIGIN ······ 53

P

PC(Program Counter) ······ 9
POP ······ 143
PUSH ······ 143

R

RET ······ 92
RTI ······ 93

S

SR ······ 243
SR2 ······ 244
STORE ······ 90
STR ······ 90
SUB ······ 85
SWI ······ 92

T

TOY 프로세서 ······ 35

V

VAL ······ 84, 244

W

while 문 ······ 125

X

XOR ······ 42, 85

2비트 디코더 ······ 204
2의 보수 ······ 17
2패스 어셈블러 ······ 102

ㄱ

가산기 ······ 208
감산기 ······ 210
그래픽 제어기 ······ 174
기계어 코드 ······ 15, 93

ㄴ

논리연산 명령어 ······ 42
논리적 시프트 ······ 66

ㄷ

데이터(Data) 레지스터 ······ 170
디버거 ······ 105
디코더 ······ 203

ㄹ

레이블 ······ 52
레지스터 ······ 223
레지스터 간접 어드레싱 모드 ······ 72
레지스터 간접(register indirect) 모드 ··· 38
레지스터(register) 모드 ······ 38
링크 레지스터 ······ 136

ㅁ

멀티플렉서 ······ 206
메모리 ······ 234

메모리 맵 ··· 171
명령어 ··· 7
명령어 읽기 ··· 256
명령어 집합 ··· 49, 291
명령어 해독 ··· 256
목적지(destination) 오퍼랜드 ··· 37

ㅂ

반환 값 ··· 139
복사 명령어 ··· 46
부동소수점 ··· 33
부호 비트 ··· 19
부호 확장 ··· 22
분기 명령어 ··· 60
비교 명령어 ··· 63
비부호 정수 ··· 16, 21
비트 확장 ··· 21

ㅅ

산술연산 명령어 ··· 38
상태(Status) 레지스터 ··· 170
상태천이 ··· 256
소스(source) 오퍼랜드 ··· 37
순차 논리회로 설계 ··· 227
스택 프레임 ··· 148
시프트 연산 명령어 ··· 65
실행파일 형식 ··· 105

ㅇ

어드레싱 모드 ··· 38
어셈블러 ··· 8, 95
역 어셈블러 ··· 101
오버플로 ··· 23
오퍼랜드 ··· 37
유효 주소 저장 명령어 ··· 71
인수 전달 ··· 139, 146

ㅈ

저항 ··· 191
전류 ··· 191
전압 ··· 191
제로 확장 ··· 21
제어(Control) 레지스터 ··· 170
즉석(immediate) 모드 ··· 38
지시어 ··· 53
지역변수 ··· 148
직접(direct) 모드 ··· 38

ㅋ

캐리 ··· 23
컴파일러 ··· 7
크로스 어셈블러 ··· 101
키보드 제어기 ··· 173

ㅍ

프레임 포인터 ··· 149
프로그래밍 모델 ··· 35

ㅎ

한글 코드 ··· 31
함수 호출 ··· 135

| **저자약력** |

김 용 석

- KAIST(공학박사–전기 및 전자공학)
- 강원대학교 컴퓨터학부 교수

정가 25,000원

마이크로프로세서의 이해(개정판)

2012년 8월 23일 초판 인쇄
2017년 9월 4일 개정판 발행

저 자 : 김용석
발행자 : 우명찬 · 송 준
발행처 : 홍릉과학출판사
주 소 : 서울시 강북구 인수봉로 50길 10
01093
등 록 : 1976년 10월 21일 제5-66호
전 화 : (02) 999-2274~5, 903-7037
팩 스 : (02) 905-6729
e-mail: hongpub@hongpub.co.kr
http://www.hongpub.co.kr
ISBN: 979-11-5600-543-8

저자와의 협의하에 인지생략